新编21世纪经济学系列教材

行为经济学
选择、互动与宏观行为

Behavioral Economics

贺京同　那　艺　著

中国人民大学出版社
·北京·

作者简介

贺京同　博士，南开大学经济学院教授、博士生导师，中国特色社会主义经济建设协同创新中心研究员，南开大学行为经济学研究中心主任、研究员，美国明尼苏达大学（University of Minnesota）访问学者。主要研究领域为行为经济学、行为金融学、宏观经济分析与预测。曾在《经济研究》、《新华文摘》、《光明日报（理论版）》、《数量经济技术经济研究》等学术刊物发表论文五十余篇，主持国家社科基金重大项目、国家自然科学基金面上项目、教育部人文社会科学重点研究基地项目等研究课题十余项，主讲课程包括高级行为经济学、高级宏观经济学和数理经济学等。

那　艺　博士，南开大学经济学院助理研究员，南开行为经济学研究中心副主任、研究员。主要研究领域为行为宏观经济学。曾在《经济研究》、《光明日报（理论版）》等学术刊物发表论文多篇，主持国家自然科学基金青年项目、国家社科基金重大项目子课题、教育部中央高校专项基金项目等研究课题多项，主讲课程包括行为经济学、行为金融理论与应用等。

内容简介

近年来，主流经济学的一个重要发展是行为经济学日臻完善。行为经济学通过引进心理学、进化生物学及认知神经科学等相关学科的重要成果，丰富并充实了新古典经济学的核心假设与基础理论，从而极大地提升了经济学的解释与预测能力。可以说，行为经济学正日渐被接受为“新一代”经济学的重要组成部分，这从近年来诺贝尔经济学奖多次被授予从事与行为经济学理论和应用相关的学者即可窥一斑。

作为一本行为经济学教科书，本书在内容编排上具有如下特点：其一，本书按照层层递进的原则，构建了一个囊括个体行为、博弈行为与宏观行为的完整的行为经济学理论体系，以弥补当前多数同类教材仅将范围限定于微观个体行为的缺憾；其二，本书试图在一个内在逻辑一致的框架下将行为经济学的微观、博弈和宏观理论统合起来，从而使读者可在一个清晰的理论框架下把握行为经济学理论的体系全貌；其三，本书各章节在写作风格上，秉承先评介标准新古典理论、再描述标准理论的异象、最后引入行为经济学理论拓展的逻辑主线，为读者清晰地展现了行为经济学对新古典经济学的继承与发展脉络，以及它作为主流经济学的理论前沿之地位。

本书虽是为经济学及其相关专业高年级本科生和研究生撰写的教材，但亦适合对行为经济学理论及其应用感兴趣的相关领域人士参考之用。

前 言

在过去的三十多年中，西方主流经济学的一个重要发展趋势是行为经济学的兴起，它通过借鉴心理学、进化生物学及认知神经科学等相关学科的重要成果，丰富并充实了新古典经济学的理论与经验基础，从而使标准新古典模型得到修正与拓展，极大地提升了模型的解释与预测能力。因此，行为经济学正日渐被接受为更高级版本的“新一代”经济学。在此背景下，大量以行为经济学为理论指导的研究得以涌现，所涉及的领域囊括了从金融学、管理学、产业组织理论、发展经济学、卫生经济学、法经济学、博弈论到宏观经济学的广阔空间。而在21世纪的历届诺贝尔经济学奖获得者中，至少有五位可视为行为经济学家，即乔治·阿克洛夫、丹尼尔·卡尼曼、托马斯·谢林、彼得·戴蒙德与罗伯特·希勒。

然而，与行为经济学的学科发展态势不相适应的是，目前便于课堂使用的行为经济学教材却不多见。一方面，许多行为经济学课程要么直接选用艰深的学术论文集，要么选用面向非专业读者的畅销书作为教材，这导致学生面临着“高不成、低不就”的学习困境。另一方面，即便是目前国内外较流行的几种行为经济学教材，其内容的编排与组织也大有待商榷之处。许多行为经济学书籍仅是对各个理论进行罗列介绍，而未能将这些理论纳入一个统一的逻辑体系，导致学生容易陷入对行为经济学的“碎片化”理解，难以在一个较高的理论层次上将这门学科的各部分内容统合起来。

基于以上考虑，我们谨为读者呈献这本教材，并在体例编排上进行了如下创新：其一，本书不再对各个理论进行罗列式讲授，而是按照经济学教科书的通行做法，在每一章都设定一个一般性主题，并将行为经济学的每个理论按主题归入不同的章节讲解。有时，我们甚至会对某个理论进行“拆解”，并将各组成要素归入不同的主题章节。其二，本书按照层层递进的原则，构建了一个从个体选择到群体互动再到宏观行为的完整的行为经济学体系。这既是本书的特色之一，也可方便读者清晰地把握行为经济学的理论发展脉络及其全貌。

为了达到上述写作目标，我们将全书分为四个部分。其中，第一部分是导论，主要对行为经济学的范畴、性质、研究方法及理论基础进行评述。第二部分是个体选择理论，主要从“确定情形”、“风险情形”和“跨期情形”三个方面展示行为经济学对标准个体选择模型的修正与拓展。第三部分是策略互动理论，它将讲授内容从个体决策层次递进至群体互动层次，主要从“认知能力”、“学习”和“非自利动机”三个方面探讨现实个体之间的互动特征。第四部分是宏观经济理论，它将讲授内容进一步递进至宏观经济层次，并试图从“总需求方程”和“总供给方程”两个方面讨论如何基于行为经济学理论来拓展现代主流宏观经济学的微观基础，以提升对宏观经济现象的解释与预测力。

贯穿全书，我们力求在每一章都维持大致相同的写作逻辑：首先是对相关的标准新古典模型进行评介，并对在经验中发现的关于这一模型的系统性偏离（被称作异象）进行描述。接下来是引入行为经济学的理论修正，尽可能对其心理学或神经科学基础进行阐释，以突出行为经济学的跨学科特征，并将其与标准模型进行对比。在某些章节，我们还讨论了相关的政策性启示。最后，在每章末尾一般会给出若干案例分析，以加深读者对全章内容的理解。

作为一本基础性的行为经济学教材，本书的主要目的在于构建一个逻辑完整、层次清晰的行为经济学理论体系。从难度上看，本书较适合经济学及管理学专业的高年级本科生和研究生课程，并要求读者至少学习过中级微观经济学和基本的解析博弈论，能够熟练掌握标准新古典模型的基本假定和建模方法。而在宏观经济理论部分，我们需要读者具备初步的高级宏观经济学知识。

本书的撰写得益于我们多年的科研与教学经验。近年来，我们承担了多部国外重要行为经济学论著、教材的译介工作，并依托南开大学经济学院开设了本科至博士阶段的系列行为经济学课程，同时与美国明尼苏达大学、布朗大学等国外教研机构保持着密切合作，这使我们在撰写本书时具备了丰富的文献素材、前沿的科研资料和坚实的课堂基础。然而，由于作者学识有限，书中难免存在错讹之处，还请读者谅解、指正。

本书得到了国家社科基金重大项目（编号：12&ZD088）、国家自然科学基金青年项目（编号：71103094）以及中国特色社会主义经济建设协同创新中心的大力支持，在此致以谢忱。此外，我们还要感谢中国人民大学出版社编辑高晓斐、王素克的悉心编校，使得此书得以顺利出版。

贺京同　那艺

2015 年仲春于南开园

目 录

第一部分 导论

第二部分 个体选择理论

第三部分　策略互动理论

第四部分　宏观经济理论

第一部分

导论

第 1 章

行为经济学的范畴、性质与方法

在我们着手撰写本书时（2013年10月），恰逢新一届诺贝尔经济学奖授予了经济学家罗伯特·希勒（Robert J. Shiller）。这是自2002年诺贝尔经济学奖首次表彰在行为经济学方面做出杰出贡献的丹尼尔·卡尼曼（Daniel Kahneman）之后的多位与行为经济学相关的经济学家中的又一位（其间，还有2005年的托马斯·谢林（Thomas C. Schelling）和2010年的彼得·戴蒙德（Peter A. Diamond））。而在此之前于2001年获奖的乔治·阿克洛夫（George A. Akerlof）也自称为行为宏观经济学家。由此可见行为经济学在经济学中的重要性和主流、前沿地位。

然而，什么是**行为经济学**？它与**标准经济学**（即当前教科书中流行的新古典经济学及其相应分支，以区别于本书的主题——行为经济学）的关系如何？它的渊源和演进过程是怎样的？这些基本问题显然就成为了本书的开篇内容。

1.1 什么是行为经济学

经济学作为一门科学，由理论（解释）与经验事实构成。其中，理论可以帮助我们理解真实世界，并对真实世界做出正确的预测；而经验事实则可能支持理论，也可能颠覆理论。更具体地说，经济学是一门社会科学，它研究人们做出的决策是如何相互影响的。

几十年来，标准的新古典主义范式一直在主导着经济学，它信奉狭义的人之本性的含义——人们总是完全理性地、永无止境地追求自身的物质利益。然而，在标准经济学理论下，理论与经验事实经常相异——**异象**时有发生，人们也时常会这样埋怨："经济学家的意见总是彼此相左，从经济学中获得真理是令人难以置信的。"

异象以及经济学家们的意见相左，既可能是因为所面对的问题太复杂，也可能是由于理论的局限性。然而，任何有生命力的科学都存在悬而未决的议题。

与所有的科学一样，经济学也十分重视发展自己的理论，以帮助人们更好地认识其所生活的世界。理论的目的是描述与解释所观察到的经济现象之间的联系。为了做到这一点，理论必须以若干假定和前提为出发点。有时这些假定被描述得很清晰，但在许多情形下，它们是隐含的。将这些隐含的假定甄别出来十分重要，因为一个本身逻辑自洽的理论如果被证明在解释或预测经验事实上是不确切的，就意味着它所基于的假定是值得质疑的。

正因为如此，一些经济学家一直呼吁在经济学中加入更多的现实主义。正如凯莫勒和洛温斯坦（Camerer and Loewenstein，2004）所作的精辟论述："行为经济学通过提供更为现实的心理学基础，而增强了经济学的解释力。"当然，行为经济学并不是要寻找替换标准经济学分析框架的理论，而是谋求扩展标准理论。正如何、利姆和凯莫勒（Ho，Lim and Camerer，2006）提出的："必须强调的是，行为经济学的方法是对理性选择与均衡模型进行扩展，但它并不提倡完全抛弃这些模型。"

综上所述，我们可将行为经济学定义为：以更贴近经验事实为目的，对具有现实心理特征的当事人如何参与配置稀缺资源的研究。

上述定义是对经典经济学的定义所作的引申，这主要源于本书的核心观点之一：行为经济学是**主流（经典）经济学**的继承与发展，是主流经济学的前沿，而不是所谓的经济学的一个分支。

在上述定义及基本观点的基础上，我们可将行为经济学分为两大体系，这两大体系的重点都是要研究经济系统中参与人的认知过程、行为的心理学或神经学特征如何与经济系统相互作用，并对这个相互作用进行测量与验证。其中，第一个体系是广义的，包括**神经经济学**、**认知经济学**和**实验经济学**的部分内容。而第二个体系是狭义的，即把行为研究的核心进展（包括心理学、神经科学和认知科学等方面的进展）融入标准经济学之中。这种融合方式包括：对标准的经济学假设条件做某些修正，将这些进展放到现实经济中进行实证检验，以及把这些进展应用到经济学研究的核心领域中。这一体系无论对于经济理论的发展还是对于现实世界的认识都是十分重要的，因此也被马修·拉宾（Matthew Rabin）称为"第二波"行为经济学，并且也是本书的主题。

1.2 行为经济学的发展史

行为经济学思想的渊源在经济学的古典体系中就有所体现，但随后这些思想却与经济理论体系渐行渐远。直至近期，经济学家才又逐渐将其研究传统与心理学、社会学以及其他自然科学相联系。这一联系既伴随着对经济学理论和实践关系问题的争论而不断深化，也伴随着社会存在的发展促进社会意识的提升而不断成熟。为了在经济学思想发展的广泛领域中评价行为经济学的出现及地位，我们需要考察它的历史——经济学思想与心理学渐行渐远又逐渐接近的脉络。

1.2.1 古典与新古典方法

一个广泛流传的观点是，18、19 世纪的经济学家作为经济学学科的开拓者，对心理学却兴味索然。尤其是新古典经济学家，经常被描绘为所谓的系统化者，他们通过加入对动机的几个简化假定，来使所研究的问题具有某些数学上的严格性。一个典型的例子是丹尼尔·伯努利（Daniel Bernoulli，1738）的研究，他用货币效用的边际递减律解释了风险规避问题，这被视为风险选择理论的鼻祖。然而，把古典主义者和新古典主义者描绘为数学上的系统化者，在某种程度上会给人以错觉，并蒙蔽了一些重要事实。亚当·斯密（Adam Smith）作为经济学之父，虽然以他的《国民财富的性质和原因的研究》（简称《国富论》）一书而声名远播，但他同时还有一本声名稍逊的著作，即出版于1759年的《道德情操论》。这本书包含了大量重要的心理学洞见，并且与当前行为经济学的许多观点暗合，尤其是有关情绪对决策制定的影响问题。

与此类似，杰里米·边沁（Jeremy Bentham）由于提出了效用概念而广为人知，但他在消费者心理学方面也著述颇丰。弗朗西斯·埃奇沃思（Francis Edgeworth）于1881年撰写了《数理心理学理论》一书，从书名就可一窥他对心理学的关注。但是，此时的心理学作为一门学科，尚处于其发展过程的幼儿期，而许多经济学家却希望同样是新兴学科的经济学能像自然科学那样拥有一个较为可靠而严格的理论基础。于是，新古典革命终于爆发，并诞生了**经济人**的概念，它被定义为**理性**而**自利**的效用最大化者。

1.2.2 战后的经济学方法

在20世纪前半期，仍然有许多经济学家在其研究中思考和探讨心理因素的作用，如欧文·费雪（Irving Fisher）、维尔弗雷多·帕累托（Vilfredo Pareto）和梅纳德·凯恩斯（Maynard Keynes）。其中，凯恩斯对股票市场的著名分析无论在何种意义上都获得了显著成功。然而，这段时期内的学术潮流却是主张放弃心理学，以至于到第二次世界大战时，心理学家已不再被经济学家的社交圈所欢迎。

这一趋势在战后继续存在，并由于出现了更好的计算技术而受到强化。随着计算机功能的不断强大，人们建立并估算一个将市场与经济系统统合起来的数理模型已成为可能。计量经济学作为一个学科分支，已成为经济学家构建和检验理论的重要工具。经济学家开始沉迷于计量检验，不断地对变量进行测度，利用数学公式和计量方法对经济参数进行估计，等等。从经济学理论的发展意义上看，这虽然起到了很大的推动作用，但对数学方法的强调却会导致出现过于严格化和明确化（但未必正确）的模型结果。

此外，一些经济学家虽然意识到他们的模型所基于的行为假定并不真实，但他们却秉承着由弗里德曼（Friedman，1953）所提出的一种方法论观点，即认为经济理论与它们的行为假定是否真实无关，与是否理解“个体为何会做他们所做的事”无关。

1.2.3 心理学在经济学中的复兴

一些“异端分子”比如赫伯特·西蒙（Herbert Simon）认为上述观点过于偏狭。当模型的预测失真时，他不打算接受那些事先安排好的理由，诸如暂时性的“波动”、无法预测的新因素介入、度量上的分歧，等等。他坚信，要想改进现有的理论并使其预测更为正确，理解经济当事人行为背后的隐含动机十分重要。为此，西蒙（Simon，1956）提出了**有限理性**的概念，用以专指决策制定者在获取和处理信息时所面临的认知局限。

在20世纪五六十年代，有许多原创性的文献对西蒙的研究作了有益的补充，这些文献针对各种异象，为改进理论提出了若干建议。其中做出卓越贡献的包括马科维茨（Markowitz，1952）、阿莱（Allais，1953）、史托斯（Strotz，1955）、谢林（Schelling，

1960）和埃尔斯伯格（Ellsberg，1961）等。然而，直到 20 世纪 70 年代末，行为经济学才得以真正诞生，主要标志是如下两篇文献的发表。第一篇文献是 1979 年的《前景理论：基于风险的决策分析》，由两位心理学家撰写，他们是丹尼尔·卡尼曼和阿默斯·特沃斯基（Amos Tversky）。这篇文章刊登在权威的经济学期刊《计量经济学杂志》上。这两位研究者之前已经发表了若干文章探讨直觉推断法的决策制定，而在前景理论中，他们又提出了许多涉及参考点、损失厌恶、效用度量与主观概率判断的基本概念，这将在后续章节中陆续讲授。

第二篇文献是由经济学家理查德·泰勒（Richard Thaler）发表于 1980 年的《迈向消费者选择的实证理论》。本文的一大理论贡献是提出了心理核算的概念，这与卡尼曼和特沃斯基的相关概念非常接近。

从 1980 年开始，行为经济学已逐渐成为一个蓬勃发展的领域，经济学家与心理学家及相关领域的学者共同对上述的先驱性工作进行了扩充与发展。由于在解释标准经济学模型的异象时表现出色，并且在构建更为完整的理论体系时也积淀了不少有益成果，行为经济学已逐渐成为一个备受瞩目的学术领域。

然而，需要清醒地认识到的是，行为经济学家尚未在思想层面达成一致。虽然他们都对经济行为的心理学基础关注有加，但他们的观点在一些基本层面上却分歧很大，比如经济理论的假定应具有怎样的作用和特征，什么样的调查方法是恰当的，不同种类的经验证据有何价值，以及对理性、效率和最大化的基本看法等。

1.3 行为经济学与标准经济学

1.3.1 标准经济学模型

标准经济学的假设

在标准经济学中，假设经济活动的参与人都是理性的且具有完全信息，即经济活动的参与者都是经济人。在这里，“理性”的含义究竟是什么？术语“理性”以及与其相对的“**非理性**”在经济学中被广泛使用，尤其是在与行为经济学相联系的方面。在某种意义上，一个基础假设或者一个基础术语的含义就是整个学科的奠基物。因此，理解术语“理性”在不同语义上的使用就是非常重要的。

目前来看，“理性”的含义在很大程度上取决于该术语被使用的学科或语境。即便是在经济学的学科范围内，也存在着不同的含义。在日常观念中，当我们涉及人们的理性语义时，通常是指他们的行为是否符合常规。这些行为通常与通过情绪因素或无意识本能引起的行为形成对照。但是，主流经济学家们一般认为对理性的这类解释过于宽泛和不精确。

相反地，经济学家从一个严格指定结果的决策框架出发，给出了关于理性的一个特别概念。在这一框架下，一个最为基础的概念是**偏好**，它描述了事物之间的一种比较关系，是指个体对各个商品束的排序。其中，任一商品束 A 或 B 可用一种最简单的二维向量表达出来，即（x，y），其中 x 表示一种商品的数量，y 表示另一种商品的数量或是其他所有商品的数量。所有的商品束构成了个体可选的各种商品组合的集合，被称为可选集。一般而言，存在三种基本的偏好关系：

① 如果个体明确地想要商品束 A 而不是商品束 B，那么相对于商品束 B 来说，该个体**严格偏好**商品束 A。这种关系可被写作 $A \succ B$。

② 如果个体对商品束 A 与 B 是**无差异**的，那么他对商品束 A 的偏好不会超过对 B 的偏好，反之亦然。这种关系可被写作 $A \sim B$。

③ 如果个体偏好商品束 A 或是认为 A 与 B 无差异，那么相对于 B 来说，该个体**弱偏好**商品束 A。这种关系可被写作 $A \geq B$。

基于上述关于偏好的定义，经济学家进一步假设，经济中的决策个体被假定在一个可选集中满足一些特定偏好，并且像已经了解自己最为偏好的结果那样行动。如果用一个抽象的模型来表示这一决策过程，这个模型的核心就是如下两个关于偏好关系的基础性假设：

①**完备性**。其含义是，对于任何商品束 A 和 B，个体总能够且仅能够得出如下三种互斥关系中的一种评价：即 $A \geq B$ 、$B \geq A$ 或 $A \sim B$ 。偏好的完备性意味着个体总可以对所有给出的商品束作出比较和排序。

②**传递性**。其含义是，如果个体面临的是三个不同的商品束 A、B 和 C，那么若 $A \geq B$ 且 $B \geq C$ ，则有 $A \geq C$ ；类似地，如果 $A \sim B$ 且 $B \sim C$ ，那么必然有 $A \sim C$ 。传递性可以保证个体的偏好是一致的，不会出现循环无端的局面。

这两个公理一同确保了个体能够从他所面对的所有选择中挑选出至少一个最偏好的行动进程，这就是标准经济学下的理性含义。

但是，在大多数情况下，为了简化经济学模型的技术处理，除了上述两条理性公理之外，经济学家还附加了两条更强的偏好假设，它们分别是单调性假设（即商品越多就越受偏好）和凸性假设（平均水平比极端值更受偏好，意味着个体喜欢多样化的商品）。

上述关于理性的简单定义仅能应用于确定性的个体决策问题，因为它可以使结果明确地与行动相关联，此方面的内容详见第 2 章。但是，人们一旦面临着不确定的结果，更加复杂的、基于不确定性的数学理论如概率理论的分析框架就变得十分必要。在此环境下，标准模型通常被如下两个假设所扩展，即期望效用最大化假设与贝叶斯概率估计假设。此外，该模型还必须涉及将一段时间内的决策过程延伸到未来的决策过程。因此，更进一步的假设是必要的，这涉及时间偏好与未来贴现率等概念。

标准经济学模型的性质

基于上述考虑，我们现在可通过更加精确与正式的（即在标准模型中被描述与论证的）数学形式来表达标准经济学模型的性质。使用数学形式可使我们达到三个重要目的：

①对影响决策的相关因素进行简明表达。

②对随后章节中将要检验的标准模型的各组成部分进行阐述。

③从模型与众多组成部分相联系的基础意义上，给出一般化的假设形式。

据此，标准经济学模型可被表述为：经济中的决策个体 i 在时点 $t=0$ 上最大化其期望效用，他的选择服从有界状态 $s \in S$ 的一个概率分布 $p(s)$：

$$\begin{aligned}&\max \sum_{t=0}^{\infty} \delta^t \sum p(s_t) U(x_i^t \mid s_t)\\&x_i^t \in X_i \text{且}\ s_t \in S_t\end{aligned} \tag{1.1}$$

其中，效用函数 $U(x \mid s)$ 定义于个体 i 的选择结果 x_i^t 之上，并且未来效用以一个（时间一致的）贴现因子δ贴现。进一步地，我们可将式（1.1）分解为如下六个主要组成部分：

(1) max　　(2) $\sum_{t=0}^{\infty}\delta^{t}$　　(3) $\sum p(s_t)$

(4) $U(x_i^t \mid s_t)$　　(5) $x_i^t \in X_i$　　(6) $s_t \in S_t$

接下来，基于上述主要假设，我们可将标准模型与它的各组成部分的关联形式表示如下：

①经济中的参与人被期望效用最大化即组成部分（1）、(3)、(4)、(6) 所激励。

②参与人的效用被纯自利动机所控制，从狭义上来说，一个参与人的效用与他人的效用无关，即组成部分（4）。

③参与人认为多个结果（假设为x、y）与等价的一次性结果（假设为z，且有$x+y=z$）带来的效用相同，即组成部分（4）。

④参与人使用贝叶斯概率算子即组成部分（3）。

⑤根据组成部分（2），参与人拥有不变的时间偏好。

⑥在不同状态下得到的同一结果是完全可替代的，见组成部分（4）、(6)。

⑦如果将组成部分（5）中的X_i视为函数的集合，将$U(x \mid s)$视为泛函，则式（1.1）就可视为新兴古典（new classical）宏观经济学模型的一般表达式。

根据上述关于标准模型的基本表述，我们在后续章节中，将基于标准模型与行为经济学的比较来展开讨论。为此，我们将在相关章节详细介绍与标准模型相左的各种经济异象。在这里，我们仅对各种异象作一概括性评述。

标准经济学模型的异象

最近二三十年来，经济学家已对标准经济学模型的各种局限给予了越来越多的关注。请考虑以下问题：

①为什么股票的收益平均高于债券的收益？

②为什么卖者对其商品或资产的估价远高于买者？

③为什么人们愿意驾车横穿小镇就为了在购买 15 元的计算器时节省 5 元，而在购买 125 元的夹克时不会这样做？

④为什么人们在得知自己的工资将要上涨 10%时很高兴，而看到其他同事的工资上涨 15%时就会变得非常不满？

⑤为什么人们总是下决心节食或戒烟，但很快又放弃了？

⑥为什么人们愿意在每天最后一场比赛中下很大的赌注，而不是在之前的比赛中这样？

⑦为什么某些人不愿意为一个商品支付 500 元，但当其配偶用共同存款账户以同样价格买回该商品时却很高兴？

⑧为什么政府会表现出对生产性投资的冲动和对公共性投资的拖延？

⑨为什么现实中的实际产出序列或通胀率序列存在很强的持续性特征？

⑩为什么经济高涨期的货币紧缩效应与经济衰退期的货币扩张效应是不对称的？

由于标准模型内含的某些假定的局限性，上述问题没有一个可用标准模型做出与经济学理论相符的解答。在某些情况下存在异象，意味着标准模型无法做出合理解释与精确预测；而在另一些情况下标准模型甚至是无能为力的，因为它们根本不能预测。这两个方面一同构成了行为经济学快速发展的主要推动力。

1.3.2　行为经济学模型

经济理性的行为经济学观点

现在，我们评介一下行为经济学关于理性定义的观点。在行为经济学的视角下，一直存在着关于标准经济学赖以存在的基本假设——理性的争议，因为在使用标准经济学解释和预测现实经济问题时，异象一再发生。这就产生了如下一些疑问：标准经济学的理性定义是否可作为经济系统中参与者的抽象代表？与理论相违背的异象是由经济人概念的简化所致，还是片面化的必然后果？围绕这些争论，就有了对经济活动参与者的“有限理性”与“非理性”的不同称谓，以及对理性的不同角度的理解。例如，一些经济学家认为个体理性不应该在个体层面被判断，而应该在系统结果的层面被判断。这似乎是弗农·史密斯（Vernon Smith）的看法，他尤其偏爱考察标准经济学模型对长期市场均衡的预测。史密斯继承了西蒙的观点，他不接受标准经济学对个体理性行为的设定，而是相信个体可以违背这些设定，并按照自己的理性观点去理性地做出行为。从市场的有效性来说，这一观点把理性与决策过程的最终结果等同了起来。在史密斯看来，如果市场是有效的，比如市场实现了出清，那么这就表明个体是理性的。

显然，在行为经济学的范畴下，对于理性并不存在达成统一定义的共识，而这正是目前行为经济学还是一门开放的、有待于发展的学科之魅力。实际上，行为经济学家甚至认为，对于理性不存在单一的正确定义，而只是存在若干不同的工作定义，其中某些定义对于分析问题（即解释与预测）要比其他定义更有用一些。接受这一点是很重要的，因为大部分关于理性行为的不一致观点是由定义不同导致的。因此，需要着重强调的是，人们不能把标准经济学模型的基本假定与理性这一词汇等同起来，理性人也不能作为经济活动参与人的唯一简化模型，并且大量科学证据也表明它不是人类进化的终极方向，自然选择并不保证理性生物能够在进化中胜出。因此，标准经济学语义下的理性人只是一个“稻草人”模型，将其作为真实经济参与人的拟相是令人生疑的。

行为经济学模型的性质

当对标准经济学模型的基本假设有了如上的新认识时，行为经济学模型的性质自然也就与之不同，这主要是引进了**进化心理学**的成果以及对规范性的新界定。为了与前面介绍的标准经济学模型的性质相呼应，本书将以此为基础，在后续各章陆续对标准经济学模型的各种性质展开讨论。

（1）进化心理学。

试图将所有来自心理学的解释浓缩在一个统一的框架下是不可能的，然而却有一种心理学分析方法，它虽然受到很大的争议，但我们却相信它能够为理解和统合多种经验成果提供显著的帮助，这就是进化心理学，一个较为新兴的学科。该学科领域的理论基础是，正像我们的身体在解剖和生理结构上经由了数百万年严酷的自然选择一样，我们的大脑在解剖和生理结构上也经历了这一过程，并且最终进化出了各种心理机制，这在本质上属于一种心理适应过程。因此，我们的偏好和决策方式在很大程度上是由过去的进化过程决定的。由此所暗示的一个重要之处是，在当前发生深刻变化的自然及社会环境下，我们过去进化出的一些心理机制可能不再适用，甚至是有害的，对此我们将在本书的多处进行探讨。一个著名的例子是人类对糖与脂肪食品的普遍偏好。对于处在更新世的人类祖先而言，这一偏好确实有助于他们的生存，但当食物不再匮乏时，这种偏好将导致肥胖和疾病。

应当明确的一点是，我们并不认为每个能影响行为的心理机制都是由自然选择下的遗传基因决定的。然而，对进化心理学的歪曲，在附以“基因决定论”的错误标签之后，不幸地在许多社会科学中蔓延开来且为害不浅。在很多个体、群体和社会之间所出现的差异，明显是由文化上的原因导致的，没有哪位进化心理学家会否认这一点。但是，在很多经验研究中还有一点也是十分明显的，即在人类甚至灵长类动物之间，存在着某些共有的心理特征，这为心理机制存在进化提供了一个佐证。当然，我们在此处并不想就这一问题作更多争论，我们只会给出若干建议和说明。至于心理机制究竟是进化而来的还是由文化原因决定的，我们认为没有必要对此过于深究。

许多经济学家和心理学家都因为进化心理学的理论太偏重主观推测而弃之不用。他们总是将其驳斥为社会科学中“就事论事”的理论，认为其不能提供可供检验的假说，因而不是科学的理论。这种看法源自两个原因：一是根据定义，人们无法对过去的事实进行实验；二是对过去的事实所作的记录很不全面。然而，这种驳斥非常有失公正，进化心理学实际上能够提供可检验的假说，并且很多假说已被可靠的经验证据所证实。此外，许多经济学家在解释经济现象时的思维定式，甚至比那些“就事论事”的理论更难令人接受。比如，把人们难以摆脱眼前诱惑的现象归结为他们的决策时限过短，或者认为人们在愤怒时容易举措失当，这些观点并不能令我们满意，因为它们并未说清如下问题，即人们的决策时限为何短暂，以及我们的各种不良情绪（比如愤怒）从何而来。

（2）对规范性的新界定。

伴随着行为经济学理论的发展，经济学家开始重新思考经济学下的规范性陈述与实证性陈述的内涵。一般来说，经济学中主要以两种含义来使用“规范性”这个术语，从而不可避免地引起了含义上的混淆。在某些时候，这个术语被看作是与实证性陈述相对应的一个词汇。所谓实证性陈述，是指对实际信息的描述。显然，对于这样的陈述，我们可在一定的误差范围内依据经验观察来判断它是否正确。而与之相对应的规范性陈述则与价值判断有关，这必然带有主观色彩，因而无法从经验上判断它是否正确。为了看出这一点，我们以如下几个陈述作为例子，首先请看陈述1：

陈述1：A公司付给员工如此低的薪金是不公平的。

这种陈述经常含有“应该”或“应当”这样的字眼，比如陈述1可改成如下形式：

陈述2：A公司应该付给员工更高的薪金。

但必须留意的是，带有这些字眼的句子并不总是涉及价值判断，比如陈述3：

陈述3：如果A公司想最大化它的利润，那么它应该付给员工更高的薪金。

可见，陈述3并不涉及价值判断，并且可在经验上进行检验。由于这种类型的陈述经常被当作是规范性的，因而就引发了含义上的混淆。行为经济学家认为，把它称作**规定性陈述**似乎更恰当，因为它一般涉及对个人、厂商或政府的对策建议，亦即在给定一个特殊目标或一组价值取向下对行为所作的指导。因此，这样的陈述一般均会涉及某些形式的最优化问题，并且规定性陈述在逻辑上通常可转变成如下形式：

陈述 4：在公司 A 所处的情形下，提高薪金将会最大化它的利润。

与陈述 3 相比，陈述 4 可被称为一种**描述性陈述**。可见，一个更精确的对策建议也许能指出哪个水平的薪金可带来利润最大化。因此，这样的描述性陈述（可由规定性陈述转化而来）就经常能在经验上被评估。

一般来说，各种科学——包括像经济学这样的社会科学——并不享有任何特权来进行涉及价值判断的规范性陈述，但它们却有能力更好地理解价值判断的实际意义。比如，虽然一位经济学家可能不具备任何资格来判断公司 A 的行为是否公正，但他也许可指出，当前的低工资会引发劳工的不满、频繁的工作变动和高昂的招聘与培训成本。因此，就本书所关注的内容而论，我们不考虑规范性陈述作为价值判断是否正确。我们关心的是，人们为何会作出某种价值判断，并且在规定性陈述的意义下它具有怎样的政策启示。我们将发现，如果接受了规定性陈述的定义，那么标准经济学本质上就是一个规范性模型，而行为经济学在本质上是一个描述性模型。实际上，特沃斯基和卡尼曼（1986）早就指出，任何有关选择的理论都无法做到兼具规范上的适当性和描述上的准确性。

1.4　行为经济学与其他学科的关系

按照前述第 1.1 节的观点，我们可将行为经济学划为两大体系，而本书所指的行为经济学属于第二个体系，故以本书为基准的行为经济学与其他相关学科的关系也可划分为两类。一类是属于经济学的新分支，且与行为经济学有某种交集，它们可被称为广义的行为经济学；另一类是若干非经济学类学科，它们构成了行为经济学的理论与工具的基础。下面我们将分而述之。

1.4.1　广义的行为经济学

在经济学中，实验经济学、神经经济学和认知经济学这三个领域都是相对较新的学科，它们先后兴起于 20 世纪 60—80 年代，并且彼此互有交叉，是上述“属于经济学的新分支，且与行为经济学有某种交集”的那一类学科。只有对这些学科的关系进行阐释与辨析，才能充分领会其中所涉及的深刻内涵和方法论问题。

实验经济学

行为经济学与实验经济学是极易混淆的两个密切相关但有本质不同的学科。实验经济学不同于其他大部分的经济学门类，它并不属于某个特定的研究领域，而是一种可用于任何领域的研究方法。然而，它对行为经济学的用处尤为重要，因为行为经济学所考虑的心理过程很难直接观察，而研究者通过受控的实验或对受试者进行设问，可对这些心理过程有更深刻的洞悉。

由于实验技术可提供关于决策的直觉推断以及其他非理性决策的证据，因此在很长的时间里行为经济学总是和实验经济学联系在一起。正因为如此，许多实验经济学以及行为经济学领域之外的人容易将两者相混淆。实际上，实验经济学更是一种工具，其在探索、挖掘行为现象方面极其有用。虽然来自实验的证据对于学习行为经济学的基本理论很重要，但对实验技术及相关概念的精确理解在学习行为经济学时却不是特别重要，这类似于计量技术对理解微观（宏观）经济学时所起的作用。

实验经济学领域在很大程度上是由弗农·史密斯开创的，他坚信实验方法能够使经济学的内涵更为充实，它不仅能够带来对心理过程更加深入的考察，而且能够使得对相关变量的控制更为严格，从而获取比得自传统观测法更为明确可靠的结论。

神经经济学

神经经济学是将神经科学、经济学相互作为研究对象并且将理论和工具对称使用的一个研究领域。因此我们认为，神经经济学目前可分为两大组成部分，称为神经经济学的组成部分Ⅰ和组成部分Ⅱ。

神经经济学的组成部分Ⅰ是以探索、研究经济行为的物质基础为目标的，主要探讨行为与生理学层面、神经学层面的联系，是经济学科学化研究的重要途径。近年来，全球自然科学顶级刊物《科学》和《自然》先后刊登了多篇相关文章，其中《神经系统对人类决策中的不确定性程度的反应》、《利他行为存在的物质基础》等论文就是这个方向的代表性成果。这类研究的主要方法是，通过运用与大脑活动有关的经验证据，得出关于经济行为的各种解释。这种研究之所以可行，是因为近年来在相关技术上实现了多次突破，尤其是一些涉及脑部扫描和成像的技术，比如PET（正电子发射断层扫描）、fMRI（功能性磁共振成像）、EEG（脑电图学）以及rCBF（区域性脑血流标记法）等。这些方法通过观察电活动或血流的增减情况，来对大脑的特定区域进行检测，从而较好地解答了许多行为经济学所感兴趣的问题。这些成果尤其有助于解答决策过程中的直觉、学习过程、情绪的作用等方面的问题。研究者发现，不同类别的思考和心理活动会在大脑的不同区域反映出来，这表明大脑的解剖结构十分重要。他们还发现，不同的化学物与荷尔蒙分泌物对行为有不可思议的影响。此外，由于我们已大致掌握了人脑中与每个部位相联系的心理活动或情绪，因此我们就能够对各类行为动机的来源进行总结。

神经经济学的组成部分Ⅱ恰好与上述的组成部分Ⅰ相对称，主要试图以经济学的理论、机制和模型作为指导和工具，探索、解释和构建生物体的行为目标模型。正像生物学家威尔逊（Wilson，1998）所指出的，社会科学和自然科学的融合是不可避免的，同时也是必要的。威尔逊进一步指出，这种融合首先表现为人们普遍认识到经济学和生物学是研究同一主题的两门学科。

认知经济学

认知经济学是一门以认知科学为理论基础的、在经典的以物量资源关系为主的经济系统中融合刻画人类主观思维与客观行为的学科。认知经济学为经济学重新赋予了其本不应忽视的另外两个重要维度——经济活动参与人之间的动态交互及由此导致的群体结果，进而考察参与人认知能力的异质性以及由异质参与人构成的社会网络特性，从而对基于人类认知过程（包括个体认知过程和群体认知过程）的有悖标准经济理论的异象进行解释与预测。

与狭义的行为经济学直接结合心理学理论以恢复参与人的异质性有所不同，认知经济学的主要兴趣点并非个体行为，而是由个体行为所推导出的群体现象，其中个体行为已被尽量简化。更进一步讲，认知经济学基于简化后的经济个体的交互行为（如学习、自适应等），来考察由此形成的群体内部的异质性及相关复杂现象，从而拓展了标准经济学将群体行为视为个体行为线性加总的过于简单的假设，并以此来描述、解释和预测与标准经济理论相矛盾的异象。

1.4.2　行为经济学理论与工具的基础

针对行为经济学的一个主要批评是：行为经济学在本质上关注的是如何收集有关行为偏差的观测值，其实质仅是一种记录。乍一看，这一看法似乎有一定的合理性。在过去的三十年中，许多偏差（表现为违背标准模型的异象）被一一发现，但这些研究往往相互矛盾，并且许多研究者满足于在狭义的行为环境下进行记录与建模。然而，本书的根本目的并不是检验人们如何以这些“特殊”的方式行动，而是要检验人们为何以这些方式行动。在很多情形下，我们的行为被生物学因素与环境因素共同决定，有时它们不可避免地被混合在一起。因此，有必要对有关生物学、心理学与社会学的某些基础概念进行基本了解，其中有些构成了行为经济学理论和工具的基础。我们有必要知晓这些相关学科的知识和最新进展，它们主要包括进化生物学、进化心理学和认知神经科学。接下来，我们就简要介绍一下这些学科的基本内容与观点，这主要参考威尔金森和克莱斯（Wilkinson and Klaes，2012）的相关论述。但需指出的是，我们不应陷于其中，这就如同经济学与数学的关系。

进化生物学

进化生物学家狄奥多西·杜赞希（Theodosius Dobzhanksy）的一条名言可作为这一学科的基本观点，即“生物学中唯一有意义的就是进化”（Dobzhansky，1973）。该领域的科学家用几十年的时间达成了关于进化理论的普遍共识，被称为“现代综合论”或“新达尔文综合论”，其主要的理论观点有如下四个方面：

①遗传性：基因是遗传的单位，并由父母传给后代。

②变异性：在任何种群中，基因都是多样化的，这有时被称为基因库。

③变化性：得自父母的基因的混合（重组），以及从一代到另一代的变异，造成了后代拥有与父母不同的基因。

④自然选择：一个种群内的最能够生存与复制的基因，倾向于随时间传播而占优，这导致了生物体对环境的适应。

从表面上看，进化生物学似乎并未对行为经济学提供直接的理论支撑，但该学科关于生物适应性的讨论却有助于我们加深对经济理性概念的理解与反思，正如前面所述，自然选择并不能保证理性的个体在进化中胜出。此外，该学科是行为经济学的另一重要理论基础——进化心理学的重要思想来源。

进化心理学

进化心理学作为一门较为新兴的学科，试图将所有的心理学解释压缩进一个统一的理论框架。虽然这样做可能是有风险的，但在考察与比较各种不同的经验结论时，我们相信进化心理学会起到重要的帮助作用。

有关进化心理学的核心观点及基本内容已在前面述及，此处不再赘述。但我们想要着重指出的是，多数进化心理学家并不是极端的基因决定论者，即他们并不认为一切人类行为均可从基因的角度来解释。相反，进化心理学家更愿意支持一种**基因—文化协同进化**的模型。该模型的基本观点是：人类的认知、情感和道德能力是基因与文化交互作用下的动态进化产物（Cavalli-Sforza and Feldman，1982）。对于多数现存物种的进化史来说，信息从一个生物体向另一个生物体的传播完全是通过基因方式。在这些基因序列中，既包含着如何构建一个新生物体的指令，也包含着如何对感觉输入作出决策的指令。

因为学习是有成本的并且易失误，因此在相对不变或变化缓慢的环境下，用基因组来对环境进行编码是更有效率的，此时，决策可以轻易地或自动地在相似环境下一再做出。然而，当环境条件大幅变化或迅速变化时，生物体必须拥有更加灵活的反应，这意味着他必须在基因层面上具备学习的能力，以适应不熟悉的环境。在进化史上的最近七百万年以来，信息传递的另一种方式（即所谓的后成方式）越来越重要。这是一种传递代际信息的非基因机制，从性质上说是一种文化机制。它可以是垂直传播（从父母到子女）、平行传播（同辈之间）、斜向传播（从非直系的老个体到新个体），也可以是以其他方向传播，比如从高地位向低地位。道金斯（Dawkins，1976）认为，文化信息的传播方式明显类似于基因的传播方式，对此可引入术语“文化基因”来代表一个信息单位。在这一视角下，我们就可认为，文化基因也可从一个人向另一个人复制，并且也是不完美的，其中会出现突变。而自然选择会使那些能提高适应性的文化基因保留下去，并且能够被更加频繁、忠实地传播。文化基因可以非常简单，比如“演奏《命运交响曲》开篇的四个简单音符”，也可以非常复杂，比如一条艰深的宗教教义。由于文化基因在性质上具有极大的可变性，因此很多人并不支持对基因与文化基因进行类比。但正如金迪斯（Gintis，2009）所指出的，即便是在基因之间也通常存在不明晰的且相互重叠的边界。

基因与文化的互动对人类某些特质能力的进化起到了关键的促进作用，比如语言、道德感以及复杂的社会情绪等。这些特质最终取决于神经系统的发展，因此仍然是由基因决定的，但是它们的存在价值又取决于相关环境下的文化。

我们之所以花费较多篇幅来评介基因—文化协同进化的观点，是因为与行为经济学有关的其他行为科学在这方面的考虑都是缺失的，而这一观点恰可作为统合各种行为科学的一个基础要件（Gintis，2009）。显然，这对于更深刻地理解和统合行为经济学的各组成部分也是大有裨益的。

认知神经科学

另一个相关的新学科是所谓的认知神经科学，它发轫于 20 世纪 80 年代，并且从本质上将进化生物学与进化心理学结合了起来。认知神经科学旨在将大脑中的各种神经状态与情绪状态联系起来，并进一步与外部事件相联系。因此，从很多方面来看，认知神经科学试图研究的是人类行为决策的物质基础。于是，当所研究的决策行为恰好是经济学家感兴趣的行为时，认知神经科学就自然而然地与神经经济学乃至行为经济学联系了起来。

有关认知神经科学的主要研究工具及方法，可参见前面对神经经济学的相关评述，此处不再赘言。在这里我们想要指出的是，认知神经科学可为行为经济学构建理论提供思想来源和启发。

一般认为，神经科学中最为基础性的发现之一就是所谓的**大脑模块化**，其含义是，不同类别的思考与情绪过程在大脑的不同部位运行，这暗示着大脑结构或其解剖学特征是十分重要的，并且可能与进化过程有关，即大脑的新增部分成功地添加到较旧的、较原始的部分中，并随着时间的流逝而变得愈加发达。大脑模块化带来的一个重要结果是，人类在不同环境下会使用不同的决策系统。关于这一点，一个最直观的表述方式是：我们拥有一个“冷”的理性系统，可用来进行诸如字谜游戏这样的推理；同时还拥有一个“热”的情绪系统，可使你在交通堵塞时变得狂躁。此外，我们还发现，某些行为是可以自动进行的，比如一位娴熟的钢琴家在演奏时，不需要有意识地思考下一步该弹奏哪个音符；而另外一些行动却需要有意识的决策，比如一个钢琴初学者尝试弹奏同一曲目时。

对于行为经济学来说，大脑模块化的事实是很重要的，因为这预示着不同的决策系统之间可能存在冲突，从而必然会反映到我们的行为决策之中，比如偏好反转现象，而这往往是标准经济学所无法解释的异象。因此，如何基于大脑模块化来进行建模并以此解释各种异象，就成为行为经济学的重要议题之一。我们将在后面的相关章节中更细致地讨论这一点。

1.5 本书结构

为了达到本书规划的写作目标，我们将全书分为四个部分。其中：

①第一部分是导论，由本章构成，主要对行为经济学这门学科的基本范畴、性质、研究方法及理论基础进行总括性评述。

②第二部分是个体选择理论，由第2章至第6章构成，它们依次是“确定条件下的选择Ⅰ：一般选择”（第2章）、“确定条件下的选择Ⅱ：归并与分离”（第3章）、“风险条件下的选择Ⅰ：效用评估”（第4章）、“风险条件下的选择Ⅱ：概率判断”（第5章）以及“跨期选择”（第6章）。其中，第2、3章主要与式（1.1）中的组成部分（4）有关，即探讨行为经济学如何修正确定情形下的标准效用函数；第4、5章在组成部分（4）之上又将组成部分（3）、（6）考虑了进来，即探讨在引入风险情形之后，行为经济学又如何对标准的效用函数和概率加权进行修正；而第6章主要与组成部分（2）有关，即进一步探讨在引入跨期情形之后，行为经济学如何修正标准的时间偏好假定。可见，从第2章到第6章，是一个从确定性的单时期情形向风险性的多时期情形不断递进的过程。

③第三部分是策略互动理论，这是将讲授内容从个体决策情形向群体互动情形的拓展，主要探讨行为经济学对标准博弈论的修正，即行为博弈论。本部分由第7章至第9章构成，它们依次是“有限认知”（第7章）、“学习”（第8章）和“社会偏好”（第9章）。其中，第7、8章主要与式（1.1）中的组成部分（1）有关，即通过反思（1）所预设的最大化假定，来更深刻地理解个体如何在策略互动中形成决策，以及如何通过学习来调整其决策；而第9章则与式（1.1）的组成部分（4）有关，因为在（4）中预设了个体只关心自身效用的假定，而在策略互动情形下，其他个体的效用往往是不可忽视的，由此引发了对（4）进行修正的需要，即所谓的社会偏好。

④第四部分是宏观经济理论，这是继策略互动情形之后，我们进一步将讲授内容拓展到宏观情形，因此涉及的是行为经济学对标准宏观经济理论的拓展，即行为宏观经济学。本部分由第10章至第12章构成，依次是“现代宏观经济学引论”（第10章）、“行为宏观经济学Ⅰ：总需求方程”（第11章）和“行为宏观经济学Ⅱ：总供给方程”（第12章）。其中，第10章是对现代宏观经济学的总评，我们阐述了从新兴古典主义到新凯恩斯主义再到行为宏观经济学的理论发展脉络，并试图指出，新兴古典与新凯恩斯理论共同构成了

现代标准宏观经济学的基本内容，而它们的微观基础实际上都建构于式（1.1）的个体模型之上，因此行为宏观经济学对标准宏观经济学的修正也主要以式（1.1）作为逻辑起点。其中，第 11 章涉及对式（1.1）的组成部分（5）、（4）和（3）的修正，所形成的理论成果主要体现为总需求方程的改进；而第 12 章则涉及对组成部分（5）、（4）和（2）的修正，所形成的理论成果又体现为总供给方程的改进。

上述三个部分使得本书形成了从微观到宏观这样一个完整的行为经济学体系，这既是本书的特色之一，同时也体现了行为经济学的理论发展历程及趋势。

需要说明的是，在每章内部都存在一个大致相同的写作逻辑：首先是对相关的标准经济学模型的原理和假定进行考察，并对它的不足和异象进行描述。接下来是引入各种行为经济学模型，尽可能对其心理学或神经学基础进行说明，同时还通过可得的经验证据来评估这些行为模型，并将其与标准模型进行对比。在某些章节，我们还讨论了相关的规范性或政策性启示。最后，在每章的末尾，我们尽可能给出一些案例研究，来对行为经济学模型中的一些重要应用进行考察。

1.6 本章要点

● 行为经济学所关心的是，如何加入一个可靠的心理学基础，以增强经济学理论的解释力与预测力。

● 行为经济学放松了标准经济学严苛而片面的假定，从而解释了有悖于标准经济学的大量异象。因此，行为经济学是对标准经济学的拓展，是主流（经典）经济学的前沿。

● 行为经济学是一门较新的学科，在 1980 年左右才得到承认；在那之前，经济学家对心理学的忽视持续了好几十年。

● 行为经济学家使用的研究方法或手段十分丰富，既有基于传统经济学和心理学的方法，也有从其他学科借用的一些常用方法。因此，行为经济学不但用到了观察研究和实验研究，而且有时连计算机模拟和人脑扫描也被用于其中。

● 行为经济学可分为两大体系，这两大体系的重点都是研究经济系统中参与人的认知过程、行为的心理学或神经学基础如何与经济系统相互作用，并对这个相互作用进行测量与验证。其中，第一个体系是广义的，包括神经经济学、认知经济学和实验经济学的部分内容。而第二个体系是狭义的，即把行为研究的核心进展融入标准经济学之中。

● 许多非经济学类的学科为行为经济学提供了坚实的理论与工具基础，它们是进化生物学、进化心理学和认知神经科学。

课后思考

● 什么是行为经济学？

● 请概述标准经济学模型的假设。

● 给出几个标准经济学模型不能解释的实例。

- 解释进化心理学的含义，以及它为什么与行为经济学相联系。
- 解释规范性理论与描述性理论的区别。
- 辨析行为经济学、实验经济学、神经经济学及认知经济学的区别。

关键术语

行为经济学　behavioral economics
标准经济学　standard economics
异象　anomaly
主流经济学　mainstream/orthodox economics
神经经济学　neuroeconomics
认知经济学　cognitive economics
实验经济学　experimental economics
经济人　homo economicus
理性　rationality
自利　self-interest
有限理性　bounded rationality
非理性　irrationality
偏好　preference
严格偏好　strict preference
无差异　indifference
弱偏好　weak preference
完备性　completeness
传递性　transitivity
进化心理学　evolutionary psychology
规定性陈述　prescriptive statement
描述性陈述　descriptive statement
基因—文化协同进化　gene-culture coevolution
大脑模块化　brain modularity

进一步阅读

[1] Bruni，L. and Sugden，R. (2007). "The Road Not Taken：How Psychology Was Removed from Economics，and How It Might Be Brought Back." *Economic Journal*，117，146-173.

[2] Camerer，C. F. and Loewenstein，G. (2004). "Behavioral Economics：Past，Present and Future." In C. F. Camerer，G. Loewenstein and M. Rabin（Eds.），*Advances in*

Behavioral Economics. Princeton: Princeton University Press.

[3] Rabin, M. (1998). "Psychology and Economics." *Journal of Economic Literature*, 36 (1), 11-46.

[4] 贺京同，郝身永. 新古典经济人三重特征的局限与重构. 学术月刊，2012 (4).

[5] 贺京同，郝身永，那艺. 论行为经济学的理论内核与其"支离破碎"的表象. 南开学报（哲学社会科学版），2013 (2).

[6] 贺京同，那艺. 传承而非颠覆：从古典、新古典到行为经济学. 南开学报（哲学社会科学版），2007 (2).

第二部分

个体选择理论

第 2 章

确定条件下的选择Ⅰ：一般选择

在本章，我们将研究确定条件下的一般选择问题，这主要与式（1.1）的组成部分（4）有关。所谓“确定条件”是指，对于一个给定的行为，其结果是确定可知的，因此可将其视为经济学所要研究的最为简单的选择问题。

第 2.1 节主要介绍标准经济学的相关理论，这可用“效用最大化”的语言来描述，即：个体对各种商品束的偏好满足完备性和传递性公理，并且能够选择预算集中最被偏好的商品束，这可视为确定条件下的基准选择理论。然而，许多现实中的异象超出了这一基准理论的解释或预测范围。为此，行为经济学对这一理论进行了相应修正。

在本章，我们主要介绍两个方面的重要修正：其一，经验研究显示，个体的偏好依赖于某个参考点，此时偏好无法严格遵循完备性公理和传递性公理。为此，行为经济学修正了标准经济学的效用函数形式，在效用函数中引入了参考点的作用机制，这构成了第 2.2 节的主要内容。其二，有经验研究表明，个体的实际选择不能完全反映其偏好，在很多情形下，个体的选择仅能反映其欲求，不能反映潜在可获得的幸福感。为此，行为经济学拓展了标准经济学的效用内涵，在仅具备欲求属性的标准效用概念中引入了幸福属性，并据此探讨了幸福感对个体选择的影响机理，这构成了第 2.3 节的主要内容。

2.1　标准经济学模型

在本节，我们将扼要介绍标准经济学是如何讨论确定条件下的个体选择问题的，这主要涉及如下几个重要内容：无差异曲线、效用最大化与显示偏好。

2.1.1　无差异曲线

我们在第 1 章已指出，在标准经济学中，个体的偏好遵从完备性与传递性假定，此时，个体可对所有商品束列出一份排序清单，其中，完备性保证了排序清单的单一性，而传递性保证了排序清单的单向性。然而，在这份排序清单内，可能存在一些个体认为无差异的商品束。如果商品束被简化成二维向量形式，那么在一个二维平面上，将这些无差异的商品束联结起来就形成了一条**无差异曲线**。可以想象的是，在由可选商品束构成的平面范围内，可以存在多条无差异曲线，如图 2—1 所示。其中，处于不同无差异曲线上的点之间具有严格的偏好关系。

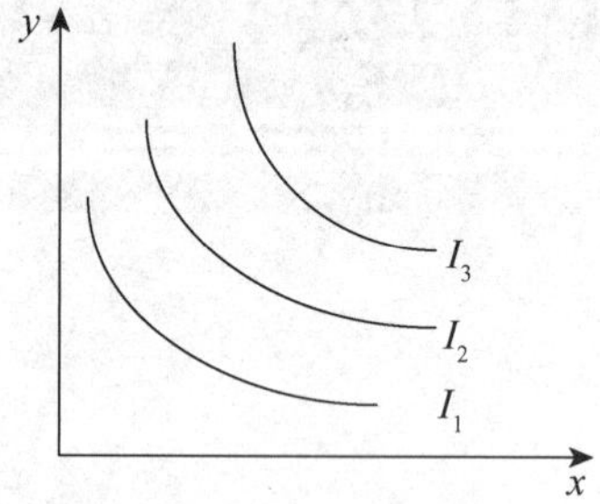

图 2—1　一组无差异曲线

一般而言，在标准经济学下，无差异曲线具备三大特征：

① 任意两条无差异曲线不会相交，否则将会违反传递性公理。

② 无差异曲线向右下方倾斜，这与第 1 章提到的偏好的附加假定有关，即偏好的**单调性**，它意味着个体认为商品多多益善。因此，离原点较远的曲线（比如 I_2）上的商品束要比那些处于较低曲线（比如 I_1）上的商品束更被人偏好。然而，对于这些商品束更被偏好的程度是多少却没有给出任何说明，因此我们无法说出 I_2、I_1 间的差异与 I_3、I_2 间的差异究竟孰大孰小。

③ 无差异曲线凸向原点，这与另一条关于偏好的附加假定有关，即偏好的**凸性**，它意味着个体总是更偏好多样化的商品。

2.1.2　效用函数

效用是经济学中的另一个重要概念，它实际上是用数字来标识个体对各商品束的偏好程度。例如，对于商品束 A、B 和 C，如果个体的偏好为 $A>B>C$，那么我们就可用数字 3、2、1 来分别代表个体对 A、B、C 的偏好程度，亦即效用。在此例中，数字越大代表偏好程度越强，效用越高。可以想象，相同的数字代表相同的偏好程度。

上例意味着我们可把每个商品束与一个特定的数字联系起来，这就是所谓的**效用函数**，一般用 $u(\cdot)$ 表示，它是从可选集向真实数字集的一种映射。根据上例，更高的效用对应着更被偏好的商品束，因此可认为，效用函数 $u(\cdot)$ 恰好反映了偏好关系“$\succeq$”，规范地表达即是：$A \succeq B \Leftrightarrow u(A) \geqslant u(B)$ 。

如果结合第 1 章提到的关于偏好的单调性和凸性假定，我们就可绘出标准经济学下的一般性的效用函数，见图 2—2。

图 2—2 是关于某种商品的效用函数，其中纵轴 u 代表效用，横轴 x 代表商品的数量。从图中可见，该效用函数是单调递增的，即 $u'>0$ ，这符合偏好的单调性假定，即越多的商品量会越受到偏好；但效用函数的斜率是递减的，即 $u''<0$ ，这符合偏好的凸性假定，即个体总是更偏好多样化的商品，因此同一商品的量逐渐增加，只会带来递减的增量效

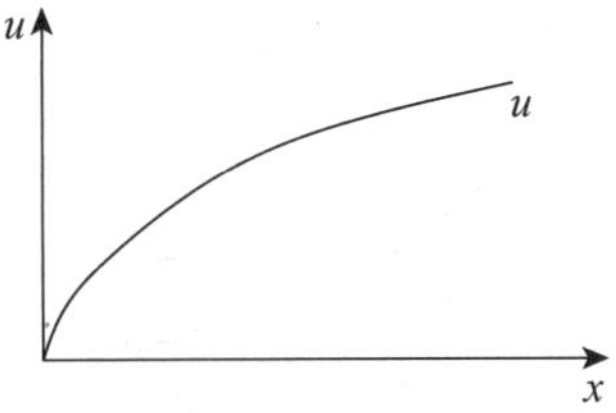

图 2—2　标准经济学下的效用函数

用，这被称为**边际效用递减律**。

现在，我们需要将效用与无差异曲线联系起来。根据效用函数，相同的偏好程度对应着相同的效用，因此一条无差异曲线上的各个点也就对应着相同的效用。这样一来，我们就可对每条无差异曲线进行效用赋值，其中，越远离原点的曲线被赋予的值也越高，如图 2—3 所示，我们有 $u_3 > u_2 > u_1$。

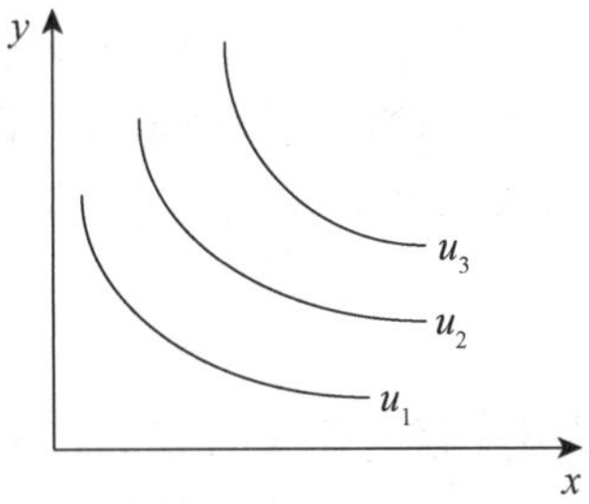

图 2—3　无差异曲线与效用

2.1.3　均衡选择

在标准经济学下，无差异曲线的重要作用在于能够直观地描述个体的选择行为。但为了做到这一点，还需要引入预算集与预算约束的概念。

在确定条件下，个体的选择可被描述为从一个既定的可选集内选取一个商品束。首先，可选集内的商品束是互斥的，即个体在某一时点上至多只能选取一个商品束；其次，可选集涵盖了所有可选的商品束，即个体只能在可选集内进行选择。然而，在很多情形下，可选集内仅有一部分商品束是个体能负担得起的，由这些商品束构成的集合被称为**预算集**，其边界就是所谓的**预算约束**，它将个体能负担的商品束与其他商品束区分开来，在二维情形下可表达为如下等式：

$$p_x x + p_y y = m \tag{2.1}$$

其中 p_x 是商品 x 的价格，p_y 是商品 y 的价格，m 是个体可承担的货币预算。在图 2—4 中，我们将预算约束表示为一条贯穿点 A、B 的直线。其中，无论是直线上的点（如点 B）还是直线左下三角区域内的任意点（如点 C），都是个体能负担得起的商品束。

如果把预算约束与无差异曲线结合起来，我们就可找出个体最终选择的商品束。在图 2—4 所示的预算约束下，虽然个体足以承担对商品束 B 或 C 的选择，但这些却不是最优的商品束，因为它们并不位于个体可触及的最高的无差异曲线上。显然，商品束 A 才是最优的，因为它是个体在能力范围内可选择的最为偏好的商品组合。此时，我们说个体实现了**均衡**选择。根据第 1 章的论述，这一选择是理性的。

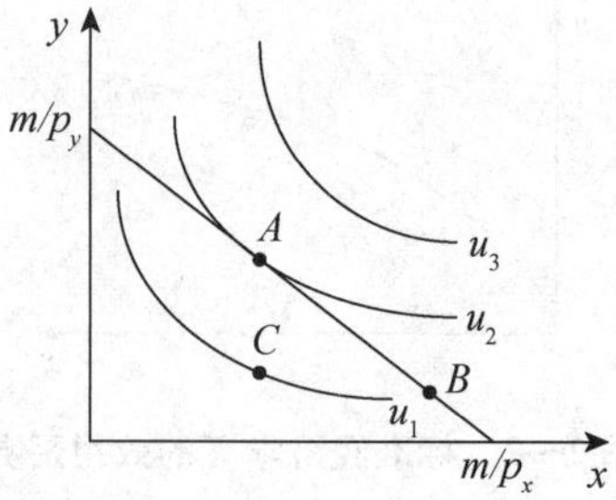

图 2—4　个体选择问题

上述情形可被一般化为：任何最优的商品束都会发生在无差异曲线与预算约束线的相切之处。因此，令这两条线的斜率相等，就是使个体实现均衡选择的条件。这个条件可被进一步扩展到任意多种商品的情形。

接下来，我们可进一步将效用与选择联系起来。根据前述内容，如果个体选择了其预算集中最被偏好的商品束，那么就实现了均衡选择，同时也说明该个体是理性的。由效用函数的定义可知，最被偏好的商品束对应的效用也最大，因此均衡选择（或理性选择）意味着个体实现了**效用最大化**，这表现为图 2—4 中的 A 点。

2.1.4　显示偏好

一旦接受上述对均衡选择的表述，随之而来的另一个重要概念就是**显示偏好**。在现实生活中，我们仅能观察到个体的选择，而无法直接观察到他的偏好。但如果个体的选择是理性的，那么就可认为，个体实际所选的商品束与其他可选并负担得起的商品束相比，他一定偏好的是所选的这个，亦即他的选择恰好反映了他的偏好，这就是所谓的显示偏好概念。

显示偏好隐含着如下一个观点，即我们在分析具体的选择问题时，不需要考虑该项选择会给当事人带来怎样的快乐或幸福感，这与序数效用论的思想有关。早期的古典经济学家认为，效用具有快乐属性，并且可被测度，方法是借助一个主观想象的效用单位，并从零开始按比例计数，这就是所谓的**基数效用论**。于是，如果商品束 A 可带来 10 单位的效用，商品束 B 可带来 20 单位的效用，那么 B 的效用就是 A 的两倍。然而，现代经济学家尤其是标准经济学的倡导者却倾向于放弃这种按比例标度和度量效用的方法。他们认为，对效用进行定量测度是很困难的，因此对各种商品束只需按照偏好排序即可，无须关心它们到底能带来多少单位效用，这就是所谓的**序数效用论**。在这种观点下，个体的偏好序 $A \succ B \succ C$ 既可以用数字 3、2、1 来表示，也可以用数字 1 000、500、0 来表示，甚至可以用 0、－60、－100 来表示。因此，如果说“商品束 A 的效用是商品束 B 的两倍”，那就是毫无意义的。

相较于基数效用论来说，序数效用论涉及的假定更少一些，因此可使某些问题的分析更为简化，但这却不可避免地使标准经济学过多地关注各种选择之间的相对排序，这实际上反映的是个体对各种选择的相对欲求，因此标准经济学在本质上将个体选择与幸福感割裂开了。

2.2　行为经济学的修正Ⅰ：选择的参考点依赖

从本节开始，我们将介绍行为经济学对确定条件下个体选择问题的讨论，这是基于行为经济学对标准模型的修正而进行的。本节主要关注的是偏好的参考点依赖性质。我们将强调，参考点依赖将使得个体的偏好不再严格遵循完备性与传递性公理。此时，个体的效用最大化选择将依赖于参考点的位置。

2.2.1　异象

禀赋效应：单商品情形

根据前述的标准经济学模型可知，个体的偏好和选择与他的禀赋无关，换言之，当个体进行选择时，他当前持有的商品并不会影响他的决策。假设你现在拥有一个杯子，且假设你对货币存在多多益善的偏好，亦即你认为 2 元比 1 元好，3 元比 2 元好，那么根据完备性假设，你一定能够找到某一数额的货币 p，并认为 p 与这个杯子是无差异的。现在，若有一人愿意购买此杯并向你询价，那么你一定会说"不得低于 p 元"。此时，我们就把价格 p 称为**接受意愿**。反之，假设此杯由他人持有，并向你询问愿意出价多少来购买此杯，那么你一定会说"不得高于 p 元"。此时，我们又可把价格 p 称为**支付意愿**。在此例中，你的接受意愿与支付意愿是相等的，其含义是，你在货币数额 p 和杯子之间的偏好，与你是否拥有这个杯子无关，这被称为偏好的**不变性**。

从标准经济学的效用函数可以更清楚地看出上述结论，见图 2—5，其中横轴表示杯子的数量，纵轴表示效用。当你从没有杯子到获得一个杯子时，你的效用从 $u(0)=0$ 上升至 $u(1)$；反之，当你从拥有一个杯子到失去这个杯子时，你的效用又从 $u(1)$ 下降至 $u(0)$。因此，获得一个杯子而增加的效用等于失去这个杯子而损失的效用，这表明由这个杯子带来的效用与你的初始禀赋是无关的。

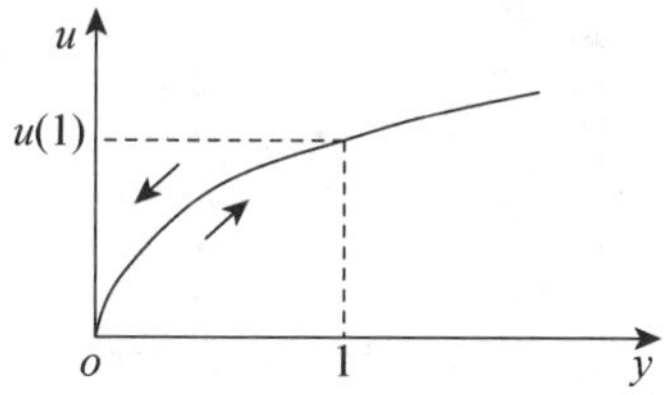

图 2—5　杯子与效用

然而在现实中，我们经常可以观察到一些不符合标准经济学模型的异象，即人们的支付意愿与接受意愿并不总是相等。例如，在卡尼曼、奈奇和泰勒（Kahneman，Knetsch and Thaler，1990）的一项针对康奈尔大学学生的实验中，人们拥有杯子时的接受意愿要大于没有杯子时的支付意愿，其中持杯者索要的卖价中位数为 5.25 美元，而无杯者愿付的买价中位数仅为 2.25 美元。又如，在一个关于狩猎和捕鱼权的案例中，出售者的接受意愿总是比购买者的支付意愿高出 2.6～16.5 倍，而在一个真实的交易实验中，鹿狩猎权的接受意愿与支付意愿之比为 6.9（Heberlein and Bishop，1985）。另外，还有实验发现彩票的接受意愿与支付意愿之比为 4.0（Knetsch and Sinden，1984）。

上述异象表明，人们的选择似乎不仅受最终结果的影响，还受当前禀赋的影响，这被称为**禀赋效应**。正式地，我们可以将禀赋效应定义为：当个体将某一商品看作自身的禀赋时，他对该商品的估价将发生变化。

禀赋效应：多商品情形

上述情形只涉及单一商品。现在我们将指出，在多商品情形下，禀赋效应仍然存在。请考察如下两个典型的实验。

第一个实验取自卡尼曼、奈奇和泰勒（Kahneman，Knetsch and Thaler，1990）。假设个体面对的是二维的商品束（x，y），其中商品 x 是货币，商品 y 是杯子。现进一步假设存在两个选择 A 和 B，其中 A 可表示为（x_1，y_1），B 可表示为（x_2，y_2），且有 $x_1>x_2$ 和 $y_1<y_2$，那么参照图 2—6，请考虑如下问题：

①如果你最初的禀赋是 B，那么请问你至少得到多少货币，才愿意将商品 y 的数量从 y_2 降至 y_1？

②如果你最初的禀赋是 C，亦即（x_2，y_1），并假设你可以随意把商品 y 的数量从 y_1 升至 y_2，那么请问至少需要多少货币，才能让你放弃这样去做？

显然，根据标准经济学模型，对问题①与问题②的回答结果应该是趋同的。然而，在卡尼曼、奈奇和泰勒的实验中，对问题①的回答结果的中位数约为 7 美元，而对问题②的回答结果的中位数约为 3 美元。这一实验结论意味着，个体在初始禀赋是 B 时要比初始禀赋是 C 时更有可能认为 $B>A$。

第二个实验取自萨缪尔森和泽克豪泽（Samuelson and Zeckhauzer，1988）。现在假设商品 x 是巧克力，商品 y 是杯子，仍然可参照图 2—6。在一组人群中，一半的人被随机给定禀赋 B，另一半的人被随机给定禀赋 A，且每个个体都面临两个选择：要么保留当前给定的禀赋，要么和持有另一种禀赋的人交换。

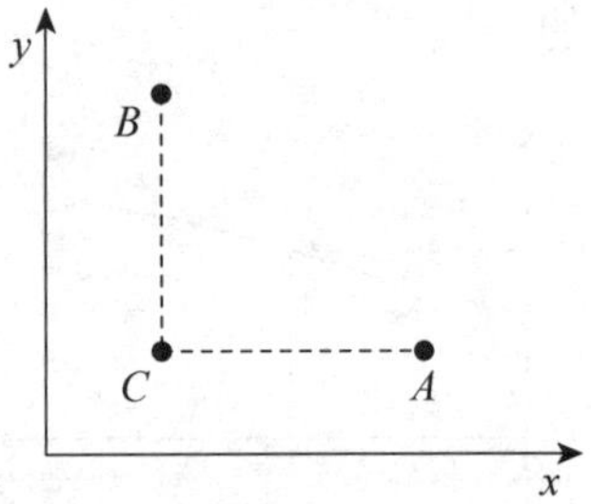

图 2—6　初始禀赋与偏好

显然，根据标准经济学模型，由于持有两种禀赋的人都是随机决定的，因此愿意交换禀赋的个体应该大致占总人群的 50%。然而，根据萨缪尔森和泽克豪泽的实验，约有 90%的受试者选择保留当前给定的禀赋。这一实验结果意味着，个体在初始禀赋是 B 时要比初始禀赋是 A 时更有可能认为 $B>A$，即个体可能更为偏好当前的禀赋，这又被称作**现状偏好**。

以上两个典型的实验结果进一步佐证了禀赋效应的存在性。然而，在标准经济学语境下，我们很难对禀赋效应作出合理解释。对此，行为经济学对标准的偏好概念作了修正，认为个体的偏好和选择是依赖于某个参考点的。在上述各例中，初始禀赋就可看作一种参考点。下面我们将对参考点依赖作详细讨论。

2.2.2　参考点依赖

具体而言，参考点依赖的内涵需从参考点与损失厌恶两个方面来理解，对此我们将分而述之。

参考点

参考点这一概念最初是由卡尼曼和特沃斯基（Kahneman and Tversky，1979）进行规范化表述的，其基本观点是，个体对选择结果的识别是以参考点为依据的，影响人们决策的不是最终结果水平，而是最终结果与参考点之间的变化或差距。当最终选择结果在参考点之上时，个体将其视为一种收益，而当最终选择结果在参考点之下时，就被视为一种损失。值得注意的是，参考点并不存在一个客观标准，它是一个主观概念，随着历史、文化或环境的改变而改变。

应当指出的是，参考点并不是卡尼曼和特沃斯基的首创，其实这一概念已有相当长的历史。凯恩斯（Keynes，1936）在《就业、利息和货币通论》（简称《通论》）中提到，人们往往是按照历史惯例进行交易的，这其实具备了参考点的初步思想。而其后的马科维茨（Markowitz，1952）和赫尔森（Helson，1964）在他们的著作中也对这一概念有所涉及。实际上，参考点的概念在某些细节上来自前人的智慧贡献。例如，在童话故事《小房子变大房子》中，一位总是抱怨房子太小的妇人接受了一位老人的劝告，她先将所有动物都塞进自己的房子，然后再将它们都赶出去，这时她豁然发现房子仿佛变大了。

虽然在上述的禀赋效应中，初始禀赋被看作是个体决策的参考点，但参考点却有多种形式。比如，人们的期望禀赋、消费的习惯水平也可看作是参考点。又如，有时人们用来评价收益或损失的参考点是可被普遍接受的一般财富水平。尤其值得一提的是，有时参考点与其说是现状还不如说是期望的状况。例如若人们期望 10%的工资增长，然而只得到 5%，那么他们就可能感到失望。在这种情况下参考点不是他们现在的工资水平，而是他们期望的工资水平，因此，他们以损失而不是收益来评估这次涨薪。此外，参考点也受其他人状况的影响。我们可能对 5%的提薪很满意，但当我们发现某个同事得到了 10%的提薪时，我们很可能会恼羞成怒。

损失厌恶

然而，引入参考点尚不足以对禀赋效应作出完整解释，尤其是接受意愿与支付意愿的非对称性。为此，行为经济学进一步引入了另一个重要概念即**损失厌恶**，它是指由等量损失带来的沮丧程度要大于由等量收益带来的快乐程度。这一概念的启示是，同一个事物被视为损失时是一种估值，而被视为收益时又是另一种估值。

如果个体存在损失厌恶，那么接受意愿与支付意愿不相等就是有可能的。当个体需要给出一个接受意愿时，他其实是要放弃手中的某一商品并对其提出一个最低要价，因此这一商品是在损失语境下被估价的；反之，当他需要给出一个支付意愿时，他其实是想获得某一商品并对其提出一个最高买价，因此这一商品是在收益语境下被估价的。由于个体对等量损失比对等量收益更为敏感，因此接受意愿也就自然应该大于支付意愿。

2.2.3　对效用函数的修正

值函数的引入

显然，在标准经济学下，偏好不受参考点与损失厌恶的影响。那么一旦考虑这一影响，标准的偏好结构乃至效用函数应作出怎样的修正？对此，行为经济学提出了所谓的**值函数**，并将其作为标准效用函数的拓展部分。

关于值函数的提出与讨论最初见于卡尼曼和特沃斯基（Kahneman and Tversky，1979）。鲍曼、迈因哈特和拉宾（Bowman，Minehart and Rabin，1999）在其研究中将值函数与标准的效用函数结合了起来，而直至科策吉和拉宾（Köszegi and Rabin，2006）才对二者的结合进行了较为系统的表述，由此得到的修正后的效用函数被表达为：

$$U(x|r) \tag{2.2}$$

其中，x 代表商品束，r 代表参考点。此时，个体对各选项的偏好将基于某个参考点而重新排序。

式（2.2）即为行为经济学对效用函数的一种修正形式，它可被进一步“拆解”为两个部分：一是由选择结果的绝对水平带来的效用，这与标准经济学的效用函数是一致的；二是由选择结果的相对水平（即最终结果相对于参考点是收益还是损失）带来的效用，由值函数来表示。

为了更具体地表达式（2.2）所示的效用函数，我们假设个体面临一个 k 维商品束 x，即（x_1，x_2，…，x_k），而他的参考点为 r，即（r_1，r_2，…，r_k）。接下来，我们首先假设个体会对商品束 x 的每个分量 x_i 的效用进行评估，用函数 $u_i(x_i)$ 表示，满足 $u'_i>0$ 和 $u''_i<0$，这对应于标准的效用函数。其次，他还会对 x_i 与 r_i 的差异进行评估，用函数 $v(\Delta_i)$ 来表示，其中 $\Delta_i=x_i-r_i$（这里对科策吉和拉宾的初始方法作了简化，以便于讲述），此处的 $v(\cdot)$ 即为值函数。现在，我们进一步假设一个可加函数 $u(x)$，满足 $u(x)=\sum_{i=1}^{k}u_i(x_i)$。于是，行为经济学下的效用函数可被具体写作：

$$U(x \mid r)=\alpha u(x)+(1-\alpha)\sum_{i=1}^{k}v(\Delta_i) \tag{2.3}$$

其中，$0\leqslant\alpha\leqslant1$ 代表权重。可见，该效用函数是标准效用函数与值函数的加权之和。当 $\alpha=0$ 时，该效用函数完全取决于值函数；而当 $\alpha=1$ 时，该效用函数则退化为标准经济学的效用函数。因此，标准的效用函数可看作式（2.3）给出的效用函数的特例形式。显然，在单商品情形下，式（2.3）可被进一步简化为：

$$U(x \mid r)=\alpha u(x)+(1-\alpha)v(\Delta) \tag{2.4}$$

此即研究中常见的一种行为经济学效用函数，我们将在第 11、12 章再次提到它。

值函数的性质

现在，我们可进一步给出值函数的基本性质：

① $v'(\Delta_i)>0$，即它是单调递增的。

② 当 $\Delta_i\geqslant0$ 时，个体获得了收益，于是有 $v(\Delta_i)\geqslant0$；当 $\Delta_i<0$ 时，个体蒙受了损失，于是有 $v(\Delta_i)<0$。

③当 $\Delta_i\geqslant0$ 时，$v(\cdot)$ 是凹函数，即 $v''(\Delta_i)<0$；当 $\Delta_i<0$ 时，$v(\cdot)$ 是凸函数，即 $v''(\Delta_i)>0$。

④对于任何 $\Delta_i>0$，均有 $-v(-\Delta_i)>v(\Delta_i)$，且 $v'(-\Delta_i)>v'(\Delta_i)$，即个体是损失厌恶的。

根据上述讨论，我们可将值函数的基本形状绘制出来，见图 2—7。从中可发现，其图形与标准效用函数的图形存在一定的类似之处，但无论是自变量还是取值范围都发生了很大变化，并且呈现一种“S 形”。其中，$\Delta_i<0$ 时的图像更为陡峭，这体现了损失厌恶的特征。此外，无论是收益还是损失，它们给个体带来的感受都是边际递减的，这被称为**敏感性递减**。

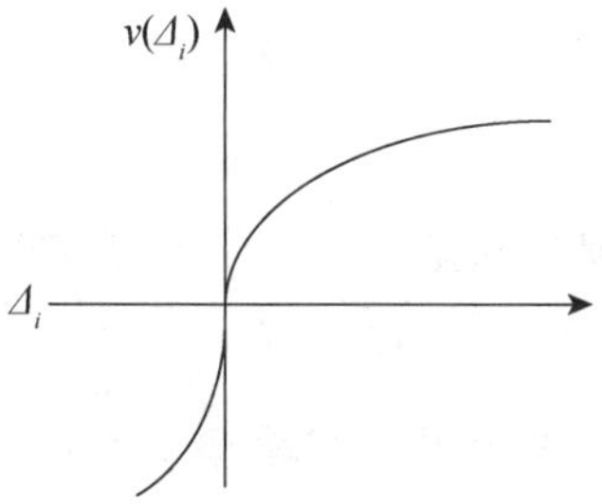

图 2—7 值函数的基本形状

根据上述给出的值函数的性质及图形，并参考卡尼曼和特沃斯基（Kahneman and Tversky，1992）的方法，我们可将值函数表达为一个具体的分段式幂函数：

$$v(\Delta_i)=\begin{cases}\Delta_i^{\alpha} & \Delta_i\geqslant 0\\ -\lambda(-\Delta_i)^{\beta} & \Delta_i<0\end{cases} \tag{2.5}$$

其中，$\lambda>1$ 为损失厌恶系数，且 $0<\alpha$，$\beta<1$。根据卡尼曼和特沃斯基的实验结果，λ 值约为 2.25，而 α 和 β 的值约为 0.88。

无差异曲线的修正

在效用函数中引入值函数之后，我们将发现，无差异曲线的位置与个体的初始禀赋有关。为了看出这一点，我们考虑图 2—8 所示的情形。在该图中，我们假设个体起始时的禀赋为 A，且有 $u(A\mid A)=u(B\mid A)$，于是经过 B 点的无差异曲线如 I_1 所示，从中可知，若要个体增持 1 单位商品 2，他愿意放弃的商品 1 为 2 单位，这可视为他的支付意愿。现在，假设个体的初始禀赋为 B，那么可知，若要他放弃 1 单位商品 2，由于损失厌恶的存在，他要求增持的商品 1 将大于 2 单位，这可视为他的接受意愿。可见，接受意愿是大于支付意愿的。此时，$u(B\mid B)>u(A\mid B)$，于是经过 B 点的无差异曲线变为 I_2。

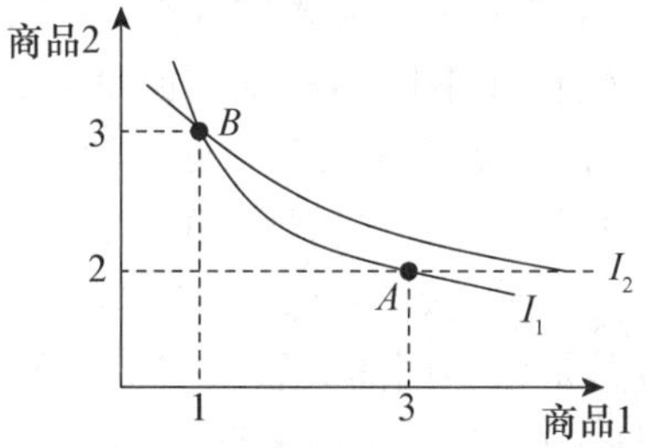

图 2—8 引入损失厌恶的无差异曲线

可见，当考虑损失厌恶时，个体的初始禀赋会影响到无差异曲线的倾斜程度，从而使 I_1、I_2 在 B 点相交，这使得 B 与 A 的偏好关系将不再是唯一确定的。此时，偏好既未严格遵循完备性公理，也未遵循传递性公理，而个体的效用最大化选择（即预算线与最高无差异曲线的切点）将不再是唯一不变的，而是依赖于初始禀赋的位置。

类似地，基于上述关于无差异曲线的分析，我们还可针对图 2—6 得出如下两个推论：

①如果 $u(B|B)=u(A|B)$，那么将有 $u(B|C)<u(A|C)$。

②如果 $u(B|B)=u(A|B)$，那么将有 $u(B|A)<u(A|A)$。

根据这两个推论，我们就可解释前述的多商品情形下的禀赋效应。

2.2.4 心理学基础

参考点

参考点概念具有深厚的心理学基础。正如卡尼曼和特沃斯基（Kahneman and Tversky，1979）所说：

> （参考点）与基本的感知和判断原理是相容的，我们的感知器官是与变化或差异的估值合拍的，而不与绝对量的估值合拍。当我们对诸如亮度、响度或者温度这些属性做出反应时，以往和现在经历的环境将会形成一个适应水平或参考点，而对刺激的感受将与这个参考点相关。

除此之外，我们还可看到，参考点的心理学概念涉及生物学中更宽泛的**自身稳态**和**协同稳态**机制。这两个机制都具有实现适应性进化的基本功能。自身稳态是指，在生物体中的各种系统会形成一个最佳的稳定点，相对该点的偏移将引起试图使其恢复到稳定点的负反馈过程。比如，生物体的温度、血糖水平和电解质平衡就属于此类稳定点。而协同稳态是另一种类型的反馈机制，其中一个变量可被维持在一个适度的范围内，并允许其随环境的要求而变化。比如，心率、血压以及荷尔蒙水平都属此类变量。因此当我们运动时，为了达到最佳状态，心跳速度和血压都允许上升。

另一个直观的关于参考点现象的身体实例是如下一个实验。在这个实验中，受试者把一只手放在冷水中一段时间，并把另一只手放在热水中一段时间，然后他将两只手都放在同一个盛有温水的容器中。此时，受试者发现，之前在冷水中的那只手现在有暖的感觉，而之前在热水中的那只手现在却有凉的感觉。这两只手本应该感觉相同，但由于先前所处的环境不同，因此两只手在大脑中形成了不同的温度参考点。

损失厌恶

进化心理学从适应性机制角度对损失厌恶的来源进行了推测。平克（Pinker，1997）指出，尽管收益能够改善我们生存和繁衍的前景，但重大的损失却可能让我们彻底“出局”。例如，穿越沙漠时额外一瓶水能让我们感到更愉悦，但损失一瓶水却可能让我们面临灭顶之灾。虽然在这个故事中有关“损失厌恶”的推测过于必然，但毫无疑问的是，在现实生活中，收益与损失的非对称感觉是很常见的，并且有许多经验研究提供了证据，而脑成像技术也已表明损失和收益是由不同的大脑区域负责处理的（O’Doherty，2004），这意味着大脑对损失和收益的反应方式具有本质差异。

敏感性递减

对于敏感性递减，我们可借鉴卡尼曼和特沃斯基（Kahneman and Tversky，1979）的原话：“许多感觉和知觉方面都共有这样的特性，即心理反应是物质变化幅度的凹函数。例如，对于室内温度来说，区分 3℃与 6℃之间的变化要比区分 13℃与 16℃之间的变化容易得多。”

进化心理学家想在上述语言描述的层次上更进一步，他们试图推测这种心理适应性是怎样进化来的。他们认为，在许多环境下，决定生存和繁衍的关键因素是相对变化量，而不是绝对变化量。例如，当一个人感到饥饿时，一公斤肉对他来说是非常有用的（相对于零或非常少的数量）；但十公斤肉对他来说就不是十分有用了，除非有许多人也要吃肉，因为在我们祖先的生活环境下，多余的量是无法贮藏的。

2.2.5 其他例证

在现实中，许多经验现象均与参考点和损失厌恶有关。在此我们举出若干例证，以帮助读者更深刻地理解这两个概念：

①厂商的产品试用期策略。在很多情形下，厂商会推出“顾客可免费使用产品 15 天”的策略，并承诺期满后顾客可选择退回该商品。虽然这一策略会使厂商蒙受某些成本，比如产品的折旧或损坏等，然而其用意却是明显的：当试用期满时，由于顾客已对该产品使用了一段时间，因此该产品已像是家中的一项财产，此时顾客会不自觉地把它看作自己禀赋的一部分，于是，参考点依赖和损失厌恶将促使他不愿归还而是买下该商品。有时这被称为产权依赖症。

②厂商的打折行为。厂商在淡季时会选择“打折出售”而不是“降价出售”，因为等到旺季时，顾客更愿意接受“取消打折”而不是“直接提价”。其原因在于：顾客面对“打折”这样的字眼时，会不自觉地将商品原价看作参考点，因此打折就是一种收益，于是当厂商取消打折时，顾客觉得只不过是取消了收益而已；然而，当顾客面对“降价”这样的字眼时，新的较低的价格将被视为参考点，于是当厂商再次提价时，顾客就会觉得蒙受了损失。由于损失厌恶的存在，顾客会对厂商的再次提价表现出更强烈的抵触。

③ 棘轮效应。所谓**棘轮效应**，是由杜森贝里（Duesenberry，1949）在其相对收入假说中提出的论点之一，其含义是，人们的消费习惯形成之后具有不可逆性，即易于向上调整，而难于向下调整，尤其在短期内消费甚至是不可逆的。中国北宋著名政治家司马光在《训俭示康》中提到的“由俭入奢易，由奢入俭难”也体现了类似的思想。显然，这一效应可从损失厌恶的角度理解：在一定时期内，新形成的消费习惯往往被看作是一个参考点，如果由于某种原因（比如收入下降）使得消费应该低于这一水平，那么由于损失厌恶的存在，消费者将表现出强烈的抵触情绪，于是使得消费在短期内仍维持原有水平不变。

2.3 行为经济学的修正Ⅱ：选择的幸福基础

在本节，我们将探讨个体选择的幸福基础。我们将强调，幸福是个体进行决策的经验来源之一，是个体选择的重要决定因素。基于上一节关于参考点依赖的讨论，我们还将介绍在行为经济学下如何实施对幸福函数的构建。

2.3.1 异象

回顾第 2.1 节的内容可知，在标准经济学下，显示偏好原理的一个潜在推论是，效用最大化意味着幸福最大化，换言之，个体的选择就是能使其达到最大幸福的选择。然而大量经验事实却似乎与这一推论不符。一个极端但直观的例子由凯莫勒（Camerer，2006）给出：婴儿倾向于将视线内的任何物品都放入口内品尝，但这并不表明他们一定会从这些物品的味道中获得享受。

另一个更为现实的典型例子是由特沃斯基和格里芬（Tversky and Griffin，2000）所作的一项研究，他们向 66 名大学生提供如下信息：

> 想象一下，你刚刚完成了传媒学的硕士学业，现在你要考虑的是在两个杂志社的一年期工作：
>
> 在杂志社 A，你将获得年薪为 35 000 美元的工作。但是与你所受训练和工作经验相同的其他员工却可获得 38 000 美元。
>
> 在杂志社 B，你将获得年薪为 33 000 美元的工作。但是与你所受训练和工作经验相同的其他员工却只能获得 30 000 美元。

其中，大概有一半的学生需要回答他们会选择哪份工作，而另一半学生需要回答他们觉得哪份工作更令人愉快。显然，第一个问题与选择有关，而第二个问题则与幸福感有关。

研究结果显示，对于这两份工作而言，人们的选择和其快乐感受是不一致的。这个差异可从统计数字中看出来：在回答第一个问题的学生中，84%的人选择了工作 A，亦即绝对工资较高但相对地位较低的工作；而在回答第二个问题的学生中，62%的人认为工作 B 更令人愉快，亦即绝对工资较低但相对地位较高的工作。这样一来，由选择行为揭示的偏好与幸福感之间就出现了分歧。

2.3.2 效用的二分法

决策效用与体验效用

对上述分歧的一个可能解释是，当要求人们实实在在地作出选择时，他们仅对各选项按照欲求程度来排序。而当要求人们对未来的快乐程度进行预期时，他们则倾向于想象在那些状态下的感觉会是什么。这意味着在欲求与幸福感之间存在着不一致情形。更进一步说，个体在现实中的实际选择即显示偏好反映的是他的事前欲求，这在逻辑上并不一定等于他从该选择中获得的事后幸福。因此，标准的显示偏好理论无法容纳对这一问题的考虑。基于此，卡尼曼（Kahneman，1997）提出了关于效用的二分法，即认为效用的内涵可分为**决策效用**与**体验效用**两个方面，其中决策效用指某一选择相对于其他选择的重要程度，这对应于显示偏好理论强调的效用的欲求内涵，因此它具有序数性质；体验效用指由某一选择带来的快乐体验，即古典经济学家侧重的效用的快乐内涵，因此它具有基数性质，且与幸福密切相关。

卡尼曼强调，决策效用与体验效用共同构成了效用内涵的整体，二者不能混为一谈。标准经济学只强调个体的决策效用是片面的，体验效用不能被无端地抽象掉。只有同时考虑决策效用与体验效用，才是对效用内涵的完整理解。因此，在行为经济学视角下，效用是决策效用与体验效用的对立统一体。而幸福与体验效用有关。

体验效用的度量

既然体验效用具有基数性质，且与幸福密切相关，于是一个不可回避的问题是如何对其进行度量。第 2.1 节讲过，效用难以直接测度是现代经济学家放弃基数效用论的重要原因之一。早期经济学家如边沁（Bentham，1824）和埃奇沃思（Edgeworth，1881）都曾做过尝试，但均由于太脱离当时的技术条件而无法实现。但这在当代已不再是问题。心理学与神经科学发展出了大量观测手段，使得个体的主观体验已成为一个正式的研究领域，诸如快乐、痛苦、满意、不适等心理状态可用多种方式进行度量，这为测度体验效用提供了可能。卡尼曼及其合作者提出，体验效用可用两种方式予以度量（Kahneman，Wakker and Sarin，1997；Kahneman，2000）：

①**时刻法**，亦即对事件过程中每一时刻的快乐程度进行跨时加总，这可被称为**总计效用**。其中，在每一时点体验到的快乐或痛苦被称为**实时效用**，可通过让当事人实时报告主观体验而得到，也可通过监测特定的生理指标而得到，比如位于人脑前额皮质左右半球上的电活动变化，分别对应着瞬时体验到的快乐与痛苦（Davidson，1998；Cacioppo，Gardner and Berntson，1999）。可见，这种度量与边沁的最初构想是类似的。卡尼曼（Kahneman，2000）进一步提出，以总计效用为基础可以构造一个所谓的**客观幸福**的概念。

② **记忆法**，亦即在事件结束后，让当事人对整个事件的快乐程度进行全局性回顾，比如“从总体上看，你觉得这场电影带来了多少愉悦（不悦或不适）?”根据卡尼曼等人的观察，人们会以几个特殊时点上的快乐程度作为事后全局性评价的依据，比如最快乐（或最痛苦）的时刻以及事件结束的时刻，这就是著名的**峰终定律**。这种基于全局性回顾而得到的度量结果被称为**记忆效用**。卡尼曼（Kahneman，2000）指出，如果以记忆效用为基础，又可构造一个所谓的**主观幸福**的概念。

但需要指出的是，基于记忆效用的主观幸福与基于总计效用的客观幸福之间往往存在着较大差异。比如，某人也许记得某次时间长但痛感轻的肠镜检查要比另一次时间短但痛感强的检查更轻松一些，因此若要求他们决定下一次使用哪种检查方式，他们很可能会选择长时间的检查，但如果从总计效用的角度看，则短时间检查带来的总痛苦很可能要小一些。于是，在主观幸福与客观幸福之间就出现了分歧。但对于现实问题的分析而言，主观幸福是更为有用的概念，因为个体很难或根本不会对过往经验的瞬时快乐进行跨期加总，只有主观幸福才能切实反映个体的真实感受，同时也是个体进行后续决策的经验基础。

2.3.3 幸福函数

基于上述讨论，我们现在可进一步讨论幸福函数的构建问题。首先，我们需要探讨幸福的影响因素；随后，我们将据此给出幸福函数的基本构造形式。对于这一问题，我们首先引述进化心理学家平克的相关观点，分为如下三个方面：

①幸福涉及人与人之间的比较。虽然在某一时点上，人们自我评价的幸福感随收入上升而上升（Easterlin，2001），但来自美国（Myers and Diener，1995）和日本（Easterlin，1995）的证据却表明，尽管在几十年内收入增长了数倍，但人们自我报告的幸福感却几乎没有提升。为此，平克认为，个体的幸福程度可能与人际比较有关，此时个体将其他人的状态视为一种参考点。

②幸福还涉及人们对当前与过去的自我比较。与此有关的一个常用例子是由布里克曼、寇茨和杰诺弗-巴尔曼所作的研究（Brickman，Coates and Janoff-Bulman，1978），其中显示，在经过一段时间的调整后，彩票赢家的幸福感逐渐消失了，而截瘫患者的沮丧感也逐渐减弱。这意味着个体的幸福程度依赖于自我经历的某一参考点，并且参考点会随时

间推移而发生调整。

③幸福与痛苦并不是对收益与损失的对称反映。损失要比等量收益具有更大的刺激，这种现象与上一节所述的损失厌恶有关。亚当・斯密（Adam Smith，1759）在《道德情操论》中就已表达了相关的思想："痛苦……几乎所有时候都比相对应的快乐情感要尖锐得多。它给正常幸福状态带来的沮丧，几乎总是要比相反情绪激起的愉悦大得多。"

根据上述观点，我们可作出如下总结：个体的幸福受实际经历的结果与某一参考点之间的差异的影响，并且具备损失厌恶特征。这与上一节讨论的参考点依赖式的效用函数是相似的。据此，幸福函数可被假定为如下基本形式：

$$H=h(x-r) \tag{2.6}$$

其中 H 表示幸福程度，x 表示选择的实际结果，r 表示参考点或可接受的一般结果。对于这一函数，我们可假设它具有如下性质：

① $h(0)=0$，其含义是，当实际结果与参考点相等时（$x=r$），个体处于一个可接受的结果水平，这可被视为一种中性状态（无幸福感）。

② 当实际结果大于参考点时（$x>r$），个体将获得幸福，即 $h(\cdot)>0$；反之（$x<r$），个体将蒙受不幸福，即 $h(\cdot)<0$。

③ $h'>0$，且 $-h(-\Delta)>h(\Delta)$ 和 $h'(-\Delta)>h'(\Delta)$（其中 $\Delta=x-r$），即个体对幸福的感受存在损失厌恶特征。

可见，在式（2.6）所示的幸福函数中，关键的自变量是事件结果的变化，而不是结果的绝对水平。如果 x 发生变化而 r 也发生同向的等量变化，则个体的幸福感不受影响，这就可以解释为何彩票中奖者与截瘫患者最终将归于平静。

2.3.4 幸福与个体选择

如前所述，在标准经济学的个体选择理论下，构建模型的核心问题是如何设定和描述个体的决策效用，这似乎意味着体验效用可被排除于经济学模型之外，于是幸福也就是一个无须考虑的变量。然而，卡尼曼及其合作者却指出，个体的选择行为十分依赖于他对既往选择结果的记忆，亦即当前的决策效用在很大程度上受以往的体验效用的影响。依此逻辑可认为，个体的当前幸福感会影响到他未来的选择，这一观点在凯莫勒（Camerer，2006）那里得到了更为正式的表述。具体而言，凯莫勒认为人脑中存在三个神经功能区：一是需求系统，它与决策有关，对应于决策效用；二是满意系统，它与幸福感有关；三是学习系统，它的作用是将前两个系统联结起来。当个体根据需求系统作出一项选择时，选择的结果将会以某种信息形式存储于满意系统中；而学习系统将会根据满意系统的存储信息，来协助个体了解自身究竟喜欢什么，从而指导需求系统的后续选择。

上述观点意味着，幸福感对个体的选择行为具有重要影响，因此应被视为个体选择理论中一个不可或缺的变量。但目前这方面的研究尚处于发展阶段。如何在标准经济学模型中纳入幸福感对选择的影响机制，是未来幸福研究的一个重要议题。

2.3.5 心理学基础

效用的二分法

标准经济学仅强调效用的欲求内涵，而忽略其快乐内涵，这在 19 世纪末至 20 世纪前半期的漫长时期内是被经济学家普遍认同的，因为欲求可由个体的选择来揭示，而通过个体的选择来推测其主观感受符合当时流行的行为主义方法论。然而，自 20 世纪后期以来，随着心理学及神经科学的发展和成熟，大脑的“决策黑箱”被逐渐打开。其中，生物心理学家贝里奇在老鼠、灵长动物和人类婴儿身上发现，大脑中确实存在两个神经系统，分别与欲求和幸福有关（Berridge，1996）。

幸福函数

幸福函数的最重要特征是，它将个体幸福与参考点依赖联系了起来。这一观点具有深刻的心理学基础，即人们更关心事物的变化，而对事物的静止状态较为无感，这被心理学家弗里达称为**变化法则**（Frijda，1988）。这一心理特性具有很强的进化意义：只有那些对环境变化较为敏感的物种才更有机会存活下去。因此，生物体就必须具有一套编码系统，可把感知器官捕捉到的环境变化信息以某种“信号”形式传递给大脑，以此指导自身趋利避害。可以认为，“快乐”或“不快乐”的体验其实也是一种提示环境发生变化的“信号”，从而促使生物体作出适应性反应。

幸福函数的另一个重要特征是，它假设参考点是可以随时间调整的。从心理学角度看，参考点的调整过程其实是个体的情绪状态重新回归于中性状态的过程。根据现代生物学理论，这与自身稳态和协同稳态有关（参见前面的相关论述）。威尔逊、吉尔伯特和森特伯（Wilson，Gilbert and Centerbar，2003）认为，个体的快乐感也属于类似的变量，因此，与快乐感有关的参考点调整其实也是一种实用的适应过程：首先，一个人总处于某种极端的情绪状态会导致自身机能失调，因为他们无法对新的情绪事件作出调整；其次，处于极端情绪状态的人容易作出不合理的决策，从而导致对自身有害的结果；最后，如果人们所处的极端情绪状态持续了很长时间，那么会使他们的生理功能减退。因此，参考点具有自我调整的倾向，以使个体的情绪保持在一个正常状态。

2.4 案例分析

在本节，我们将给出两个案例，其中第一个案例与第 2.2 节讨论的参考点依赖有关，该案例试图对中国城乡居民的消费参考点进行估计，并考察参考点对居民消费选择的影响；第二个案例则与第 2.3 节讨论的幸福问题有关，该案例可加深理解欲求与幸福的差别以及幸福对个体选择的影响。

2.4.1 中国居民消费函数的两阶段性①

损失厌恶与消费函数

根据凯恩斯在《通论》中提出的绝对收入假说，消费函数一般可表达为：

$$c = a + by \tag{2.7}$$

其中 c 代表消费水平，y 代表收入水平，$a>0$ 代表自主消费，$b>0$ 代表边际消费倾向

① 参见贺京同、侯文杰：《边际消费倾向的非对称性与消费增长》，载《中南财经政法大学学报》，2010（3）。

(MPC)。可见，此时的消费函数为一简单的线性函数。

然而，根据行为经济学的相关理论观点，在一定的客观经济制度和历史惯例等条件下，居民可能会对消费形成一个内生的参考点水平。当实际消费水平低于这一参考点时，由于损失厌恶的作用，居民将具有极力扩大消费的倾向，亦即随着收入的提高，居民会尽最大可能以使消费达到参考点水平，因此此时居民可能较为缺乏储蓄动机；而在实际消费水平超出这一参考点之后，居民扩大消费的倾向将有所降低，此时随着收入水平的提高，居民将会拿出部分新增收入用于储蓄。

基于上述讨论，一个新的考虑了损失厌恶特征的消费函数可表达为：

$$c=\begin{cases}y, & y\leqslant r\\ r+b\times(y-r), & y>r\end{cases} \tag{2.8}$$

其中，r 是消费的参考点。由式（2.8）可看出，在消费者取得收入后，首先满足的是参考点以下的需要，因此在这一阶段没有任何储蓄行为；而在收入超过参考点以后，消费者才会将收入中的一定比例用于消费，剩余部分用于储蓄。因此，居民消费函数将不再是凯恩斯式的线性函数，而是一个分段函数，如图 2—9 所示。

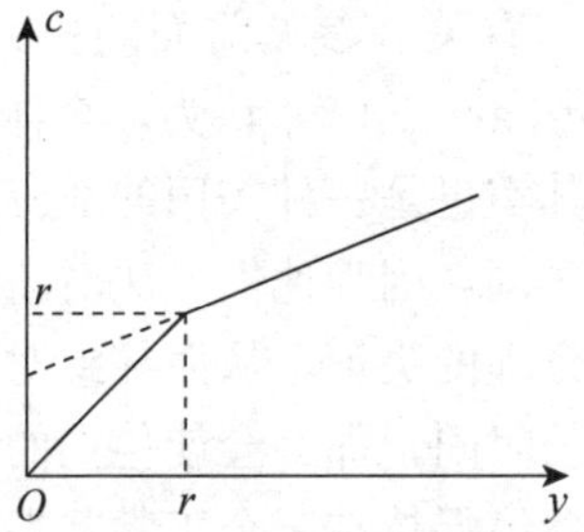

图 2—9　分段式的消费函数

经验证据

对于上述分段式的消费函数，我们可用中国的相应微观调查数据或宏观统计数据进行检验。

(1) 采用微观数据的实证检验。

以式（2.8）为计量模型，我们可使用估计非线性回归模型的方法来寻找消费函数的参考点 r，并验证收入在参考点以下的居民是否具有储蓄行为。首先我们使用微观调查数据，分别选取山东（2002—2006 年）和天津（2002—2008 年）两省市的城镇住户调查数据。

为了寻找参考点，我们将估计方程设定为：$c=r+b\times(y-r)$，使用的方法为最小二乘法。为了便于估计，我们需将该方程变形为 $c=r(1-b)+by$。根据式（2.8），该方程成立的前提是 $y>r$，因此可以采取迭代回归的形式。具体过程如下：以山东省 2006 年的数据为例，首先对所有数据进行估计，得到 r 的估计值为 4 074 元，从原始数据可知第 113 户居民人均可支配收入为 4 075.8 元，接近 r 的估计值，因此可将前 113 户的数据剔除，并对第 113 户以后的所有数据进一步进行估计，得到 r 的估计值为 4 133.6 元，重新调整样本起点，发现第 119 户居民人均可支配收入为 4 137.4 元，于是对第 119 户以后所有数据进一步进行估计，得到 r 的估计值为 4 136.6 元，所以最终可以确定 2006 年山东省消费函数参考点为 4 136.6 元。进一步分析第 119 户以前的居民，其平均的可支配收入为 3 315.3 元，平均的消费支出为3 401.4 元，使用这 118 户建立回归方程，所得结果为：$c=1.023y$，这基本证实了参考点以下 $c=y$ 的结论。

运用上述方法，还可对天津市数据进行类似估计。最终可发现，山东省和天津市的计量结果均与式（2.8）的模型相一致：当收入小于参考点时，居民边际消费倾向约为 1；当收入大于参考点时，居民边际消费倾向都在 0.5～0.6 之间，居民消费行为存在明显的两阶段性。具体的估计结果见表 2—1、表 2—2。

表 2—1　　基于山东省城镇住户调查数据的估计结果

年份	2002	2003	2004	2005	2006
参考点	2 927.8	3 822.0	3 705.2	4 003.6	4 136.6
参考点以上部分的 MPC	0.602	0.523	0.548	0.542	0.560
参考点以下部分的 MPC	1.047	0.924	0.925	0.976	1.023

表 2—2　　基于天津市城镇住户调查数据的估计结果

年份	2002	2003	2004	2005	2006	2007	2008
参考点	1 466.7	1 531.5	1 762.8	1 643.0	1 812.1	2 032.6	2 038.1
参考点以上部分的 MPC	0.474	0.484	0.502	0.518	0.503	0.508	0.511
参考点以下部分的 MPC	1.096	1.045	1.056	1.113	1.119	1.007	1.182

注：部分年份的数据剔除了离群值的影响，参考点以下部分回归方程的常数项都不显著。

（2）采用宏观数据的实证检验。

根据《中国统计年鉴》中城镇居民分七层和农村居民分五层的截面数据，我们仍可使用前述方法对参考点进行估计，然后分别估算参考点以下及参考点以上部分的边际消费倾向。最终得到的 2002—2008 年中国城乡居民参考点及相关边际消费倾向见表 2—3。

表 2—3　　使用分层数据估计的城乡居民消费函数

年份	农村居民			城镇居民		
	参考点	参考点以上的 MPC	参考点以下人均消费/人均收入	参考点	参考点以上的 MPC	参考点以下人均消费/人均收入
2002	1 107.1	0.50	1.174	2 935.0	0.64	1.062
2003	1 170.0	0.50	1.230	3 222.7	0.62	1.066
2004	1 317.6	0.50	1.240	3 696.8	0.61	0.998
2005	1 858.6	0.47	1.451	3 680.9	0.62	1.064
2006	1 906.7	0.52	1.374	3 689.1	0.62	1.040
2007	2 182.6	0.50	1.374	4 544.7	0.59	1.027
2008	2 381.8	0.50	1.430	5 241.6	0.58	1.034

注：表中估计结果均在 5%的水平上显著。

政策启示

上述关于居民消费参考点的估算以及参考点之下人群与参考点之上人群的消费行为差异具有深刻的政策启示。首先，我们必须进一步将消费参考点与居民收入水平联系起来考察。经济合作与发展组织在1976年组织了对其成员国的一次大规模调查后提出了一个贫困标准，即以一个国家或地区社会中位收入或平均收入的50%作为这个国家或地区的贫困线，这就是后来被广泛运用的国际贫困标准。按照这个标准计算，我国2008年城镇居民人均可支配收入为15 781元，则城镇居民贫困线应该为7 890.5元，高于上面估计的参考点；农村居民人均纯收入为4 761元，则农村居民贫困线应该为2 380.5元，与我们估计的参考点基本一致。

根据两阶段消费函数的结论，当居民收入小于消费函数参考点时，居民消费自己的全部收入，边际消费倾向接近于1；当居民收入大于消费函数参考点时，居民只消费收入中超过参考点部分的某一固定比例，此时边际消费倾向小于1。因此，补贴收入处于最低生活成本以下的居民所引致的消费等于实际补贴额，即$\Delta c/\Delta y=1$，这意味着提高最低生活保障可以比平均化补偿更有效地扩大消费。按照2009年《中国统计年鉴》提供的数据推算，收入处于参考点以下的农村居民约占20%，城镇居民约占10%，农村居民总数略高于城镇居民，两者加权，其比例应略高于15%，总人数接近2亿，因此对参考点以下居民每1元钱的转移支付比平均化补偿可多增加约0.4元的消费，所以进一步提高补贴标准可更有效地促进扩大消费目标的实现。

2.4.2 追求幸福①

请阅读以下文字，并结合课后思考中的相关问题进行理解。

使美国人成为美国人的是追求，而不是最终的结果

美国人每年7月4日都会满怀热情地庆祝《独立宣言》，然而该宣言的一个显著特点是，大部分内容都枯燥乏味，几乎不值得牺牲大量的烟花和烤肉来纪念它。但是，所有这些厌烦沉闷都可用一个句子来弥补，一个关于“生活、自由和追求幸福”的句子。

这个句子在当时意义非凡，是对新共和政体创新之处严谨精练的完美总结。直到起草文献230年后的今天，这个句子依然与众不同，依然是美国人成为美国人的最好阐述。

在当代美国的每个角落，你都可以看到追求幸福的美国人。这体现在他们的工作习惯上。美国人不仅比大多数欧洲人工作更努力（美国人每年的工作时间为1 731小时，而德国人只有1 440小时），并且美国人需要忍受更长的往返上班时间。追求幸福还体现在他们的地域性迁移上。每年大约有4 000万人搬家。只要能够有所追求——无论是保龄球大会还是厂家直销点，他们都非常乐意进行远距离旅行。美国人追求幸福也体现在他们的宗教信仰上。美国人不遗余力地光临教堂来满足他们的精神需求。同时，美国人追求幸福也体现在他们对国家的普遍期望上：三分之二的美国人对未来持乐观态度。

一种批评认为，这种追求会弄巧成拙。追求幸福的幻想越多，牺牲的现实事物就越多。不断迁移的反面是混乱、焦虑、离婚和不幸的孩子。相对以前，美国人工作的安全感变得更少。有报道甚至称，与几十年前相比，人们拥有更少的知心朋友。关于幸福的全球

① 参见《经济学人》（印刷版），2006年6月29日。

研究表明，一些贫穷国家如尼日利亚和墨西哥的人民似乎比美国人更幸福。

另外一种批评认为，美国人把物质财富误认为是幸福。拥有各种名牌鞋就能使你真正幸福？或者它们只是对“欲望城市”样的空虚生活进行一种补偿？

如果民意测验真有意义，那么以上这些批评就是有缺陷的。皮尤研究中心 2006 年的一份关于“你还幸福吗？”的研究表明，84%的美国人认为他们“很幸福”（占 34%）或“非常幸福”（占 50%）。2004 年的一份关于“感觉良好指数”的哈里斯民意测验发现，95%的美国人对他们的家庭感到满意，同时 91%的美国人对他们的社会生活感到满意。皮尤研究中心的民意测验表明，金钱确实能够在某种程度上买到幸福：几乎半数（49%）年收入超过 10 万美元的美国人认为他们很幸福，而只有 24%的年收入低于或等于 3 万美元的美国人认为他们很幸福。调查还发现美国人的宗教信仰也令他们感到更幸福：在那些每周参加一次或多次宗教活动的美国人中，43%的人认为他们很幸福；在那些每月或几个月才参加宗教活动的美国人中，31%的人认为他们很幸福；而在那些很少参加或几乎不参加宗教活动的美国人中，只有 26%的人认为他们很幸福。

2.5　本章要点

● 所谓确定条件下的选择是指，给定一个选择，其结果是确定可知的，这是经济学中涉及的最为简单的选择情形。在标准经济学下，确定条件下的个体选择可用“效用最大化”的语言来描述，即个体对各种商品束的偏好满足完备性和传递性公理，并且能够选择预算集中最被偏好的商品束。

● 在标准经济学下，效用函数是从商品束的可选集向真实数字集的一种映射，其中，商品束代表的是一种最终结果水平。

● 在行为经济学下，个体对选择结果的识别是以参考点为依据的，影响人们决策的不是最终结果水平，而是最终结果与参考点之间的变化或差距，这被称为参考点依赖。当最终选择结果在参考点之上时，个体将其视为一种收益；当最终选择结果在参考点之下时，就被视为一种损失。

● 损失厌恶是指由损失带来的沮丧程度要大于由等量收益带来的快乐程度。

● 在行为经济学下，效用函数被“拆解”为两个部分：一是由结果的绝对水平带来的效用，这与标准经济学的效用函数是一致的；二是由结果的相对水平带来的效用，由值函数来表示。

● 在行为经济学下，效用内涵可看作决策效用与体验效用的对立与统一，其中前者指某一选择相对于其他选择的重要程度，这对应于标准经济学强调的效用的欲求内涵，而后者指由某一选择带来的快乐体验，即古典经济学家偏重的效用的快乐内涵。

● 幸福与体验效用有关，可基于对体验效用的度量来反映。其中，基于时刻法的度量结果称为客观幸福，基于记忆法的度量结果称为主观幸福。对于现实问题的分析而言，主观幸福是更为有用的概念，因为只有主观幸福才能切实反映个体的真实感受，同时也是个体进行后续决策的经验基础。

● 幸福是个体实际选择结果与某一参考点之间的差异的函数，并且具备损失厌恶特征。此处，参考点可被视为一种可接受的一般结果。

课后思考

● 请考察如下实验，并尝试从参考点与损失厌恶的角度加以解释。这一实验也取自特沃斯基和卡尼曼（Tversky and Kahneman，1991），此时商品 x 是指工作地点的便捷度，而商品 y 是指在工作中与同事的交流程度，具体情形参照图 2—10。在实验中，受试者需要考虑两种工作选择：

①工作 A：20 分钟的通勤时间，且与同事交流有限。

②工作 B：60 分钟的通勤时间，但与同事交流较多。

现在，受试者被分为两组，并让他们在工作 A 与 B 之间选择。其中每组的初始禀赋是：

①组 1：你当前的工作情况是 10 分钟的通勤时间，且几乎与同事无交流，由 D 表示。

②组 2：你当前的工作情况是 80 分钟的通勤时间，但与同事有充分的交流，由 D' 表示。

实验结果显示，在组 1 中，70%的人选择了工作 A；而在组 2 中，只有 33%的人选择了工作 A。这一结果意味着，个体在初始禀赋是 D 时要比初始禀赋是 D' 时更有可能认为 $A \succ B$。

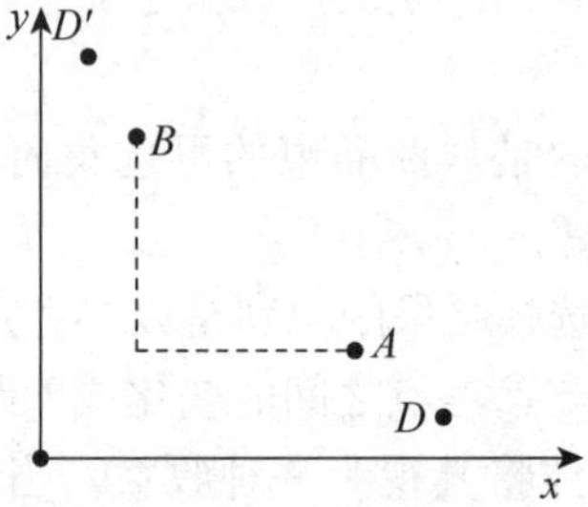

图 2—10　初始禀赋与偏好

● 小张和小李都持有某一公司的股票。当他们最初购买股票时，每股价格为 10 元。随后，股价涨至 20 元，但很快又跌至 15 元。现假设，小张和小李都是损失厌恶的，并且效用函数仅取决于值函数，可用一个简单的分段线性函数来表示：

$$v(x)=\begin{cases} x & x \geqslant 0 \\ -2|x| & x<0 \end{cases} \tag{2.9}$$

现请思考：

①如果小张是以买入价 10 元作为参考点，那么当股价从 20 元跌至 15 元时，他的效用损失了多少？

②如果小李是以最高价 20 元作为参考点，那么当股价从 20 元跌至 15 元时，他的效用损失了多少？

③如果式（2.9）可看作他们的幸福函数，那么当价格从 20 元跌至 15 元时，谁会觉

得更沮丧？

● 在欧洲，医疗保障一般由政府提供，所需资金来自税收，即居民向政府纳税，政府再将税收的一部分用于公民的医疗支出。而在美国，医疗保障一般通过个人购买保险来提供，因此个人的税负就较低一些。

现请思考：

①在现实中，大部分美国人觉得他们的医疗保障方式要优于欧洲，然而，大部分欧洲人也觉得他们的医疗保障方式要优于美国。请运用参考点依赖式的效用函数来对这一悖论进行解释。

②请用图示法描绘出一个代表性欧洲人和一个代表性美国人的无差异曲线，并据此对他们的偏好进行说明。

● 回顾第 2.4.2 所示的案例，并结合第 2.3 节的幸福函数来回答，为什么对物质财富的追求往往与幸福不一致，但幸福又与物质财富有一定关联？为什么“追求幸福的幻想越多，牺牲的现实事物就越多”？我们应怎样理解“使美国人成为美国人的是追求，而不是最终的结果”？

● 当前，居民幸福感的提升正日益成为我国各级政府的重要施政目标。根据第 2.3 节所介绍的幸福函数，你认为政府的相关政策设计应注意哪些方面？如何在传统的经济指标考核与提升居民幸福感之间建立联系？

关键术语

无差异曲线　indifference curve
单调性　monotonicity
凸性　convexity
效用函数　utility function
边际效用递减律　the law of diminishing marginal utility
预算集　budget set
预算约束　budget constraint
均衡　equilibrium
效用最大化　utility maximization
显示偏好　revealed preference
基数效用论　cardinal utility theory
序数效用论　ordinal utility theory
接受意愿　willingness-to-accept
支付意愿　willingness-to-pay
不变性　invariance
禀赋效应　endowment effect
现状偏好　status quo bias
参考点　reference

损失厌恶　loss aversion
值函数　value function
敏感性递减　diminishing sensitivity
自身稳态　homeostasis
协同稳态　allostasis
棘轮效应　ratchet effect
决策效用　decision utility
体验效用　experienced utility
时刻法　moment-based approach
总计效用　total utility
实时效用　real-time utility
记忆法　memory-based approach
峰终定律　peak-end rule
记忆效用　remembered utility
客观幸福　objective happiness
主观幸福　subjective well-being
变化法则　law of changes

进一步阅读

[1] Kahneman，D.，Knetsch，J. L. and Thaler，R. H. (1991). "Anomalies：The Endowment Effect，Loss Aversion，and Status Quo Bias." *The Journal of Economic Perspectives*，5 (1)，193-206.

[2] Kahneman，D.，Wakker，P. and Sarin，R. (1997). "Back to Bentham? Explorations of Experienced Utility." *Quarterly Journal of Economics*，112，375-405.

[3] Schwartz，B. (2004). *The Paradox of Choice：Why More Is Less*. New York，NY：Ecco.

[4] 贺京同，侯文杰. 边际消费倾向的非对称性与消费增长. 中南财经政法大学学报，2010 (3).

[5] 贺京同，那艺，郝身永. 决策效用、体验效用与幸福. 经济研究，2014 (7).

第 3 章

确定条件下的选择Ⅱ：归并与分离

在第 2 章，我们实际上仅讨论了个体对单一结果（涉及收益或损失）的评估方式。但在现实中，事件的结果经常是多次出现的，比如工资是逐月发放的（多次收益），或者企业被征税后又得到其他形式的补贴（先损失，再收益），等等。那么，现实中的个体如何对多次的确定结果进行评价和估值？为了便于分析这一问题，我们首先作如下两个定义：其一，如果个体将几次结果合并起来评估，则被称为**归并**；如果个体将几次结果分开来评估，则被称为**分离**。接下来我们需探讨，如何将上一章介绍的行为经济学下的效用函数应用于对归并与分离的分析？这主要涉及两种情形：一是对同一时间截面上多个结果的归并与分离，这在第 3.1 节讨论；二是对不同时点上多个结果的归并与分离，这构成了第 3.2 节的主要内容。

鉴于本章的内容安排，这仍然是对式（1.1）的组成部分（4）的讨论，是第 2 章内容的延伸，因此本章涉及的标准经济学知识已在第 2.1 节中涵盖，此处不再赘述，只在各节相关之处作适当提及。

3.1 多个结果的评估Ⅰ：同一时间截面

在本节，我们将讨论同一时间截面上的多个结果的评估。此处需要留意的是，同一时间截面并不是指多个结果必须同时发生，而是指这些结果的先后发生顺序对评估不造成影响。我们将在第 3.2 节对这一条件进行放松，在那里，不同结果的发生顺序将成为影响个体评估的因素。

本节所讨论的情形共分为四种：一是出现多个收益；二是出现多个损失；三是既有收益又有损失，但收益大于损失，被称为混合收益；四是既有收益又有损失，但收益小于损失，被称为混合损失。本节的内容主要参考泰勒（Thaler，1985）的经典论文。

3.1.1 多个收益

异象

假设个体面临两种形式的收益，第一种可表达为 z，第二种可表达为 (x, y)，其中 z、x、y 均为正值，且有 $z=x+y$，这意味着两种收益是等价的。现在，我们假设个体的初始财富值为 w，于是根据标准经济学理论，上述两种收益给个体带来的效用应该是相等的，因为个体的效用取决于他的最终结果水平，即：

$$u(w+z)=u(w+x+y) \tag{3.1}$$

然而，在泰勒针对康奈尔大学 87 名学生的实验中，却发现了与标准模型相违背的异象。实验如下：

> 已知：
> A 先生买了两张彩票，结果一张中奖得了 50 美元，另一张中奖得了 25 美元。
> B 先生买了一张彩票，结果中奖得了 75 美元。
> 请问：哪位先生会更开心一些？

可见，A 先生与 B 先生的最终财富值是相同的，均为 $w+75$ 美元。因此，根据式 (3.1)，A 先生与 B 先生的开心程度也应该是相同的。但调查结果显示：56 人认为 A 先生更开心，16 人认为 B 先生更开心，15 人认为无差异。显然，这一调查结果违背了标准经济学的推测。

值函数的解释

基于行为经济学下的效用函数，却可对上述结果作出较为合理的解释。根据行为经济学的假设，个体的评估不仅依赖于最终结果水平，而且依赖于最终结果与参考点之间的差异，这在上一章的式 (2.4) 中已有清晰的表达。此处为了简化分析，我们假定式 (2.4) 中的 $\alpha=0$，于是个体的效用仅取决于值函数。在本章，我们将主要基于值函数来解释各种相关现象。

对于上述实验结果来说，当个体面对收益 z 时，他会把当前财富水平 w 看作参考点，而最终财富水平为 $w+z$，于是收益 z 将被评估为 $v(z)$。而当面对收益 (x, y) 时，情况将变得稍微复杂：当收益 x 出现时，参考点为当前财富水平 w，最终财富水平为 $w+x$，于是收益 x 被评估为 $v(x)$；而当收益 y 出现时，最终财富水平虽然变为 $w+x+y$，但个体的参考点却已更新至 $w+x$，于是他对 y 的评估将为 $v(y)$。这样一来，收益 (x, y) 将被评估为 $v(x)+v(y)$。根据值函数的基本性质，在数学上我们有：

$$v(z)=v(x+y)<v(x)+v(y) \tag{3.2}$$

其含义是，收益 z 给个体带来的快乐不如将其分解为 x 和 y 而带来的快乐，人们喜欢“好事成双”的感觉。反观上述实验，A 先生对其结果的评估应为 $v(50)+v(25)$，B 先生对其结果的评估应为 $v(75)$。根据式 (3.2)，显然 A 先生得到的快乐更多。因此，当对多次收益进行评估时，分离要优于归并。

上述的分析方式意味着，x、y 的发生时序对最终评估结果无影响，因此在本质上属于同一时间截面上的问题。后面列举的其他三种情形（从第 3.1.2 节到第 3.1.4 节）与此相同。

其他例证

（1）薪资结构。

在现实中，我们常会看到厂商在设计员工的薪资结构时，会安排一次年终奖。例如，假设年薪为 66 000 元，厂商有可能采取“5 000 元×12 个月＋6 000 元年终奖”的薪资设计，而不是简单的“5 500 元×12 个月＝66 000 元”。可见，在第一种结构下，每个月的工资较少，但在年末会有一次大额的年终奖；而在第二种结构下，每个月的工资较多，但没有年终奖。那么，厂商选取第一种结构的用意何在？

经观察可知，在第一种薪资结构下，每个月不但有基本工资，而且年末还有一次年终奖，这会使员工作出如下评估：$12\times v(5\,000)+v(6\,000)$。而对于第二种薪资结构，仅有每个月的基本工资，因此评估方式为：$12\times v(5\,500)$。由于值函数的敏感性递减特征，可以假设 $v(5\,500)$ 与 $v(5\,000)$ 的差别并不大，因此极有可能出现 $12\times v(5\,000)+v(6\,000)>12\times v(5\,500)$ 的情况，这意味着附带年终奖的安排会提高员工的快乐感，从而促进其工作积极性。

（2）“买就送”策略。

另一个例子与厂商的促销策略有关。在现实中，对于同一种商品，厂商既可以采取直接打折的方式促销，也可以采取“买就送”的方式促销。例如，网上一款儿童自行车原价为 300 元，如果打八折销售，则为 240 元。如果采取“买就送”策略，则仍可按原价 300 元出售，但附送 60 元护具（头盔＋护腕＋护膝）。那么假设你是一名消费者，会觉得哪种售卖方式更有吸引力呢？

对于厂商而言，打八折出售和“买就送”策略在本质上是一样的，因为最终都是获得 240 元的净收入。但对于消费者来说，很多人却会偏爱“买就送”的方式，因为这在形式上会使人产生“多个收益”的感觉，根据式（3.2），人们也许会觉得这比直接打折更实惠。因此，采取“买就送”的策略在很多情形下更容易达到增加销量的目的。

3.1.2　多个损失

异象

假设个体面临两种形式的损失，第一种可表达为 $-z$，第二种可表达为 $(-x,-y)$，其中 z、x、y 均为正值，且有 $-z=-(x+y)$，这意味着两种损失是等价的。现在，我们假设个体的初始财富值为 w，于是根据标准经济学理论，上述两种损失给个体带来的效用也应该是相同的，即：

$$u(w-z)=u(w-x-y) \tag{3.3}$$

对于上述标准模型的预测，泰勒在其实验中（同上）又发现了异象。实验如下：

> 已知：
>
> A 先生某天接到联邦税务局的来信，信中说由于某种原因，他应补缴 100 美元的税。同一天，他又接到地方税务局的来信，信中说他需补缴 50 美元的税。
>
> B 先生某天接到联邦税务局的来信，信中说由于某种原因，他应补缴 150 美元的税。
>
> 请问：哪位先生会更沮丧一些？

此时，A 先生与 B 先生的最终财富值是相同的，均为 $w-150$ 美元。因此，根据式(3.3)，A 先生与 B 先生的沮丧程度也应该是相同的。但调查结果显示：66 人认为 A 先生更沮丧，14 人认为 B 先生更沮丧，7 人认为无差异。显然，这一调查结果也违背了标准经济学的推测。

值函数的解释

与前面类似，此处仍通过值函数来解释上述实验结果。在值函数下，当个体面对损失 $-z$ 时，当前财富水平 w 会被看作参考点，而最终财富水平为 $w-z$，于是损失 $-z$ 将被评估为 $v(-z)$。而个体面对损失（$-x$，$-y$）时，评估过程将变为：当损失 $-x$ 出现时，参考点为当前财富水平 w，最终财富水平为 $w-x$，于是损失 $-x$ 被评估为 $v(-x)$；而当损失 $-y$ 出现时，最终财富水平变为 $w-x-y$，但个体的参考点却已变为 $w-x$，于是他对 $-y$ 的评估将为 $v(-y)$。这样一来，损失（$-x$，$-y$）将被评估为 $v(-x)+v(-y)$。同样，根据值函数的基本性质，在数学上我们可得：

$$v(-z)=v(-x-y)>v(-x)+v(-y) \tag{3.4}$$

这意味着，损失 $-z$ 给个体带来的痛苦要轻于 $-x$ 和 $-y$ 分次带来的总痛苦。人们讨厌“祸不单行”、“破船又遇顶头风”的感觉。反观上述实验，A 先生对其结果的评估应为 $v(-100)+v(-50)$，B 先生对其结果的评估应为 $v(-150)$。根据式（3.4），显然 A 先生感觉更沮丧。因此，当对多次的损失进行评估时，归并要优于分离。

其他例证

(1)“免运费”策略。

厂商有时会通过“免运费”的方式来进行促销。例如，网上一款商品卖 90 元，但须支付运费 10 元，又或者该商品卖 100 元，包邮。假如你是消费者，哪种售卖方式会更吸引你？

在该例中，两种销售方式对厂商来说在本质上是相同的，因为最终均可收入 90 元。但第一种情形要求消费者支付两次，即货款加运费，这会被消费者看作两次损失；而第二种情形却将运费“内化”为商品的价格，此时消费者感觉仅蒙受了一次损失。根据式(3.4)，第二种方式无形中会让消费者更容易接受，于是也更可能促进销售。

(2) 旅行团定价。

人们经常选择跟随旅行团外出旅行。观察旅行社的定价策略可发现，通常会出现“机票＋住宿＋餐饮＋门票＝3 000 元”这样的形式，亦即让顾客支付一个打包价格，而不是让顾客分次买单，比如出发前先支付机票费用，到达目的地之后再支付餐宿费用，进入景区时再支付门票费用，等等。其原因就在于，如果让顾客分次付费，实际上是让顾客有一种蒙受了多次损失的感觉。而如果最初就收取一次性费用，并许诺后面不再发生任何费用，那么顾客就会感觉只蒙受了一次损失。因此，顾客自然会更愿接受一个打包后的旅行价格。

3.1.3 混合收益

异象

有时，个体既面临收益又面临损失，但收益大于损失，这被称为**混合收益**。对此，我们假设个体现在面临两种收益，其一为单纯的收益 z，其二为混合收益（x，$-y$），其中 z、x、y 均为正值，且有 $z=x-y$，这意味着两种收益是等价的。现在，我们假设个体的初始财富值为 w，于是根据标准经济学理论，上述两种收益给个体带来的效用也应该是相同的，即：

$$u(w+z)=u(w+x-y) \tag{3.5}$$

泰勒在其实验中（同上）仍然发现了违背上述预测的异象。实验如下：

已知：

A 先生买了一张彩票，结果中奖得了 100 美元；随后，他不小心弄坏了公寓里的地毯，只好向房东赔了 80 美元。

B 先生买了一张彩票，结果中奖得了 20 美元。

请问：哪位先生会更开心一些？

可见，A 先生与 B 先生的最终财富值是相同的，均为 $w+20$ 美元。于是，根据式（3.5），A 先生与 B 先生的开心程度也应该相同。但调查结果显示：22 人认为 A 先生更开心，61 人认为 B 先生更开心，4 人认为无差异。这一调查结果明显违背了标准经济学的推测。

值函数的解释

上述实验结果同样可通过值函数来解释。在值函数下，当个体面对收益 z 时，当前财富水平 w 被看作参考点，最终财富水平为 $w+z$，于是收益 z 将被评估为 $v(z)$。而当个体面对混合收益（x，$-y$）时，评估将出现变化：当收益 x 出现时，参考点为当前财富水平 w，最终财富水平为 $w+x$，于是收益 x 被评估为 $v(x)$；而当损失 $-y$ 出现时，最终财富水平变为 $w+x-y$，但个体的参考点却已变为 $w+x$，于是他对 $-y$ 的评估将为 $v(-y)$。这样一来，混合收益（x，$-y$）将被评估为 $v(x)+v(-y)$。根据值函数的基本性质，在数学上可得：

$$v(z)=v(x-y)>v(x)+v(-y) \tag{3.6}$$

这意味着，收益 z 给个体带来的快乐要大于将其分解为 x 和 $-y$ 而带来的快乐。人们讨厌在开心的时候突然得到一个扫兴的坏消息。反观上述实验，A 先生对其结果的评估应为 $v(100)+v(-80)$，B 先生对其结果的评估应为 $v(20)$。根据式（3.6），显然 A 先生感觉更沮丧。因此，当对混合收益进行评估时，归并要优于分离。

其他例证

（1）缴税方式。

在现实中，我们常常直接得到税后的工资，而不是每月拿到总工资后再上缴个人所得税。可见，无论是哪种缴税方式，每月的净工资都是相同的，但通过观察可知，第一种缴税方式实际上是将损失（税收）“内化”于总工资之中，因此个体只感觉到一次收益，而没有直接感觉到损失。但在第二种缴税方式下，个体实际上先感受到一次收益（工资），然后又感受到一次损失（税收）。根据式（3.6），个体可能更易接受第一种缴税方式而不会有太强烈的抵触感。不知这是否与你的感受也相同？

（2）“免运费”策略。

这里介绍另一种关于免运费的营销策略。在现实中，我们常会在网上看到如下促销方式：

①一款商品原价卖 100 元，包邮；现特惠卖 60 元，但买家需承担 10 元运费。

②一款商品原价卖 100 元，包邮；现特惠卖 70 元，仍包邮。

请问：你更容易接受哪种优惠方式？

在此例中，无论厂商选择哪种促销方式，其放弃的收益都是一样的，即 30 元。但对于消费者来说，虽然他最终得到的优惠都是 30 元，但不同的促销方式会让他产生不同的感觉。对于情形①，消费者会把优惠评估为 $v(40)+v(-10)$；而对于情形②，消费者会把优惠直接评估为 $v(30)$。根据式（3.6），消费者显然会认为情形②更具有吸引力。换言之，当较小的损失（此例中为 10 元运费）可被“内化”于较大的收益（此例中为节省的 40 元货款）中时，消费者将更易于接受。

3.1.4 混合损失

异象

有时，个体既面临收益又面临损失，但损失要大于收益，这被称为**混合损失**。对此，我们假设个体面临两种损失，其一为单纯的损失 $-z$，其二为混合损失（$-x$，y），其中 z、x、y 均为正值，且有 $-z=-x+y$，亦即两种损失是等价的。如果我们假设个体的初始财富值为 w，则根据标准经济学理论，上述两种损失给个体带来的效用也应该相同，即：

$$u(w-z)=u(w-x+y) \tag{3.7}$$

泰勒在其实验（同上）中再次发现了违背上述结论的异象。实验如下：

已知：

A 先生的汽车在停车场被撞坏了，他为此花了 200 美元的修理费。但就在同一天，他与同事赌球赢了 25 美元。

B 先生的汽车在停车场被撞坏了，他为此花了 175 美元的修理费。

请问：哪位先生会更沮丧一些？

可见，A 先生与 B 先生的最终财富值是相同的，均为 $w-175$ 美元。因此，根据式(3.7)，A 先生与 B 先生的沮丧程度也应该相同。但调查结果为：19 人认为 A 先生更沮丧，63 人认为 B 先生更沮丧，5 人认为无差异。这一调查结果与标准经济学的推测明显不符。

值函数的解释

上述实验结果也可运用值函数予以解释。在值函数下，当个体面对损失 $-z$ 时，当前财富水平 w 会被看作参考点，而最终财富水平为 $w-z$，于是损失 $-z$ 将被评估为 $v(-z)$。而当个体面对混合损失（$-x$，y）时，评估过程如下：当损失 $-x$ 出现时，参考点为当前财富水平 w，最终财富水平为 $w-x$，于是损失 $-x$ 被评估为 $v(-x)$；而当收益 y 出现时，最终财富水平变为 $w-x+y$，但个体的参考点却已变为 $w-x$，于是他对 y 的评估将为 $v(y)$。这样一来，混合损失（$-x$，y）将被评估为 $v(-x)+v(y)$。然而，根据值函数的基本性质，我们在数学上并不能确知 $v(-z)$ 与 $v(-x)+v(y)$ 之间的大小关系。但有一种情形却是值得关注的，即当 x 很大而 y 很小时（损失很大，收益很小），可以确定地得到：

$$v(-z)=v(-x+y)<v(-x)+v(y) \tag{3.8}$$

其含义是，损失 $-z$ 给个体带来的痛苦要大于将其分解为 $-x$ 与 y 而带来的痛苦。这一现象的启示是，人们在蒙受一个巨大的损失之后，如果得到一个小小的收益，会使他感到莫大的慰藉，这被称为**银边效应**。银边效应可由英国谚语“每朵乌云都有一条银边”来诠释，其寓意是，在逆境中哪怕得到一点点收获，也会给人以很大的希望。据此，反观上述实验，A 先生对其结果的评估为 $v(-200)+v(25)$，B 先生对其结果的评估为 $v(-175)$。其中，对于 A 先生来说，虽然 200 美元的修理费是一笔较大的损失，但赌球赢得的 25 美元却给他带来了一丝安慰，而 B 先生却没有这样的感觉。根据式（3.8），在 A 先生身上将出现银边效应，所以他不会像 B 先生那么沮丧。可见，对混合损失进行评估时，如果损失之后还有一个很小的收益，那么分离要优于归并。

其他例证

（1）发票兑奖。

在现实中，税务部门为了鼓励消费者在餐饮后索要发票，一般会在发票上附带兑奖联。在多数情况下，中奖的额度是很低的，如 5 元或 10 元等，但如果将消费者的餐饮支出看作一次损失，那么这样的兑奖安排就符合“在较大损失之后得到一个较小收益”的银边效应情形，因此能够给消费者带来额外的喜悦，从而促使消费者更乐于索要发票。

（2）汽车销售。

汽车销售中的一个小例子也能体现银边效应的作用。我们常会看到，在推销者与顾客进行多轮讨价还价之后，已经很难继续降低汽车的价格了。此时，推销者常常会提出附送一些汽车内饰或车载小装置，于是大大提高了销售的成功率。

此处，推销者实际上利用了银边效应。对于购车者而言，车款相当于一笔巨大的“损失”。此时，通过附送一些价值低廉的小礼物，会极大地改善购车者对高价格的承受感，于是达成购车协议的阻力将大为降低。

3.2　多个结果的评估Ⅱ：时序因素

上一节讨论的多个结果的评估在本质上属于同一时间截面，因为我们假设不同结果的发生时序对个体的评估无影响。然而在现实中，不同的结果经常是按照某种时序发生的。经验研究显示，在不同的时序特征下，个体对多次结果的评估方式也往往不同。此时，上一节的分析方法会给我们怎样的启示？

对此，我们将在本节介绍两种与时序有关的典型情形：一是支付（或损失）发生于消费（或收益）之前，这涉及沉没成本问题；二是支付（或损失）发生于消费（或收益）之后，这被称为事后支付问题。我们将指出，当损失发生于收益之前时，个体将会尽快地追取收益，以使收益与最初的损失归并起来评估，因为这可缓解损失厌恶带来的冲击；而当损失发生于收益之后时，个体将更乐于将所有损失归并起来评估，因为这也可使损失厌恶带来的冲击得到缓解。

3.2.1　沉没成本

在现实中，个体往往需要面临如下情形：一些商品需要提前支付价格订购，比如剧院门票或飞机票；而一些作为耐用品的商品或服务，其收益是在付款购买后的漫长时期内逐渐产生。在这一情形下，支付发生于消费之前，因此往往涉及所谓的**沉没成本**问题，其含义是，由过去的决策所导致的不能由现在或将来的任何决策改变的成本。比如，当支付发生于消费之前时，如果消费者后来改变主意也无法得到任何退款，则他将面临一个沉没成本。

异象

可见，沉没成本是无法收回的，不随具体决定变化而变动。那么，沉没成本会怎样影响个体对后续其他结果的评估与选择？按照标准经济学模型，沉没成本不应该影响个体决策。比如，是否冒暴风雪观看比赛的决定不应受到是否已经购买门票的影响。类似地，是否购买演出门票的决定不应受到是否已丢失一张门票的影响。然而，大量经验事实表明，沉没成本确实对决策具有影响（Kahneman and Tversky，1984；Gourville and Soman，1998；Prelec and Loewenstein，1998）。总的来看，个体一般会对沉没成本产生过度关注，这一现象被称为**沉没成本谬误**。

阿克斯和布鲁默（Arkes and Blumer，1985）发现，在一家戏剧社中，全价购买季票的持有人与购买折扣季票的持有人相比，前者在起初会更为经常地去观看演出。古维尔和索曼（Gourville and Soman，1998）发现，在健身俱乐部中，一年缴纳两次会费的会员在缴费的那个月会更为频繁地去锻炼。

另一个与沉没成本相关的现象是，人们在决定做某事时，不仅看这件事是否对自己有利，而且看过去是否已在这件事上有过投入。例如，一项错误的投资往往难以停止，因为先期的投资虽然被证明是没有商业前途的，但已经发生，故而投资者仍倾向于继续投入。又如，一些大型的卖场（比如奥特莱斯）总是选址于远离市区的偏僻场所，其目的在于使前来购物的消费者觉得，既然花费了如此多的时间精力赶到这里，那么就必须多买一些东西才值得。

值函数的解释

沉没成本谬误的产生原因在于，个体往往将沉没成本看作一种无可挽回的损失，于是，个体由于损失厌恶而倾向于对这类成本过度关注。进一步而言，刚刚支付的价钱或垫付的成本在人脑意识中会留下显著的印象，此时，如果付款人不消费相关的产品或服务，那么这项付款就会被编辑为一项损失。于是，随之而来的损失厌恶将促使付款人进行消费，以尽快获得收益来平衡之前的损失感。

现在让我们基于值函数来说明这一问题。以健身房会员卡为例：如果需要支付的会费为 y，而每次从健身中得到的收益为 x，那么当预先缴纳会费 y 时，由于后续的健身收益尚未产生，因此此时对会费的评估是 $v(-y)$，于是消费者的损失厌恶将使他觉得受到了 $-y$ 的强烈冲击。为此，消费者将倾向于尽快多次实施消费，以使得由沉没成本（会费）带来的负面冲击得到缓解，亦即对健身卡的评估将变为：$v(-y+nx)$，其中 $n\geqslant 1$。这与第 3.1.3 节的情形类似。

如此看来，沉没成本确实会影响个体的决策。但需要进一步指出的是，这种影响并不是持久的，最终会趋于消失。仍以上述的阿克斯和布鲁默（Arkes and Blumer，1985）的研究为例，他们发现当进入后半个演出季时，全价购票者和折价购票者去观看演出的频率没什么差别了，这意味着沉没成本（即支付的票款）对消费者的影响随着时间的推移而不断递减。而在健身卡会员制下也可见到类似的情形：消费者往往在办理会员卡之初的那几个月里频繁地去健身，但随着时间的推移，去的次数将逐渐减少。其原因就在于：一方面，由最初的沉没成本带来的损失厌恶冲击已逐渐趋于平复；另一方面，消费者会觉得较早的频繁健身已使沉没成本得到回收，即 $v(-y+nx)\geqslant 0$，于是根据值函数的敏感性递减性质，继续锻炼的新增收益只能带来很小的额外效用，因此消费者将可能减少健身次数。

其他例证

另一个与沉没成本有关的情形是耐用品的使用及置换。希斯和芬尼玛（Heath and Fennema，1996）的研究表明，消费者倾向于以线性原则按时间折旧耐用品，但冈田（Okada，2001）却发现，心理上的折旧不仅依赖于使用的时间，还依赖于过去使用的频率和从中得到的品质享受。冈田指出，人们更愿意用手持物品折价换购而不是购买同样折扣的新物品。在冈田的实验情景下，消费者已拥有一部照相机，现在他面临一部 200 美元的新相机，并有两种购买方式：一是将自己现有的相机折价为 80 美元来换购；二是直接享受 80 美元的折扣。根据标准经济学模型，消费者应该更偏好第二种方式，因为这样可以继续保有旧相机。然而，实验结果显示，56%的受试者更偏好第一种方式，偏好第二种的仅有 44%。这样看来，消费者对已有物品的折旧是基于它的最初禀赋值（这类似于沉没成本），因此当消费者想购买新物品时，如果旧物品仍具有价值，或者旧物品的使用频率很低且尚未给消费者带来足够体验，消费者会觉得自己还未充分获得旧物品的价值，这在本质上仍属于对沉没成本的过度关注。此时，如果允许消费者将该物品作为折价品，则消费者就会认为旧物品的残值得到了回收，于是就更愿意选择这种方式来购买新物品。

3.2.2　事后支付

上面提到的沉没成本问题是指支付发生于消费之前。但在另一些情形下，支付却发生于消费之后，这被称为**事后支付**。与此最为相关的一个典型实例是信用卡消费问题。

异象

在经验研究中常会发现，使用信用卡而非现金能够显著提高消费者的支付意愿（Prelec and Simester，2001）。一个显而易见的事实是，如果信用卡对增加消费没有作用，商户就不会情愿将其利润的至少 3%交纳给信用卡公司。信用卡的一个最明显的作用在于，受到流动性约束的消费者能够购买到不使用信用卡就无法购买的商品。标准经济学模型认为，考虑到使用信用卡是全额支付，也不收取利息，因此从时间偏好的角度也可解释人们为何偏爱稍后支付而不是当场支付（关于时间偏好的内容详见第 6 章）。但经验研究却显示，拥有信用卡的普通家庭的每月未清偿债务过于庞大，很难仅凭时间偏好就作出解释。

值函数的解释

上述异象及分析表明，与偏爱信用卡相关的事后支付现象势必涉及其他一些因素。对此，研究者提出了两个可能的解释：

①使用信用卡可以淡化购买的成本。例如，索曼（Soman，1997）观察到，如果学生在校园书店中使用现金而不是信用卡支付书款，那么在走出店门后，他就更能精确地记住花费的价钱。

②信用卡账单实际上是将多件商品的价款加总在一起，从而每件商品的价款将不再显得瞩目。正如泰勒（Thaler，1999）所说，单单花出 50 美元的心理冲击要大于在 843 美

元账单基础上再花 50 美元的影响。

上述两个方面的解释实际上都指向如下一个结果，即消费者更偏爱把损失归并起来，而不是分次感受它们，这与第 3.1.2 节介绍的情形类似。在现实中，很多经验研究都支持了这一结论。比如，泰勒（Thaler，1999）评论到，一般来说消费者不喜欢看到“计价器的持续运行”，因为这令商品组合中某一特定商品的价格过分瞩目，从而使人感到不悦（还可见前面关于旅行团定价的例子）。所以，我们常会在电信业中看到客户对包月费用的强烈偏好。大多数电话使用者都更偏爱包月缴费，而不是按通话量交费，即便在两种情况下费用可能差不多（Train，1991），甚至某些时候按通话量计价花费更少（Prelec and Loewenstein，1998）。美国在线（AOL）发现，在其于 1996 年引入包月互联网服务之后，由于难以应付来自用户的巨量需求，结果出现了登录困难，从而损害了公司的公众形象。另一个相关现象是索曼和古维尔（Soman and Gourville，2001）在一项关于耐用品消费的实验中发现的，其中：拥有四天滑雪通行证的滑雪者比每天购买通行证的人在最后一天更可能不滑雪。另外，在一项现场研究中还发现，拥有多场戏票的人比每次单独购票的人更容易错过演出。在健身俱乐部行业也有类似的现象，即如果人们是支付年费的，那么从那一刻开始，该年其他时间每次健身的边际成本将为零，这使得人们要比每次都需付费的情形下更容易接受健身。

基于上述讨论，我们现在可以回到最初的问题，即信用卡为什么会显著提高消费意愿？对此我们也可基于值函数来解释。假设 y_i 为每次消费需支付的价款，x_i 为从每次消费中得到的收益，$i=1$，…，n，于是根据值函数可知，在不使用信用卡的情形下，消费者对 n 次消费的评估很可能是：$v(-y_1)+v(x_1)+v(-y_2)+v(x_2)+\cdots+v(-y_n)+v(x_n)$。而如果他可以使用信用卡，即每次都先消费，并在期末一次性偿还信用卡账单，那么他对 n 次消费的评估将变为：$v(x_1)+v(x_2)+\cdots+v(x_n)+v(-\sum y_i)$。由于各次的价款是归并在期末一次性偿付的，此时消费者一般不会查看每次支出的金额，因此各次价款带来的总冲击效应会显著降低，即 $v(-y_1)+v(-y_2)+\cdots+v(-y_n)<v(-\sum y_i)$，这就是消费者使用信用卡时会提高支付意愿的原因——信用卡为消费者提供了一个归并多次损失的途径。

其他例证

另一个与事后支付相关的情形是，有时人们在做某项工作前就可提早得到报酬，因此这也是一个收益（薪水）在损失（工作的辛劳）之前的例子。西门子（Siemens，2007）发现，在获取报酬与进行工作之间的时间间隔越长，人们的工作满意度就越低，从而越不愿意再次进行该项工作，并且越容易抱怨薪酬不合理。其原因就在于，最初得到的薪酬随着时间的推移已逐渐失去了新鲜感和吸引力，因此当人们进行工作时，工作的繁重程度就可能被夸大。

3.3 案例分析

在本节，我们将介绍两个实验案例，以帮助读者进一步加深对归并与分离问题的理解。其中，第 3.3.1 节讲述了一个经典的“夹克与计算器”的购买实验；而第 3.3.2 节则是一个关于购买保险的实验。

3.3.1　夹克与计算器

实验内容及结果

这是由卡尼曼和特沃斯基（Kahneman and Tversky，1984）给出的一个经典实验。在该实验中，涉及如下两种情境：

情境 A：假设你想买一件夹克和一个计算器。在某商场，夹克的价格是 125 美元，计算器的价格是 15 美元。此时店员告诉你，开车 20 分钟后另一个街区的一家商场计算器的价格是 10 美元。请问：你会去另一个商场买计算器吗？

情境 B：假设你想买一件夹克和一个计算器。在某商场，夹克的价格是 125 美元，计算器的价格是 15 美元。这时候有人告诉你，开车 20 分钟后另一个街区的一家商场夹克的价格是 120 美元。请问：你会去另一个商场买夹克吗？

在上述两个情境中，其实都是对“是否开车 20 分钟从 140 美元的总购物额中节省 5 美元”做出选择，因此，根据标准经济学理论，受试者在两个情境下的选择应该是趋同的。然而，调查结果显示，受试者在两个情境下的选择并不一致：在情境 A 中，68%的受试者愿意开车 20 分钟去另一家商场；而在情境 B 中，只有 29%的受试者愿意开车去另一家商场。

值函数的解释

对上述实验结果，可基于值函数从归并与分离的角度来解释。无论对于情境 A 还是情境 B，开车 20 分钟带来的成本（时间、油费等）都是一样的。然而，受试者在两种情境下的选择不一样，这一定是因为他们对两种情境下节省 5 美元的评估方式不一样：

①在情境 A 下，受试者认为是从计算器的 15 美元售价中节省了 5 美元（相当于从 15 美元的损失中收回 5 美元），因此受试者倾向于将这 5 美元与购买计算器的支出相归并，于是他们对最终总支出（夹克与计算器）的评估是：$v(-125)+v(-15+5)=v(-125)+v(-10)$。

②在情境 B 下，受试者认为是从夹克的 125 美元售价中节省了 5 美元（相当于从 125 美元的损失中收回 5 美元），因此受试者倾向于将这 5 美元与购买夹克的支出相归并，于是对最终总支出的评估变为：$v(-125+5)+v(-15)=v(-120)+v(-15)$。

根据值函数的敏感性递减性质，$v(-10)-v(-15)>v(-120)-v(-125)$，见图 3—1，因此有 $v(-125)+v(-10)>v(-120)+v(-15)$，即受试者在情境 A 下更愿意驱车 20 分钟去另一家商场。

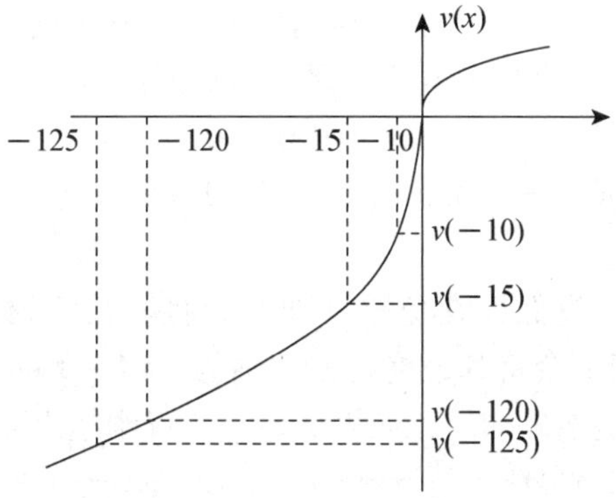

图 3—1　夹克与计算器问题

3.3.2 保险的设计

实验内容及结果

归并与分离的另一重要应用领域是保险业。一般来说，投保者由于损失厌恶而反感保单中存在免赔额，他们更偏爱保单中存在无索赔返款，因为这让人感觉是一种收益。对此，约翰逊等（Johnson et al.，1992）进行了一项相关实验，其中让受试者比较两种汽车保险的报价，一种以免赔框架表述，另一种以返款框架表述。具体如下：

①免赔框架：保费 1 000 美元，保期一年。

这款保单具有 600 美元的免赔额度，因此如果你提出了任何索赔，保险公司赔付的数额会从全部索赔额中扣除免赔额。具体方案是：如果一年中你的索赔额少于 600 美元，保险公司将不会给予任何赔付；而如果你的索赔额高于 600 美元，那么保险公司仅赔付超过 600 美元的部分。

②返款框架：保费 1 600 美元，保期一年。

在这款保单下，保险公司会在年底给你一定的返款。具体方案是：如果在这一年中你没有提出任何索赔，那么保险公司会在年底返还你 600 美元；如果你提出了索赔，但索赔额小于 600 美元，那么保险公司在年底会返还你 600 美元减去赔付款之后的余额；而如果总的索赔额高于 600 美元，那么保险公司就按照索赔额赔付，但不会再返还任何金额。

显然，我们可以证实，这两款保单在财务上是一致的，即无论受试者是否提出索赔或索赔多少金额，最后的财富状态都相同。实际上，根据标准经济学模型，如果考虑到时间偏好的因素，第一种方案应该更受到偏爱，因为第二种选择实质上意味着向保险公司提供了一年 600 美元的无利息贷款。然而，实验结果发现，只有 44%的受试者愿意接受第一种选择，68%的受试者愿意接受第二种选择。

值函数的解释

对上述实验结果，我们也可基于值函数的归并与分离来解释。假设在一年内，投保人提出的索赔额为 x 美元，于是：

①当 $x=0$ 美元时，即投保人该年未提出任何索赔，则他在免赔框架下会将其最终财富评估为：$v(-1\,000)+v(0)=v(-1\,000)$；而在返款框架下会将其最终财富评估为：$v(-1\,600)+v(600)$。根据第 3.1 节可知，这属于一个混合损失情形，并且收益相较于损失是较小的，因此在投保人身上可能出现银边效应，即 $v(-1\,600)+v(600)>v(-1\,000)$，这意味着他会更偏爱返款框架下的保单。

②当 $0<x\leqslant 600$ 美元时，投保人在免赔框架下会将其最终财富评估为：$v(-1\,000)+v(0)=v(-1\,000)$；而在返款框架下会将其最终财富评估为：$v(-1\,600)+v(x)+v(600-x)$。根据第 3.1 节可知，$v(-1\,600)+v(x)+v(600-x)>v(-1\,600)+v(600)$，进一步根据①即可得 $v(-1\,600)+v(x)+v(600-x)>v(-1\,000)$，这意味着他仍更偏爱返款框架下的保单。

③当 $x>600$ 美元时，投保人在免赔框架下会将其最终财富评估为：$v(-1\,000)+v(x-600)$；而在返款框架下会将其最终财富评估为：$v(-1\,600)+v(x)$。此时，两种框架下的评估结果孰大孰小是不确知的：如果 x 较小，仅刚超出 600 美元，则根据值函数的基本性质，可能会有 $v(-1\,000)-v(-1\,600)<v(x)-v(x-600)$，移项即得 $v(-1\,600)+v(x)>v(-1\,000)+v(x-600)$，即返款框架下的保单是更可取的；而如果 x 很大，即投

保人提出了巨额索赔，则免赔框架更为可取，因为此时通过较少的保费（1 000 美元）就获得了巨量赔付。

综合上述三种情形，我们可以认为，投保人更倾向于选择具有返款条款的保单，于是实验结果得到了解释。

3.4　本章要点

● 在现实中，事件的结果往往是多次出现的。如果个体将几次结果合并起来评估，则被称为归并；如果个体将几次结果分开来评估，则被称为分离。运用行为经济学下的值函数，可以较好地理解个体在归并与分离情形下对多次结果的评估差异。

● 有时，多个结果属于同一时间截面，这并不是指多个结果必须同时发生，而是指这些结果的先后发生顺序对评估不造成影响。

● 对同一时间截面上多个结果的评估共分四种情况，由基于值函数的分析可发现：当评估多次的收益时，分离要优于归并；当评估多次的损失时，归并要优于分离；当评估混合收益时，归并要优于分离；当评估混合损失时，如果恰好损失很大而收益很小，则分离要优于归并。

● 在现实中，多个结果往往是按照某种时序发生的。在不同的时序特征下，个体对多次结果的评估方式也不同。

● 受时序影响的多个结果情形主要有两种：一是损失发生于收益之前，这涉及沉没成本问题；二是损失发生于收益之后，这被称为事后支付问题。

● 由基于值函数的分析可知：当损失发生于收益之前时，个体将会尽快地追取收益，以使收益与最初的损失归并起来评估，于是可缓解由损失厌恶带来的冲击；而当损失发生于收益之后时，个体乐于将所有损失归并起来评估，因为这也可缓解损失厌恶的冲击。

课后思考

● 很多时候，只要你购买了一份医疗保险，其中就不但涵盖日常疾病险，而且可能涵盖工伤险甚至是生育险。请结合第 3.1 节来思考，为什么医疗保险会采取这种打包出售的方式？

● 企业在正式文件中往往会考虑如何在不同时点上记录利润和成本。如果一家企业想尽快报告收益，那么它可以“提前预计”尚未发生的利润，并且延迟对成本的记录，或是将成本分摊到多个时期记录。有研究表明，企业不愿意宣布损失或盈利的下降（Burgstahler and Dichev，1997）。在现实中，小笔的收益报告比小笔的损失报告要常见得多。为了给下一个会计年度预留更大的盈利报告空间，企业往往会在当前压低对巨额利润的报告。请基于第 3.2 节的内容来分析上述现象。

● 一些电影院常会通过团购网站向观众推销低价影票，但当观众前往影院时，如果所观看的影片恰好是限价电影（即设置了最低票价的热门影片），则需加付一定金额（通常较小）以补齐差价。请综合第 3.1 节、第 3.2 节所讲述的内容来分析，影院采取这种营销方式的目的是什么？

关键术语

归并 intergration
分离 segregation
混合收益 mixed gain
混合损失 mixed loss
银边效应 silver lining effect
沉没成本 sunk cost
沉没成本谬误 sunk cost fallacy
事后支付 payment decoupling

进一步阅读

[1] Kahneman, D. and Tversky, A. (1984). "Choices, Values and Frames." *American Psychologist*, 39, 341-350.

[2] Thaler, R. H. (1999). "Mental Accounting Matters." *Journal of Behavioral Decision Making*, 12, 183-206.

[3] Tversky, A. and Kahneman, D. (1981). "The Framing of Decisions and the Psychology of Choice." *Science*, 211 (4481), 453-458.

第 4 章

风险条件下的选择Ⅰ：效用评估

从本章开始，我们将把主题引到风险条件下的选择上，这主要与式（1.1）的组成部分（3）、（4）、（6）有关。在上一章，我们主要探讨了确定条件下的选择问题，这可视为最简单的一种选择情形。在本章，我们将把"确定条件"放松，而引入"风险条件"，其含义是，给定一个行为，其结果不是确定可知的，而是服从某个概率分布。此时，选择的过程将更为复杂。对此，我们仍遵从前一章的基本架构，首先介绍相关的标准经济学模型，然后再引入行为经济学的修正。

据此，第 4.1 节将给出标准经济学下的风险选择理论，即所谓的期望效用模型。这一模型的核心思想是，某一风险选择的期望效用是对各种可能结果的效用进行概率加权求和。其中，对每种结果的效用评估遵从标准的效用函数；而对每种结果的概率判断符合贝叶斯法则。期望效用模型可看作第 2 章介绍的标准经济学模型在风险条件下的拓展。

然而，大量经验研究发现，当个体面对风险的结果时，他对每种结果的效用评估在很多方面违背了标准效用函数的假设，而对客观概率的判断也很难遵从贝叶斯法则，这些异象为行为经济学提供了修正标准理论的空间。在本章，我们主要讲述行为经济学如何修正期望效用模型，以解释风险条件下的效用评估异象，这需要借助第 2 章介绍的值函数。具体地，第 4.2 节涉及的是单个风险结果的效用评估，第 4.3 节则涉及多个风险结果的效用评估。而与概率判断有关的异象，则留待下一章探讨。

4.1 标准经济学模型

本节将介绍标准经济学下的个体风险选择理论，即所谓的**期望效用模型**。这一理论最初由冯·诺依曼和奥斯卡·摩根斯坦（Von Neumann and Oskar Morgenstern，1944）提出，旨在描述个体面对风险时的选择行为。长久以来，该模型一直被经济学家普遍接受，并用于对个体风险选择的标准描述。由于该理论假定个体的行为是理性的，因此按照第 2

章的相关定义，此时个体的选择也应当满足完备性与传递性公理。

4.1.1 期望效用模型

在期望效用模型下，风险选择被定义为面对不同**前景**时的选择过程。此处的前景可被定义为一系列可能的结果，每种结果都有一个与之联系的客观概率。如下是一个涉及风险选择的简单例子，此处，一个人需要在两个可供选择的前景中做出选择：

①前景 A：40%的机会赢得 5 元，60%的机会赢得 100 元。

②前景 B：一定能赢得 62 元。

对于前景 A 来说，它涉及两个结果——5 元和 100 元，其中每个结果的发生概率分别为 40%和 60%。而对于前景 B 来说，它只涉及一个结果 62 元，但其发生概率为 1。

一般来说，一个前景在数学上可以表示为：

$$q=(p_1,x_1;\cdots;p_n,x_n) \tag{4.1}$$

这里 x_i 表示各种结果，可以把它理解为各种商品束，也可以把它理解为货币值等；而 p_i 表示与之相关的概率，$i=1$，…，n。如果结果是无风险的，那么前景可直接表示为 $q=(x)$，此时前景退化为确定条件下的选择结果。如果某个结果为 0，比如 $q=(0.4，5；0.6，0)$，那么就可直接简写为 $q=(0.4，5)$。这样，上面的前景 A 就可以表达为 $q_A=(0.4，5；0.6，100)$。而前景 B 可表示为 $q_B=(62)$。

基于上述概念的定义，我们现在可对期望效用模型的一般形式进行表述。

期望效用模型的本质在于给每个前景赋予一个效用值。在确定条件下，效用函数被定义为从可选集向真实数字集的一种映射，其中可选集中是各种确定的选择结果。类似地，在风险条件下，效用函数可被定义为从可选的前景集合向真实数字集的一种映射，其中，更被偏好的前景会被赋予更高的效用值，此时个体对各前景的偏好排序仍然满足完备性与传递性公理。

那么，应当如何对每个前景的效用进行赋值？期望效用模型假定，一个前景的效用是对该前景的各种结果的效用进行加权求和，这被称为**期望效用**，其中，加权的权重是各结果的客观概率。然而，此处需要强调的一点是，期望效用模型假定个体对每种可能结果的看待并不孤立于他的初始禀赋，而是会将每种结果与他的初始禀赋进行加总。于是，如果假设个体的初始禀赋为 w，那么前景 $(p_1,x_1;\cdots;p_n,x_n)$ 的期望效用可表达为：

$$U(p_1,w+x_1;\cdots;p_n,w+x_n)=p_1u(w+x_1)+\cdots+p_nu(w+x_n) \tag{4.2}$$

因此，在期望效用模型下，起决定作用的是个体的最终状态，而不是从一个状态到另一个状态的变化程度。

根据式（4.2），如果已知效用函数 $u(\cdot)$ 的表达式以及各种可能结果的发生概率，那么就可对前景的期望效用进行计算。显然，当存在多个前景时，个体将会对每个前景的期望效用进行排序，并选择能够带来最大期望效用的那个前景，从而实现在风险条件下的效用最大化选择。

4.1.2 风险态度

与期望效用模型密切相关的一个概念是**风险态度**。在后面介绍行为经济学的理论框架时，将会多次涉及这一概念。因此，有必要在此处对风险态度作一简要讲述。一般而言，风险态度可根据效用函数的形状来进行定义，共分三个类别：**风险厌恶**、**风险喜好**与**风险中性**。

风险厌恶

在对各种风险态度进行解释前，需要先引入**期望值**的概念。所谓期望值是指对各种可能结果的加权求和值，用 $E(\cdot)$ 表示，其中权重为每种结果的发生概率。于是，如果假设个体的初始禀赋为 1 000 元，那么上述前景 A 的期望值就为 $E(q_A)=0.4\times1\,005+0.6\times1\,100=1\,062$，而前景 B 的期望值为 $E(q_B)=1\times1\,062=1\,062$。

可以发现，前景 A 和前景 B 的期望值是相等的。然而，这并不表明个体认为这两个前景无差异。如果假设个体的效用函数为 $u(x)=\ln x$，那么前景 A 的期望效用为 $0.4\times\ln(1\,005)+0.6\times\ln(1\,062)=6.95$，前景 B 的期望效用为 $\ln(1\,062)=6.97$，因此个体会更偏好 B。这意味着当个体面对一个风险的前景（A）和一个确定的前景（B）并且二者的期望值相同时，个体更喜爱确定的前景而不是风险的前景，这就是所谓的风险厌恶。

由此可推知，只要个体的效用函数 $u(\cdot)$ 满足 $u'>0$ 及 $u''<0$，则他就是风险厌恶的。

风险喜好

由风险厌恶的定义自然可推知，所谓风险喜好是指，当个体面对一个风险的前景和一个确定的前景且二者的期望值相同时，个体更喜爱风险的前景而不是确定的前景。此时，效用函数 $u(\cdot)$ 满足 $u'>0$ 及 $u''>0$，于是上述前景 A 的期望效用将大于前景 B 的效用。

风险中性

最后，我们引入风险中性的概念，它是指当个体面对一个风险的前景和一个确定的前景且二者的期望值相同时，个体对两个前景的偏好无差异。此时效用函数变为一条直线，即 $u'>0$ 及 $u''=0$。

上述三种风险态度下的效用函数如图 4—1 所示。虽然从经验上看，这三种风险态度都是可能存在的，但在常规的期望效用模型中，通常假定个体持有风险厌恶的态度。

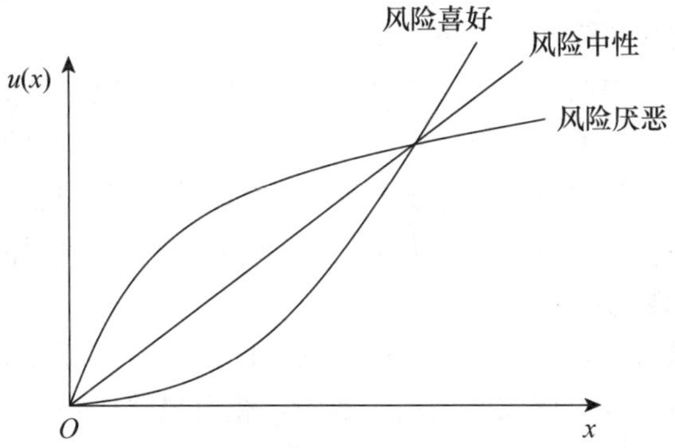

图 4—1　不同风险态度下的效用函数形状

4.1.3　确定性等价

与风险态度相关的一个概念是**确定性等价**。为了理解这一点，首先请看这样一个问题。假设市场上有两种投资方式：

方式①：投资 10 万元，以 0.5 的概率获得 $r\%$的收益率，以 0.5 的概率获得零收益率，于是期末的期望收益率是 $0.5r\%$；

方式②：投资 10 万元，获得 25%的固定收益率，于是期末的期望财富值为 12.5 万元。

现在请问，若想使投资者认为方式①与方式②是无差异的，那么方式①的期望收益率是多少？

对于上述问题，我们可以假设投资者的效用函数为幂函数形式：$u(w)=w^{1/2}$，其中 w 代表财富值，于是投资者是风险厌恶的，此时方式②带来的最终效用为：

$$u[100\,000(1+25\%)]=125\,000^{1/2}\approx 353.55 \tag{4.3}$$

现在，若想使方式①与方式②是无差异的，须有：

$$0.5\times[100\,000(1+r\%)]^{1/2}+0.5\times 100\,000^{1/2}=353.55 \tag{4.4}$$

于是可得到 $r=52.8\%$，这意味着方式①的期望收益率应为 $0.5r\%=26.4\%$。因此，在上述问题中，固定收益率 25%与风险收益率 26.4%是无差异的，这就是所谓的确定性等价。其进一步的含义是，要想使人们甘于承受风险，需要在收益率上有一定的额外补偿，补偿的程度为 26.4%－25%＝1.4%，这被称为**风险溢价**。

可以想象，个体要求的风险溢价与他的风险厌恶程度密切相关。一般而言，可用**相对风险厌恶系数**来衡量个体的风险厌恶程度。如果个体的效用函数为 $u(w)$，且满足 $u'>0$ 及 $u''<0$，则相对风险厌恶系数 $R(w)$ 被定义为：

$$R(w)=-w\frac{u''(w)}{u'(w)}=-w\frac{\frac{\mathrm{d}u'(w)}{\mathrm{d}w}}{u'(w)}=-\frac{\frac{\mathrm{d}u'(w)}{u'(w)}}{\frac{\mathrm{d}w}{w}} \tag{4.5}$$

其含义是，当财富 w 变动一个很小的比例时效用函数的斜率 $u'(w)$ 会变动多少比例，因此相对风险厌恶系数衡量了效用函数的弯曲程度。

可见，$R(w)$ 越大，说明 $u(w)$ 越弯曲，亦即个体的风险厌恶程度越高。举例而言，假设个体 1 的效用函数为 $u(w)=w^{1/2}$，于是根据式（4.5），他的相对风险厌恶系数为 $R_1(w)=0.5$。又假设个体 2 的效用函数为 $u(w)=w^{1/4}$，于是他的相对风险厌恶系数为 $R_2(w)=0.75$。由于 $R_2(w)>R_1(w)$，所以个体 2 要比个体 1 更加厌恶风险。图 4—2 展示了个体 1、个体 2 的效用函数对比。

需留意的是，一般而言，在效用函数曲线的不同部分，计算得到的相对风险厌恶系数不一定相同。但在上述幂函数形式的效用函数中，相对风险厌恶系数却为一常数。

现在，我们可以来探讨风险厌恶程度与风险溢价的关系了。回顾前面的投资方式①与方式②，如果投资者的效用函数为 $u(w)=w^{1/2}$，那么要想使这两种投资方式是确定性等价的，风险溢价为 1.4%，此时对应的 $R(w)=0.5$。现在，假若投资者的效用函数变为 $u(w)=w^{1/4}$，即 $R(w)=0.75$，那么投资方式②可带来的效用为：

$$u[100\,000(1+25\%)]=125\,000^{1/4}\approx 18.8 \tag{4.6}$$

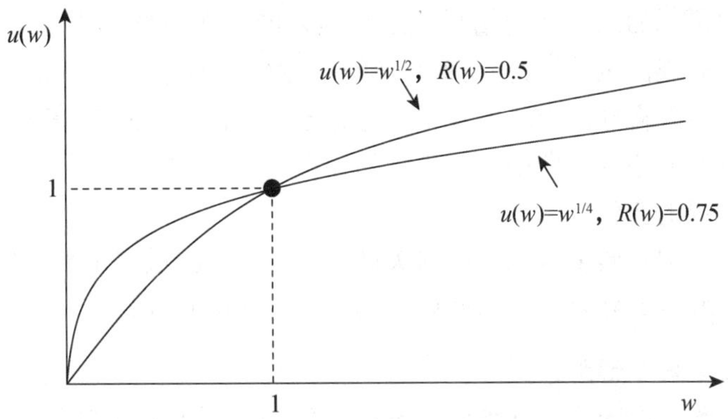

图 4—2　不同程度的风险厌恶

此时若想使投资方式①与方式②是无差异的，须有：

$$0.5\times[100\,000(1+r\%)]^{1/4}+0.5\times 100\,000^{1/4}=18.8 \tag{4.7}$$

于是 $r\%=54.2\%$，这意味着投资方式①的期望收益率为 $0.5r\%\approx 27.1\%$，此时的风险溢价将为 $27.1\%-25\%=2.1\%$，大于 $R(w)=0.5$ 时的风险溢价 1.4%。可见，风险厌恶程度越高，确定性等价要求的风险溢价也就越高。

4.2　行为经济学的修正 I：单个风险结果的评估

根据本章的内容安排，从本节开始，我们将介绍行为经济学如何处理风险条件下的效用评估问题。对此，我们首先列举若干违背期望效用模型的典型异象，然后借助第 2 章的值函数来对期望效用模型进行修正，从而对异象作出解释。需指出的是，本节仅涉及单个风险结果的效用评估问题，而对多个风险结果的讨论将留待下一节介绍。

4.2.1　异象

此处所要介绍的异象共有三个，它们主要来自卡尼曼与特沃斯基的系列实验，现分而述之。

风险态度的可变性

在期望效用模型中，个体通常被假定是风险厌恶的，但下面的经验事实却展现了违背这一假定的异象（Tversky and Kahneman，1981）。

> 假设你面临两个情形：
> 情形 A：请在前景 q_1(250 美元) 和 q_2(0.25，1 000 美元) 之间进行选择。
> 情形 B：请在前景 q_3(−750 美元) 和 q_4(0.75，−1 000 美元) 之间进行选择。

在上述两个情形中，情形 A 意味着个体需要在一个确定性收益（250 元）与一个风险收益（以 0.25 的概率获得 1 000 元）之间进行选择，因此是一种收益情境；而情形 B 意味着个体需要在一个确定性损失（750 元）与一个风险损失（以 0.75 的概率损失 1 000 元）之间进行选择，因此是一种损失情境。根据期望效用模型的常规假定，个体无论在哪种情境下都应当是风险厌恶的。但调查结果显示：84%的人在情形 A 下选择了 q_1，这意味着个体在收益情境下表现出风险厌恶；而 87%的人在情形 B 下选择了 q_4，这意味着个体在损失情境下表现出风险喜好。上述实验结论意味着，个体在不同情境下表现出了不同的风险态度，这一现象明显违背了期望效用模型的预设。

决策依赖于结果的变化

在期望效用模型中，通常假定个体的决策依赖于结果的最终水平，但下面的经验事实却给出了违背这一假定的异象（Tversky and Kahneman，1986）。

> 假设你面临两个情形：
>
> 情形 A：你刚刚赚了 300 美元，请在 q_1(100 美元）和 q_2(0.5，200 美元）之间进行选择。
>
> 情形 B：你刚刚赚了 500 美元，请在 q_3(−100 美元）和 q_4(0.5，−200 美元）之间进行选择。

上述的情形 A 和情形 B 实际上是等价的，因为从最终结果来看，都是要求个体在 q(400 美元)和 q(0.5，300 美元；0.5，500 美元）之间进行选择。因此根据期望效用模型，受试者在情形 A 和情形 B 下的选择结果应当差不多。然而，调查结果显示：72%的人在情形 A 下会选择 q_1，表明存在风险厌恶；64%的人在情形 B 下会选择 q_4，表明存在风险喜好。这一现象显然违背了期望效用模型的预测。

上述实验结论意味着，个体在决定选择时并不太关注最终财富值究竟是多少，而是更关注最终财富值相对于 300 美元或 500 美元发生了怎样的变化（是增加还是减少）。这意味着最终结果并不是影响决策的关键变量，决策更依赖于最终结果与某个参考点之间的变化，这一事实与第 2 章所介绍的参考点依赖是一致的。

对收益与损失的非对称反应

另一个有关期望效用模型的异象可见于萨缪尔森（Samuelson，1963）的著名测试。萨缪尔森在午餐时向同事展示了一个猜币赌局：抛掷一枚硬币让同事猜测是哪一面朝上。如果同事赢了，即可得到 200 美元；如果输了，只需付给萨缪尔森 100 美元。于是，这名同事面临的前景为 q(0.5，200 美元；0.5，−100 美元)。然而，这名同事却拒绝了这个看起来不错的赌局，因为他认为："我感觉输掉的 100 美元比赢得的 200 美元还要多。"

对此，萨缪尔森表达了费解，他的理由是：假设这名同事的效用函数为 $u(w)=\ln(w)$，并假设他的初始财富值为 10 000 美元，于是：

①如果不参加赌博，其效用为 $u=\ln 10\,000\approx 9.21$。

②如果参加某一赌局能以 0.5 的概率赢得 x 美元、以 0.5 的概率输掉 100 美元，那么要想使得这名同事愿意参加赌博，x 至少应该是多少美元？对此，我们需要有：

$$0.5\times\ln(10\,000+x)+0.5\times\ln 9\,900\geqslant 9.21 \tag{4.8}$$

于是可得 $x\geqslant 97$ 美元，这说明只要赢得的金额可超出 97 美元，该赌局就是有吸引力的。然而，萨缪尔森承诺的可赢金额达到了 200 美元，居然仍被同事拒绝，这似乎无法用标准的期望效用模型解释。

另一个类似的实验问题（Tversky and Kahneman，1992）如下：

如果你觉得前景 $q_1(0)$ 和 q_2(0.5，x 美元；0.5，−25 美元）是无差异的，那么 q_2 中的 x 应当为多少？

调查结果显示，受试者平均认为 x 应当为 61 美元。这意味着对于一个公平赌局（即输和赢的概率均为 0.5），如果可输的金额为 25 美元，那么可赢的金额至少达到 61 美元，才足以吸引人们参与这个赌局。

上述经验事实表明，个体对等量损失要比等量收益更为敏感，因此他们才会在一个公平赌局中要求过高的可赢金额，这与第 2 章介绍的损失厌恶是一致的。

4.2.2　值函数的引入

现在，可对上述三个经验事实作一个小结：其一，个体在面对风险选择时，其决策依赖于最终结果与参考点之间的相对变化；其二，当结果优于参考点时，个体是风险厌恶的，当结果劣于参考点时，个体是风险喜好的；其三，个体还具有损失厌恶特征。

上面已指出，这些经验事实难以用期望效用模型来解释。对此，行为经济学对期望效用模型进行了修正，即通过一个值函数来代替期望效用模型中的标准效用函数。具体地，当个体的效用评估不再基于标准效用函数而是值函数时，前景 $q=(p_1,x_1;\cdots;p_n,x_n)$ 的期望效用可表达为：

$$U(p_1,x_1;\cdots;p_n,x_n)=p_1v(x_1)+p_2v(x_2)\cdots+p_nv(x_n) \tag{4.9}$$

其中 $v(\cdot)$ 代表值函数。根据第 2 章介绍的值函数的基本性质可知：

①值函数假定个体对每种可能结果的评估实际上是孤立于他的初始禀赋 w 的，即仅关心每种结果带来的变化 $(w+x_i)-w$，其中 $i=1$，…，n，这体现为上述第一个经验事实。

②值函数假定个体是敏感性递减的，即无论是收益还是损失，给个体带来的边际感受都是逐渐降低的，这意味着在收益情境下必然有 $v''(\cdot)<0$，于是个体将表现出风险厌恶；而在损失情境下必然有 $v''(\cdot)>0$，于是个体将表现出风险喜好。这体现为上述第二个经验事实。

③值函数还假定对于任意 $x>0$，有 $-v(-x)>v(x)$ 且 $v'(-x)>v'(x)$，这意味着个体对收益与损失的反应是非对称的，这体现为上述第三个经验事实。

可见，依据值函数的基本性质，就可对上述三个经验事实同时作出解释。但从这种解释方法可看出，值函数实际上是一种描述性模型，而第 4.1 节介绍的期望效用模型却更类似于一种规范性模型。关于这一点，我们在第 1 章比较行为经济学与标准经济学的性质时已作过讨论，读者可回顾相关章节。

4.2.3　其他例证

在现实中，仍有许多风险选择问题可基于值函数的基本性质来解释，其中一个著名问题与**框架效应**有关。在对这一效应作正式定义之前，我们先给出一个与之有关的著名实验（Tversky and Kahneman，1981），即“亚洲病”问题。

在该实验中，受试者需要回答如下问题：

假设美国正在处理一起稀有的“亚洲病”爆发危机，它有可能导致 600 人丧命。现有两个方案来化解这场危机，其中：

A 方案：会有 200 人获救。

B 方案：有 1/3 的概率所有人获救，有 2/3 的概率无人获救。

调查结果显示：72%的受试者选择了 A 方案。

C 方案：600 人中会有 400 人死亡。

D 方案：有 1/3 的概率无人死亡，有 2/3 的概率所有人都死亡。

调查结果显示：78%的受试者选择了 D 方案。

现在，让我们来对上面两组问题进行分析。经过仔细观察就可发现，实际上 A 与 C 是等价的方案，而 B 与 D 也是等价的方案，但是由于表述的方式不同，使得人们对同一方案产生了不同的感知，其中：

① A 方案中的“有 200 人获救”会使人感觉这是一个确定的收益，而 B 方案中的“有 1/3 的概率所有人获救，有 2/3 的概率无人获救”会使人感觉这是一个风险性的收益。根据值函数的基本性质，人们面对收益情境时会表现出风险厌恶，即：

$$v(200)\geqslant 1/3\times v(600)+2/3\times v(0) \tag{4.10}$$

因此他们自然更偏爱 A 方案。此时，受试者的参考点为“无人获救”。

② C 方案中的“600 人中有 400 人死亡”会使人感觉这是一个确定的损失，D 方案中的“有 1/3 的概率无人死亡，有 2/3 的概率所有人都死亡”会使人感觉这是一个风险性的损失。根据值函数的基本性质，人们面对损失情境时会表现出风险喜好，即：

$$v(-400)\leqslant 1/3\times v(0)+2/3\times v(-600) \tag{4.11}$$

因此他们自然更偏爱 D 方案。此时，受试者的参考点为“无人死亡”。如果把上述两个情形放入一幅图内，可用图 4—3 表示。

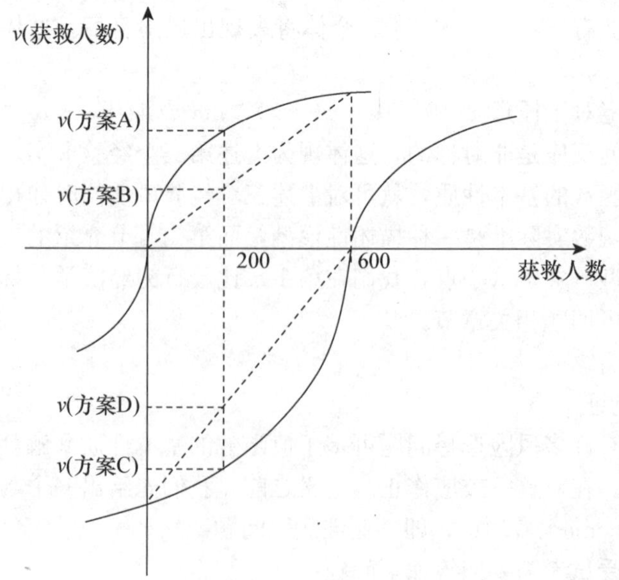

图 4—3 “亚洲病”问题

可见，表述的方式会形成一种“框架”，使得同样的事物在一种“框架”下是收益，在另一种“框架”下是损失，这将导致个体的选择出现不同。此处，“框架”就好比是照相机上的取景框，可对同一景色作出各种角度的取景，于是拍出的照片会给人们带来不同的观感。推而广之，当个体的选择依赖于问题的展现方式时，我们就将其称为框架效应。

4.3　行为经济学的修正Ⅱ：多个风险结果的评估

在上一节，我们讨论了在风险条件下个体会怎样评估单次出现的结果。但在现实中，风险结果往往是多次出现的，而不是仅出现一次即结束。那么此时个体又会怎样进行评估？这将是本节的主要议题。行为经济学的主要论点是：当个体面临连续出现的多个风险结果时，有两方面的因素会对他的评估产生重要影响：一是他的损失厌恶程度，二是他对多次风险结果的评估间隔期。如果个体每次都将较多的结果归并在一起进行评估，那么说明他的评估间隔期较长；如果个体每次只将很少的几次结果归并在一起评估，那么说明他的评估间隔期较短。可见，本节涉及的问题实际上是将第 3 章探讨的归并与分离问题拓展到风险情形。

4.3.1　异象

在讨论多个风险结果的评估之前，我们需要首先回顾一下第 4.2.1 节讨论的萨缪尔森难题。萨缪尔森在午餐时邀请同事参与一个猜币赌局：如果同事赢了，即可得到 200 美元；如果输了，只需付给萨缪尔森 100 美元。这一赌局可表示为如下前景：q(0.5，200 美元；0.5，−100 美元)。这个赌局虽然看起来不错，却被这名同事拒绝，因为他感觉输掉的 100 美元比赢得的 200 美元还要多。然而，该名同事随后又表示，如果这个赌局可以玩 100 次，那么他愿意加入。

与上述异象有关的其他例子还包括泰勒、特沃斯基、卡尼曼和施瓦茨（Thaler，Tversky，Kahneman and Schwartz，1997）对投资组合的研究。他们的方法是对受试者在股票和债券间进行投资决策的频率加以控制，共分为三种不同的情形：1 年 8 次、1 年 1 次、5 年 1 次。结果发现，在两个更长期的情形下，投资者将其约 67％的资金用于风险更大的股票投资，而在评估更频繁的情形下，受试者倾向于保守，他们投资于股票的资金只占约 41％。此外，贝纳茨和泰勒（Benartzi and Thaler，1999）在另一项研究中询问大学教员会怎样将其退休金在股票和债券之间作投资选择。在实验中，他们控制了回报的给出方式：1 年期回报率的分布以及 30 年期回报率的分布。结果发现，那些看到 1 年期回报率的受试者将大部分资产投资于债券，而那些观察到 30 年期回报率的受试者将其资产的 90％投资于股票。这些经验研究均表明，如果让投资者主动地或被动地执行更长的评估间隔期，则他们愿意冒更大的风险。

4.3.2　短视损失厌恶

上述异象仍可使用行为经济学下的值函数来解释，我们以萨缪尔森的猜币赌局来进行说明。为了分析的简便，在不影响一般性的前提下，我们假定这名同事拥有如下的线性值函数：

$$v(x)=\begin{cases}x & x\geqslant 0\\ -2.5x & x<0\end{cases} \tag{4.12}$$

其中 x 表示最终结果相较于参考点的变化。这个函数虽然形式简单，但充分体现了损失厌恶的特征。根据该值函数，上述猜币赌局的期望效用为：

$$0.5\times 200+0.5\times(-2.5\times 100)=-25 \tag{4.13}$$

这意味着参加这个赌局的期望效用为负值。由于不参加赌局的期望效用为零（无收益也无损失），因此，这名同事拒绝这一赌局就是合理的选择。那么，当这个赌局可以玩多次时，该名同事又宣称愿意加入，这应如何用值函数解释呢？

显然，仅凭值函数只能对单次赌局作出分析。当涉及多次赌局时，我们就必须考虑个体对赌局的归并方式。为了简便起见，我们假设该赌局可以玩两次，且这名同事是把两次赌局归并起来评估的，那么他面临的可能结果将有四种：一是连续两次都赢，于是赚得 400 美元；二是连续两次都输，于是损失 200 美元；三是第一次赢、第二次输，于是净赚 100 美元；四是第一次输、第二次赢，于是也净赚 100 美元。这样一来，该名同事的前景就可写为：q(0.25，400 美元；0.5，100 美元；0.25，−200 美元)。基于式（4.12）的值函数，可算出他的期望效用为：

$$0.25\times 400+0.5\times 100+0.25\times(-2.5\times 200)=25 \tag{4.14}$$

从中可以发现，当把两次赌局归并起来评估时，其期望效用就变为正值，因此连续玩两次赌局是有吸引力的。可以推测，玩的次数越多，该赌局的吸引力就越强，但其前提是对历次赌局进行归并评估。

上述分析意味着，当假定个体是损失厌恶的并且还会实施归并时，就可解释他为何会拒绝单次赌局，但同时又会接受多次赌局。其中，对赌局的归并方式反映了个体对这些赌局的评估间隔期。每次被归并的赌局次数越多，说明他的评估间隔期越长，其中最长的评估期就是将所有赌局全部归并；每次被归并的赌局次数越少，说明他的评估间隔期越短，其中最短的评估间隔期就是对每次赌局都分离评估。一个潜在的推论是，损失厌恶和评估间隔期共同决定了个体对重复赌局的态度。可以发现，评估间隔期越短，则人们越倾向于拒绝参加赌局，亦即人们越不愿意冒险，这被称为**短视损失厌恶**。显然，从这一角度也可解释上面关于投资组合的两个实验结果。

4.3.3 其他例证

从短视损失厌恶的角度出发，还有助于我们对如下经验现象的理解，即所谓的**先期结果效应**，它是指较早发生的风险结果会影响个体对后续风险结果的评估态度，因此也属于多次风险结果的评估问题。

比如，在赛马中，人们更愿意在每日最后一轮赛事中押下高风险的赌注，这被称为**日终效应**。对此的一个解释是，赌客可能是短视的，即喜欢在每日结束时对当日损益作一次评估，同时他们还是损失厌恶的。由于大多数赌客在最后一轮比赛时，都处于损失的境地，因此在每日结束时，他们为了能够填平当日的损失，就更愿意冒较大的风险（根据值函数的特征，在损失情境下，个体是风险喜好的）。

泰勒和约翰逊（Thaler and Johnson，1990）针对 MBA 学员进行了真实的小赌注实验，也发现了类似的结果。我们常会发现，赌客喜欢把每天在赌场内赢得的钱单独放在某个口袋中，以区别于自己的其他资产，这一现象被称作**私房钱效应**，而赌客在使用这些资金时是风险喜好的。但另一方面，如果他们处于亏损的境地，并且获得的收益和相关概率都很小，他们就会表现出风险厌恶。除非有机会保本（通常是以较低的概率获得相对较高的收益），他们才会追求风险。

在上述实验中，所涉及的赌注相对于个体的全部财富值来说是较小的，那么当赌注很大时，个体的选择行为是否仍具有类似的特征？对此，格特纳（Gertner，1993）调查了电视博彩秀《玩牌老手》中的参赛者行为，同样发现了个体倾向于每天评估损益的证据。在该档电视节目中，当天的获胜者需要猜测从一副纸牌中随机抽取的一张纸牌点数是高于还是低于被展示的纸牌点数。作出猜测之后，参赛者可从当天赢的钱中拿出50%～100%来对猜测结果下注。格特纳发现，虽然当天赢的钱平均约为 3 000 美元，是一个较大的数额，但这一金额对参赛者的赌注大小有着强烈影响，而前几天赢的钱却几乎没有影响。这说明参赛者的评估期较短，他们是将当天赢的钱与以前赢的钱区分开来评估的。

4.4　案例分析

本节将给出一个著名的相关案例，即所谓的**股票溢价之谜**，这涉及多个风险结果的评估情形。我们将讨论如何从短视损失厌恶的角度来理解这一现象。

4.4.1　股票的高溢价现象

在第 4.1.3 节中我们已指出，风险溢价可看作风险厌恶程度的增函数。那么，风险溢价在现实经济活动中的表现究竟是怎样的？图 4—4 和图 4—5 给出了 1802 年投资于不同资产的 1 美元，在随后一百多年间的价值变化趋势，截止年份为 1997 年。其中，图 4—4 给出的是名义值状况，图 4—5 则为实际值状况。从中可以看出，1802 年的 1 美元如果投资于股票，那么到 1997 年时，其名义价值达到了约 700 万美元，而实际价值也达到约 55 万美元。然而，1802 年的 1 美元如果投资于长期国债，那么到 1997 年时，其名义价值仅约为 1 万美元，而实际价值则约为 800 美元。如果把股票看作风险资产，而把债券看作无风险资产，那么这两者之间的价值差异就可体现出风险溢价的程度。可见，在这一百多年间，美国的股票价值相对于债券产生了极大的风险溢价。

为了能够进一步看出风险溢价的程度，可根据相关数据算出 1802—1997 年间股票、债券等资产的平均实际收益率，见表 4—1。

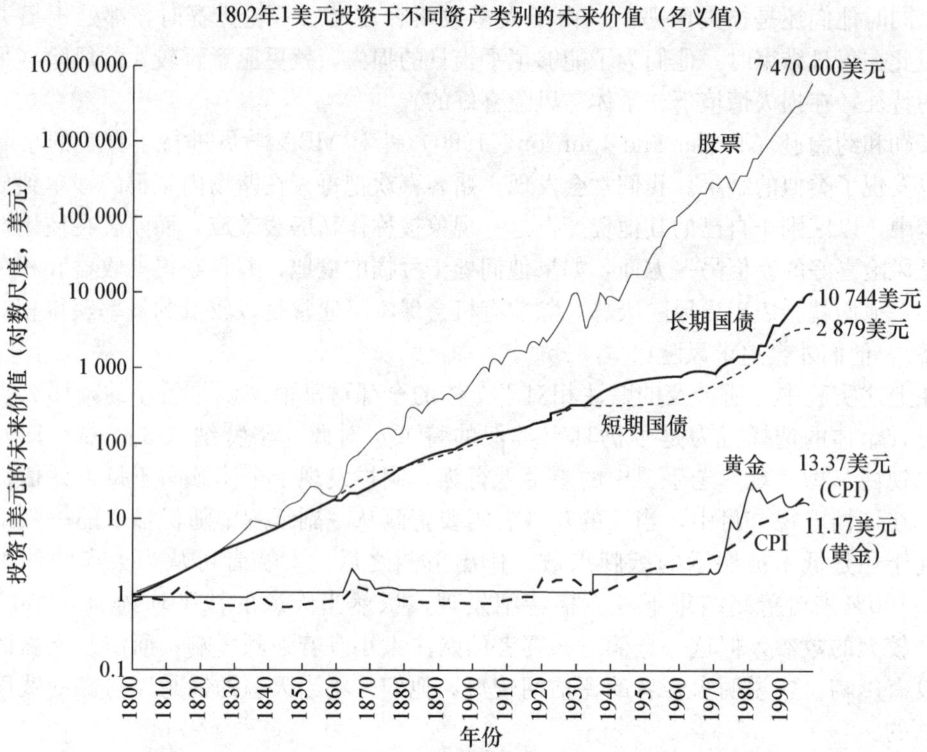

图 4—4　现实中的风险溢价（美国：1802—1997 年，名义值）

资料来源：Siegel（1998）。

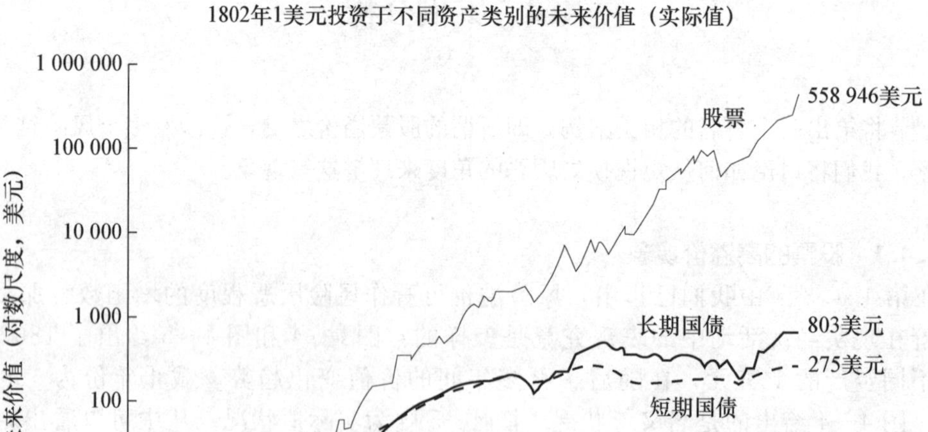

图 4—5　现实中的风险溢价（美国：1802—1997 年，实际值）

资料来源：Siegel（1998）。

表 4—1　　股票、债券等的平均实际收益率（%，美国：1802—1997 年）

	1802—1997 年	1802—1870 年	1871—1925 年	1926—1997 年
股票（几何平均）	7.0	7.0	6.6	7.2
股票（算术平均）	8.5	8.3	7.9	9.2
长期国债（几何平均）	3.5	4.8	3.7	2.0
长期国债（算术平均）	3.8	5.1	3.9	2.6
短期国债（几何平均）	2.9	5.1	3.2	0.6
短期国债（算术平均）	3.1	5.4	3.3	0.7

资料来源：Siegel (1998)。

表 4—1 不但给出了各种资产实际收益率的几何均值，还给出了算术均值。从中可以看出，无论基于何种算法，股票的实际收益率都远高于债券，这意味着股票相对于债券存在很高的风险溢价。比如 1802—1997 年间基于几何平均的股票收益率达到了 7%，而对应年代的债券收益率仅为 3.5%，前者是后者的两倍。又如 1926—1997 年间基于算术平均的股票收益率高达 9.2%，是债券收益率 2.6%的三倍多。

虽然股票相对于债券存在风险溢价是可理解的，但现实中的风险溢价似乎过高。根据标准经济学下的风险溢价原理，要想解释上述的高风险溢价，需要假设投资者具有极强的风险厌恶程度，相对风险厌恶系数甚至要高达 30，这显然是违反直觉的。同时，很多经验研究也显示，现实中的决策者一般不具有那么高的相对风险厌恶系数。例如，卡尼曼和特沃斯基基于实验结果的测算表明，个体的相对风险厌恶系数大概仅有 0.12。

上述分析意味着，依赖标准经济学下的风险溢价原理，很难对现实中的股票高溢价水平进行解释，这一异象就是所谓的“股票溢价之谜”。

4.4.2　基于短视损失厌恶的解释

现在，让我们从短视损失厌恶的角度来对股票溢价之谜进行解释，这主要参考贝纳茨和泰勒（Benartzi and Thaler，1995）的相关研究（但分析过程并不完全相同），具体内容可分为如下两个方面。

损失厌恶与风险溢价

首先，我们需要考察风险厌恶与损失厌恶下的风险溢价有何不同。请考虑如下投资方式。

方式①：投资 10 万元，并以 0.5 的概率获得 r%的收益率，以 0.5 的概率获得−10%的收益率，则期望的收益率为 $0.5(r-10)\%$。

方式②：投资 10 万元，在期末获得 10%的固定收益率。

请问，要想使投资者认为方式①与方式②是无差异的，方式①的期望收益率应该是多少?

在标准经济学下，假设投资者的效用函数为 $u(w)=w^{1/2}$，于是投资方式②的期望效用为：

$$[100\,000(1+10\%)]^{1/2}\approx 331.66 \tag{4.15}$$

要想使方式①与方式②是无差异的，须有：

$$0.5\times[100\,000(1+r\%)]^{1/2}+0.5\times[100\,000(1-10\%)]^{1/2}=331.66 \tag{4.16}$$

于是可得到 $r\%=32\%$，则投资方式①的期望收益率为 $0.5(r-10)\%=11\%$，这意味着风险溢价为 $11\%-10\%=1\%$。

现在，我们再来看在值函数下又会得到怎样的风险溢价。为了与上面的标准经济学情形可比，我们假设投资者的值函数也满足幂函数形式，为：

$$v(x)=\begin{cases}x^{\frac{1}{2}} & x\geqslant 0\\ -2|x|^{\frac{1}{2}} & x<0\end{cases} \tag{4.17}$$

注意此处的自变量不再是最终财富值，而是最终财富与参考点之间的差异。于是，投资方式②可带来的效用为：

$$v(100\,000\times 10\%)=(10\,000)^{1/2}=100 \tag{4.18}$$

那么，要想使投资方式①与②是无差异的，须有：

$$0.5\times(100\,000\times r\%)^{1/2}-0.5\times 2\times[100\,000\times 10\%]^{1/2}=100 \tag{4.19}$$

于是可得到 $r\%=160\%$，则投资方式①的期望收益率为 $0.5(r-10)\% =75\%$，此时的风险溢价为 $75\%-10\%=65\%$，要远高于前述标准经济学情形下的 1%。

上述分析的一个潜在结论是，当个体具有损失厌恶特征时，他要求的风险溢价远高于无损失厌恶时的风险溢价，这在一定程度上解释了为何现实中的股票风险溢价会有如此之高。但这并不是故事的全部，我们还需作进一步考察。

评估间隔期与风险溢价

在第 4.3.2 节我们已指出，评估间隔期的长短会影响投资者的风险态度。因此，在探讨股票溢价之谜时，仅考察损失厌恶是不够的，还必须引入对评估间隔期的考察。现在请考虑如下投资方式。

方式③：投资 10 万元，在每期都以 0.5 的概率获得 160%的收益率，以 0.5 的概率获得−10%的收益率，于是每一期的期望收益率都为 75%。

方式④：投资 10 万元，在每期都获得 10%的固定收益率。

投资方式③、④是接续①、②而来，其中设定的数值虽然在现实中较少见，但并不影响此处的分析。通过计算可知，如果投资者使用值函数来进行评估，并且评估间隔期只有一期（即每期都评估），那么投资方式③与④是无差异的。但如果投资者的评估间隔期变长，比如每两期对投资作一次评估，那么方式③与④可带来的效用各为多少？

经过观察可知，当每两期对投资进行一次评估时，投资方式③会出现四种可能的结果：一是每期都获益，于是收益率为 $(1+160\%)^2-1$；二是每期都损失，于是收益率为 $(1-10\%)^2-1$；三是第一期获益，第二期损失，于是净收益率为 $(1+160\%)(1-10\%)-1$；四是第一期损失，第二期获益，于是净收益率为 $(1-10\%)(1+160\%)-1$。总结上述结果，当投资者每两期评估一次时，投资方式③的收益率分布为：

$$[0.25,(1+160\%)^2-1;\ 0.5,(1+160\%)(1-10\%)-1;\ 0.25,(1-10\%)^2-1] \tag{4.20}$$

于是，根据式（4.17）所示的值函数，投资方式③的期望效用为：

$$0.25\times\{100\,000[(1+160\%)^2-1]\}^{1/2}$$
$$+0.5\times\{100\,000[(1+160\%)(1-10\%)-1]\}^{1/2}$$
$$-0.25\times2\times\{10\,0000[1-(1-10\%)^2]\}^{1/2}\approx303.85 \tag{4.21}$$

而此时投资方式④可带来的效用为：

$$\{100\,000[(1+10\%)^2-1]\}^{1/2}\approx144.91 \tag{4.22}$$

这意味着当每两期对投资作一次评估时，本来无差异的投资方式③与④现在不再等价了，其中方式③要比方式④能带来更大的期望效用。这一结论的深层含义是，方式③在一个小于75%的期望收益率下就可与方式④等价，亦即当每两期作一次评估时，投资者要求的风险溢价水平降低了。

可以证明的是，评估间隔期越长，投资者可接受的风险溢价水平将越低。然而，贝纳茨和泰勒（Benartzi and Thaler，1995）通过模拟发现，美国投资者对其投资组合的评估间隔期仅约为13个月（几乎是以年为单位），这是一个较短的期限。如果投资者同时还存在损失厌恶特征，那么就会表现出对股票溢价的过高要求。通俗地说，如果一名损失厌恶的投资者喜欢频繁地“翻看自己口袋里的钱”，那么他很可能会表现出对风险的极度厌恶，于是对风险溢价的要求也会过高。上述分析表明，如果假定投资者是短视损失厌恶的，就可对股票溢价之谜作出较为合理的解释。

4.5　本章要点

● 在标准经济学下，对风险选择的讨论主要基于期望效用模型，其核心思想是，某一风险选择的期望效用是对各种可能结果的效用进行加权求和。其中，每种结果的效用满足标准的递增且凹的效用函数；而加权求和的权重为每种结果的客观概率。

● 与期望效用模型密切相关的概念是风险态度，一般分为风险厌恶、风险喜好与风险中性三个类别。其中，标准经济学常用的假定是风险厌恶。

● 大量经验研究揭示了许多违背期望效用模型的异象。其中，在单个风险结果的情形下，异象主要有三个：其一，个体在面对风险选择时，其决策依赖于最终结果与参考点之间的相对变化；其二，当结果优于参考点时，个体是风险厌恶的，当结果劣于参考点时，个体是风险喜好的；其三，个体对收益与损失的反应是非对称的。

● 对于这些异象，行为经济学对期望效用模型进行了修正，其方法是用一个值函数来代替期望效用模型中的标准效用函数。

● 当个体面临多个风险结果时，有两方面的因素会影响他对这些结果的评估：一是他的损失厌恶程度，二是他对这些结果的归并方式，或称评估间隔期。

● 在现实中，个体常会表现出较短的评估期，这与损失厌恶一起并称为短视损失厌恶。短视损失厌恶对某些经验现象具有极好的解释力，比如股票溢价之谜、日终效应等。

课后思考

● 假设某人具有如下值函数：

$$v(x)=\begin{cases}x & x\geqslant 0\\ -2(-x) & x<0\end{cases} \tag{4.23}$$

又假设此人使用客观概率作为各种可能结果的加权值，他的初始禀赋为10 000元，那么他对如下三个前景会怎样排序？根据期望效用模型，又应当如何排序（假设效用函数为线性形式 $u(x)=x$）？

$q_1(0.8, 1\,000; 0.2, -800)$

$q_2(0.7, 1\,200; 0.3, -600)$

$q_3(0.5, 2\,000; 0.5, -1\,000)$

● 股票市场上存在着两个明显的现象（Shefrin and Statman，1985）：一方面，投资者急于出售那些高于买入价的股票（卖出效应），即投资者似乎具有强烈的“获利了结”倾向，喜欢将正在赚钱的股票卖出；另一方面，投资者倾向于过长时间持有那些低于买入价的股票（拖沓效应），即投资者不愿将亏损的股票卖出，而是继续持有下去。请思考，上述两种现象能否运用期望效用模型解释？根据值函数的基本性质，又将如何解释？

● 泰勒和约翰逊（Thaler and Johnson，1990）进行了系列实验，列示如下：

实验一：假设你刚刚赢得了30美元，现请你在如下两个选项中作出选择：

① 以0.5的概率赢得9美元，以0.5的概率输掉9美元。

② 不再参加任何赌博。

调查结果发现：70%的受试者选择了①，30%的受试者选择了②，这表明大部分人是风险喜好的。

实验二：假设你刚刚输了30美元，现请你在如下两个选项中作出选择：

① 以0.5的概率赢得9美元，以0.5的概率输掉9美元。

② 不再参加任何赌博。

调查结果发现：40%的受试者选择了①，60%的受试者选择了②，这表明大部分人是风险厌恶的。

实验三：假设你刚刚输了30美元，现请你在如下两个选项中作出选择：

① 以0.33的概率赢得30美元，以0.67的概率什么也得不到。

② 直接获赠10美元。

调查结果发现：60%的受试者选择了①，40%的受试者选择了②，这表明大部分人是风险喜好的。

请思考，上述三个实验的结果可否基于值函数的基本性质进行解释？

关键术语

期望效用模型　expected utility model
前景　prospect
期望效用　expected utility
风险态度　risk attitude
风险厌恶　risk aversion
风险喜好　risk seeking
风险中性　risk neutrality
确定性等价　certainty equivalent
风险溢价　risk premium
相对风险厌恶系数　coefficient of relative risk aversion
期望值　expected value
框架效应　framing effect
短视损失厌恶　myopia loss aversion
先期结果效应　prior outcome effect
日终效应　end-of-the-day effect
私房钱效应　house money effect
股票溢价之谜　the equity premium puzzle

进一步阅读

[1] Levitt, S. D. and Dubner, S. J. (2005). *Freakonomics: A Rogue Economist Explores the Hidden Side of Everything*. New York, NY: William Morrow.

[2] Thaler, R. and Johnson, E. J. (1990). "Gambling with the House Money and Trying to Break Even: The Effects of Prior Outcomes on Risky Choice." *Management Science*, 36 (6), 643-660.

[3] 贺京同，霍焰. 投资者行为、实物经济与资产价格——基于损失规避的股价走势与实物经济相脱离现象研究. 财经问题研究，2005 (11).

[4] 贺京同，霍焰. 股价走势与实物经济相脱离的行为经济学分析. 当代经济科学，2006 (1).

第 5 章

风险条件下的选择Ⅱ：概率判断

本章仍然关注风险条件下的选择问题。在上一章我们已指出，标准经济学对风险选择的讨论是基于期望效用理论完成的，该理论的两个重要组成要素是效用评估与概率判断。其中，效用评估是上一章的主题。在本章，我们将把视线转向概率判断，这主要与式(1.1)的组成部分(3)有关。

据此，第5.1节主要考察在标准经济学下如何对概率判断进行讨论。我们将指出，标准经济学假定个体是理性的，因此个体的判断应满足概率论原理。更具体地说，个体对客观概率分布的主观判断服从贝叶斯法则，这意味着个体能够充分使用以往的信息，从而对选择行为的各种可能结果形成一个先验判断；而当新的信息样本出现时，个体可基于新信息来对先验判断实施最优的贝叶斯更新。

然而，大量经验研究显示，个体在现实中对客观概率的主观判断并不一定符合贝叶斯法则，这形成了两类异象：一是当新的信息样本出现时，个体表现为对新信息反应过度；二是当新的信息样本出现时，个体表现为对新信息反应不足。对于这些异象，行为经济学的观点是，在风险条件下，个体难以实施贝叶斯计算，他们往往基于某些直觉推断法来估计概率。其中，代表性、可得性直觉推断法会导致个体在进行概率判断时对新信息反应过度，这将在第5.2节、第5.3节讲述；而锚定直觉推断法会导致个体对新信息反应不足，这是第5.4节的主要内容。

此外，当个体的概率判断出现偏差时，他本人往往也会知道这一点，因此随之而来的一个问题是，个体在多大程度上相信自己的判断。对此，行为经济学进一步指出，个体有过度自信的倾向，这将在第5.5节讲述。

5.1 标准经济学模型

在本节，我们将评介标准经济学对风险条件下的个体概率判断的讨论。由于在标准经济学下个体是理性的，因此一个自然的假定是，个体对事件的概率判断符合概率论原理。针对我们所关注的问题，此处主要涉及的是所谓的贝叶斯法则。在介绍贝叶斯法则之前，我们需要先给出一些相关的概率论知识。

5.1.1　条件概率

所谓概率是指，个体对某一事件的发生可能性赋予一个真实值，用 $P(\cdot)$ 表示，且满足 $0\leqslant P(X)\leqslant 1$，其中 X 表示事件，$P(\cdot)$ 被称为**概率函数**。在现实经济活动中，个体对事件的概率判断总是基于某些信息作出的，这意味着个体对概率的判断大部分涉及的是**条件概率**。所谓条件概率是指，事件 A 在事件 B 已经发生条件下的发生概率，表示为 $P(A\mid B)$。

一个简单的例子可说明条件概率的内涵。假设你从一副扑克牌中随机抽取一张牌，然后在无放回的条件下再次抽取一张，现在请问：你抽取到两张 K 的概率是多少？如果假设“第二次抽取到 K”为事件 A，“第一次抽取到 K”为事件 B，那么上述问题实际上等价于“事件 B 与事件 A 共同发生的概率是多少”，我们用 $P(B\cap A)$ 来表示，它被称为 B 与 A 的联合概率。

对上述问题的解答思路是：首先，一副扑克是 52 张牌，其中有 4 张是 K，因此第一次抽取到 K 的概率 $P(B)=4/52$。其次，当第一次抽取到 K 之后（事件 B 已发生），剩余的牌数为 51，并且其中仅剩余 3 张 K，故而第二次抽取到 K 的概率为 $P(A\mid B)=3/51$。最后，根据概率论知识可算出，事件 B 与事件 A 共同发生的概率为 $4/52\times 3/51=1/221$，即 $P(B\cap A)=1/221$。

于是，根据上述计算，我们可得到 $P(B)P(A\mid B)=P(B\cap A)$，即：

$$P(A\mid B)=\frac{P(B\cap A)}{P(B)} \tag{5.1}$$

此即条件概率的表达式：当 B 发生时，A 发生的概率等于 B 与 A 的联合概率除以 B 发生的概率。需要注意的是，此处一个潜在的假定是 $P(B)\neq 0$，否则条件概率将没有意义。

5.1.2　贝叶斯法则

根据上述关于条件概率的定义，我们现在可进一步给出所谓的**贝叶斯法则**。首先，由于 $P(B)P(A\mid B)=P(B\cap A)$，因此自然有 $P(A)P(B\mid A)=P(A\cap B)$。又根据概率论知识可知 $P(B\cap A)=P(A\cap B)$，这意味着有如下等式存在：

$$P(B)P(A\mid B)=P(A)P(B\mid A) \tag{5.2}$$

将式（5.2）两边同除以 $P(B)$，就可得到：

$$P(A\mid B)=\frac{P(A)P(B\mid A)}{P(B)} \tag{5.3}$$

式（5.3）即贝叶斯法则的基本表达式。

一个简单的例子可以说明如何使用贝叶斯法则来计算条件概率。假设你根据历史信息预先知道，在你生活的地区，每天的降雨概率是 0.4，无雨的概率是 0.6。现在，假设你得到了一个晴雨表，并且知道这个晴雨表的预测精度可表达为如下两个条件概率：

①P（预报有雨｜有雨）＝0.9。

②P（预报有雨｜无雨）＝0.1。

请问，当你发现晴雨表在某天早晨预报有雨时，当天的降雨概率将为多少？

根据式（5.3），我们首先需要计算晴雨表预报有雨的概率。根据基本的概率论知识，我们需要同时考虑真的下雨时预报有雨的概率和根本无雨时预报有雨的概率，于是计算可得：

$$P(\text{预报有雨})=0.4\times0.9+0.6\times0.1=0.42 \tag{5.4}$$

接下来，我们就可根据贝叶斯法则算出晴雨表预报有雨时的降雨概率：

$$\begin{aligned}P(\text{有雨}\mid\text{预报有雨})&=\frac{P(\text{有雨})P(\text{预报有雨}\mid\text{有雨})}{P(\text{预报有雨})}\\&=0.4\times0.9/0.42\approx0.86\end{aligned} \tag{5.5}$$

从结果可以发现，此时算出的条件降雨概率要大于你最初所知的降雨概率 0.4，这意味着你根据晴雨表的预测结果，更新了对事件概率的最初判断，这就涉及贝叶斯更新的概念。

5.1.3 贝叶斯更新

所谓**贝叶斯更新**是指，个体会使用贝叶斯法则来更新他对事件发生概率的判断。在现实中，我们总是根据新的信息来更新我们的判断。

我们仍以上面晴雨表的例子来说明贝叶斯更新的具体过程，这需要我们先对式（5.3）中的某些组成部分进行重新定义。首先，事件 A 的发生概率 $P(A)$ 可被定义为**先验概率**，它是指个体根据以往信息而得出的对事件 A 发生概率的判断。而事件 B 可被定义为新的信息证据，它的出现可使个体对原有的先验概率 $P(A)$ 进行调整与更新，更新后的条件概率 $P(A\mid B)$ 被称为**后验概率**。

根据上面的重新定义，前述晴雨表例子中的“每天的降雨概率是 0.4”就可看作降雨事件的先验概率，而“晴雨表在某天早晨预报有雨”则相当于一条新的信息，你最终计算得到的 P（有雨｜预报有雨）就是所谓的后验概率，它是你在观察过晴雨表的预测之后，对降雨先验概率所作的更新。

正式地，我们还可将式（5.3）改写为：

$$P(A\mid B)=\frac{P(B\mid A)}{P(B)}\cdot P(A) \tag{5.6}$$

式（5.6）展现了后验概率 $P(A\mid B)$ 与先验概率 $P(A)$ 之间的比例关系，其中 $\frac{P(B\mid A)}{P(B)}$ 可被看作一种**更新系数**，它反映了在新信息出现后个体对先验概率的更新程度。可以想象，随着新信息的不断出现，这一更新过程会不断进行下去，其中，前一次更新得到的后验概率可被视为下一次更新前的先验概率。我们可用一个简单的例子来说明这一过程。

假设某人宣称他手中有一枚两面都是正面的硬币，但你觉得这难以想象，并认为他有这种硬币的先验概率仅为 0.01。而他不想让你直接看到这枚硬币，只愿意不断抛掷硬币并让你看见结果。现在假设，他第一次抛掷硬币的结果确实是正面朝上，那么你会怎样更新你的先验概率？

假设事件 A 是指这枚硬币两面都是正面，事件 B 是指抛掷的结果为正面朝上，于是先验概率 $P(A)=0.01$，而 $P(B)$ 需要做一番计算。首先，如果硬币两面都是正面，那么无论怎么抛掷都是正面朝上，所以有 $P(B\mid A)=1$；其次，如果硬币既有正面也有反面，那么抛掷后正面朝上的概率就为 0.5，所以有 $P(B\mid \overline{A})=0.5$，其中字母上面的符号"—"代表"不为真"。于是，你认为 $P(B)$ 的值为：

$$\begin{aligned}P(B)&=P(B\mid A)P(A)+P(B\mid \overline{A})P(\overline{A})\\&=1\times 0.01+0.5\times(1-0.01)=0.505\end{aligned}\tag{5.7}$$

将相关的概率值代入式（5.6），可计算得到后验概率 $P(A\mid B)$ 为：

$$P(A\mid B)=\frac{1\times 0.01}{0.505}\approx 0.02\tag{5.8}$$

从这一结果可看到，如果第一次抛掷硬币的结果是正面朝上，那么你认为硬币两面都是正面的概率将被更新为 0.02，要比最初的先验概率 0.01 稍大一些。

接下来，如果对方第二次抛掷硬币，并且仍是正面朝上，那么你又会怎样计算 $P(A\mid B)$？需要注意的是，此时的先验概率 $P(A)$ 已不再是最初的 0.01，而是更新后的 0.02，换言之，你此时会将上一次的后验概率作为现在的先验概率。于是，这时你认为的 $P(B)$ 值将发生变化：

$$\begin{aligned}P(B)&=P(B|A)P(A)+P(B|\overline{A})P(\overline{A})\\&=1\times 0.02+0.5\times(1-0.02)=0.51\end{aligned}\tag{5.9}$$

现在，把重新计算的各种概率值代入式（5.6），可求得此次的后验概率为：

$$P(A\mid B)=\frac{1\times 0.02}{0.51}\approx 0.039\tag{5.10}$$

这个值要比第一次更新后的后验概率 0.02 又大一些。可以推测，当对方不断抛掷硬币并且每次都为正面朝上时，后验概率会被更新得越来越大，直至接近于 1，即你会逐渐相信对方持有的这枚硬币两面都是正面。这一更新过程可用图 5—1 表示出来。

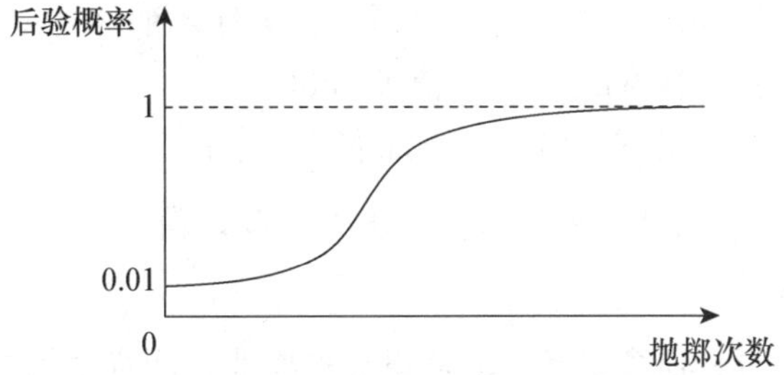

图 5—1　重复抛掷硬币后的贝叶斯更新过程

资料来源：Angner (2012)。

上面介绍了贝叶斯更新的基本过程，其中，将后验概率与先验概率联系起来的是更新系数，而更新系数又受新信息的影响。可以推测，如果个体对新信息产生了过度反应（或反应不足），那么他计算的后验概率就会出现偏差。这就是我们接下来将要讨论的问题。

5.2 行为经济学的修正Ⅰ：代表性直觉推断法

从本节开始，我们将探讨在行为经济学下如何考察个体对事件概率的判断。如前所述，最优的贝叶斯更新有赖于个体对更新系数的估计。然而，经济学家通过大量实验与观察发现，当新信息出现时，个体有可能对这部分信息反应过度，从而导致他对后验概率的估计不符合贝叶斯更新，而是出现偏差。对于这一异象，行为经济学是从直觉推断法的角度来解释的。其中，本节将介绍的是代表性直觉推断法。

5.2.1 异象

职业猜测

个体在进行概率判断时，对新信息产生过度反应的情形有很多。下面是两个关于职业猜测的著名实验，可以清楚地反映这一点。这些实验或调查的大部分内容均借鉴自卡尼曼、特沃斯基以及其他合作者的系列研究（Kahneman，Slovic and Tversky，1982）。

首先请看第一个实验：

假设存在一个由工程师和律师组成的样本群，然后实验者分别向两组受试者告知不同的先验概率。其中，一组受试者被告知工程师人数为样本的30%，律师为70%；另一组受试者被告知工程师人数为样本的70%，律师为30%。

接下来，实验者向所有受试者出示一段描述性文字：

> 约翰，男，45岁，已婚，有子女；他比较保守，谨慎并且富有进取心；他对社会和政治问题不感兴趣，闲暇时间多用于业余爱好，比如做木匠活和猜数字谜语。

现在询问两组受试者：约翰更有可能从事哪种职业？调查结果发现，无论是哪一组受试者，大部分人都认为约翰是工程师。

然后请看另一个实验：

假设存在一个由工程师和律师组成的样本群，然后实验者分别向两组受试者告知不同的先验概率。其中，一组受试者被告知工程师人数为样本的30%，律师为70%；另一组受试者被告知工程师人数为样本的70%，律师为30%。

接下来，实验者向所有受试者出示一段描述性文字：

> 迪克，男30岁，已婚，无子女。他能力很强，精力充沛，在其工作领域成绩突出。他很受同事喜爱。

现在询问两组受试者：迪克更有可能从事哪种职业？调查结果发现，受试者中大约有50%的人认为迪克是名工程师，而另外50%的人认为他不是。

上述两个实验的结果很明显违背了贝叶斯法则。无论是实验1还是实验2，如果不向受试者出示描述性文字，那么认为约翰（或迪克）是工程师的人数比例在一组受试者中应接近70%，在另一组中应接近30%。然而，在实验1中，两组受试者中认为约翰是工程师的人数比例都很高，因为对约翰的特征描述很容易与一名工程师联系起来；而在实验2

中这一比例却降至 50%，因为对迪克的特征描述较为中性，不能使受试者产生具体的身份联想，所以对迪克的职业判断也就没有清晰的倾向。无论如何，在两个实验下，受试者似乎都对描述性文字产生了过度反应，没有实施有效的贝叶斯更新。人们在进行判断时几乎全然不顾最初被告知的基本比率值是多少，这被称作**基率漠视**。

投篮顺手

另一个与基率漠视有关的著名例子是所谓的**投篮顺手**。假设一名篮球球员小张的投篮命中率为 40%（根据他的历史表现）。又假设在今天的比赛中，他投篮 10 次已经命中 8 次。现在，比赛已经进入白热化阶段，时间紧迫，而球恰在球员小李手中，小李此时既可以把球传给球员小张，也可以把球传给球员小王，根据历史表现，小王的投篮命中率为 60%，但他今晚投篮 10 次仅命中 3 次。那么，小李把球传给谁才能保证下一次投篮的命中率更高呢？

如果你是一位理性的观察者，那么你会用贝叶斯法则来计算小张或小王的下一次投篮命中率。以小张为例，如果用 A 表示投篮命中，B 表示投篮 10 次且命中 8 次，那么你需要计算的就是条件概率 $P(A \mid B)$。根据上面的描述，小张的 $P(A)=0.4$。我们又假设，小张在历史上仅有 4%的机会出现 10 次投篮命中 8 次，即 $P(B)=0.04$；另外还假设，小张在某次投篮命中后，他之前的 10 次投篮中有 8 次命中的概率为 6%，即 $P(B \mid A)=0.06$。于是，根据式（5.6），你就可算出小张此时再进行一次投篮的命中率为：$P(A|B)=P(A)\times P(B|A)/P(B)=0.4\times 0.06/0.04=0.6$，这要大于小张投篮的先验命中率 0.4。

然而，在现实中，人们并不能像一名理性观察者那样拥有充足的信息并进行贝叶斯更新，而是倾向于过高地估计 $P(A \mid B)$，即认为如果把球传给小张，他再次投篮的命中率会远远高于 60%，换言之，人们觉得小张今天的“手感”特别好，这被称为投篮顺手现象。季洛维奇、瓦朗和特沃斯基（Gilovich，Vallone and Tversky，1985）对这类现象作了详细的梳理，他们使用了 NBA 的费城 76 人队在 1980—1981 赛季的数据。他们发现，球迷广泛地认为球员会出现投篮顺手现象。在一次调查中，有 91%的受试者相信，如果一位球员刚进行的两次或三次投篮都命中，那么他下一次投篮的命中率也就较高（相较于之前两次或三次均未命中的情形）。然而，现实数据却并未佐证球迷的看法：从平均值来看，在三次投篮失误后，球员再次投篮的命中率为 56%；而在三次投篮命中后，球员再次投篮的命中率却仅有 46%。此外，如果对每位球员计算本次投篮命中与上一次投篮命中的相关系数，可发现基本上都是负值（仅有一人例外）。这些经验研究似乎说明，认为存在投篮顺手是一种概率判断上的偏差。

5.2.2　代表性直觉推断法的引入

上述例子表明，标准经济学关于个体使用贝叶斯法则的假定是不符合实际情形的。在现实中，实施贝叶斯计算需要很苛刻的前提，即个体对各种信息能够充分感知、存储和处理，并且具备高超的数学技巧。然而，正如第 1 章所述，这仅是一种“稻草人”式的基准情形。在现实中，人们处理信息的方式往往符合其他一些规律。行为经济学通过借鉴心理学的相关研究成果，将这些规律命名为**直觉推断法**。

直觉推断法

所谓直觉推断法有时又被称作**便捷法**，它是指个体仅基于信息的一个子集进行判断的规则的总称。换言之，个体在主观上并不追求完美地使用全部信息，而只使用部分信息来帮助判断，此时，进行判断的一些规律性法则就是所谓的直觉推断法。行为经济学认为，在现实中，个体面对的决策环境充满了不确定性，而个体的认知能力是有限的，并且需要在有限的时间内作出判断。由于个体无法在短期内迅速有效地接受和处理可得信息，也无法仔细分析各种可能情形，因此个体才倾向于凭借和使用各种直觉推断法来帮助判断，并且常常是在无意识的状态下使用的。

一般而言，直觉推断法可分为两种类别：

① 第一种类别是指反射性的、自发性的直觉推断法，主要用于快速判断。比如，假设你在街上突然听到一声巨响，那么你的第一反应是什么？又如，当某种食物发出一股异味时，你的反应又是什么？在这些突发情形下，你对事件的概率判断（比如巨响是由危险因素导致的概率）是迅速做出的，这时所使用的直觉推断法几乎不存在耗费时间的认知过程。

② 第二种类别是指带有一定认知特性的直觉推断法，主要用于需要一定时间的判断。一个有趣的例子是，如果考试时你发现选择题全不会，那该怎么办？干脆都选 B 吧！这种情形就属于涉及一定认知的直觉推断法。你的反应并不是完全自发性的，而是做出了一定的认知和思考。有时，这种直觉推断法又被称作**拇指规则**，即一种可用于许多情形的简单的、经验性的、探索性的但不是很准确的判断原则。拇指规则据说来源于木工工人。在工作时，如果总是用尺来测量木材是件很耗时的事，因此他们便通过拇指来对木材的长或宽进行大致测量。另一种流行的说法来自农夫。据说在农业播种时，为了使种子达到适宜的深度，农夫经常用拇指来快速测量种子掩埋的深浅。

代表性直觉推断法

行为经济学所涉及的直觉推断法有很多种，与本节问题相关的是**代表性直觉推断法**，由特沃斯基和卡尼曼（Tversky and Kahneman，1974）提出。其含义是：对 X 的概率判断主要是根据 X 在多大程度上体现了 Y 的特点，X 越能体现 Y 的特点，X 属于 Y（或者 X 是由 Y 导致）的概率就越高。反之亦然。

根据代表性直觉推断法，我们就可对上面的两个职业猜测实验进行解释：在第一个实验中，受试者认为所看到的描述性文字很能代表工程师的特点，于是就直接认定约翰是工程师，忽视了事先给定的先验概率；而在第二个实验中，受试者看到的描述性文字不太有代表性，既不能反映工程师的特点，也不能反映律师的特点，于是受试者对迪克身份的猜测也就 50%对 50%，同样忽视了事先给定的先验概率。

用更技术化的语言来说，在上述两个实验中，受试者最初被告知的 30%或 70%的比例数字可看作他关于约翰（或迪克）是工程师的先验概率，记为 $P(A)$。其后，当他看到那段描述性文字时，这相当于出现了一条新信息，记为 B，个体所要做的就是对条件概率 $P(A \mid B)$ 进行估计。然而，代表性直觉推断法会使他对信息 B 产生过度反应。以第一个实验为例，由于信息 B“已婚、保守、谨慎、对社会和政治问题不感兴趣，闲暇时间喜欢做木匠活”较能代表 A（工程师）的特征，同时信息 B 对于 $\overline{A}$（律师）很不具有代表性，因此个体很容易高估出现信息 B 的条件概率 $P(B \mid A)$，于是式（5.6）中的更新系数 $\dfrac{P(B \mid A)}{P(B)}$ 被高估，导致最终的概率判断出现向上偏差。

至于投篮顺手现象，我们也可用代表性直觉推断法予以解释。由于球迷们并不清楚每名球员投篮出现连续命中的先验概率是多少，因此他们倾向于认为连续命中是该名球员今天会表现出色的代表性特征，故而会高估他下一次仍能命中的概率。

5.2.3　心理学基础

直觉推断法有很深的进化心理学根源。由于充分利用信息是不可能的，因此在漫长的历史中，人类进化出了一套判断与决策的规则，以试图使用尽可能少的时间、信息和努力来做出尽可能好的符合适应性需求的判断和决策。因此，每种直觉推断法实质上都是为了解决某个适应性问题而存在的，并且经由了数百万年的进化，这些直觉推断法具有相当的有效性。

然而，直觉推断法的有效并不意味着它是最优的规则。它虽然可使得个体在很多时候做出合理的判断，但每种推断法都有其适用范围，一旦超出这一范围，则其有用性就将降低，从而导致个体的判断出现严重的偏差。其原因在于，生物体在进行认知与判断时会耗费大量的生理资源，而生理资源是稀缺的，因此出于节省原则，进化出来的直觉推断法大多是环境依赖型的。一旦环境发生改变，生物体虽然应当使用新的推断法来解决新出现的问题，但在短期内新的推断法是很难进化出来的，因此生物体只能继续使用原有的推断法，但这些推断法只适用于解决旧问题，因此在解决新问题时就可能出现各种偏差。

一个关于直觉推断法的有趣类比是瑞士军刀。瑞士军刀相当于一个小型的工具箱，其中每种工具都对应于某种用途。然而，如果使用者遇到一些用这些工具无法解决的新问题，比如你需要截断一根电线但却发现瑞士军刀内没有老虎钳，那么此时你只好暂且使用其中功能最接近的工具，比如剪刀。这显然无法帮你完美地解决问题，但也算差强人意。

本节介绍的代表性直觉推断法是漫长年代中进化出来的非常有效的一种推断法，它能帮助人们在很多情形下迅速抓住问题的本质并推断出结果。比如，当某种食物散发出难闻的味道时，这提示该食物很可能已经腐烂变质，如果食用，就会遭遇危险。此时，人们无须考虑每天碰到腐烂食物的先验概率是多少。又如，当丛林中传出一声咆哮时，暗示其中可能藏有某种掠食动物，应赶紧逃避，此时无须考虑丛林中动物是掠食性的先验概率是多少。

5.2.4　其他例证

除了上述的基率漠视，还有许多关于概率判断的经验现象与代表性直觉推断法有关，其中较具典型性的是**赌徒的谬误**，我们现举例说明。

抛币游戏

请思考如下两个问题：

①你打算抛掷一枚硬币八次。那么你连续抛出八次正面朝上的概率是多少？

②你刚刚抛掷一枚硬币七次，并且七次都是正面朝上。那么在你第八次抛掷后，实现八次均为正面朝上的概率是多少？

可见，由于抛掷硬币出现正反面的概率均为 50%，因此对于问题①而言，连续出现八次正面朝上的概率是 $0.5^8 \approx 0.004$。而对于问题②而言，这一问题其实与问题①是等价的，但人们的主观感觉却发生了变化——当多次抛掷硬币时，如果前面七次出现的都是正面，那么很多人就倾向于认为下一次出现反面的概率较大。这样一来，人们在回答问题②时就会低估连续八次正面朝上的概率。

上述例子反映了人们违背贝叶斯更新的另一种形式。此时，个体事先已知，如果在长期不断地多次抛掷硬币，正面朝上和反面朝上的频率都约为50%，此即所谓的**大数定律**。然而，个体在当前却倾向于认为，在仅由若干次抛掷硬币所形成的小样本中，正面朝上和反面朝上的相对频率也应该接近50%对50%，比如在七次抛掷中，四次正面朝上而三次反面朝上，这被称为**小数定律**（Rabin，2002）。因此，当抛掷硬币连续出现正面朝上时，个体将逐渐调高对下一次出现反面的概率判断。于是，如果让你猜测第八次的抛币结果，那么你很可能就会猜错。此时，下一次出现正面朝上的先验概率0.5被忽视了。

上述异象被称为赌徒的谬误，因为它们常见于赌徒的行为之中。可以认为，这一异象也可用代表性直觉推断法进行解释。对于抛掷硬币而言，人们倾向于认为连续出现八次正面朝上是很反常的现象，换言之，这种结果很不具有代表性，人们更愿意相信“四次朝上、四次朝下”或者“五次朝上、三次朝下”是更具代表性的结果。因此，人们很容易低估连续八次正面朝上的概率。用更技术化的语言来说，在上述例子中，个体事先已知硬币正面朝上的先验概率为0.5，记为$P(A)$。那么当他看到连续出现七次正面朝上时，这相当于出现了一条新信息，记为B，个体所要做的就是对条件概率$P(A \mid B)$进行估计。此时，代表性直觉推断法会使他对B产生过度反应：由于B是较缺乏代表性的现象，因此个体有低估条件概率$P(B \mid A)$的倾向，根据式（5.6），这将导致$P(A \mid B)$被低估。

“神奇章鱼”保罗

这是一个关于赌徒的谬误的真实例子，来源于2010年南非世界杯期间的一则新闻。当时，德国的“神奇章鱼”保罗准确预测了世界杯半决赛西班牙将击败德国，从而缔造了世界杯战果预测六连中的完美纪录。而据《星岛日报》报道，一名不信邪的赌徒在保罗连续猜中五次之后，坚定地认为它第六次肯定会猜错，从而押注德国，结果输掉了历来世界杯最大额赌注50万欧元。实际上，章鱼保罗每次猜中的概率均为0.5，这名赌徒显然认为前五次都猜中是一个反常现象，这使他产生了过度反应，而忽略了先验概率。

5.3 行为经济学的修正Ⅱ：可得性直觉推断法

在很多情形下，个体对新信息的反应过度是以另一种形式体现的，并且难以运用代表性直觉推断法来解释，此处兹举两例。

5.3.1 异象

性别比例判断

特沃斯基和卡尼曼（Tversky and Kahneman，1973）进行了如下一个有趣的实验：他们将受试者分为若干组，并向每组成员念读一份不同的名人名单。名单中既有男性，也有女性，并且在某些名单中男性的知名度要高于女性，在另一些名单中女性的知名度要高于男性。在念读完毕后，他们让每组受试者判断他们听取的名单中男性更多还是女性更多。

实验结果发现，如果名单中涉及的男性名人更具有知名度，那么听取这份名单的受试者往往会错误地认为名单中男性居多；反之亦然。显然，受试者并没有仔细倾听并记下每份名单中男性—女性名字的数量。

眼科疾病

在现实中，我们常会遇到如下的类似情形（Angner，2012）：眼科配镜师告诉你，你的新型隐形眼镜可以昼夜连续佩戴而无须脱下。但她同时也警告你说，这样连续佩戴有可能招致严重的眼部疾病，不过在她所见的大量顾客中，这一比率是极低的。过了一个月之后，你突然觉得眼部不适，于是去看一名眼科医生。这位医生专门给那些未正确使用隐形眼镜而导致眼部伤害的人摘除眼球。他告诉你说，由于不正确佩戴隐形眼镜而导致眼部问题的概率其实很高。显然，在配镜师和眼科医生之间出现了对同一事件概率的迥然不同的判断，这违背了贝叶斯更新的推断。

5.3.2　可得性直觉推断法的引入

上述异象很难使用代表性直觉推断法进行解释。对此，行为经济学家提出了所谓的**可得性直觉推断法**（Tversky and Kahneman，1974），其含义是：人们倾向于认为，越容易回忆起的事件，它再次发生的概率也越高。比如，请问字母 r 起首的英文单词多还是 r 为第三个字母的英文单词多？由于 r 起首的英文单词是很容易想起的，所以人们一般倾向于认为 r 起首的单词较多。但实际情形是，r 为第三个字母的英文单词更多。

可得性直觉推断法意味着，如果在新信息中存在一些能够迅速与记忆联系起来的部分，人们就会对这部分信息反应过度。那么，哪些事件更易于被忆起呢？一般来说，越是能够带来深刻印象的事件，越容易被人忆起，尤其是那些最近不断发生的事情或是冲击力极强的事情，有时这两者还会叠加发挥影响。其中，事件的冲击力往往是一个重要的影响来源，并且越是少见的现象，越容易带来极强的冲击力，从而使人们对很少发生的事件也会赋予过高的概率估计，这被称为**高估小概率事件**。

运用可得性直觉推断法，我们就可以解释第5.3.1节提到的两个异象。对于第一个异象而言，在较短的时间内让受试者记下长长名单中的男女姓名数量是一个艰巨的认知任务，因此对性别比例的判断主要是依据男女成员的知名度。越是知名的人越是容易被想起，因此受试者对这些人的性别也就越敏感，从而高估了这些人的性别占比。对于第二个异象来说，由于眼科医生每天接触到的都是出现眼部问题的患者，这也是足以造成强烈震撼的事，因此在可得性直觉推断法的作用下，他极有可能高估了由于错误佩戴隐形眼镜而诱发眼部疾患的人群比例。

5.3.3　心理学基础

在现实中，那些容易回忆起来的事件往往就是经常发生的事件（客观概率本来就高），这意味着可得性直觉推断法是在漫长的进化年代中形成的一个十分有效的便捷法。人们仅需根据回忆的线索进行判断即可，无须耗费更多的认知资源。

除了经常发生的事件，那些极少出现的“黑天鹅”事件也会强化可得性直觉推断法的使用，此即上面强调的事件的冲击力对个体判断的影响。越是不常见的收益或风险，越容易给人留下深刻的印象，从而导致个体高估这类事件的概率。

从进化心理学角度来看，高估小概率的收益符合人类对未知收益的冒险倾向，亦即不放过任何可能的好处，因为有些收益会永久性地改变我们的命运。因此，我们的大脑需要进化出一些机制，可以给冒险提供奖励。从本质上看，这些机制是基于生物化学的，并且其中最重要的一种机制有赖于神经传递质多巴胺的作用。有证据显示，人群中的一些个体携带着一种多巴胺 D4 受体基因变异，即所谓的**猎奇基因**（Benjamin et al.，1996），这可视为高估小概率收益的神经学基础。而对于小概率的损失，我们也倾向于高估其可能性，因为很多不常见的损失都是致命的并且具有不可逆性，比如死于难产、车祸、坠机等，高估这些事件的概率可使我们更多地规避风险。

5.3.4 其他例证

现在，我们来讨论另一个与可得性直觉推断法密切相关的经验现象。首先可回顾一下第 4 章提到的期望效用理论，其中，标准的效用函数被行为经济学代之以值函数。可以看到，用值函数取代效用函数后，许多原来无法用期望效用模型解释的现象均可得到较为合理的说明。然而，我们将要展示的是，即使引入值函数，也仍然有许多异象无法得到解释，因此我们还需考虑概率加权问题。

风险态度的反转

请考察如下问题（Kahneman and Tversky，1979）：

问题①：请在前景 q_1(0.001，5000 美元）和前景 q_2(5 美元）之间选择。

上述问题是要求受试者在一个风险收益与一个确定收益之间进行选择，参考点为 0。可以发现，前景 q_1 与 q_2 的期望值是相同的，因此根据第 2 章给出的值函数形式，个体面对收益情境时是风险厌恶的，故而大部分人应选择 q_2。然而，调查结果显示，大部分受试者选择了 q_1，这意味着个体在收益情境下表现出了风险喜好，明显违背了值函数的推断。

问题②：请在 q_3(0.001，−5 000 美元）和 q_4(−5 美元）之间选择。

上述问题是要求受试者在一个风险损失与一个确定损失之间进行选择，参考点为 0。同样可以发现，前景 q_3 与 q_4 的期望值也是相同的。根据值函数，个体面对损失情境时是风险喜好的，因此大部分人应选择 q_3。然而，调查结果显示，大部分受试者此时选择了 q_4，这意味着个体在损失情境下表现出了风险厌恶，也明显违背了值函数的推断。

仔细观察问题①与问题②，可发现前景 q_1 与 q_3 有一个共同特征，即其中涉及的收益或损失的发生概率很小，仅为 0.001，但涉及金额却很大，均为 5 000 美元。因此，我们可以总结认为：虽然个体面对收益情境时通常是风险厌恶的，但当收益的概率极小而数额巨大时，个体反而会变为风险喜好；另一方面，虽然个体面对损失情境时通常是风险喜好的，但当损失的概率极小而数额巨大时，人们反而会变为风险厌恶。对这些现象的一个可能解释就是上面提及的可得性直觉推断法——个体会高估小概率事件的发生概率。无论是巨额的赏金还是惨重的损失，都是很不常见的现象，因此具有极强的冲击力。此时，如果仍将客观概率作为值函数的加权权重，就不太适宜了。基于这一思考，行为经济学提出了所谓的**概率加权函数**，用来取代期望效用模型中的客观概率权重。在该函数中，高估小概率事件被作为一个重要的特征而被植入。

概率加权函数

正式地，如果用 p 表示某一结果的客观概率，用 $\pi(p)$ 表示人们对 p 的主观判断，则称 $\pi(p)$ 为概率加权函数。根据上述实验结果可知，概率加权函数的一个重要特征是当 p

很小时，有 $\pi(p)>p$。为了更清楚地看出这一点，我们回顾一下问题①和问题②。

对于问题①，如果按照值函数的推测，应有：

$$0.001\times v(5\,000)<v(5) \tag{5.11}$$

即个体在收益情境下应该表现出风险厌恶。然而，现实中大部分人的选择是 q_1，这暗示着有如下关系：

$$\pi(0.001)\times v(5\,000)>v(5) \tag{5.12}$$

将式（5.11）与式（5.12）结合起来观察，可知有 $\pi(0.001)>0.001$。

类似地，对于问题②，如果按照值函数的推测，应有：

$$0.001\times v(-5\,000)>v(-5) \tag{5.13}$$

即个体在损失情境下应该表现出风险喜好。然而，现实中大部分人的选择为 q_4，这暗示着有如下关系：

$$\pi(0.001)\times v(-5\,000)<v(-5) \tag{5.14}$$

结合式（5.13）与式（5.14），仍然可得到 $\pi(0.001)>0.001$。

然而，上述讨论尚不足以对概率加权函数给出一个确切的形式，因此我们还需要作进一步的讨论，这也取自卡尼曼与特沃斯基（Kahneman and Tversky，1979）的研究。首先考察问题③和问题④。

问题③：请在前景 q_1(0.8，4 000 美元）和前景 q_2(3 000 美元）之间选择。

问题④：请在前景 q_3(0.2，4 000 美元）和前景 q_4(0.25，3 000 美元）之间选择。

调查结果显示：80%的受试者在问题③下选择了 q_2，而 65%的受试者在问题④下选择了 q_3。然而，通过观察可见，问题④实际上是将问题③中的每个概率都乘以 0.25。因此，将概率从 1 降至 0.25（即从 q_2 到 q_4）要比将概率从 0.8 降至 0.2（即从 q_1 到 q_3）会产生更大的影响。卡尼曼和特沃斯基认为，这是因为个体对确定性结果的估值要比对可能性结果的估值更高。其启示是，概率加权函数在概率 1 附近是较为陡峭的，即斜率大于 1。

现在，我们再来考察问题⑤和问题⑥。

问题⑤：请在前景 q_1(0.45，6 000 美元）和前景 q_2(0.9，3 000 美元）之间选择。

问题⑥：请在前景 q_3(0.001，6 000 美元）和前景 q_4(0.002，3 000 美元）之间选择。

调查结果显示，86%的受试者在问题⑤下选择了 q_2，而 73%的受试者在问题⑥下选择了 q_3。由于在前述分析中，我们已经得出个体会高估小概率事件的结论，因此此处的调查结果意味着，对概率 0.001 的高估程度要大于对 0.002 的高估程度。其启示是，概率越小，高估的程度越严重，这说明概率加权函数在概率 0 附近也是更为陡峭的，即斜率大于 1。

在上述两个方面的讨论下，我们将会得到怎样的概率加权函数形状呢？既然概率加权函数在概率 0 和概率 1 附近的斜率都大于 1，那么若假定 $\pi(0)=0$ 且 $\pi(1)=1$，则概率加权函数在中等概率值上的斜率必然小于 1。根据这些推断，我们就可绘出一个可能的概率加权函数图像，见图 5—2。从图中可见，概率加权函数呈现一种"反 S 形"。

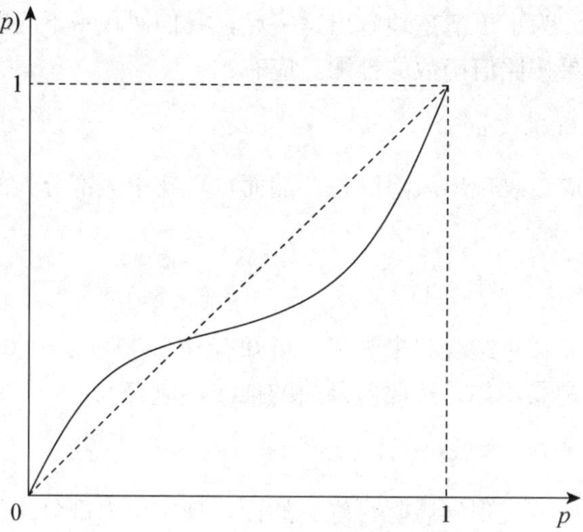

图 5—2　一个典型的概率加权函数形式

资料来源：Ackert and Deaves (2010)。

特沃斯基和卡尼曼（Tversky and Kahneman，1992）在实验结果的基础上，估算出了一个可能的概率加权函数表达式，具体如下：

$$\pi(p)=\frac{p^{\gamma}}{[p^{\gamma}+(1-p)^{1-\gamma}]^{1/\gamma}} \tag{5.15}$$

其中，当个体面对收益情境时，γ 的值约为 0.61；当个体面对损失情境时，γ 的值约为 0.69。由于这两个估算值较为接近，因此我们一般对 γ 取均值，即 0.65。式（5.15）所示的函数形式可以反映出概率加权函数中蕴涵的高估小概率特征。比如当某事件的发生概率为 0.1 时，将其代入式（5.15）可得 $\pi(0.1)=0.1718$，即个体对 0.1 的客观概率产生了高估。

一旦我们了解了概率加权函数的基本特征，就可得到一个对期望效用模型的较为完整的修正形式，即用值函数取代其中的标准效用函数，用概率加权函数取代其中的客观概率权重。正式地，假设个体的初始财富值为 w，且面临一个前景 $q(x, p; y, 1-p)$，则根据期望效用模型，前景 q 的效用为：

$$U(q)=pu(w+x)+(1-p)u(w+y) \tag{5.16}$$

而根据第 2 章介绍的值函数与本节给出的概率加权函数，前景 q 的效用可表达为：

$$V(q)=\pi(p)v(x)+\pi(1-p)v(y) \tag{5.17}$$

这一模型就是著名的**前景理论**，由卡尼曼和特沃斯基于 1979 年提出，并在 1992 年的文献中得到了进一步完善。它是行为经济学中一个较为完整的描述风险选择行为的模型，是行为经济学的基础性理论之一。

5.4　行为经济学的修正Ⅲ：锚定直觉推断法

前面两节考察的是当新信息出现时，个体容易对新信息反应过度而对先验概率关注不足，这导致他对后验概率的估计出现偏差。而与此相反的是，在另一些情形下，个体会对新信息反应不足而对先验概率关注过度，于是也会导致对后验概率的估计有偏。对于这一异象，行为经济学提出了所谓的锚定直觉推断法来进行解释，这就是本节所要关注的内容。

5.4.1　异象

爱德华兹（Edwards，1962）设计了如下一个实验：受试者被告知有两个坛子，其中第一个坛子内有 7 个红球和 3 个蓝球，另一个坛子内有 3 个红球和 7 个蓝球。假设某人随机地从某个坛子中做重复抽样，共拿了 12 次球，其中前 8 次是红球，后 4 次是蓝球。现在要求受试者回答，此人从第一个坛子中拿球的概率是多少？

假设事件 A 表示此人从第一个坛子中拿球，事件 B 表示此人拿出的 12 次球中前 8 次是红球而后 4 次是蓝球，则受试者需要估计的就是条件概率 $P(A \mid B)$。其中，事件 A 的先验概率 $P(A)=0.5$，而对 $P(B)$ 的计算为：

$$\begin{aligned} P(B) &= P(A)P(B \mid A)+P(\overline{A})P(B \mid \overline{A}) \\ &= 0.5\times 0.7^8\times 0.3^4+0.5\times 0.3^8\times 0.7^4 \\ &\approx 0.5\times(0.000\,467+0.000\,016) \\ &\approx 0.000\,241 \end{aligned} \tag{5.18}$$

于是，根据贝叶斯法则，有：

$$P(A \mid B)=\frac{P(B \mid A)}{P(B)}\cdot P(A)=\frac{0.000\,467}{0.000\,241}\times 0.5\approx 0.97 \tag{5.19}$$

然而，实验结果显示，大部分受试者判断此人是从第一个坛子中拿球的概率为 0.7 左右，这意味着受试者过度关注了此人从第一个坛子中拿球的先验概率 0.5，而并未根据新信息进行充分地更新。

5.4.2　锚定直觉推断法的引入

上述异象违背了标准经济学关于个体可进行贝叶斯更新的假设。对此，行为经济学家提出了所谓的**锚定直觉推断法**来予以解释，其含义是：个体在实施判断时，总是倾向于从某一个初始信息出发，并以该初始信息为基准来对后续的新信息作出反应，但这种反应往往是不充分的，即个体似乎会被初始信息过分地“锚定”住。

从锚定直觉推断法的角度，就可以轻易地理解上述异象。随机从某个坛子中拿球的先验概率 0.5 就像一个“锚”，深深地限制了个体对新信息“拿出的 12 次球中有 8 次是红球而 4 次是蓝球”的反应程度，从而低估了式（5.6）中的更新系数，这使得最终的概率估计出现了过于拘泥于先验概率的状况。

5.4.3　心理学基础

从心理学上看，对锚定效应的解释主要从认知能力的角度出发。在很多情形下，个体存在认知努力不足或是**认知惰性**（Shah and Oppenheimer，2008）。相对而言，固着于某一锚定点是较为容易的，而偏离这一锚定点则需要付出一定的认知努力，因此在很多认知过程中，个体会很快地停留于某一锚定点，从而对最终估计值调整不足。

从另一个角度来看，新信息在一定程度上可能是无效的、噪音式的，如果能够滤掉这些信息，当然可帮助你免于错误的判断。因此，在漫长的进化年代里，人们形成了这种主观上筛选和屏蔽某些无用信息的能力，而锚定于当前的已得信息是一种次优的做法，这类似于第 2 章介绍的现状偏好。从这个意义上说，锚定也属于一种有效的直觉推断法。当然，既然是直觉推断法，就必然有其适用范围，因此锚定有时也会使个体的判断出现严重偏差，即许多有用的新信息在锚定过程中被滤掉了。此时，个体就会出现对新信息反应不足的状况。

5.4.4 其他例证

我们再给出几个相关的实验例子，以帮助读者更进一步地理解锚定直觉推断法对个体判断的影响方式。

轮盘实验

这是由特沃斯基和卡尼曼（Tversky and Kahneman，1974）介绍的另一个实验：他们让受试者估计非洲国家在联合国中占有多大比例。在实验中，他们首先在一组受试者面前转动一个"幸运轮盘"，轮盘上写有数字 1 到 100。在转动这个轮盘之后，指针定格在数字 10 上。随后受试者被要求回答这样一个问题：非洲国家的数量在联合国国家总数中所占的百分比是大于 10%还是小于 10%？然后又被要求回答：非洲国家的数量在联合国国家总数中的实际占比是多少？受试者对第二个问题给出的答案平均是 25%。

特沃斯基和卡尼曼又向另一组受试者展示并转动了这个轮盘，结果最终指针定格在数字 65 上。此时该组受试者也被要求回答：非洲国家在联合国国家总数中所占的百分比是大于 65%还是小于 65%？然后又被要求回答：非洲国家的数量在联合国国家总数中的实际占比是多少？结果该组受试者给出的答案平均是 45%。

稍加思考即知，回答第二个问题的答案应该与轮盘上随机定格的数字无关。然而，实验结果却显示，人们在回答第二个问题时的答案会受轮盘上定格数字的影响：最终定格的数字越大，人们给出的答案也就越大。这意味着人们对问题的判断受到了初始信息的锚定。

乘法计算

另一个类似的例子如下。请快速看下面的乘积式：

$$1\times2\times3\times4\times5\times6\times7\times8$$

现在请问，该乘积大约等于多少？对于这一问题，大部分人会无意识地将头几个数字进行相乘，然后就得出一个大致的结果。在一项调查中，受试者对这一问题给出的答案中位数是 512，但实际上真实的答案是 40 320。

现在，将数字排序倒过来：

$$8\times7\times6\times5\times4\times3\times2\times1$$

再次要求受试者回答相同的问题，调查结果的中位数变为 2 250，这意味着受试者仍然是对头几个数字作了相乘。

上述调查也表明，人们在实施估计时，容易对最初几个数字（最初的信息）产生锚定，而对最后几个数字（最新的信息）反应不足，从而影响了对整个答案的判断。

房地产估价实验

这个例子取自诺斯克拉夫特和尼尔的研究（Northcraft and Neale，1987），其中：随机选取两组房地产经纪人，并向他们展示一套房产以及与该房产有关的各种附加信息，然后让他们对该套房产进行估价。所不同的是，第一组受试者被告知该套房产的当前标价为65 900 美元，而第二组受试者被告知该套房产的当前标价为 83 900 美元。

实验结果显示，第一组受试者对该套房产的平均估价为 67 811 美元，而第二组受试者的平均估价为 75 190 美元。从中可以发现，受试者给出的估价严格依赖于他们被告知的当前标价。

在上述实验中，两组受试者都是房地产业内的专业人士，并且除了被告知的标价不同之外，其他的可得信息均相同，因此，按照标准经济学的预测，如果受试者能有效利用手头信息，那么他们对该处房产的最终估价应该趋同。然而，事先给出的标价实际上成为一种先入信息，这使得受试者在估价时对这一信息产生了锚定，从而无法有效运用其他信息来进行调整，因此在给出的估价上就出现了显著差异。

5.4.5　代表性、锚定直觉推断法的调和

由上可见，第 5.2 节介绍的代表性直觉推断法与本节介绍的锚定直觉推断法是相互矛盾的，它们在两个不同的方向上对个体的概率判断产生影响。然而，在现实生活中，这两种直觉推断法总是同时存在，那么个体最终的概率判断是怎样完成的呢？换言之，个体是怎样调和这两种直觉推断法的矛盾的呢？与此相关的是所谓的**粗校准**假说，其含义是：个体对事物的判断是“非此即彼”的，不存在中间地带。下面我们就用一个例子来阐释（Ackert and Deaves，2010）。

在某天清晨，天气预报说今日降水概率仅为 20%，天气晴好，于是你打算驾车出游。在途中，你发现天上的云开始多起来，你会取消计划吗？由于你仍然坚信早上听到的天气预报，因此你会继续前行，仅把天空出现的云当作例外。现在，更多的乌云从天边涌起，以至于天色也逐渐暗了下来，这时你又会怎么办？一个很可能的情形是，你会突然改变主意，以为真的就要下雨，于是掉转车头回家。

上述的简单例子反映了代表性直觉推断法、锚定直觉推断法与粗校准的共同作用。首先，当天上的云开始多起来时，由于锚定直觉推断法，你仍然以早上的天气预报为准，而对新出现的乌云反应不足，此时，粗校准甚至使你觉得今天根本不会下雨，从而忽视了降水概率为 20%；其次，当天上的云继续增多时，由于代表性直觉推断法，你开始对乌云密布的天空产生过度反应，因为这种情景往往是即将下雨的典型征兆。此时，粗校准又会使你从“不相信下雨”转向“完全相信下雨”。可见，粗校准实际上是将两种直觉推断法隔离开来，分别在不同的阶段影响你的判断。

5.5　行为经济学的修正Ⅳ：对过度自信的关注

在行为经济学下，与直觉推断法密切相关的一个概念是过度自信。所谓自信是指，个

体相信自己的判断并据此做出选择。在标准经济学下，个体被假定拥有无限的认知能力，能够有效地接收、处理和使用各种可得信息，并在此基础上形成对客观事物的概率判断。由于这一过程符合贝叶斯法则，所以是最优的。因此，个体不会怀疑自己的判断，个体具有完全的信心。而行为经济学却认为，现实中的个体经常使用各种直觉推断法来形成概率判断，这虽然在一定环境下是很有效的，但却可能带来严重的偏差，因此，个体一般不会完全相信自己的判断，即信心不再是完全的。然而，个体虽然不具备完全的信心，但却倾向于高估自己判断的准确性，尤其是当他使用代表性直觉推断法时（Kahneman，Slovic and Tversky，1982）。这就是本节将要介绍的过度自信。

5.5.1 过度自信及其形式

所谓**过度自信**是指，个体倾向于高估他的知识、能力和掌握信息的准确性，或是对未来境况和掌控未来的能力持过分乐观的态度，从而使他高估自己的判断的正确性。大量调查表明，大部分人在绝大多数时候都会表现出过度自信。当个体对事件概率的判断不遵从最优的贝叶斯法则时，过度自信就是个体根据自己的判断作决策的推动力量。这一思想至少可追溯至凯恩斯的《通论》。凯恩斯指出，当人们无法算出未来事件的客观概率分布时，决策就需要一种内在力量的驱使，这种动力就是所谓的**动物精神**，它是“一种自发的而不是无所事事的冲动”，代表了人的本能或信心。可以认为，过度自信是联结判断与决策的纽带。

与过度自信相反的一面也会对个体的决策意愿产生重要的影响。对此，精神病学家提出了一个相关的概念，即所谓的**自我否定**，其含义是，个体会低估他的判断的正确性，或者将正确的判断归因为运气，并觉得周围的人都被他的判断所欺骗而误认为他能力卓越（Kolligian and Sternberg，1991）。但在本章，我们主要关注的是过度自信。

个体表现出来的过度自信存在多种形式。在本节，我们主要介绍如下三个较具代表性的方面，它们是**好于平均水平效应**、**控制幻觉**与**过度乐观**。

好于平均水平效应

这一效应是指，个体倾向于认为自己的某种特征（如技能、审美趣味等）要优于人群中的平均水平。

斯文森（Svenson，1981）首次证明，当让一群受试者判断自己的驾车技巧与群体内的平均水平相比是高还是低时，绝大多数的受试者都会压倒性地认为自己的车技“好于平均水平”。当用这种办法来测试人们对自身智商或其他技巧水平的判断时，斯文森的结论得到了更多证实（Larwood and Whittaker，1977；Alicke，1985）。比如，当让一群企业家判断他们的成功机会时，库珀等人（Cooper et al.，1988）发现，33%的受试者认为失败的概率是零，而有81%的受试者认为他们失败的概率介于0～30%之间。另一个有趣的例子是对已婚女性的调查：对500位已婚女性的调查发现，她们平均认为男人婚后出轨的概率为55%，但却认为自己丈夫的出轨率不会超过10%。

控制幻觉

这一效应是指，个体在选择时往往认为他们能够预测并控制随机事件，换言之，个体认为随机事件的发生概率会受到他的影响。但实际上，随机事件是受客观规律支配的。

兰格（Langer，1975）通过一个实验清晰地反映了控制幻觉的存在。首先，一群学生被招募来作为受试者参加一次赌博游戏。当每名受试者走进一个房间时，将会看见另一名学生作为他的对手，但其实这名对手是由实验者事先安排好的，要么装扮成“整洁而机敏”的样子，要么显得“愚钝不堪”。然后，实验者向两名学生各发一张面朝下的扑克牌，并让他们猜测谁的牌更大。其中，每名受试者每轮最多下注 25 美分。显然，这是一个纯粹的**机会游戏**，不涉及任何赌博技巧。然而，当受试者面对的对手“愚钝不堪”时，他们下注平均为 16.25 美分；而当对手“整洁而机敏”时，他们下注平均只有 11.04 美分。兰格推测，当受试者面对一名“愚钝”的对手时，他会形成一种优越感，于是以为自己能够影响获胜的机会。

另一个有趣的例子来自日本一家保险公司的调查。该保险公司发行了一批头奖为 500 万美元的彩票，然后每张彩票都以 1 美元的价格卖给自己的员工。其中，一半彩票是让买主自己挑选的，另一半彩票则是随机给出的。到了开奖那天的早晨，公司专门派人联系那些买彩票的人，并编造理由希望他们能转让彩票。那么，他们会以多高的价格来转让自己的彩票呢？调查结果发现：不是自己挑选彩票的人平均每张彩票的售价是 1.96 美元，而自己挑选彩票的人平均每张彩票的售价则是 8.16 美元。这意味着那些自己挑选彩票的人相信自己的中奖率一定较高。但实际上，无论是自己挑选还是随机领取，中奖概率都是一样的。

过度乐观

与控制幻觉类似的另一种过度自信形式是过度乐观，它是指个体过于高估自己的成功可能性，比如学生会高估他们的考试分数，或是高估他们毕业时可获得的工作机会。与此有关的一个现象是所谓的**计划谬误**，其含义是，个体预估自己能完成的工作量总是大于他最终实际完成的工作量，或是预估的成本总是小于实际付出的成本。例如，悉尼歌剧院最初于 1959 年开工建设时，预计耗资 700 万美元并定于 1963 年竣工，但实际上却于 10 年后才建成，并且最终耗资约 1 亿美元。

5.5.2　心理学基础

上述几种形式的过度自信强化了个体根据自身的判断进行决策的动力。可见，过度自信对于人类的能动性至关重要。从进化心理学角度来看，过度自信很可能是人类为了适应环境而进化出来的心理（Taylor and Brown，1988）。在漫长的进化过程中，如果个体能够表现得更加自信和富有进攻性，那么他可能会拥有更多生存和繁殖的机会。约翰逊和福勒（Johnson and Fowler，2011）认为，只要被竞争的资源价值相对于竞争成本足够高，那么“错误而夸张的自信”就有助于个体最大化其适应性。

过度自信的另一个重要特征是，它无须通过基因变异和自然选择就可在人类当中快速传播并广泛存在，因为人类具有超凡的模仿和学习等能力。此外，过度自信还具有持续性，人们似乎并不能从错误的判断和决策中吸取教训来纠正过度自信，因此，必然存在某些心理因素会支撑或强化人们的过度自信。一般认为，主要有三种心理倾向在起作用：

①**自我归因倾向**，其含义是：人们倾向于把成功或好的结果归因于自己的能力，而把失败或差的结果归因于外界环境，这在一定程度上会增强过度自信。为了说明这一点，假设某人本来就存在过度自信。现在，假设他的某项行为在本质上是由若干外在因素和内在因素共同作用所致。然而，当事情朝着好的方向发展时，比如个体的判断被证明是正确

的，此时个体倾向于将这种结果归结于自己的高超能力、技巧或知识，于是他的过度自信将进一步增强；而当事情朝着坏的方向发展时，比如个体的判断出现了错误，此时他却不会认为这是自己的内在因素导致的，而倾向于夸大外在因素的影响，于是，他的过度自信并不因他犯了错误而受到调整。

②**事后聪明倾向**，其含义是：在个体得知某一结果后，就会夸大原先对这一结果发生概率的猜测。比如，在某事件发生前，你猜测该事件的发生概率为70%；而在该事件真的发生后，你可能会认为你早就猜到该事件的发生概率是90%。你可能会觉得“我早知如此”。这种心理倾向会使个体误认为自己有很强的预测能力，于是会强化个体的过度自信。事后聪明倾向的心理学根源在于，我们能够快速地重组过往的记忆，以适应对现实状况的认知。但问题是，在事后才修正先前的信念，容易使我们记错事前是怎样对事件进行判断的。

③**证实倾向**，其含义是：个体倾向于寻找那些能够支持自己观点的证据，而会忽视那些与自己观点相冲突的证据。因此，自己的观点“似乎”总是能够被证实，这同样也会强化人们的过度自信。

5.5.3 过度自信的异质性

过度自信具有显著的人口统计学特征。通俗地说，具有不同特征的群体的过度自信也是异质的。比如，有研究显示，女性相对于男性来说，过度自信的程度要小一些。另有研究发现，在回答常识性问题时，年轻的大学生要比70～80岁的老年人更加过度自信，这表明随着年龄的增长人们会逐渐明白他们究竟知道什么（Kovalchik et al.，2005）。另外，还有人发现，那些忧郁的人尤其不会出现过度自信，类似于一种“明智但消沉”的现象，这意味着过度自信可被视为心理健康的一种体现（Taylor and Brown，1988）。

过度自信还与人们面临的问题类型以及问题的描述方式有关。比如，当人们需要同时做出多个评估时，那么对其中某一个评估的过度自信就会萎缩（Kahneman and Lovallo，1993）。此外，当人们需要回答的问题是被逐步提出的时候，亦即把问题分为几个部分来问，人们的过度自信也会萎缩（Dunning et al.，1989）。例如，司机虽然对他的总体驾驶技术存在过度自信，但是对于在雪中驾驶或是躲避车祸等特殊情形，却不那么过度自信。

5.6 案例分析

在本节，我们将给出三个应用案例，其中：第一个案例涉及的是一则真实的新闻，它与代表性直觉推断法有关；第二个案例涉及的是高估小概率事件；第三个案例试图探讨企业高级管理者的兼并行为与过度自信之间的关联。

5.6.1 美国沙特裔留学生被捕事件①

当地时间2013年4月15日，美国波士顿马拉松比赛终点线附近发生至少两起爆炸，

① 参见http：//news.163.com/13/0515/01/8USKVCD40001121M.html。

截至 2013 年 4 月 16 日上午，已经造成 3 人死亡，近百人受伤。

2013 年 4 月 16 日，美国联邦调查局（FBI）的新闻公报称，2013 年 4 月 15 日爆炸的两枚炸弹，其中一枚被放在一个高压锅里，并藏在背包中。爆炸后的残片显示，制造这枚简易炸弹的凶手在锅里放了钉子、钢珠等材料。

据《每日邮报》报道，2013 年 5 月 12 日，居住在美国密歇根州的沙特裔留学生塔拉尔用高压锅做了点儿家乡美食，然后抱着锅去找朋友分享。他的美国邻居看见了并报警说“有可疑阿拉伯男子持可疑高压锅炸弹”。FBI 围捕塔拉尔后却发现抓错了人，并解除警报。

塔拉尔说：“FBI 探员上门问了我的专业、到美国的时间，还有平时没事的时候都喜欢干什么。我还给警察看了我的高压锅，并解释说这是用来做米饭的。”

得知是一场误会后，FBI 探员解除警报，但报案的邻居并未受到警告。一名 FBI 探员临走前还跟塔拉尔说：“以后你带着这样的东西四处乱晃要小心！要低调一点，找个袋子装着不行吗!”

在上述新闻中，美国居民和 FBI 探员的行为明显符合行为经济学下的小数定律，对于“阿拉伯男子”、“高压锅”等小样本信息产生了过度反应，于是高估了这名沙特裔留学生是恐怖分子的条件概率。而导致这一过度反应的原因又与代表性直觉推断法（是阿拉伯裔就有可能是恐怖分子）、可得性直觉推断法（马拉松爆炸案发生于 2013 年 4 月 15 日，而该起事件发生于 2013 年 5 月 12 日，两个日子相隔很近，并且爆炸案给民众带来的心理冲击很剧烈）有关。

5.6.2　对恐怖袭击的担忧①

人们如何应对恐怖袭击

以实施狂热的蓄意杀人、重伤和散布恐惧为手段的自杀式恐怖主义，不是经济分析的一个清晰主题。其最大的成本是血的代价，而不是单纯的金钱。然而，恐怖分子的目的不是杀人，而是要扰乱正常生活。他们在何种程度上取得了成功？许多专家尝试评估恐怖袭击后公众的情绪，他们似乎常常有大致相同的猜测。市民们是对抗的、逆来顺受的还是被吓坏了？这里，经济学家能给出答案，因为他们的本能是观察人们做了什么，而不是他们说了什么。相信数字，而不是故事；并在大众行为的变化中而不是在众多媒体草率的反应中寻找线索。

芝加哥大学的诺贝尔经济学奖得主加里·贝克尔以将经济学的方法应用于他的大多数同行认为是禁区的生活领域而驰名于世。恐怖主义就是这样一个领域。在 2004 年流传的一份工作论文中，他和特拉维夫大学的约纳·鲁宾斯坦考察了公众对于自杀式爆炸是如何反应的。

反应有时是清晰的。根据美国交通局的统计数字，在 2001 年 8 月至 10 月之间，记录的美国国内航空公司乘客的里程数下降了 160 亿，或者是 32%。甚至在“9·11”恐怖袭击两年后，空中旅行也尚未恢复到它在 2001 年的峰值。

这是一种过度反应吗？反应肯定显示的比客观风险给出的结果大。按照贝克尔所说，

---

① 参见《经济学人》(印刷版)，2005 年 7 月 21 日。

公众对恐怖活动的反应就如同面对像BSE（或称“疯牛病”）这类罕见爆发但可怕的疾病，虽然感染这类疾病的几率可能是很小的，但是，这并不能消除大家对牛肉的恐惧。

虽然这样的反应很容易理解，但是对于经济学家来说，这种反应还是难以解释的。也许人们根本不知道所涉及的真实概率。但是，正如贝克尔和鲁宾斯坦所说，这曲解了恐怖主义做事的方式。杀人是传播恐惧的一种手段。恐怖分子把一个暴力致死的小风险引入到如乘坐公共汽车这样平淡的日常活动中。即使微小的风险从来都没有实现，人们还是遭受它散布的恐惧的侵害。贝克尔和鲁宾斯坦指出，动摇人们的不是身体受到伤害的危险，而是情绪的不安。人们对恐惧而不是危险反应敏感。

2001年11月29日，在一辆前往特拉维夫的公共汽车上，一枚自杀式炸弹炸死了三名以色列人并伤及其他九人。据贝克尔和鲁宾斯坦所言，以色列的公共汽车在此后的一年内平均每月遭受一次这样的袭击。毫无疑问，炸弹对乘客造成了巨大的影响，根据这两位经济学家的推算，公众对公共汽车的使用减少了大约30%。

但是，这个大规模的群体反应掩盖了乘客间的一些显著差异。临时乘客即当天乘车当天买票的那部分乘客，在爆炸后更有可能远离公共汽车——每次袭击大约减少40%对公共汽车的使用。然而，常规的乘客即购买周票或月票的乘客在很大程度上甘愿冒险。

这是令人费解的。似乎不论是临时乘客，还是常规乘客，都应该校准他们对所面临的额外风险的反应。假设汽车上的袭击次数在下个月翻了一番，乘客应该减半，并且使客观风险还原到他们一个月前所能容忍的程度。这对通常一天出行两次和一月出行两次的人都应该是一样的。但是乘客并没有以这样的方式作出反应。一些人完全放弃了公共汽车，而另一些人乘车出行的次数一如既往。

也许常规乘客不可避免地需要乘车，别无选择。如他们买不起车或乘不起出租车，不论他们的感受如何，他们都要坐公共汽车。然而，贝克尔和鲁宾斯坦发现在大城市咖啡馆的常客中，对待恐怖袭击也有类似的反应，这里同样也是自杀式爆炸的通常目标。随着死亡人数的增加，普通顾客不再光顾，而老主顾的消费金额却一如往昔。

勇于适应

对恐怖活动的恐惧可能是理性的，也可能是非理性的，这是贝克尔和鲁宾斯坦的推断。通过某些努力，人们可以克服他们的恐惧，但是只有当他们觉得值得时，他们才会这样做。对于热忱的咖啡馆常客来说，由于每次的付出都使他们得以享受到自己的所爱，所以克服对恐怖活动的不安是值得的。然而，对于那些偶尔光顾者就不值得了。不管怎么说，恐怖活动的威胁只是破坏了他们偶尔消遣的地方。同样地，对于那些每天要乘坐两次巴士的人来说，克服对恐怖活动的恐惧是一项值得去做的“投资”。

巴士乘客和咖啡馆主顾的行为说明这种在勇气上的投资是一项固定成本而不是可变成本。人们并不是每次登上巴士时都要与自己的恐惧斗争，而是选择一次性克服恐惧或根本不克服。一旦人们与恐惧达成妥协，那么对于他来说，一天乘坐两次巴士还是一天乘坐一次巴士就没什么差别。他可能使自己面临稍高的实际被袭击的风险，但是面对这样的灾难他并没有增加任何恐惧。由此看来，影响人们的似乎是恐惧，而不是风险。

在早晨上班的高峰时间，有500列地铁在伦敦运行。而每个工作日，有6 800辆公共汽车在这座城市有序运行。在2005年7月7日仅有三列地铁和一辆公共汽车遭到炸弹袭击。但是任何在2005年7月8日乘坐公共交通工具的人都将会感受到威胁。即使只有极少数的伦敦市民成为以往恐怖活动的受害者，他们也会被触动。是否被恐怖袭击吓退，只是他们自己才可以做出的选择。

5.6.3　过度自信与企业兼并①

在企业兼并过程中，决策者的过度自信经常会导致自身的公司为了达成兼并目标而付出了太多成本。马尔门迪尔和泰特（Malmendier and Tate，2005）发现，如果一家公司的首席执行官（CEO）过于自信，那么该公司确实更有可能兼并另一家公司。通过把 20 世纪 80 年代《福布斯》500 强企业和 90 年代 250 强企业的 CEO 作为样本，马尔门迪尔和泰特发现，在任何年份，那些过度自信的 CEO 执行兼并行为的次数都是较为理性的同行的 1.7 倍。在他们的研究中，对过度自信的测度不是通过对 CEO 进行提问而是通过考察 CEO 的私人投资组合而得到的。这两位学者指出，高级管理者的薪酬往往与他们手握的公司股份挂钩，并且与他们对公司的人力资本投资有关，因此高级管理者的私人投资组合可能会过于集中化。但马尔门迪尔和泰特同时也指出，对于像《福布斯》500 强这样的企业来说，如果其中某位 CEO 是理性的，那么他就会尽可能分散化他的私人投资组合。比如，在股权等待期结束后，如果股票价格上升得足够高，那么 CEO 就可以执行他的认股权了，并且在事先承诺的非交易期结束后，他还可以卖掉手中的公司股份。但是有些 CEO 却恰恰相反，他们会在一个价格高位上一直持有认股权（远高于执行价格），同时买进（而不是卖出）公司的股票（这样去做的 CEO 中有一半的人都损失不菲）。实际上，在近年来的公司丑闻中，尽管超额薪酬、贷款减免以及会计作假等行为不断吸引着公众的眼球，但其实在那些罪孽深重的管理者中间，很少有人真的相信他们的公司或身处的行业有什么发展潜力。世界通信公司的前 CEO 伯纳德·埃伯斯因为将私人投资中的大部分资金用于购买电信行业的股票而损失了数百万美元，然而他却不断兼并一个又一个公司。

因此，我们就可用企业管理中的过度自信来解释这样的谜题，亦即在 1998—2001 年间发生于美国的 20 000 亿美元的企业收购行为中，为何执行收购的企业会使它们的股东损失了 2 500 亿美元。

5.7　本章要点

● 标准经济学假定个体对事件概率分布的判断服从贝叶斯法则，这意味着个体能够充分使用以往的信息，从而对选择行为的各种可能结果形成先验的概率判断；而当新的信息样本出现时，个体可基于新信息来对先验概率实施贝叶斯更新，并以此形成后验概率。

● 行为经济学家通过大量实验与观察发现，当新信息出现时，个体既有可能对这部分信息反应过度，也有可能对这部分信息反应不足，从而导致他对后验概率的估计出现偏差。对此，行为经济学的观点是，在风险条件下，个体不可能拥有充足的时间或认知能力来实施贝叶斯计算，因此他们往往基于某些直觉推断法来估计概率。

● 所谓直觉推断法是指个体仅基于信息的一个子集进行判断的规则的总称。其中，代

① 参见彼得·戴蒙德、汉努·瓦蒂艾宁：《行为经济学及其应用》，第 7 章，北京，中国人民大学出版社，2011。

表性直觉推断法、可得性直觉推断法可以解释个体在概率判断时为何会对新信息反应过度；而锚定直觉推断法可以解释个体为何会对新信息反应不足。

● 代表性直觉推断法是指，对 X 的概率判断主要是根据 X 在多大程度上体现了 Y 的特点，X 越能体现 Y 的特点，X 属于 Y（或者 X 是由 Y 导致）的概率就越高。反之亦然。小数定律可视为代表性直觉推断法的一种特别情形。

● 可得性直觉推断法是指，人们倾向于认为，越容易回忆起的事件，它再次发生的概率也越高。高估小概率事件可视为可得性直觉推断法的一种特别情形。

● 锚定直觉推断法是指，个体在实施判断时，总是倾向于从某一个初始信息出发，并以该初始信息为基准来对后续的新信息作出反应，但这种反应往往是不充分的，即个体似乎会被初始信息过分地“锚定”住。

● 在标准经济学下，个体被假定拥有无限的认知能力，在判断事件的发生概率时，能够有效地实施贝叶斯更新，所以是最优的。此时，个体不会怀疑自己的判断，个体具有完全的信心。

● 行为经济学认为，现实中的个体经常使用各种直觉推断法来形成概率判断，这有可能带来各种偏差，因此，个体一般不会完全相信自己的判断。此时，信心将不再是完全的。但个体却倾向于高估自己判断的准确性，这就是所谓的过度自信。

课后思考

● 小强是个很聪明的学生，他每门功课得 A 的概率是 80%。同时，他很注重闲暇，在期末考试临近时，他只会复习所学课程中的一半科目。但只要他复习了某门功课，该门功课得 A 的概率就为 95%。现在假定他某门功课确实得了 A，那么请问，他复习该门功课的概率是多少？

● 在现实中我们常可观察到这样的现象：人们倾向于基于股票过去的市场表现来决定是否购买。如果某只股票在过去一段时期内持续上涨，人们就倾向于买进；如果持续下跌，就倾向于卖出。这意味着人们认为股票在晚近时期的表现能够代表该股票在未来的表现。这种追涨杀跌的行为有时被称为**动量追寻**。一项由美国个体投资者联合会所作的调查显示，如果市场行情最近极佳，那么投资者也将普遍看涨。在共同基金中，过去的极佳表现将会引致异乎寻常的更大规模的资金进入。请从代表性直觉推断法的角度解释这一现象。

● 寓言《守株待兔》：

> 宋人有耕田者。田中有株，兔走触株，折颈而死。因释其耒而守株，冀复得兔。兔不可复得，而身为宋国笑。
>
> ——选自《韩非子·五蠹》

请从可得性直觉推断法的角度解释这则寓言。

● 传说皇帝想要表彰象棋的发明者，于是召见他并问他有什么请求。象棋的发明者回答说：“如果陛下愿意，那么请陛下在象棋棋盘的第 1 个空格里放入 1 粒米，在第 2 个空格里放入 2 粒米，在第 3 个空格里放入 4 粒米，如此类推。”皇帝一听，暗喜不已，以为自己无须给付多少粮食。然而，棋盘共有 64 个空格，于是对于第 64 个空格而言，皇帝应该付出 $2^{64-1} \approx 10\,000\,000\,000\,000\,000\,000$ 粒米，这远远超出了皇帝的支付能力。请从锚定直觉推断法的角度解释这一故事。

● 在股票市场上，某些投资者经常会在短期内进行过度交易，其目的当然在于能够跑赢大盘而做一名“短线高手”。例如，美国某证券经纪公司对 1987—1993 年间的 10 000 个账户的交易数据的统计分析发现，绝大多数账户都存在不计成本的大量交易现象。然而，这种过度交易似乎并未给投资者带来更高的收益率。另一家大型证券经纪公司对 1991 年 1 月—1996 年 12 月期间的 78 000 个家庭账户的研究结果发现，换手率最低组的月平均净收益率为 1.47%，而换手率最高组的月平均净收益率仅有 1.009%，也就是说，低换手率组的收益率约为高换手率组的 1.5 倍。请从过度自信的角度来解释上述现象。

关键术语

概率函数　probability function
条件概率　conditional probability
贝叶斯法则　Bayes’s rule
贝叶斯更新　Bayes’s updating
先验概率　prior probability
后验概率　posterior probability
更新系数　updating coefficient
基率漠视　base rate neglect
投篮顺手　hot hand
直觉推断法　heuristic
便捷法　shortcuts
拇指规则　rule of thumb
代表性直觉推断法　representativeness heuristic
赌徒的谬误　gambler’s fallacy
大数定律　law of large numbers
小数定律　law of small numbers
可得性直觉推断法　availability heuristic
高估小概率事件　overweighting of low probability
猎奇基因　novelty seeking gene
概率加权函数　weighting function
前景理论　prospect theory
锚定直觉推断法　anchoring heuristic
认知惰性　cognitive laziness
粗校准　coarse calibration

过度自信　overconfidence
动物精神　animal spirit
自我否定　impostor syndrome
好于平均水平效应　better-than-average effect
控制幻觉　illusion of control
过度乐观　excessive optimism
机会游戏　chance game
计划谬误　planning fallacy
自我归因倾向　self-attribution bias
事后聪明倾向　hindsight bias
证实倾向　confirmation bias
动量追寻　momentum chasing

进一步阅读

[1] Angner, E. (2006). "Economists as Experts: Overconfidence in Theory and Practice." *Journal of Economic Methodology*, 13 (1), 1-24.

[2] Bar-Hillel, M. (1980). "The Base-Rate Fallacy in Probability Judgments." *Acta Psychologica*, 44 (3), 211-233.

[3] Hastie, R. and Dawes, R. M. (2010). *Rational Choice in an Uncertain World: The Psychology of Judgement and Decision Making*. 2nd ed., Los Angeles, CA: Sage Publications.

[4] Tversky, A. and Kahneman, D. (1971). "Belief in the Law of Small Numbers." *Psychological Bulletin*, 76 (2), 105-110.

[5] 贺京同，徐璐. 主体行为、预期形成与房地产市场稳定. 浙江大学学报（人文社会科学版），2011 (5).

第 6 章

跨期选择

在本章，我们将研究跨期选择问题，这主要与式（1.1）的组成部分（2）有关。所谓跨期选择是指，人们在不同时点上对成本与收益的取舍行为。在日常生活中，许多选择行为都涉及跨期情形，比如：政府斥资修建一条公路或一所学校；厂商建造一座厂房或研发一种新产品；消费者贷款购买一套住房；对每个月的日常支出进行规划；等等。

第 6.1 节主要介绍标准经济学下的跨期选择理论，即所谓的贴现效用模型。该模型认为，个体的跨期总效用是各期效用的贴现之和，其中涉及两条基本假定：其一，贴现率由一个固定不变的时间偏好率决定，于是每一期的贴现因子都为一常数；其二，每一期的效用函数都是恒常的，个体的效用函数在不同时点上不会发生性状改变。这两条假定共同保证了个体偏好在动态下是一致的。

然而，大量经验事实表明，个体在动态下经常会出现偏好的不一致情形，即在不同的时点上，偏好序可能发生反转，这构成了违背贴现效用模型的异象。因此，许多行为经济学家开始质疑并试图修正上述两条基本假定。其中：对第一条基本假定的修正形成了双曲线贴现模型和准双曲线贴现模型，我们将在第 6.2 节和第 6.3 节讲述；而对第二条基本假定的修正涉及瞬时效用函数的各种拓展形式，这将在第 6.4 节介绍。

6.1 标准经济学模型

在本节，我们将主要介绍标准经济学下的跨期选择模型，即**贴现效用模型**，它由萨缪尔森（Samuelson，1937）提出，并在随后的几十年内得到了经济学家的广泛接受。我们将着重强调的是，贴现效用模型由于其自身的特点，可保证个体的偏好序在动态下是一致的、不变的，即偏好仍然遵从传递性公理。

6.1.1 贴现效用模型

基本形式

虽然亚当·斯密早已对跨期选择问题进行了讨论，但直至约翰·雷（John Rae，1834）出版《资本的社会学理论》一书，才正式将跨期选择作为一个独立的论题予以考察，其后又经历了近一百年的时间，才在费雪（Fisher，1930）的努力下发展出了著名的两时期无差异曲线模型，从而将跨期选择纳入了效用最大化的表述体系。

费雪的分析技巧至今仍是跨期选择理论的基本要素之一，但其分析框架很难扩展到对多期情形的描述，这促使萨缪尔森发展出了一个能够用来分析多期选择的一般化理论，这就是所谓的贴现效用模型。在当前的标准经济学中，贴现效用模型已成为分析跨期选择行为的基本方法。

贴现效用模型的基本形式可表达如下：一般而言，在多时期情形下，个体面临的决策问题是如何对消费束（c_0，…，c_T）进行选择。在偏好满足完备性和传递性的前提下，处于时期 0 的个体面临的跨期总效用函数可表达为 $U_0(c_0，…，c_T)$。萨缪尔森为了分析上的方便，进一步将总效用函数表达为如下形式：

$$U_0(c_0,\cdots,c_T)=\sum_{t=0}^{T}\delta^t u(c_t) \tag{6.1}$$

在这里，萨缪尔森提出了一个重要假设，即个体的跨期效用函数可被拆分为由各期“子效用”函数贴现加总的形式，其中：$u(c_t)$ 通常被称作瞬时效用函数，用以表示个体在时期 t 的效用；$\delta=1/(1+r)$ 为每一期的**贴现因子**，r 为固定不变的**时间偏好率**，它表示个体对未来效用的贴现率。这种计算总效用的方式体现了贴现效用模型的一个重要特征：它与计算净现值的复利公式是十分相似的。

贴现效用模型虽然形式简单，但却蕴涵了对人类跨期行为的深刻思考，这可从如下两方面看出：

首先，在一般情况下，贴现效用模型中的时间偏好率为正值。所谓时间偏好是指，对于相同的消费来说，人们总是偏好现在甚于将来，这反映了人类的一条基本心理：人们总是对未来事件的关心程度较低，只要不是发生在眼前，就不会对其赋予过高的关注。因此，未来的 1 单位效用贴现到当前要低于 1 单位效用，这意味着每一期的贴现因子 $\delta<1$，于是时间偏好率 $r>0$。由此可知，正的时间偏好率会促使人们倾向于在眼前消费。

其次，贴现效用模型中的每期瞬时效用具有边际递减的特性，亦即存在 $u'>0$ 且 $u''<0$，这一条件使得瞬时效用函数具有如下性质：

$$u(x_t+x_{t+1})<u(x_t)+u(x_{t+1}) \tag{6.2}$$

其含义是：把资源集中在某一时期消费掉所带来的效用，要小于把这些资源分摊到各期消费所带来的效用。因此，只要个体的瞬时效用满足边际递减律，他就有将一定资源推迟到未来消费的动机。

总之，在贴现效用模型中，时间偏好率为正值与边际效用递减这两个条件在相反的方向上影响着人们的跨期决策行为，个体的最终决策必然是这两种力量相互折中的结果。

跨期总效用的计算

上面已述，在贴现效用模型中，跨期总效用的计算与净现值的复利公式是很类似的。

根据式（6.1），只要我们知道个体瞬时效用函数的具体形式，以及时间偏好率的大小，就可对任意一种跨期消费计划的总效用进行计算。比如，设想你未来三年的消费计划如下：（2 000，2 000，2 000），其中，每个数字代表每年花费了多少元。我们进一步假设，你每年的效用函数均满足对数函数形式 $u(c_t)=\ln c_t(t=0,1,2,3)$，并且你的年度时间偏好率 r 为 10%，那么我们可用如下方式计算上述消费计划在当前的总效用：

$$U_0(2\,000,2\,000,2\,000)=\frac{\ln 2\,000}{1+0.1}+\frac{\ln 2\,000}{(1+0.1)^2}+\frac{\ln 2\,000}{(1+0.1)^3}\approx 18.9 \tag{6.3}$$

上述计算过程还意味着，当个体面对不同的消费计划时，他可通过计算每种消费计划的贴现效用之和来比较各消费计划的优劣，从而形成对各种消费计划的偏好序。比如，假设某个消费者共有 30 000 元，安排在未来 3 年中使用。假设有如下两种消费计划：

A：（10 000，10 000，10 000）

B：（8 100，11 900，10 000）

假设消费者的瞬时效用函数满足幂函数形式 $u(c)=c^{1/2}$，且时间偏好率 $r=10\%$，于是消费者在当前认为 A 计划的总效用为：

$$U^A=\frac{100}{1+0.1}+\frac{100}{(1+0.1)^2}+\frac{100}{(1+0.1)^3}\approx 248.69 \tag{6.4}$$

而 B 计划的总效用为：

$$U^B=\frac{90}{1+0.1}+\frac{109.09}{(1+0.1)^2}+\frac{100}{(1+0.1)^3}\approx 247.11 \tag{6.5}$$

于是有 $U^A>U^B$，这意味着消费者更偏好按 A 计划进行消费。可以设想的是，当消费者面临多个消费计划时，他会对每个消费计划的总效用进行计算和排序，并选择那个能获得最大总效用的消费计划。

6.1.2　指数贴现

在研究跨期行为时，一个重要而有用的概念是**贴现函数**，其含义是，1 单位效用从时期 t 贴现到当前的值，因此它表达的是 t 个时期内的总贴现效应。回顾式（6.1）可知，在贴现效用模型中，个体的总效用可被拆分为由各期“子效用”贴现加总的形式，其中 r 为固定不变的时间偏好率，$\delta=1/(1+r)$ 为每一期的贴现因子，用它乘以时期 $t+1$ 的效用可以算出这些效用被贴现到时期 t 的值。于是，在贴现效用模型中，贴现函数可被定义为：

$$D(t)=\delta^t \tag{6.6}$$

其含义是，如果某人的效用函数为 $U(c_0,\cdots,c_T)$，那么时期 0，1，2，…，t 的效用将分别以 1，δ，δ^2，…，δ^t 的比例贴现。比如，若假定某人的时间偏好率为 10%，则他的每期贴现因子 $\delta\approx 0.91$。于是，过了 10 个时期之后，贴现函数的值为 $0.91^{10}\approx 0.39$，如果以年为时间单位，则意味着 10 年后的 1 单位效用在当前的贴现值约为 0.39 单位。

从上面可看到，贴现效用模型中的贴现函数实际上是一个指数形式，故而被称作**指数贴现函数**。由于 $\delta<1$，因此指数贴现函数是随时间延后而递减的，这说明未来的 1 单位效用离现在越遥远，它贴现到当前的值就越低。为了更直观地看出这一点，我们在图 6—1

中绘制了时间偏好率为10%时的指数贴现函数。其中，纵轴表示1单位效用的当前贴现值，横轴表示时期。

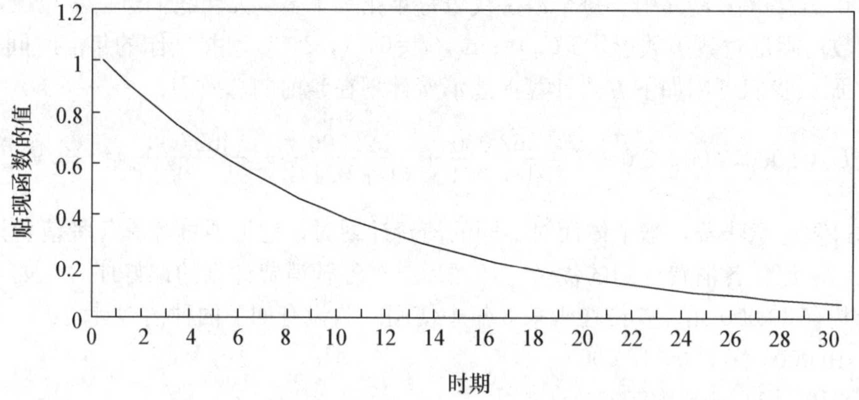

图6—1　指数贴现函数的形状：$D(t)=1/(1+0.1)^t$

图6—1清晰地揭示，1单位效用越是推迟享受，其贴现值就越低。由于在指数贴现函数中，时间偏好率是固定不变的，因此1单位效用的贴现值从时期 t 推迟到时期 $t+1$ 所降低的比例等于从时期 $t+1$ 推迟到时期 $t+2$ 所降低的比例，如此等等。举例而言，假设时间偏好率为10%，那么对于一名处于时期0的人来说，时期1的1单位效用的贴现值为 $1/1.1\approx0.91$，它比时期0的1单位效用减少了9%；而时期2的1单位效用的贴现值为 $1/1.1^2$，它比时期1的1单位效用的贴现值减少了如下比例：

$$\frac{1/1.1-1/1.1^2}{1/1.1}=1-\frac{1}{1.1}\approx9\% \tag{6.7}$$

类似地，时期3的1单位效用的贴现值为 $1/1.1^3$，于是它比时期2的1单位效用的贴现值减少了如下比例：

$$\frac{1/1.1^2-1/1.1^3}{1/1.1^2}=1-\frac{1}{1.1}\approx9\% \tag{6.8}$$

通过上述简单的计算可发现，指数贴现函数逐期递减的比例是不变的，这是该函数的一条重要性质。

6.1.3　偏好动态一致

前面已述，贴现效用模型涉及两条基本假定：其一，个体的时间偏好率是固定不变的；其二，个体的瞬时效用函数也是稳定不变的。这两个条件隐含着一个重要结论，即个体的偏好具有动态一致性，其含义是，无论在哪个时点上，个体对各种选择结果的偏好序都是稳定不变的。为了能够清楚看出这一点，我们用下面的奖金问题予以说明。

假设你在时期0获知，有 A、B 两个选项可供选择：

A. 在时期3获取1 000元的奖金。

B. 在时期4获取1 500元的奖金。

现在，已知你的时间偏好率为 10%，瞬时效用函数为 $u(c)=c^{1/2}$，那么你在时期 0 会偏好哪个选项？在时期 1 呢？在时期 2 或时期 3 呢？根据贴现效用模型，我们可以很轻易地算出：

①在时期 0，你会认为 A 带来的效用为 $\frac{1\,000^{\frac{1}{2}}}{(1+0.1)^3}\approx 23.76$，$B$ 带来的效用为 $\frac{1\,500^{\frac{1}{2}}}{(1+0.1)^4}\approx 26.45$，因此你会更偏好 B。

②在时期 1，你会认为 A 带来的效用为 $\frac{1\,000^{\frac{1}{2}}}{(1+0.1)^2}\approx 26.13$，$B$ 带来的效用为 $\frac{1\,500^{\frac{1}{2}}}{(1+0.1)^3}\approx 29.10$，因此你仍然更偏好 B。

③在时期 2，你会认为 A 带来的效用为 $\frac{1\,000^{\frac{1}{2}}}{1+0.1}\approx 28.75$，$B$ 带来的效用为 $\frac{1\,500^{\frac{1}{2}}}{(1+0.1)^2}\approx 32.01$，因此你仍然更偏好 B。

④ 在时期 3，你会认为 A 带来的效用为 $1\,000^{\frac{1}{2}}\approx 31.62$，$B$ 带来的效用为 $\frac{1\,500^{\frac{1}{2}}}{1+0.1}\approx 35.21$，因此你还是更偏好 B。

上述计算结果意味着，无论你处于哪个时点，都会认为选项 B 优于选项 A（亦即 $B\succ A$），换言之，你的偏好序不随时间变化而变化，这就是所谓的偏好的动态一致性。图 6—2 对上述问题做了更为直观的表达。

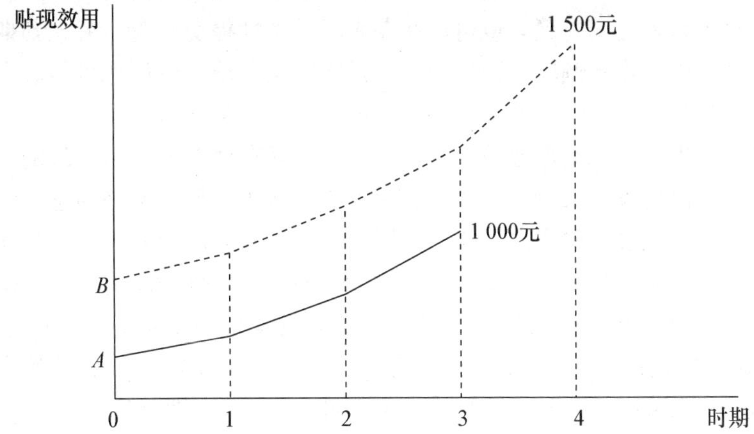

图 6—2　偏好的动态一致性

在图 6—2 中，选项 A 和选项 B 的效用贴现到每一期的值分别用实线与虚线表示。根据前面的计算可知，选项 B 的贴现效用在任何时期都大于选项 A 的贴现效用，因此虚线总是高于实线，并且二者永远不会相交。可以料想的是，一旦实线和虚线相交，就意味着偏好发生了反转，亦即偏好的动态一致性受到了违背。我们将在后面详细讨论这一情形。

6.2 行为经济学的修正Ⅰ：双曲线贴现模型

从本节开始，我们将逐步介绍行为经济学下的跨期选择理论，这仍然是基于标准经济学模型所作的修正与拓展。本节关注的是如何对贴现效用模型的时间偏好率固定不变的假定进行放松，并由此引出双曲线贴现模型。

6.2.1 异象

在上节末尾，我们详细讨论了贴现效用模型所蕴涵的偏好的动态一致性。然而，在现实中，我们常会经历或看到如下情形：

①在狂欢了一个周末之后，你疲惫不堪地发誓，今后一定要坚持早睡，节制饮食，并且少饮酒；然而当下一个周末到来时，在朋友的盛邀之下，你又忍不住狂欢到凌晨，喝掉了两箱啤酒，之后又去 K 歌到天亮。

②你决定从下个月开始戒烟，但是当下个月开始时，你忍不住又把戒烟的计划推迟了。

③我们常会看到，那些发誓再不踏进赌场半步的赌徒又重新出现在赌桌旁。

④你办了一张健身卡，准备在未来的一年内每星期都按时锻炼。可是过了一个月之后，你就无法坚持每周都去锻炼了；又过了两个月之后，虽然你偶尔仍会想起抽屉里有一张健身卡，但你几乎再也不去锻炼了。

⑤在学期刚开始时，某门课程的老师规定：在整个学期之内需要提交三篇小论文，同学们既可以在每个月末提交一篇，也可以在期末时一次性提交三篇。考虑到期末需要准备各门功课的考试，因此你会倾向于选择在每个月末提交一篇。然而你可能会发现，包括你在内的许多同学都是在最繁忙的期末才突击完成三篇小论文。

上述这些日常中的常见情形似乎表明，我们的偏好在动态下是不一致的，亦即随着时间的延后，我们会出现**偏好反转**，这显然违背了贴现效用模型的偏好动态一致的结论，因此被视为一种异象。通过实验研究，我们可用一种更精确的定量方式来考察偏好的动态不一致性。比如，安斯利和哈斯兰（Ainslie and Haslam，1992）通过实验发现，“绝大多数的受试者都表示，他们更偏好可立即兑换 100 美元的支票而不是 2 年后可兑换 200 美元的支票；但这些受试者同时又表示，他们更偏好 8 年后可兑换 200 美元的支票而不是 6 年后可兑换 100 美元的支票。”通过简单的思考即可知，“立即兑换 100 美元还是 2 年后兑换 200 美元”与“6 年后兑换 100 美元还是 8 年后兑换 200 美元”在本质上是两个相同的问题，但受试者却给出了不同的答案，这反映出他们的偏好在不同的时点上会出现反转。

那么，究竟是什么原因导致个体的偏好会出现动态的不一致呢？在上节我们谈到，偏好动态一致的两个必要条件是：个体的时间偏好率固定不变以及瞬时效用函数不会发生性状改变。因此，任何一个条件不能得到满足，都有可能引起偏好在动态下出现不一致。在本节，我们首先探讨时间偏好率的不变性问题。

6.2.2　双曲线贴现

时间偏好率逐期递减

史托斯（Strotz，1955）是首位对时间偏好率的不变性进行质疑的学者。他在研究中发现，人们似乎对推迟眼前的事情更缺乏耐心，而对于推迟未来的事情却不甚关心。因此，人们可能对眼前的跨期选择要比对未来的跨期选择具有更高的时间偏好率；更一般地说，人们的时间偏好率似乎具有随时间延后而递减的特性。史托斯认为这是人类与生俱来的一种心理特性。

史托斯虽然并未对其观点进行更多的规范化分析，但他却使经济学家开始关注时间偏好率逐期递减这一事实。比如，泰勒（Thaler，1981）通过问卷调查让受试者（俄勒冈大学的学生）回答：如果让他推迟拿到一笔应得的钱，那么他需要获得多少钱以作为补偿？

以15美元为例，等待时间分别设为3个月、1年和3年，则受试者要求的补偿金额的中位数分别为30美元、60美元和100美元。于是，通过复利计算公式可知：

①等待3个月的月度时间偏好率平均为26%。

②等待1年（12个月）的月度时间偏好率平均为12.3%，这意味着若假设最初3个月的时间偏好率保持在26%，则从第4个月到第12个月的月度时间偏好率肯定低于26%。

③等待3年（36个月）的月度时间偏好率平均为5.4%，这意味着若假设从第1个月到第12个月的时间偏好率保持在12.3%，则从第13个月到第36个月的月度时间偏好率肯定低于12.3%。

上述计算结果表明，时间偏好率具有明显的随时间延后而递减的特性。这一特性在本占、莱波伯特和亚吉尔（Benzion，Rapoport and Yagil，1989）的实验结果中也得到了支持。这些经验证据一再表明，时间偏好率是时期t的递减函数，亦即$r_1>r_2>\cdots>r_T$，其含义是，1单位效用从时期2贴现到时期1的值要小于1单位效用从时期$t+1$贴现到时期t的值，这与贴现效用模型的假定形成了鲜明的对比。那么，我们能否提出一个新的模型，用以描述时间偏好率逐期递减的特性？从目前来看，一个较为流行的替代性模型是所谓的**双曲线贴现模型**。为了引出这一模型，我们需要首先介绍双曲线贴现函数的概念。

双曲线贴现函数

我们在第6.1节中已提到，与标准的贴现效用模型相对应的是指数贴现函数，它的重要性质是逐期递减的比例不变。然而，若时间偏好率是逐期递减的，则1单位效用的贴现值从时期t推迟到时期$t+1$所降低的比例要大于从时期$t+1$推迟到时期$t+2$所降低的比例，因此对于一个更现实的贴现函数来说，它逐期递减的比例也应该是递减的。

举例而言，对于一名处于时期0的人来说，如果从时期1到时期3的时间偏好率分别为$r_1=10\%$、$r_2=5\%$和$r_3=2\%$，那么时期1的1单位效用的贴现值为$1/1.1=0.91$，它比时期0的1单位效用减少了9%；而时期2的1单位效用的贴现值为$\frac{1}{(1+0.1)(1+0.05)}\approx 0.87$，它比时期1的1单位效用的贴现值减少了如下比例：

$$\frac{0.91-0.87}{0.91}\approx 4.4\% \tag{6.9}$$

以此类推，时期 3 的 1 单位效用的贴现值为 $\frac{1}{(1+0.1)(1+0.05)(1+0.02)} \approx 0.85$，它又比时期 2 的 1 单位效用的贴现值减少了如下比例：

$$\frac{0.87-0.85}{0.87} \approx 2.3\% \tag{6.10}$$

由于 9%>4.4%>2.3%，可见随着时间的延后，贴现函数的递减比例应该是递减的。但上面已指出，指数贴现函数逐期递减的比例是不变的，因此不能很好地反映个体在跨期行为中的真实贴现特征。为此，许多研究者试图提出一个新的贴现函数来代替传统的指数贴现函数，其中较具代表性的有如下几种：

①$D(t)=1/t$（Chung and Herrnstein，1967）。

②$D(t)=(1+\alpha t)^{-1}$（Herrnstein，1961；Mazur，1987）。

③$D(t)=(1+\alpha t)^{-\gamma/\alpha}$（Prelec and Loewenstein，1991），其中 α 和 γ 均大于 0。

可以发现，上述几种贴现函数都隶属于双曲线族，因此被统称为**双曲线贴现函数**。这方面的研究还得益于安斯利（Ainslie，1975；1986；1991；1992）和莱布森（Laibson，1996；1997；1998）的重要贡献。

双曲线贴现的性质

我们还可发现，双曲线贴现函数不但满足逐期递减的特性，而且逐期递减的比例也是递减的，对此我们可借助赫恩斯坦（Herrnstein，1961）和马苏尔（Mazur，1987）提出的贴现函数来考察。在他们的贴现函数中，我们设 $\alpha=0.1$，则赫恩斯坦和马苏尔的贴现函数可表达为：

$$D(t)=(1+0.1t)^{-1} \tag{6.11}$$

于是，对于一名处于时期 0 的人来说，时期 1 的 1 单位效用的贴现值为 $\frac{1}{1+0.1\times1}\approx0.91$，它比时期 0 的 1 单位效用减少了 9%；而时期 2 的 1 单位效用的贴现值为 $\frac{1}{1+0.1\times2}\approx$ 0.83，它比时期 1 的 1 单位效用的贴现值减少了如下比例：

$$\frac{0.91-0.83}{0.91} \approx 8.8\% \tag{6.12}$$

以此类推，时期 3 的 1 单位效用的贴现值为 $\frac{1}{1+0.1\times3} \approx 0.77$，它比时期 2 的 1 单位效用的贴现值减少了如下比例：

$$\frac{0.83-0.77}{0.83} \approx 7.2\% \tag{6.13}$$

由于 9%>8.8%>7.2%，可见当贴现函数是双曲线时，它逐期递减的比例是递减的，因此可以认为，双曲线贴现函数要比指数贴现函数更加接近真实情形。

为了能够直观地看出指数贴现函数与双曲线贴现函数的差异，我们在图 6—3 中分别绘出了 $D(t)=(1/1+0.1)^t$ 与 $D(t)=(1+0.1t)^{-1}$ 的图像。之所以选取这两个函数，是因为它们在时期 0 附近几乎重合，这样便于我们观察它们是如何随时间变化而出现分离的。从图中可以清楚地看出，随着时间的变化，双曲线贴现函数的递减趋势要比指数贴现函数更为平缓，这正反映了双曲线贴现函数是以越来越小的比例递减的。

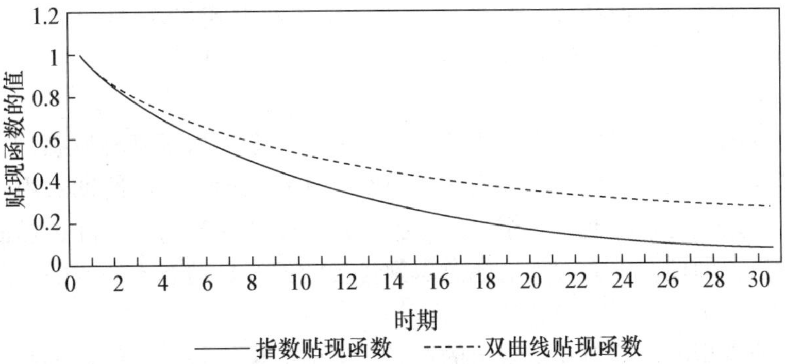

图 6—3　两种贴现函数的比较

注：指数贴现函数为 $D(t)=1/(1+0.1)^t$，双曲线贴现函数为 $D(t)=(1+0.1t)^{-1}$。

那么，双曲线贴现函数如何反映时间偏好率逐期递减的特性？对此我们仍可根据前述的贴现函数 $D(t)=(1+0.1t)^{-1}$ 来考察：

①当 $t=0$ 时，该贴现函数的值为 1，与指数贴现函数相同。

②当 $t=1$ 时，该贴现函数的值约为 0.91，那么若设时期 1 的时间偏好率为 r_1，则必然有：

$$D(1)\approx 0.91=\frac{1}{1+r_1} \tag{6.14}$$

于是可计算得到 $r_1\approx 0.1$。

③当 $t=2$ 时，该贴现函数的值约为 0.83，那么若设时期 2 的时间偏好率为 r_2，则必然有：

$$D(2)\approx 0.83=\frac{1}{(1+r_1)(1+r_2)} \tag{6.15}$$

由于 $r_1\approx 0.1$，将其代入式（6.15）即可算出 $r_2\approx 0.096$。

④当 $t=3$ 时，该贴现函数的值约为 0.77，那么若设时期 3 的时间偏好率为 r_3，则又必然有：

$$D(3)\approx 0.77=\frac{1}{(1+r_1)(1+r_2)(1+r_3)} \tag{6.16}$$

由于 $r_1\approx 0.1$ 且 $r_2\approx 0.096$，将它们代入式（6.16）即可算出 $r_3\approx 0.078$。

上述计算结果意味着，从时期 1 到时期 3 的时间偏好率满足如下关系：$r_1>r_2>r_3$。重复上述计算过程，可发现这一关系能够延续下去：$r_1>r_2>r_3>\cdots>r_T$，这意味着双曲线贴现模型蕴涵着时间偏好率逐期递减的特性，因此它比指数贴现函数能更好地反映人们的跨期行为特征。

如果贴现函数满足双曲线形式，那么若设 $D(t)=(1+\alpha t)^{-1}$，则处于时期 0 的个体面临的跨期总效用可表达为：

$$U_0(c_0,\cdots,c_T)=\sum_{t=0}^{T}\frac{1}{1+\alpha t}u(c_t) \tag{6.17}$$

式（6.17）实际上就是双曲线贴现模型的一种表达，其形式与式（6.1）所示的贴现效用模型是很类似的，只是其中的指数贴现函数被替换为双曲线贴现函数。

自觉意识

双曲线贴现的一个重要启示是，个体在某一时点上会屈从于某种诱惑，从而使得偏好发生反转。如果未来的偏好可能发生反转，那么个体在当前选择的跨期效用最大化路径就未必能在未来得以保持。因此，一个自然的推论是，个体在当前的实际选择依赖于他具有怎样的**自觉意识**，即他在多大程度上能意识到自己的偏好是动态不一致的。这里存在两种极端情形：

①个体是**天真型**的，即他相信未来的偏好与当前的偏好是一致的，这意味着他从以往的经验中未察觉到任何关于偏好变化的迹象。天真型的人以为，他的时间偏好率是固定不变的，但实际上他的贴现函数却是双曲线形式的。

②个体是**老练型**的，即他自觉地意识到自己的偏好是动态不一致的，并且能准确预见他的偏好会随时间推移发生怎样的变化。

显然，一个合理的推断是，在现实生活中，大部分人都处于上述两种极端情形之间。

当人们存在一定的自觉意识时，他们会采取某些**预先防范**的方式督促自己在未来仍按当前的偏好行事。一个常见的例子见于《荷马史诗》：尤利西斯在返航途中为了能顺利通过海妖的领地，事先就把自己绑在桅杆上，以抵制海妖歌声的诱惑。现实中常会看到预先防范的例子，比如在外出购物前故意把信用卡留在家里。但需强调的是，仅当个体有一定的自觉意识时，预先防范才可能存在。对于天真型的个体来说，他们因为没有自觉意识，因此也就不会进行预先防范。由于大部分人介于天真型和老练型之间，因此人们都会或多或少地采取一些预先防范的措施来解决偏好的动态不一致问题。

预先防范的一个典型形式是在头脑中构建**心理账户**，它是指个体会将其财富按照一定标准划分为不同类别，比如按来源或按支出方向等，并且各类别之间不可完全替代，比如用于子女教育的账户不会轻易用于购买汽车，等等。谢弗林和泰勒（Shefrin and Thaler, 1988）提出，个体倾向于按照财富的“诱惑度”来形成心理账户系统，主要分为三类：

①**当前收入账户**：诱惑度最强，主要包括当期收入、手头现金、活期储蓄等。

②**当前财产账户**：诱惑度次之，主要包括定期储蓄、股票、债券、基金、房产等。

③**未来收入账户**：诱惑度最弱，主要包括未来各期的预期收入（人力资本），以及养老金等。

谢弗林和泰勒认为，各个账户由于具有不同的诱惑度，因此它们的边际消费倾向也不同。一般而言：当前收入账户主要用于满足日常生活支出的需要，因此边际消费倾向较高，接近于1；当前财产账户一般不会直接用来满足日常支出，但该账户的变动在一定程度上会影响个体的消费，因此它的边际消费倾向虽然低于当前收入账户，但大于0；未来收入账户属于预期中的尚未实现的财产，因此它的边际消费倾向接近于0，但不严格等于0，因为当个体预期未来的收入会有提升时，他可能会增加借贷来满足当前的消费。由于各账户的边际消费倾向不同，因此人们一般不愿把当前财产账户的款项挪借到当前收入账户，更不愿把未来收入账户的款项挪借到当前收入账户，诸如此类。这意味着各账户之间是不完全替代的。除非发生紧急事件使得某一账户被透支，账户间的挪借才会发生。这里所说的心理账户的建立，与基于心理账户的核算，共同构成**心理核算**，这也可称为**心理会计**。

6.2.3　心理学基础

可以认为，双曲线贴现模型能够进入行为经济学的理论体系，在很大程度上是因为它比贴现效用模型更贴近经验上的发现，并且解析起来也无须过多的数学技巧。但这一模型并不是没有批评者。其中一个最主要的批评是，双曲线贴现模型缺乏一个明确的心理学基础。虽然在动物及人类身上已广泛观察到双曲线贴现现象，但这一理论的许多支持者仍希望能为之提供一个坚实的进化心理学基础。比如，安斯利（Ainslie，2001）作为一名精神病学家，曾指出双曲线贴现可能存在进化上的原因，但他并不清楚究竟是怎样进化来的。

而近年来，已有越来越多的学者在这方面取得了重要进展。菲尔（Fehr，2002）认为，在漫长的进化史上，人类与动物所面临的风险是不断变化的，这导致它们更看重当前事件的结果，而不太看重未来事件，因此它们对不同时点上的事件会采用不同的贴现率。达斯古帕塔和马斯金（Dasgupta and Maskin，2005）也提出了一个类似的进化论观点，即获取收益的时间不确定性导致了双曲线贴现行为。而罗布森和萨缪尔森（Robson and Samuelson，2009）则认为，贴现率的可变性以及对当前结果的偏好可能是由**整体不确定性**所致。所谓整体不确定性是指群体内所有成员都会面临的不确定性，比如爆发地震或洪水等。而与之相对的是异质不确定性，这是指群体内每个成员各自面临的不确定性，比如遭到攻击或抢劫等。罗布森和萨缪尔森认为，漫长的进化过程使人类相信，异质不确定性是可控的，而整体不确定性是不可控的，因此我们更惧怕后者，于是也就更在意当前事件的结果。

6.3　行为经济学的修正Ⅱ：准双曲线贴现模型

在上一节，我们将标准的贴现效用模型修正为双曲线贴现模型，但并未直接使用该模型来解释偏好动态不一致的异象，其原因在于，双曲线贴现模型要比标准的指数贴现模型更为复杂且不便于计算，因此难以直接应用于现实问题。为此，行为经济学家进一步提出了所谓的**准双曲线贴现模型**，该模型在性质上保留了双曲线贴现的核心特征，同时又具备良好的数学可操作性，因此受到了研究者的广泛青睐。

6.3.1　准双曲线贴现

基本形式

准双曲线贴现模型由费尔普斯和波拉克（Phelps and Pollak，1968）提出，与该模型相对应的贴现函数如下：

$$D(t)=\begin{cases}1 & t=0\\ \beta\delta^t & t>0\end{cases} \tag{6.18}$$

这被称为**准双曲线贴现函数**，其中 $0<\beta\leqslant 1$，且 $\delta=1/(1+r)$。式（6.18）的含义是，如果某人的效用函数为 $U(c_0,\ \cdots,\ c_T)$，那么时期 0，1，2，…，t 的效用将分别以 1，$\beta\delta$，

$\beta\delta^2$，…，$\beta\delta^t$ 的比例贴现。

准双曲线贴现函数兼具两个优点：

①它在形式上与指数贴现函数很类似，因而保留了指数贴现函数简洁、便于计算的特点。此外，从式（6.18）还可发现，当 $\beta=1$ 时，准双曲线函数就退化成指数贴现函数，这意味着指数贴现函数是准双曲线贴现函数的一个特例形式。

②它还保留了双曲线贴现函数的定性特征，因而可作为双曲线贴现函数的良好近似或替代。具体而言，双曲线贴现函数假定时间偏好率是逐期递减的；而准双曲线贴现模型却假定从时期 1 贴现到时期 0 的时间偏好率较高，而随后的各期时间偏好率维持在一个较低的不变水平。通过简单的计算即可看出这一点。若假定时期 1 的时间偏好率为 r_1，则根据式（6.18）可知有：

$$\frac{1}{1+r_1}=\beta\delta=\frac{\beta}{1+r} \tag{6.19}$$

于是可计算得到 $r_1=r/\beta+(1-\beta)/\beta$。而在时期 1 之后的任意两期之间的时间偏好率却均为 r（因为在时期 1 之后，任意两期之间的贴现因子均为 $\beta\delta^t/\beta\delta^{t-1}=\delta$）。由于 $0<\beta\leqslant1$，因此我们可发现有 $r_1>r$。

为了能够更为直观地看出指数贴现函数、双曲线贴现函数和准双曲线贴现函数的对比，我们绘制了图 6—4。与图 6—3 类似的是，我们通过选取恰当的参数就可使这三个函数在时期 0 附近趋于重合，这样便于我们观察它们如何随时间变化而相互分离。从图中可以清楚地看出，随着时间的推移，双曲线贴现函数和准双曲线贴现函数的递减趋势要比指数贴现函数更为平缓，且前两者在定性特征上也更为接近。

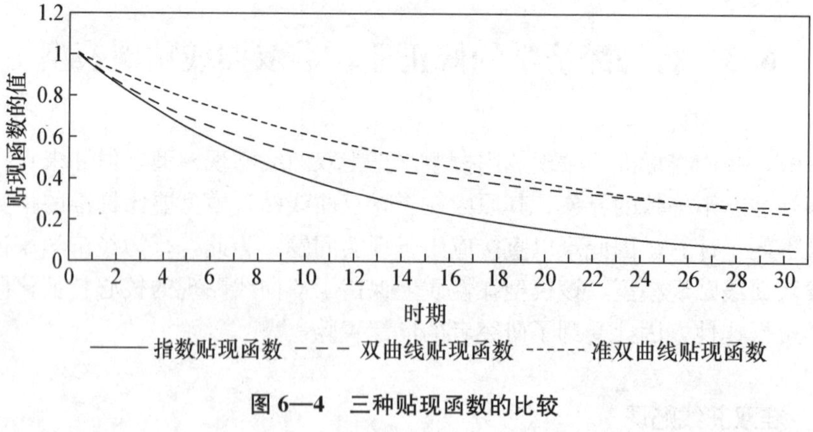

图 6—4　三种贴现函数的比较

注：指数贴现函数为 $D(t)=1/(1+0.1)^t$。双曲线贴现函数为 $D(t)=(1+0.1t)^{-1}$。准双曲线贴现函数为 $D(t)=1$，$t=0$；$D(t)=\beta\delta^t$，$t>1$ 且 $\beta=0.95$，$\delta=1/1.05$。

上述的各种分析表明，无论是双曲线贴现函数还是准双曲线贴现函数，它们都能反映这样一条心理特性：人们更关心“眼前的未来”，而不太关心“遥远的未来”。但由于准双曲线贴现模型的简洁性，因此在现实研究当中获得了更为广泛的使用。根据它的形式，一名处于时期 0 的个体面临的跨期总效用可写为：

$$U_0(c_0,\cdots,c_T)=u(c_0)+\beta\sum_{t=1}^{T}\delta^t u(c_t) \tag{6.20}$$

此即准双曲线贴现模型的基本表达式。可见，这是一个很便于进行数学处理的效用函数形式。在本节末尾，我们将基于这一模型来解释前面提到的偏好动态不一致问题，但现在我们仍需把目光置于对该模型内涵的进一步考察上。

双自我模型

无论是第 6.2 节介绍的双曲线贴现模型，还是本节涉及的准双曲线贴现模型，在本质上均属于一种描述性模型，并未体现个体存在这种贴现特征的内在机理。为此，行为经济学家构造了一个所谓的**二元心理系统**假说，来为准双曲线贴现模型提供一个更为坚实的理论基础。

这一假说主要借鉴洛文斯坦和奥多诺休的研究（Loewenstein and O'Donoghue, 2006），并且与第 1 章介绍的源自神经科学的大脑模块化概念有关。其主要观点是，个体对外界信息刺激的处理可划分为两类相互独立但又密切联系的系统：其一为**情绪系统**，其二为**慎思系统**。该假说认为，任何选择行为都可看作这两个心理系统相互作用后的综合结果，其运作机制见图 6—5。

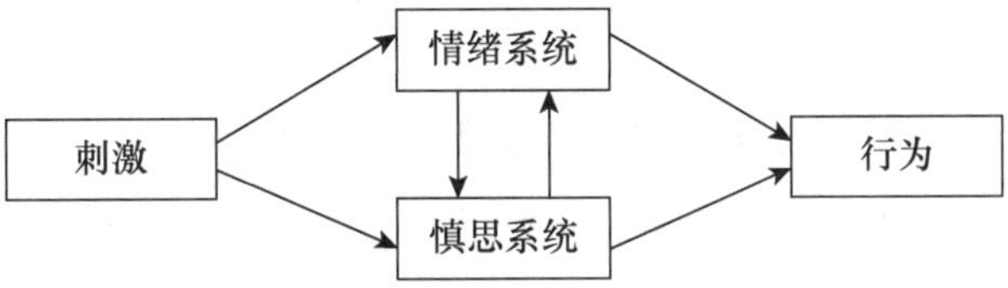

图 6—5　二元心理系统

资料来源：Loewenstein and O'Donoghue（2006）。

行为经济学的许多理论观点均可从二元心理系统的角度来理解，而准双曲线贴现模型也可基于这一假说表达出来，这就是所谓的**双自我模型**（相关研究还可见 Thaler and Shefrin，1981；Elster，1985；Fundenberg and Levine，2006）。

首先，假设个体的生命期为 3 期（$t=0, 1, 2$），并依据二元心理系统假说，假设个体的跨期行为受两类心理系统的共同主导，其中：

①第一类为情绪系统，该系统无论在哪一期，都只试图最大化当期的效用，这反映了个体“只关心眼前利益”的倾向。我们将其效用函数写为 $z(x_t)$，其中 x_t 表示在每一期的收益。

②第二类为慎思系统，该系统主要关心如何最大化整个生命期的效用，这反映了个体“具有长远计划”的倾向。我们将其效用函数写为：

$$Z(x_0, x_1, x_2) = z(x_0) + \frac{1}{1+r}z(x_1) + \frac{1}{(1+r)^2}z(x_2) \tag{6.21}$$

其中 Z 表示慎思系统的效用函数，r 为时间偏好率。从式（6.21）可见，慎思系统实际上对应于标准经济学下的贴现效用模型。

由于情绪系统只关心眼前的效用，而慎思系统关心长期的效用，因此这两个系统之间存在冲突。我们假设慎思系统可对情绪系统实施一定的约束或控制，以使情绪系统不得不偏离它的最大化目标。但是，慎思系统在控制情绪系统时却需要支付一定的成本。如果假设 x_t^A 是能使情绪系统在时期 t 实现效用最大化的值，那么我们定义 $c[z(x_t^A) - z(x_t)]$ 为慎思系统为了使情绪系统偏离其最优值而支付的控制成本，其中 $c>0$ 为成本乘子。可见，情绪系统被迫偏离其最优值越远，则慎思系统需要付出的控制成本就越高。

于是，当个体处于时期 0 时，他试图最大化的目标效用函数可表达为：

$$\begin{aligned} V(x_0,x_1,x_2) &= Z(x_0,x_1,x_2)-c[z(x_0^A)-z(x_0)] \\ &= z(x_0)+\frac{1}{1+r}z(x_1)+\frac{1}{(1+r)^2}z(x_2)-c[z(x_0^A)-z(x_0)] \end{aligned} \tag{6.22}$$

式（6.22）涵盖了两类心理系统的不同目标函数。由于 $z(x_0^A)$ 实际上是一个常数，因此可以发现，对式（6.22）实施最大化等价于对如下函数实施最大化：

$$\widetilde{V}(x_0,x_1,x_2)=(1+c)z(x_0)+\frac{1}{1+r}z(x_1)+\frac{1}{(1+r)^2}z(x_2) \tag{6.23}$$

将式（6.23）两边同除以常数 $1+c$，则得到：

$$\frac{1}{1+c}\widetilde{V}(x_0,x_1,x_2)=z(x_0)+\frac{1}{1+c}\left[\frac{1}{1+r}z(x_1)+\frac{1}{(1+r)^2}z(x_2)\right] \tag{6.24}$$

这意味着个体试图最大化的目标函数最终等价于 $\frac{1}{1+c}\widetilde{V}(x_0,x_1,x_2)$。

现在，假设个体进入时期 1，则他试图最大化的目标效用函数又变为：

$$V(x_1,x_2)=z(x_1)+\frac{1}{1+r}z(x_2)-c[z(x_1^A)-z(x_1)] \tag{6.25}$$

类似地，对式（6.25）重复前述的等价变形，最终可得到个体在时期 1 的目标函数等价于：

$$\frac{1}{1+c}\widetilde{V}(x_1,x_2)=z(x_1)+\frac{1}{(1+c)(1+r)}z(x_2) \tag{6.26}$$

观察式（6.24）和式（6.26），如果令其中的 $1/(1+c)=\beta$ 且 $1/(1+r)=\delta$，则可发现这两个式子所体现的内容恰好与前面介绍的准双曲线贴现模型是一致的。这样一来，我们就基于二元心理系统假说，重新表述了准双曲线贴现模型的内涵。

6.3.2 心理学基础

在第 6.2.3 节，我们给出了针对双曲线贴现模型的若干进化心理学解释。而本节所介绍的双自我模型也已获得了神经科学的证据支持，从而为基于双自我模型的准双曲线贴现（乃至双曲线贴现）提供了一个更为可靠的自然科学基础。

具体而言，研究者发现人脑中存在两套独立的系统与跨期选择有关。比如，麦克卢尔等（McClure et al.，2004）通过功能性磁共振成像技术发现，对于那些可立即获得回报的选择行为，与中脑多巴胺系统相联系的大脑边缘系统（该系统处于大脑深处，主要与一些本能动机和情绪活动有关，如恐惧、兴奋等）的某些部分会被优先激活，其中还包括旁边缘皮层。而与此相对照的是，对于那些一般性的涉及长期的选择行为，边侧前额叶与后顶叶皮层将会共同起到主导作用——当受试者选择长期方案时，额顶区域的活动会明显增强。对于上述发现，这些研究者总结道：

> 对短期选择的缺乏耐心主要受边缘系统影响，当面对立即可得的回报时，这一系统会受到优先激活，但对于未来回报的价值则反应迟钝。而人们对长期选择的耐心则是来源于边侧前额叶及相关组织的影响，它们会促使人们对各种抽象回报进行权衡，其中还包括那些发生于遥远未来的回报。

此外，通过对照研究高级灵长类动物（它们的前额叶皮层比人类要小）和前额脑损伤的受试者，也可得到支持上述结论的证据。这两类实验对象对立即可获得的回报会产生明显的反应，却难以做到推迟眼前的享受或是进行长远的规划。另外，一项针对罪犯的研究（Yang et al.，2005）也显示，在这些罪犯的脑部结构中，与长期选择有关的前额叶皮层要比正常人更薄，这也许可以部分地解释为什么他们的决策更为短视，从而容易犯下后果严重的罪行。

6.3.3　对偏好动态不一致的解释

前面已经讲过，在贴现效用模型中，时间偏好率固定不变是偏好动态一致性的必要条件之一。然而大量经验研究揭示，时间偏好率实际上具有逐期递减的特征，因此在动态下偏好常常会出现不一致，这是违背贴现效用模型的著名异象。为了解释这一异象，我们可借助准双曲线贴现函数，并基于第 6.1.3 节中的奖金问题来说明。现在请简单回顾一下该问题：

假设你在时期 0 获知，你有 A、B 两个选项可供选择：

A. 在时期 3 获取 1 000 元的奖金。

B. 在时期 4 获取 1 500 元的奖金。

现在，已知你的时间偏好率为 10%，瞬时效用函数为 $u(c)=c^{1/2}$，那么你在时期 0 会偏好哪个选项？在时期 1 呢？在时期 2 或时期 3 呢？

在第 6.1.3 节中，我们基于指数贴现函数对该问题进行了计算，结果发现无论在哪一时期，你均会认为选项 B 要优于选项 A，亦即你的偏好是动态一致的。但现在我们假设你的贴现函数满足式（6.18）的准双曲线形式，其中设 $\beta=0.8$ 且 $\delta=1/1.1$（即 $r=0.1$）。于是：

①在时期 0，你会认为 A 带来的效用为 $\frac{0.8}{(1+0.1)^3}\times 1\,000^{\frac{1}{2}}\approx 19.01$，$B$ 带来的效用为 $1\,500^{\frac{1}{2}}\times\frac{0.8}{(1+0.1)^4}\approx 21.16$，因此你会更偏好 B。

②在时期 1，你会认为 A 带来的效用为 $\frac{0.8}{(1+0.1)^2}\times 1\,000^{\frac{1}{2}}\approx 20.91$，$B$ 带来的效用为 $\frac{0.8}{(1+0.1)^3}\times 1\,500^{\frac{1}{2}}\approx 23.28$，因此你仍然会更偏好 B。

③在时期 2，你会认为 A 带来的效用为 $\frac{0.8}{1+0.1}\times 1\,000^{\frac{1}{2}}\approx 23.00$，$B$ 带来的效用为 $\frac{0.8}{(1+0.1)^2}\times 1\,500^{\frac{1}{2}}\approx 25.61$，因此你仍然更偏好 B。

④在时期 3，你会认为 A 带来的效用为 $1\,000^{\frac{1}{2}}\approx 31.62$，$B$ 带来的效用为 $1\,500^{\frac{1}{2}}\times\frac{0.8}{1+0.1}\approx 28.17$，此时你的偏好序发生了变化，你会更偏好 A！

上述计算结果意味着，当离两个选项发生的时间还很遥远时，你可能会认为选项 B 对你的吸引力更大；然而随着时间的推移，当你越来越临近选项 A 时，该选项的诱惑力将会变得越来越大，最终使你突然改变主意并接受它，从而放弃了不能马上到手的选项 B，尽管后者涉及的奖金更多。其含义是，你的偏好序在动态下出现了变化。图 6—6 是对这一问题的直观说明。

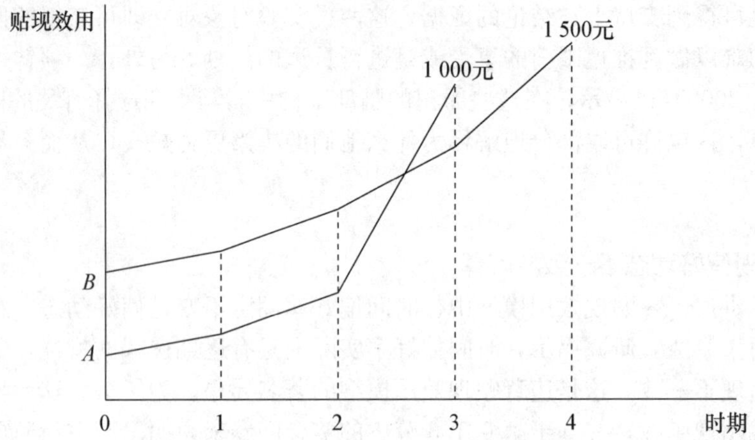

图 6—6　偏好的动态不一致性

图 6—6 是依据上述计算结果绘制的，其中选项 B 的贴现效用在时期 2 之前都大于选项 A 的贴现效用，但在时期 3 却小于选项 A 的贴现效用，这意味着在时期 2 与时期 3 之间的某一点上必然出现曲线 B 和曲线 A 的相交，这恰好反映偏好在动态下出现了反转。回顾第 6.1.3 节基于贴现效用模型的计算，这两条曲线是永不相交的，因为偏好是动态一致的，这与此处的计算结果形成了显著的差异。

6.4　行为经济学的修正Ⅲ：瞬时效用函数的拓展

上两节介绍的双曲线（准双曲线）贴现模型能够对许多违背贴现效用模型的异象进行解释，其方法是对时间偏好率固定不变的假定作出修正。然而，仍然有一些异象超出了上述模型的解释范围，比如符号效应、量级效应、“推迟—拉近”的非对称性、对递增时序的偏好，等等。现在，我们将逐一探讨这些异象并试图指出，如果对贴现效用模型的瞬时效用函数进行适当修正，就可对这些异象作出较为合理的解释。

6.4.1　异象

符号效应

这一效应是指，人们对收益的贴现率要大于对损失的贴现率，其中收益为正值，损失为负值，所以被称为**符号效应**。比如，泰勒（Thaler，1981）在其研究中要求受试者回答，如果对交通罚单的支付可以延迟 3 个月、1 年或 3 年，那么他们分别愿意支付多少。受试者的回答结果显示，人们在这种损失情形下使用的贴现率要小于获得收益时的贴现率，这意味着人们更愿意接受推迟损失而不是推迟收益。虽然这一研究是在实验室中完成的，并且涉及的是虚拟场景，但在现实中进行现场研究也是完全可行的。比如，如果有关部门对居民缴纳罚金的数额和时间存有记录，那么就可据此推算居民在损失状态下的贴现率。当然，人们推迟缴纳罚单也许仅仅是由于遗忘，或是故意延迟以希望逃避罚金（如果有关部门的执行力不足的话）。

然而，需要指出的是，还有许多研究得到的结论恰好相反，即在某些极端情形下，人们倾向于尽快兑现损失而不是推迟它（Loewenstein，1987；Benzion，Rapoport and Yagil，1989；MacKeigan et al.，1993；Redelmeier and Heller，1993），这意味着当前的 1 单位损失推迟到未来会大于 1 单位损失，于是损失的贴现率小于零。

无论怎样，我们都必须假定个体对收益和损失的时间偏好率是不一致的，这样才能解释符号效应。然而，我们将在下面指出，如果能够对个体的瞬时效用函数作出恰当修正，那么就不需要对时间偏好率做出如此“就事论事”的假定。

量级效应

许多研究对实验金额的数目作了改变，结果发现人们对大数目金额的贴现率通常要小于对小数目金额的贴现率（Thaler，1981；Loewenstein，1987；Benzion，Rapoport and Yagil，1989；Green，Fry and Myerson，1994；Kirby，Petry and Bickel，1999），这被称作**量级效应**。比如，泰勒在研究中发现，受试者对当前的 15 美元与 1 年后的 60 美元感觉无差异，对当前的 250 美元与 1 年后的 350 美元感觉无差异，对当前的 3 000 美元与 1 年后的 4 000 美元感觉无差异。通过计算可知，在这三种情形下贴现率依次为 139%、34%和 29%，明显呈现随数额增大而贴现率降低的特征。

“推迟—拉近”的非对称性

还有许多研究探讨了获取收益的时间发生变化会带来怎样的效应。这些变化以两种形式出现，即相对某一时点的推迟或拉近。比如，洛文斯坦（Loewenstein，1988）发现，那些不愿在下一年收取摄像机的受试者平均愿意支付 54 美元以立即收到它（因为立即收货是一个可感受到的收益）。而那些能立刻收到摄像机的受试者却平均要求 126 美元才肯推迟一年收货（因为推迟收货是一个可感受到的损失）。还有一些研究也得到了相同的结论，其中需要受试者进行支付（一种负的收益）。此时，受试者对立即支付（这是一个可感受到的损失）要比对推迟支付（这是一个可感受到的收益）要求更多的补偿。这种效应被称为**“推迟—拉近”的非对称性**。

对递增时序的偏好

根据贴现效用模型，当未贴现的各期效用之和保持不变时，人们会偏好一个递减的消费时序而不是递增的消费时序，因为发生于较晚时期的消费是以一个较高的程度贴现的。因此，对于给定的两个消费时序（50，60，70）和（70，60，50），贴现效用模型预测人们会偏好后者而非前者。然而，许多研究表明，人们偏好递增的消费时序。比如，洛文斯坦和西奇曼（Loewenstein and Sicherman，1991）发现，当其他条件均相同时，人们偏爱一个随时间递增的收入模式而不是递减的或平滑的收入模式。奚、艾贝尔森和塞洛维（Hsee，Abelson and Salovey，1991）发现，人们会认为一个递增收入时序与一个涉及更高金额的递减收入时序是等价的。

洛文斯坦和普利莱克（Loewenstein and Prelec，1993）用另一个有趣的实验发现了人们对递增消费时序的偏好。在他们的实验中，当人们面临一个简单的选择时——（A）下周末去吃法国大餐；（B）下下周末去吃法国大餐——大部分人都会偏好A选项。这一现象符合贴现效用模型的预测，因为某一事件发生得越晚，它的效用被贴现到当前就越低。然而，当受试者面临一个较为复杂的选择时——（C）下周末去吃法国大餐，下下周末在家吃饭；（D）下周末在家吃饭，下下周末去吃法国大餐——人们的选择却发生了变化。此时，大部分人会偏好D选项。实际上，仔细分析A、B和C、D，它们在本质上是等价的两组选项。然而，在家吃饭是件很平常的事，其效用远低于享受法国大餐的乐趣，因此人们此时选择D表明他们偏好的是一个递增的消费时序。

除了这些针对收益时序的研究，一些研究者还对损失时序作了考察。瓦利和卡尼曼（Varey and Kahneman，1992）发现，受试者强烈偏好一个递减的痛苦时序而不是递增的痛苦时序（即使各期痛苦之和在其他方面保持不变）。查普曼（Chapman，2000）研究了受试者对假想的头痛时序和真实的头痛时序的反应，所涉及的时间期限从1小时到20年不等。结果发现，对于各种时限来说，82%～92%的受试者偏爱的是递减的痛感时序，而不是递增的时序。

6.4.2 瞬时效用函数的拓展

上述异象很难在双曲线贴现模型下得到合理的解释。因此，行为经济学家转而寻求另一个角度，即通过将某些新特征加入瞬时效用函数来提出更恰当的解释。现在我们就来讨论这些可能的模型。

基于前景理论的模型

前景理论最为独特之处就在于构造了一个值函数，并在其中引入了参考点的概念，这在第2章已有讨论。个体既可把过往消费水平视为当前消费的参考点，也可把预期的未来消费水平或者社会的一般消费水平视为参考点，这些在前几章已有探讨。但我们在此处想强调的是损失厌恶和边际敏感度递减这两大特征对瞬时效用函数的影响。洛文斯坦和普利莱克（Loewenstein and Prelec，1992）采取了一个带有这些特征的效用函数，用以解释上述的量级效应、符号效应和"推迟—拉近"的非对称性。

在他们的分析中，尤为重要的一点是借助**效用函数弹性**这一概念。弹性的概念"抓住了这样一个深刻特征，即人们对不同收益值的相对变化和相对比例都很敏感"（Frederick，Loewenstein and O'Donoghue，2002）。因此，个体可能对当前获取10美元和1年后获取20美元感觉无差异，但却会偏好1年后的200美元而不是当前的100美元。更具体地说，从表面上看，人们仿佛对量级较大的收益使用了较小的贴现率，但实际上，人们对上述两种选择的时间偏好率也许本来是相同的，只不过相对于10美元和20美元的差异来说，他们对100美元和200美元的差异更为敏感而已。

类似地，洛文斯坦和普利莱克的模型还可基于损失厌恶来解释符号效应和"推迟—拉近"的非对称性，其中，由于损失厌恶，人们看起来对收益的贴现率自然要大于对损失的贴现率。但在"推迟—拉近"的例子中，需要注意的一点是，在损失厌恶的作用下，无论将消费推迟还是拉近，人们都是不愿意接受的，因为在某一时期提高了消费，必然意味着在另一时期需要降低消费。于是，将消费拉近所带来的损失感可能大于将消费推迟所带来的损失感，因为在当前增加消费，意味着未来需要在一个更高的参考点上降低消费，其带来的损失感更剧烈。

期待效用模型

所谓**期待效用**是指，人们可从对未来消费的期待中获得效用，就像从当前和过去的消费中获得效用一样。无论是对于收益还是损失，这种效应发生作用的方向与时间偏好率的作用方向都是相反的。因此，对于那些期待效用较高的商品，我们也许会推迟对它们的消费，而对于那些可能的损失，我们宁可赶紧让它们发生而不是将其推迟到未来（Loewenstein，1987），因为在眼前存在着损失是一种"威胁"，如果可立即承受痛苦，那么就能尽快将它"抛诸脑后"。当然也有例外：等待一个好结果的出现可能让人备受煎熬，或者某人宁可推迟一个坏结果的到来，以免糟蹋了当前的美好时刻（比如学生等待考试成绩时就是如此）。需要指出的是，如果未来的结果是不确定的，那么就增加了上述情形的复杂性，其中，希望和焦虑的情绪会影响人们对未来的看法。如果我们不对瞬时效用函数做任何修正，那么其结果是，我们必须假定个体对不同的商品具有不同的时间偏好率。但如果我们对瞬时效用函数进行修正，亦即把期待效用的因素考虑进来，那么时间偏好率相对固定不变的假定就仍可得到维持。

期待效用可以解释为什么人们偏好一个递增的时序。如果预期到未来的消费会越来越高或收入会逐步提升，那么个体在当前就会从期待中获得一个额外的效用。换句通俗的话说，人们会觉得这样"有盼头"。

习惯形成模型

另一个可以用来解释个体偏好递增时序的理论是所谓的**习惯形成模型**。在经济学中，习惯形成模型具有悠久的传统，可直接追溯至杜森贝里（Duesenberry，1949）。其基本思想是，当前效用不仅取决于当前消费，还与过去的消费有关，于是时期 t 的瞬时效用函数将被改写为：

$$U_t = f(C_t, C_{t-1}, C_{t-2}, \cdots) \tag{6.27}$$

其中 C_t 代表每期的消费。在这类模型中，有时会把所有往期消费的价值归并为一个复合变量 Z_t，其方法是对这些往期值进行指数加权求和，其中越近的时期所获的权重也越多，即越近的消费水平越受到重视。于是瞬时效用函数可写成：

$$U_t = f(C_t, Z_t) \tag{6.28}$$

式（6.28）意味着，过往各期的消费水平越高，Z_t 的值就越大，于是 U_t 也越大。因此，一个人在过去消费得越多，现期消费所能提供的效用也就越高，这自然会促使他更愿意在当前增加消费，即他会偏好一个递增的消费时序。

进一步看，如果我们考虑到参考点与损失厌恶的作用，并简单地假设个体会将每一期的消费水平视为下一期消费的参考点，那么他就更有可能偏好一个递增的消费时序，因为如果未来消费低于当前消费，他将会蒙受一个额外的效用损失，这类似于在第 2.2 节中评介的"棘轮效应"。

6.4.3　心理学基础

如上介绍的各种拓展瞬时效用函数的方式均有其深刻的心理学基础。对于前景理论以及习惯形成模型而言，这显然涉及参考点、损失厌恶和敏感性递减等概念，我们已在第 2

章对与之相关的心理学基础作了详细介绍，故不再赘述。此处主要对期待效用模型的心理学基础作一简述。

正如上面所述，人们从对未来事件的期待中获得与快乐有关的效用，比如对假期的盼望或对拜访牙医的恐惧。这种期待效用来源于一个人的期望或**预计效用**，因此期待效用反映了个体对于从未来事件中能够获取效用的信念（Tversky and Griffin，2000）。从心理学角度看，这一机制可从两个方面对个体的跨期选择施加积极影响：一方面，期待效用是与短视心理（即对未来的高贴现率）相反的一股力量。如果从对消费的等待中也可获得快乐，那么个体将更乐于把资源安排到各期使用而不是尽快消耗掉，这在客观上提高了个体跨期使用资源的效率。另一方面，如果在未来事件发生前就可体验到一定的快乐，那么个体将更乐于在眼下为未来事件进行艰苦的筹划与准备工作，这在一定程度上可以解释人类为何能够组织和执行庞大而复杂的长期计划。

6.5 案例分析

在本节，我们将给出两个有关双曲线贴现模型的应用案例，其中第一个例子涉及的是，为什么政府对生产性投资和公共性投资的态度十分不同；而第二个例子试图探讨，为什么许多环境保护措施（比如《京都议定书》）无法得到迅速的执行。最后，我们还将给出一个关于偏好递增时序的案例。

6.5.1 政府投资的冲动或拖延①

问题的描述

中国自改革开放以来，各级政府在区域经济乃至全国经济的发展中起着不可忽视的作用。而在政府的各种经济行为中，投资行为对于经济发展的意义至为重大。所谓政府投资是指，中央及各级地方政府以直接或间接方式从事投资以增进公共利益或自身利益的行为，而这些投资又可进一步分为两大类：其一是生产性投资，指政府通过预算、信用等渠道筹措资金，并以实现全国或区域经济增长为目标的营利性投资行为；其二是公共性投资，这部分投资具有非营利性和正外部性等特点，不以营利为目标，主要是为了实现长期下公共品的有效供给。

一般认为，生产性投资应主要通过市场完成，而公共性投资是政府的职责所在，是克服市场失灵的手段。然而在现实中，各级政府往往在生产性投资方面表现出冲动性，而在公共性投资方面却表现出拖延性。这一看似矛盾的现象应当如何解释？我们认为，这一现象的产生一方面固然是由于这两类投资具有不同的特性和目的，另一方面则是由于政府的跨期决策具有双曲线贴现特征，从而使它的偏好在动态下出现了不一致。为此，可构建如下一个简单的跨期模型来对这一问题予以解释。

政府对生产性投资的冲动

对于政府来说，生产性投资的一大特点是收益（GDP、政绩等）在短期内就可实现，

---

① 参见叶德珠：《地方政府投资中的冲动与拖延》，载《经济经纬》，2008（5）。

成本可在未来各期支付（贷款偿付、社会成本等）。比如建造一家造纸厂，短期内即可拉动地方经济效益，而其带来的环境污染却在未来才需承受。

对此，假设政府可存在 3 个时期（$t=0$，1，2），它需在时期 0 决定生产性投资的最优数量，并在时期 1 付诸实施。假设 x 单位的生产性投资在时期 1 给政府带来的效用为 $U(x)$，且 $U(\cdot)$ 为递增的凹函数；而政府需要在时期 2 付出 cx 的总成本（假设政府的成本函数是线性的，且单位成本为 c）。

现在，我们进一步假设政府的贴现函数满足式（6.18）的准双曲线形式，于是政府在时期 0 面对的最大化问题为：

$$\max_x[\beta\delta U(x)-\beta\delta^2 cx] \tag{6.29}$$

对式（6.29）求取一阶条件，可得：

$$U'(x^*)=\delta c \tag{6.30}$$

其中，x^* 表示政府计划在时期 1 进行的最优生产性投资量。然而，当时期 1 到来时，政府的偏好发生了变化，其目标效用函数也随之发生了改变，此时，它的最大化问题为：

$$\max_x[U(x)-\beta\delta cx] \tag{6.31}$$

于是，政府在时期 1 的最优生产性投资数量又应满足：

$$U'(x^{**})=\beta\delta c \tag{6.32}$$

由于 $\beta<1$，因此将式（6.32）与式（6.30）对比后可知 $U'(x^{**})<U'(x^*)$，这意味着有 $x^{**}>x^*$。其含义是，当时期 1 到来时，政府实际的投资数量超出了它在时期 0 的原计划数量，亦即政府此时表现出了投资冲动。

政府对公共性投资的拖延

对于政府来说，公共性投资的特点与生产性投资恰好相反，它往往需要在短期内支付成本，而收益却在未来才能实现。比如对环保工程或公共教育的投资等，短期内需要持续不断地投入，而其收益（尤其是社会效益）往往要在若干年甚至几十年后才能显现出来。

对此，仍假设政府可存在 3 个时期（$t=0$，1，2），并且需在时期 0 决定公共性投资的最优数量，且在时期 1 付诸实施。假设公共性投资的单位成本为 c，则 x 单位投资的总成本为 cx（仍满足线性成本函数的假定），并需要在时期 1 全额支付，而由该投资所带来的收益为 $U(x)$，却需在时期 2 才能获得。

现假设政府的贴现函数仍然是准双曲线形式的，则政府在时期 0 面对的最大化问题为：

$$\max_x[\beta\delta(-cx)+\beta\delta^2 U(x)] \tag{6.33}$$

对式（6.33）求取一阶条件，可得：

$$U'(x^*)=c/\delta \tag{6.34}$$

其中，x^* 表示政府计划在时期 1 进行的最优公共性投资量。然而，当时期 1 到来时，政府的目标效用函数发生了改变，此时其最大化问题变为：

$$\max_{x}[-cx+\beta\delta U(x)] \tag{6.35}$$

于是，政府在时期 1 的最优公共性投资数量又应满足：

$$U'(x^{**})=c/(\beta\delta) \tag{6.36}$$

由于$\beta<1$，因此将式（6.36）与式（6.34）对比后可知$U'(x^{**})>U'(x^{*})$，从而有$x^{**}<x^{*}$。其含义是，当时期 1 到来时，政府实际的投资数量要少于它在时期 0 的原计划数量，亦即政府此时表现出了投资拖延。

显然，在上述分析中，如令$\beta=1$，则模型将退化为新古典的标准情形，此时政府投资的冲动或拖延将不复存在。

6.5.2 《京都议定书》的执行①

问题的描述

在现实中，我们常会看到许多有益的环保措施得不到迅速、有效的执行，比如《京都议定书》就属此例。该条约的前身——《联合国气候变化框架公约》于 1992 年 5 月在纽约联合国总部通过，并于 1992 年 6 月在巴西里约热内卢召开的联合国环境与发展会议期间开放签署。该条约旨在减少温室气体排放以应对全球气候变化，共得到 186 个缔约方的签署，其中发达缔约方承诺其第一步的目标是，在 2000 年之前将温室气体排放量控制在该国 1990 年的排放水平。然而遗憾的是，大部分缔约方并未实现这一目标。

继《联合国气候变化框架公约》之后，世界各国又于 1997 年 12 月在日本京都签署《京都议定书》，该合约规定：在 2008—2012 年间，全球主要工业国家的工业二氧化碳排放量比 1990 年的排放量平均要低 5.2%。然而，2001 年 3 月，美国以“减排会危害美国经济发展”及“发展中国家也应承担减排和限排温室气体的义务”为借口，宣布拒绝批准《京都议定书》；2011 年 12 月，加拿大宣布退出《京都议定书》。即使许多认可《京都议定书》的国家，也与其承诺的减排目标相差甚远。

为什么世界各国无法及时有效地执行《京都议定书》的规定？显然，各国国家利益之间的博弈是导致《京都议定书》难以执行到位的重要原因。但另一个可能的因素是，人类代际利益之间的贴现具有双曲线特征。据此，温克勒（Winkler，2006）构建了一个简单的代际模型，用以解释像《京都议定书》这样的涉及后代利益的合约为何无法得到及时有效的执行。我们将该模型的主要内容表述如下。

一个简单的代际模型

假设在某一社会中，共存在三代人，分别生活在三个不同的时期（$t=0$，1，2），可称为第一代人、第二代人和第三代人。假设每一代人在进行跨期决策时，都必须考虑后代的成本和收益。具体而言，每代人在决策前，都必须进行成本—收益核算，亦即对当前和未来各代人的成本和收益分别求取贴现和，然后计算净现值（用收益贴现之和减去成本贴现之和）。当某一项决策的净现值为正时，则说明该项决策在当前值得执行。如果用B表示收益，C表示成本，$D(t)$表示贴现函数，那么净现值公式可写为：

---

① Winkler, R. (2006). “Does ‘Better’ Discounting Lead to ‘Worse’ Outcomes in Long-Run Decisions? The Dilemma of Hyperbolic Discounting.” *Ecological Economics*, 57 (4), 573-582.

$$NPV_t = \sum_{t=0}^{2} D(t)(B_t - C_t) \tag{6.37}$$

现假设该社会面临某一环境问题（比如温室气体排放），每代人均会因此受到负面影响。但是，第一代人和第二代人可通过投资某一环保项目（比如某种替代化石燃料的能源技术）来使后代的环境质量得到改善。然而，环保项目投资的一般性特征是，成本由当代人支付，而收益却由后代人享用，对此我们可用表 6—1 来予以说明。

表 6—1　　每代人的投资成本与收益

投资的时期	每代人的成本和收益		
	0	1	2
0	$-C$	B	B
1		$-C$	B

资料来源：Winkler（2006）。

现在，我们需进一步考虑的是，如果假设该社会的代际贴现函数满足双曲线贴现形式，那么每代人的成本—收益核算会表现为怎样的情形，这必然会进一步影响到每代人对该环保项目的投资态度。

在这里，为了分析的方便，我们假设该社会的代际贴现函数满足式（6.18）的准双曲线形式。于是，如果第二代人认为该环保项目是值得投资的，其成本—收益核算应满足：

$$C - \beta\delta B < 0 \tag{6.38}$$

因此从第一代人的角度看，可得到：

$$C - (\beta\delta B + \beta^2\delta B) < 0 \tag{6.39}$$

式（6.39）反映了第一代人的成本—收益核算，由于该式小于零，因此意味着第一代人也认为该项目值得投资，于是投资在时期 0 就会进行。

反过来，如果第一代人认为该项目不值得投资，那么其成本—收益核算就应当满足：

$$C - (\beta\delta B + \beta^2\delta B) > 0 \tag{6.40}$$

但在第一代人眼中，第二代人有可能会认为该项目是值得投资的，因为从时期 0 的角度来看，第二代人的成本—收益核算结果可表达为 $\beta\delta C - \beta\delta^2 B$，该式既有可能大于 0，也有可能小于 0。当该式小于 0 时，意味着第一代人认为第二代人会进行投资，于是第一代人更倾向于把投资推给第二代人去完成。然而，当时期 1 真的到来时，第二代人的成本—收益核算结果却变为 $C - \beta\delta B$，根据式（6.40）可推知它是大于 0 的，这意味着第二代人仍然认为该项目是不值得投资的，于是投资将被继续拖延下去，如此等等。这一情形恰好反映了当前《京都议定书》的艰难局面：各国政府最初签订该合约时，虽然并不愿意立即执行它，但却或多或少地相信今后的政府会去执行；然而随着时间的推移，后续的政府也并不愿意执行它，于是执行期被继续延后，如此等等。

这样一来，我们就基于一个简单的准双曲线贴现模型框架，在一定程度上解释了《京都议定书》等环保措施被不断延迟的原因——人们不仅倾向于忽视自身的未来，而且更倾向于忽视后代的未来。

6.5.3 对递增工资时序的偏好①

弗兰克和赫琴斯（Frank and Hutchens，1993）考察了导致工资时序递增的原因，他们认为这不能简单地用生产率的提高来解释。他们特别考察了航空飞行员和城际大巴司机的情况，因为这两类人员的生产率在大部分职业生涯中是基本不变的，但他们在职业生涯的早期需接受一个较低的收入，并在退休时分别可得到比刚工作时高出600%和50%的平均年收入。对于这种工资增长模式，弗兰克和赫琴斯否决了现有的一些解释，比如对所在公司的投资、受法律保护的劳动合同、风险厌恶以及逆向选择等。他们认为，人们要求逐期递增的工资时序主要是来自社会的压力。工人愿意在当前将其工资限制在一定水平之内，是为了换取在职业生涯的后期获得高工资的回报，从而使他们的总福利水平得到提高。虽然由这项研究提供的证据并不是结论性的，因为只考察了两类工人，但它却具有很强的启示。

6.6 本章要点

● 跨期选择是指人们对不同时点上的成本与收益进行折中的行为，它涉及日常生活的诸多方面，因此是经济学重点研究的选择行为之一。

● 贴现效用模型是当前标准经济学研究跨期选择的基本模型，其核心特征是，通过对各时期“子效用”加总的方式来表示个体的跨期总效用，并设定了一个固定的时间偏好率来贴现未来各期的效用。

● 贴现效用模型的一个潜在结论是，个体的偏好具有动态一致性。然而大量经验研究却显示，日常生活中处处可见到偏好的动态不一致情形。

● 行为经济学家认为，通过放松时间偏好率固定不变的假定，有助于理解偏好的动态不一致问题。大量经验研究显示，时间偏好率具有逐期递减的特性。

● 双曲线贴现模型可以很好地涵盖时间偏好率逐期递减的特性，从而成为贴现效用模型的一个良好替代。为了便于应用，行为经济学家又提出了所谓的准双曲线贴现模型。

● 双曲线（准双曲线）贴现模型在本质上是一个描述性模型，但却可从进化心理学角度找到若干解释，并且神经科学已为这类贴现行为提供了大量可靠的证据，即人类的跨期行为主要与人脑中的两套相对独立的系统有关：其一为大脑边缘系统，主要影响人类的短期行为；其二为与前额叶相联系的若干部分，主要影响人类的长期行为和执行计划的能力。基于这些证据，双曲线贴现模型可以很好地用一个二元心理系统假说进行表述。

● 很多异象仍然无法通过双曲线贴现模型进行解释，比如符号效应、量级效应、“推迟—拉近”的非对称性、对递增时序的偏好，等等。对这些异象的解释需要对个体的瞬时效用函数进行修正，比如基于前景理论的参考点与损失厌恶或是引入期待效用的概念等。

---

① Frank，R. H. and Hutchens，R. M.(1993). “Wages，Seniority，and the Demand for Rising Consumption Profiles.” *Journal of Economic Behavior and Organization*，21，251-276.

课后思考

● 寓言《朝三暮四》：

> 宋有狙公者，爱狙，养之成群，能解狙之意；狙亦得公之心。损其家口，充狙之欲。俄而匮焉，将限其食，恐众狙之不驯于己也。先诳之曰："与若芧，朝三而暮四，足乎？"众狙皆起怒。俄而曰："与若芧，朝四而暮三，足乎？"众狙皆伏而喜。
>
> ——选自《列子·黄帝》

"朝三暮四"在现代汉语中用来形容某人的反复无常，但其最初却是关于猴子如何跨期安排食物的有趣故事。人们常会认为，故事中的猴子是很可笑的，因为它们并未发现"朝三暮四"与"朝四暮三"在实质上是一样的。但情况真的如此吗？现假设猴子们的瞬时效用函数为 $u(c)=c^{1/2}$，且它们的时间偏好率为 20%，请通过计算说明，猴子们的选择符合标准经济学模型的预测。

● 假设你决定今天出发去旅游，但由于某种原因，导致你不得不推迟到明天才出发，这时你可能会感到有些不快；又假设你决定 1 个月后去旅游，但由于某种原因，导致你不得不把出发的时间推迟到 1 个月后又 1 天，这时你可能感觉无所谓。但实际上，上述两种情况在本质上是等价的。

请通过计算说明，上述例子意味着时间偏好率是随时间延后而递减的。

● 假设某人的瞬时效用函数满足线性形式 $U(x)=x$，而贴现函数满足式（6.18）的准双曲线形式，其中设 $\beta=0.8$ 且 $\delta=1/(1+r)$，$r=0.1$。现假设他在时期 0 获知，他要么在时期 2 获得 1 000 元奖金，要么在时期 3 获得 1 100 元奖金，那么请问他在时期 0 会更偏好哪个结果？他的偏好在动态下一致吗？请绘图说明。

● 在某个星期日的上午（$t=0$），你决定今天做两件事：清扫公寓和看电影。你既可以上午（$t=0$）清扫公寓，下午（$t=1$）去看电影；也可以上午（$t=0$）去看电影，下午（$t=1$）清扫公寓。当然，你是讨厌清扫工作的，它只能给你带来 2 单位的效用（毕竟清扫之后你的公寓变得干净了）；而你很喜欢去看电影，它可以给你带来 12 单位的效用。

现有如下两个问题：

①如果上午清扫公寓、下午去看电影，你的总效用是多少？

②如果上午去看电影、下午清扫公寓，你的总效用又是多少？

首先，假设你是一个指数贴现者，贴现因子 $\delta=1/2$；其次，假设你是一个准双曲线贴现者，$\beta=1/3$ 且 $\delta=1/2$。请分别计算上面两个问题的总效用。并请思考：计算的结果和你的真实感受一致吗？如果不一致，如何解释？

关键术语

贴现效用模型　discounted utility model

贴现因子　discount factor

时间偏好率 time preference rate
贴现函数 discounting function
指数贴现函数 exponential discounting function
偏好反转 preference reversal
双曲线贴现模型 hyperbolic discounting model
双曲线贴现函数 hyperbolic discounting function
整体不确定性 aggregate uncertainty
自觉意识 self awareness
天真型 naive
老练型 sophisticated
预先防范 pre-commitment
心理账户 mental account
心理核算/心理会计 mental accounting
当前收入账户 current income account
当前财产账户 current wealth account
未来收入账户 future income account
准双曲线贴现模型 quasi-hyperbolic discounting model
准双曲线贴现函数 quasi-hyperbolic discounting function
二元心理系统 dual mental system
情绪系统 affective system
慎思系统 delibrative system
双自我模型 dual-self model
符号效应 sign effect
量级效应 magnitude effect
“推迟—拉近”的非对称性 delay-speedup asymmetry
效用函数弹性 elasticity of the utility function
期待效用 anticipatory utility
习惯形成模型 habit formation model
预计效用 predicted utility

进一步阅读

[1] Frederick，S.，Loewenstein，G. and O'Donoghue，T.（2002）．“Time Discounting and Time Preference：A Critical Review.” *Journal of Economic Literature*，40（2），351-401.

[2] O'Donoghue，T. and Rabin，M.（2000）．“The Economics of Immediate Gratification.” *Journal of Behavioral Decision Making*，13（2），233-250.

[3] Rabin，M. and O'Donoghue，T.（1999）．“Doing It Now or Later.” *American Economic Review*，89（1），103-124.

[4] 贺京同，霍焰．心理会计、公共福利保障与居民消费．财经研究，2007（12）．

第三部分

策略互动理论

第 7 章

有限认知

在前述各章，我们主要探讨给定外部条件下的个体选择问题，而不涉及人与人之间的策略互动对个体选择的影响。从本章开始，我们将放松个体在给定条件下决策的假定，转而探讨人与人之间的互动问题，因此我们需要涉及一定的博弈论知识。所谓博弈是指，个体在制定决策时需要相互依赖。在这种情形下，当个体 A 作出一项选择时，他会推断其他个体对他选择不同策略的反应，以及这些反应又会如何影响对方的效用。此外，个体 A 还必须推断，当其他人针对 A 的选择作出反应时，也会考虑 A 如何作出反应，如此等等。

在标准经济学下，分析个体间博弈过程的基本理论是**解析博弈论**。这一理论内容庞大，完全可以成为一门单独的学科，但它却构建于三个重要的基本假定之上：①个体具有无限的认知能力，能够做出正确的推断和最优的选择；②博弈的均衡是瞬间达到的，不存在由其他因素导致的时间滞后；③博弈中的个体只受利己动机驱使。在这三个重要假定的基础上，解析博弈论发展出了严密的关于个体策略互动的分析体系。而行为经济学对这三条基本假定分别作了相应的修正与拓展，所形成的新的理论体系被称作**行为博弈论**，此即第 7、8、9 章的主要内容。需指出的是，这三章内容仍可基于式（1.1）来理解，只不过此时涉及的不再是单一个体的效用函数，而是互动情形下的个体效用函数。

本章主要关注上述的第一条假定及其修正，这主要与式（1.1）的组成部分（1）有关。其中，第 7.1 节以介绍标准经济学模型为内容，即当假定个体具有无限认知能力时，会出现怎样的博弈均衡。我们将指出，这样的假定方式遭遇了来自博弈实验的大量异象，现实个体的互动行为总是偏离解析博弈论的预测均衡。为此，行为博弈论对这一假定作了放松，并据此发展出了两类理论。第一类理论以质反应均衡模型为代表，其核心思想是，个体由于认知能力有限，因此在计算每种策略的期望收益时会出现误差，从而使其选择偏离解析博弈论的预测，这将在第 7.2 节讲述。第二类理论以认知层级模型为代表，它主要关注个体在博弈中的推理次数对博弈结果的影响。由于认知能力有限，个体不会在博弈中进行无限次的推理，而只会推理几步即停止，于是也导致其策略选择偏离解析博弈论的预测，这构成了第 7.3 节的主要内容。下面我们将逐一介绍这些理论。

7.1 标准经济学模型

在本节，我们将主要介绍当假定个体具有无限的认知能力时，博弈的结果会是怎样的，这属于解析博弈论的范畴。为了方便本章及第 8、9 章两章的讲述，我们有必要花费一定篇幅先对博弈的基本要素、类型作一概括式描述。

7.1.1 博弈的要素

标准式表述

在评介博弈的要素之前，我们先介绍一个较具代表性的博弈形式——**囚徒困境博弈**，它有助于我们对博弈的理解。在一个典型的囚徒困境博弈中，共涉及两名囚徒，他们被关押在不同的审讯室，并被指控犯下了某项罪行。他们要么坦白，相当于背叛对方，要么不坦白，相当于与对方合作。然而，他们之间不能交流，因此他们无法获知对方会采取什么策略。如果他们都不坦白，那么起诉人只能对他们按较轻的罪行量刑，即每名囚徒被判监禁 1 年。如果其中一名囚徒坦白而另一名囚徒不坦白，那么坦白的囚徒将被释放，而另一名囚徒将被判 10 年监禁。如果两名囚徒都坦白，那么他们每人都将被判 5 年监禁。

表 7—1 展示了该博弈中每个人的可能策略及相应收益，其中收益单位以监禁年数的负值表示，囚徒 A 的收益以左边的数值表示，囚徒 B 的收益以右边的数值表示。有时，表 7—1 被称作一个博弈的**标准式表述**，其中每个参与者被假定是同时行动的，因此所有的行动结果都可在一张表格中展示出来，这被称为**收益矩阵**。显然，每个囚徒在该博弈中的目标都是最大化其收益，即最小化被监禁的年数。

表 7—1　　囚徒困境博弈

		囚徒B	
		坦白	不坦白
囚徒A	坦白	−5, −5	0, −10
	不坦白	−10,0	−1, −1

根据上述关于囚徒困境博弈的介绍，我们可以认为，下棋、划拳、网球等都可看作博弈的范畴。而从更广的范围看，博弈还可包括求职、谈判、购买保险、厂商决定进入新市场、政府发布新政策、一国向另一国宣战等活动。这些博弈虽然在形式上看似不同，却共享一些核心要素，它们是：

①参与者：他们是彼此关联的决策个体，其效用也是相互依赖的。现实中，无论是个人、厂商、团体、社会组织、政党还是政府，均可看作博弈的参与者。

②策略：这一概念涉及两种定义。第一种定义是指参与博弈的一整套行动计划，它明确了在参与者可能遇到的每种情况下对可行行动的选择；而第二种定义仅指对某一行动的选择，比如在囚徒困境博弈中选择“坦白”。一般来说，我们可把一套完整的行动计划命名为“规则”，而“策略”一词被限定于表示某一特定的选择或行动。

③收益（或称支付）：这一概念是指在博弈结束时参与者的福利或得到的效用，它是

由每个参与者的策略选择所决定的。一般的假定认为，每个参与者以最大化自身的效用或期望效用为目标。此处需强调的是，“每个”一词很重要，因为它把博弈论与前述各章的个体选择理论区分开来。在个体选择理论中，最终的结果仅依赖于单一决策者的选择行为。

可见，根据表 7—1，囚徒困境博弈同时具备了上述三个要素，而标准式表述可帮助我们阐明博弈中的各个核心要素。但在很多情形下，参与者不是同时行动的，并且行动的顺序对博弈的结果很重要，这就需要使用所谓的**扩展式表述**。

扩展式表述

扩展式表述通常会涉及一个**博弈树**，见图 7—1。该图展示的是一个**最后通牒博弈**，我们将在第 9 章对这一博弈作更为详尽的介绍。与许多博弈一样，最后通牒博弈也是由两名参与者完成的，一名为提议者，另一名为回应者。其中，提议者对一定资源提出一个分配方案，比如在 10 美元中出让 x 美元给回应者，自己留下 $10-x$ 美元。而回应者可以接受这一提议，也可以拒绝这一提议从而使双方都一无所获。在图 7—1 所展示的博弈中，我们假定如果提议者 A 决定平分 10 美元，则博弈将结束，而唯一的非平分方式是（8，2），即提议者 A 得 8 美元，回应者 B 得 2 美元。

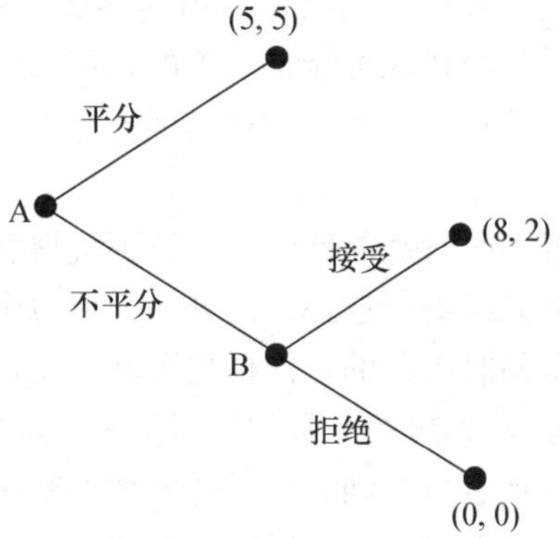

图 7—1　最后通牒博弈

博弈的扩展式表述主要涉及四个要素：

①它包含各**节点**和各分支的完整结构，其中不存在任何封闭性循环，而是从一个单一节点出发直至最终节点。

②节点分为**决策节**和**终点节**两类。每个决策节都属于某个参与者，而关于某一参与者的若干决策节的集合被称为**信息集**。

③在每个**终点节**上都给出了各参与者的收益值。

④有时，在博弈中会存在一个外部的权威力量，被称作“**自然**”，它会按一定的概率来随机选择某个分支。一个关于“自然”的直观例子是，它需要决定是否降雨。

需要指出的是，参与者在信息集中的每个决策节上都可行动，并且当博弈进行到某一特定的决策节时，轮到行动的参与者可能并不知道他到达了信息集中哪个决策节，换言之，他可能并不了解前面博弈的具体过程。以图 7—1 的博弈为例，其中共有两个决策节，一个属于提议者 A，另一个属于回应者 B（该博弈中不存在“自然”），其中第二个决策节就可视为一个信息集，只不过该信息集是单节点的，它意味着参与者 B 了解前面博弈的全部过程。

7.1.2 博弈的类型

博弈涉及的情形多种多样。对于不同的博弈情形，分析方法也不同，因此我们需要根据某些重要特征来对博弈进行分类。根据本书的特点及讲述内容，我们主要介绍如下五种分类形式。

零和博弈与非零和博弈

零和博弈是指，某一（些）参与者的收益恰好是另一（些）参与者的损失，因此所有参与者的收益或损失之和就为零。衍生品市场交易就属于这类博弈情形，其中某一投机者之所得即为另一投资者之所失。但在现实中，大部分博弈情形属于**非零和博弈**，即各方参与者的收益或损失之和不为零。

完美信息与非完美信息

在前面展示的囚徒困境博弈中，我们假定所有参与者都确切知道每种策略组合的收益结果，这被称为**完美信息**情形。但在实际情形中却经常不是这样，这必然会影响到策略的选择。在某些情形中，参与者可能对他自己的收益是不确定的；在另一些情形中，他们也许知道自己的收益，但却不确定其他参与者的收益是多少，这被称为**非完美信息**。比如，一家保险公司对各种情形下的利润状况可能是了解的，但它却很难了解投保人的所有相关信息。另一个例子是，拍卖中的投标人很难知道其他投标人对标的物的估值是多少。

静态博弈与动态博弈

所谓**静态博弈**是指参与者同时行动的博弈，囚徒困境博弈就属此例，这意味着参与者在不了解其他人行动的情况下同时进行选择。此外，只要每个参与者都无法了解其他参与者的行动，那么即便行动不是同时进行的，同样也可看作是静态博弈。但在生活中，许多情形都涉及**动态博弈**，其中参与者是序贯行动的，即一名参与者首先行动，然后另一名参与者在了解前一名参与者的行动后再行动。最后通牒博弈就是一个动态博弈的例子。在动态博弈下，参与者行动的顺序对博弈结果有重大的影响。

离散型策略与连续型策略

离散型策略是指每个行动都是从有限数目的备择策略中选出的。在囚徒困境博弈中，每个参与者只有“坦白”或“不坦白”两种策略，因此属于离散型策略情形。与之相对的是**连续型策略**，比如寡头市场中的厂商，它们几乎有无数个可以索取的价格。

单击博弈与重复博弈

在商业行为中，大部分短期决策都属于**重复博弈**，比如定价或广告，在这些情形中，竞争者之间的互动是连续性的，它们可定期改变决策。对于这类博弈来说，有些也许只涉及有限的轮次，因此博弈的结束点是能够预见的，而另一些博弈似乎会无限重复下去。另一方面，长期决策（比如投资）却类似于**单击博弈**或称一次性博弈。虽然这种决策在未来也会再次进行，但在两次决策之间可能会相隔很久，并且下一次决策时所面临的收益情况也许会发生迥然的变化，因此可将这类决策看作单击博弈。

7.1.3 博弈的均衡

基于前述关于博弈基本要素及类型的介绍，我们现在可来探讨当参与者具备无限的认知能力时，会出现怎样的博弈结果。对这一问题的探讨需要基于若干均衡概念。其中，与本书有关的主要为**占优策略均衡**、**重复占优策略均衡**、**纳什均衡**、**混合策略均衡**和**子博弈完美纳什均衡**。下面将逐一述之。

占优策略均衡

如果给定其他参与者的可选策略的任何集合，选择策略 s_1 都会比选择策略 s_2 带来严格更高的收益，则称策略 s_1 严格占优于策略 s_2。换言之，如果参与者 A 在某种情形下拥有一个严格**占优策略**，那么无论参与者 B 如何选择，该策略给 A 带来的收益都不少于其他策略带来的收益。显然，如果存在占优策略，那么一位能进行无限思考的参与者就总会选取它。因此，在任何涉及离散型策略的静态博弈中，我们都应当以寻找占优策略作为分析的起点。对此，我们基于前面的囚徒困境博弈来介绍如何寻找占优策略。现在请回顾表 7—1，我们可发现，对于囚徒 A 来说，如果囚徒 B 坦白，那么囚徒 A 选择坦白可使他的结局更好一些，因为他们只会被判 5 年监禁而不是 10 年；而如果囚徒 B 不坦白，那么囚徒 A 选择坦白也可带来更好的结局，因为他将得到释放，连 1 年的监禁也免了。因此，无论囚徒 B 选择什么，囚徒 A 的最优选择都是坦白。这一分析逻辑对于囚徒 B 仍然适用。因此我们可认为，对每个参与者而言，选择坦白就是一个占优策略。而当存在多种可能的策略时，我们需要通过不断剔除**劣策略**来寻找占优策略。在上述的囚徒困境博弈中，不坦白对于每名参与者来说都是劣策略，因为他们选择该策略在任何情形下（即无论对方选择坦白还是不坦白）都只会带来一个较低的或不变的收益。因此，在表 7—1 所示的收益矩阵下，我们可推断，两名囚徒都会选择坦白，我们把这一策略组合称为占优策略均衡，因为在该均衡上，每个参与者都选择了他的占优策略。

重复占优策略均衡

如果一名参与者没有占优策略，那么他将怎样选择？我们可在表 7—2 的收益矩阵中对这一问题进行分析，其形式与表 7—1 类似，只是修改了其中某个收益值，使得收益矩阵不再是对称的，因为当 A 坦白而 B 不坦白时 A 会被判 2 年监禁。此时，虽然 B 的占优策略并未改变，但 A 的占优策略却消失了。如果 B 坦白，A 与前面一样可通过坦白来改善处境；但如果 B 不坦白，A 却需要通过不坦白来改善处境。

表 7—2 重复占优策略均衡

		参与者B	
		坦白	不坦白
参与者A	坦白	−5,−5	−2,−10
	不坦白	−10,0	−1,−1

在这一情形下，如果 A 对 B 的策略持有正确的推断，那么他就可剔除 B 的不坦白策略（因为这对于 B 来说是劣策略），并推断 B 一定会选择坦白，而 A 通过这种重复剔除方法就可选出一个占优策略，即坦白。此时，所达到的均衡虽然与表 7—1 所示的情形仍然一样，但这时的均衡却应称作一个重复占优策略均衡。与这一均衡有关的更多问题将留待第 7.3 节再作探讨。

纳什均衡

现在，让我们进一步考虑，当每个参与者都没有占优策略时会出现怎样的结果。我们对表 7—1 的囚徒困境博弈作进一步修改，如表 7—3 所示。其中，收益矩阵又变成对称形式，但如果一名参与者坦白而另一名不坦白，则坦白者将被判处 2 年的监禁。此时，均衡不再是唯一的，亦即对每名参与者来说不存在选择某个策略的唯一趋势。对此，我们需要涉及纳什均衡的概念（Nash，1950；1951），其含义是，每名参与者都根据其他参与者的最优反应策略来选择自身的最优策略。这是一个比前述两种均衡更具一般性的均衡概念，它不但囊括了占优策略均衡和重复占优策略均衡，而且还涉及那些无法应用这两种均衡的情形。

表 7—3　　无占优策略的博弈

		参与者B	
		坦白	不坦白
参与者A	坦白	−5，−5	−2，−10
	不坦白	−10，−2	−1，−1

根据表 7—3，我们从 A 的角度出发，可找出两个纳什均衡：

①如果 B 坦白，A 通过坦白可改善自己的处境；并且给定这一最优反应，B 的最优反应也是坦白。

②如果 B 不坦白，A 选择不坦白也可改善自己的处境；并且给定这一最优反应，B 的最优反应也是不坦白。

从 B 的角度出发，也可得到相同的均衡：

①如果 A 坦白，B 通过坦白可改善自己的处境；并且给定这一最优反应，A 的最优反应也是坦白。

②如果 A 不坦白，B 选择不坦白也可改善自己的处境；并且给定这一最优反应，A 的最优反应也是不坦白。

综上，两个纳什均衡分别为（坦白，坦白）和（不坦白，不坦白）。显然，无论是 A 还是 B，都会更偏好第二种均衡，此时两人都仅被判较轻的 1 年监禁。但我们却无法预测，在现实中究竟哪个均衡会更普遍地出现。于是一个不可回避的问题是，当重复进行这一博弈时，哪种均衡会被选择出来呢？这将在第 8 章探讨。

可以认为，纳什均衡是解析博弈论的一个极其重要的概念，因为在很多情形下，并不存在占优策略均衡或重复占优策略均衡。接下来，我们将进一步考察另一种典型的均衡形式，即所谓的混合策略均衡。

混合策略均衡

到目前为止，我们所讨论的均衡都只涉及**纯策略**，其含义是，在给定情形下参与者总是以相同的方式作出反应，换言之，在每个决策节上只选出某个单一的行动。然而，在许多博弈中并不存在纯策略的纳什均衡，而是含有一个混合策略纳什均衡，简称混合策略均衡。其中，**混合策略**是指对各种策略的选择满足某一概率分布，这也被称为对可选策略的随机化。

为了介绍混合策略均衡的内涵，我们可考虑一个常见的**性别战博弈**。该博弈描述的是，一对情侣打算共度良宵，但他们的爱好不同，其中 A 想去看拳击赛，而 B 想去看芭蕾舞。相关的收益矩阵见表 7—4。

表 7—4　　性别战博弈

		参与者B：芭蕾	参与者B：拳击
参与者A	芭蕾	1,2	0,0
	拳击	0,0	2,1

表 7—4 试图描述的是：如果两名参与者都去看芭蕾舞，那么 B 会度过一个愉快的夜晚，而 A 只能从 B 的陪伴中获得快乐，他自己并未享受到什么。如果他们都去看拳击赛，那么两人的感受恰好相反。此外，如果每名参与者都只做他们爱好的事，那么他们由于没有对方的陪伴而感到十分不快。于是，我们可以找出该博弈中存在两个纯策略纳什均衡，即（芭蕾，芭蕾）和（拳击，拳击）。

然而，此处还存在另外一种类型的纳什均衡，我们可以这样来想象：假设该博弈能够重复进行下去（情侣当然不会只约会一次），那么他们可以把一半的时间花在看芭蕾舞上，另一半的时间花在看拳击赛上，这种情形在本质上相当于每名参与者都以 0.5 的概率选择看拳击赛，以 0.5 的概率选择看芭蕾舞。我们将这种类型的均衡称为混合策略均衡，因为对于每名参与者来说，他们没有偏离这一均衡的倾向或激励。

一个更复杂的涉及混合策略均衡的博弈可见表 7—5 所示的网球赛的例子（Dixit and Nalebuff，1991）。在该表所示的收益矩阵中，参与者的收益用成功的概率来表示，即发球者击败接球者的概率以及接球者成功回球的概率。需指出的是，此处的收益矩阵不是对称的，因为接球者在正手位要比在反手位更容易成功回球，这符合现实情况。因此，在表 7—5 中假设，如果接球者正确预测到球会发向他的正手位，那么他成功回球的概率为 90%；而如果他正确预测到球会发向他的反手位，那么他回球的成功率只有 60%。显然，在该博弈中，发球者的目标是最大化发球成功的概率，而接球者的目标是最大化回球的成功率。

表 7—5　　网球赛博弈

		接球者的移动：正手位	接球者的移动：反手位
发球者的目标	正手位	10%, 90%	70%, 30%
	反手位	80%, 20%	40%, 60%

那么，我们应当如何推算每名参与者的最优策略呢？假设发球者将球发到对方正手位的概率是 p，发到对方反手位的概率是 $1-p$；类似地，假设接球者移到正手位的概率是 q，移到反手位的概率是 $1-q$。于是，发球者将球发往对方正手位的期望收益为 $q\times 10\%+(1-q)\times 70\% =-q\times 60\%+70\%$，发往反手位的期望收益为 $q\times 80\%+(1-q)\times 40\%=q\times 40\%+40\%$。可见，当前者大于后者时，即 $q<30\%$时，发球者发往对方正手位就是最优策略；而当前者小于后者时，即 $q>30\%$时，发往对方反手位就是最优策略；而当 $q=30\%$时，发往任何方向是无差异的。我们在图 7—2 中将这些情形绘制了出来，标识为 $p(q)$，它表示随着 q 的变化发球者应当如何决定 p，因此可看作发球者的**最优反应函数**。

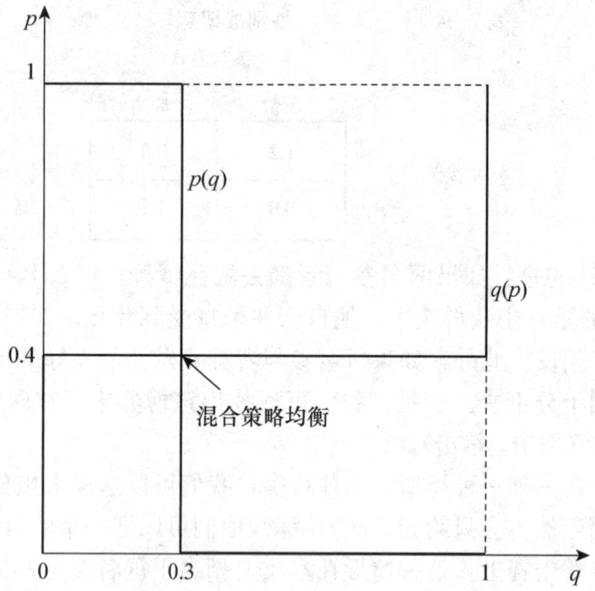

图 7—2　最优反应曲线与混合策略均衡

同样的推导过程也适用于对接球者的分析：接球者移到正手位接球的期望收益是 $p\times 90\%+(1-p)\times 20\%=p\times 70\%+20\%$，移到反手位接球的期望收益是 $p\times 30\%+(1-p)\times 60\%=-p\times 30\%+60\%$。于是，当前者大于后者时，即 $p>40\%$时，接球者移到正手位接球就是最优策略；而当前者小于后者时，即 $p<40\%$时，接球者移到反手位接球就是最优策略；而当 $p=40\%$时，移到任何方向接球是无差异的。这些情形也可在图 7—2 中画出，标识为 $q(p)$，表示随着 p 的变化接球者应当如何决定自己的 q，因此它是接球者的最优反应函数。

可见，当 $p(q)$ 与 $q(p)$ 相交时，即当发球者在 40%的时间里将球发往对方的正手位、接球者在 30%的时间里移到正手位接球时，发球者与接球者都达到了最优反应点，此时任何一方都不再有进一步调整策略的动机，于是双方达到了一个均衡状态，此即所谓的混合策略均衡，可表示为 {(40%，60%)，(30%，70%)}。

子博弈完美纳什均衡

上述均衡概念都涉及的是静态博弈情形。而在动态博弈中，我们将会面临子博弈完美纳什均衡。为了说明这一均衡的内涵，我们利用图 7—1 中的最后通牒博弈作为示例。

首先我们需要了解一个新的概念即**子博弈**，它是指从某个单一决策节（该决策节所处的信息集中不包含其他决策节）出发的直至终点节的后延博弈部分。回顾图 7—1 可知，从 B 的决策点出发存在一个子博弈。而所谓的子博弈完美纳什均衡是指这样一种策略组合，其中每个参与者的所选策略在每个子博弈中都构成了纳什均衡。换言之，子博弈完美纳什均衡是针对整个博弈的一种均衡，其中参与者在每个子博弈中都选择他们的均衡策略。为了确定某个博弈的子博弈完美纳什均衡，我们必须使用**逆向归纳法**。这意味着需要从博弈的最后一步思考并逆向推理。我们将在后面看到，在许多情形下使用这种方法是选出成功策略的关键。以图 7—1 的最后通牒博弈为例，为了确定 A 的最优或均衡策略，我们必须首先考虑 B 的情形。如果 A 选择不平分，那么 B 就必须作出一项选择。根据解析博弈论的基本假定，B 是追求利益最大化的，故而他会接受这个不平分的结果，因为得到 2 单位收益总是要好于选择拒绝而一无所获。通过逆向推理，我们就可预料，A 会由此决定选择不平分，因为获得 8 单位收益要优于选择平分而获得 5 单位收益。于是，该博弈的子博弈完美纳什均衡就是（不平分，接受｜不平分）。

子博弈完美纳什均衡是一个比纳什均衡更为严格的概念。在上述最后通牒博弈中，实际上存在两个纳什均衡，但只有前面所说的那个均衡是子博弈完美的。另一个纳什均衡是（平分，拒绝｜不平分），它描述的是，如果 A 预测 B 会拒绝一个不平分的提议，那么 A 就会选择平分，因此选择拒绝是 B 的最优反应。而如果 A 选择了平分，B 就不需要作出任何反应（在该博弈中是这样假定的）。然而，虽然（平分，拒绝｜不平分）是一个纳什均衡，但却不是子博弈完美的，因为根据解析博弈论的假定，B 不会拒绝不平分的提议。

7.2　行为经济学的修正 I：有限计算

上一节阐述了解析博弈论的若干重要均衡概念。它们所基于的一条基本假定是，个体具有无限的认知能力，这使他能对其他个体的策略选择形成正确的推断，并据此作出最优的策略选择。但在本节，我们将列举若干**实验室实验**与**现场实验**中出现的异象，它们揭示，个体的策略选择在很多时候是偏离解析博弈论的均衡预测的，这自然使人联想到应当对解析博弈论的强式假定进行放松，以提高理论的解释力。

本节所要介绍的**质反应均衡模型**就属于这样一种修正性理论，其核心观点是，博弈参与者在现实中并不具备无限的认知能力，他们在计算每种策略的期望收益时会出现系统性错误，这被称为**有限计算**，从而导致最终达到的均衡偏离了解析博弈论的预测。为了介绍这一理论，我们首先给出若干关于混合策略均衡的实验结果。

7.2.1　异象

截至目前，已有不少经验研究对博弈参与者达到混合策略均衡的成功率作了考察。这些研究几乎都使用了实验方法，并且随着时间的推移，实验设计中的各种缺点已逐渐得到克服，因此这些实验已越来越精密，对问题的揭示也越来越可靠。根据已有的实验研究可发现，虽然在每种研究的结论中得到的结果各异，但所存在的一般规律是，博弈中的个体总是偏离混合策略均衡，虽然这种偏离并不大，但在统计学意义上通常是显著的，对此可见图 7—3。

图 7—3 显示了在若干实验中，基于纳什均衡推断的各策略选择概率（横轴）与每次实验中实际选择各策略的相对频率（纵轴）之间的对应关系。我们发现，在实际选择与纳什均衡预测之间有显著的偏离，并且还存在这样一个轻微的趋势，即纳什均衡中本应以较低概率被选择的策略却被选择得更多（更精确地说，那些永不应该被选择的策略实际上有 5%的机会被选择），而本应以较高概率被选择的策略却没有得到足够的选择。

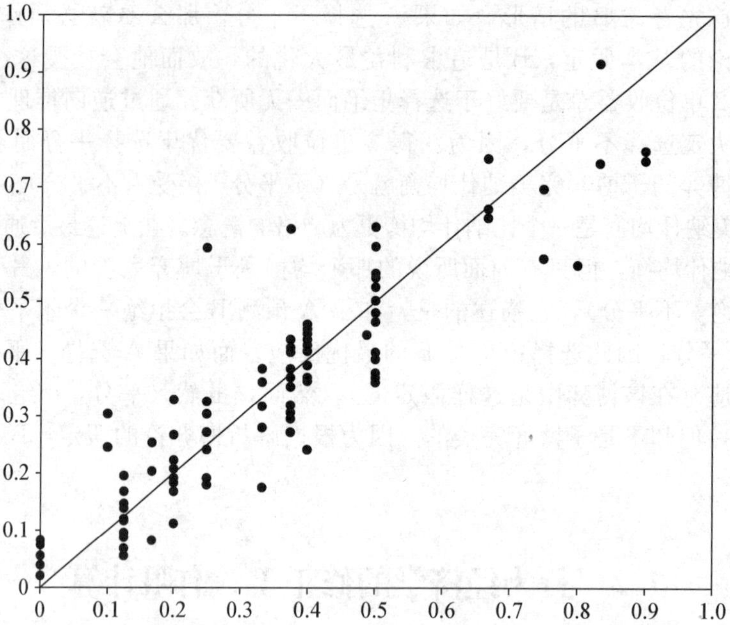

图 7—3　由纳什均衡推断的各策略选择概率与实际选择的频率

资料来源：Camerer（2003）。

除了上述的一般性结论，许多关于职业运动员的现场研究也揭示了许多有趣的结果。我们从上面的网球赛博弈已知，通过考察运动员的每种行动是否带来了相同收益，就可判断他是否实现了成功的混合策略选择。比如，如果发球者选择了最优的混合策略，那么他将球发往对方正手位和反手位可获得相同的成功率。目前，已有一些研究对相关领域作了考察，其中一项是针对网球的（Walker and Wooders，2001），另外两项是针对足球的（Palacios-Heurta，2001；Chiappori，Levitt and Groseclose，2001）。以沃克和伍德斯（Walker and Wooders，2001）的研究为例，他们考察了 1974—1997 年间的 10 个大型网球赛事，并主要集中于那些耗时较长的比赛，以便得到容量较大的样本。他们着重考察了发球者发往对方正手位和反手位的赢球次数。而针对足球的研究则主要关注罚球者的罚球方向和守门员的扑救方向。这些研究发现，不同行动的赢球率是大致相同的，这说明职业运动员确实可达到混合策略均衡。但沃克和伍德斯也指出，"（混合策略均衡）很适用于'职业选手'这一端的人群（虽然并不完美），但它对'新手'那一端的人群并不适用。在这两类极端人群之间存在着巨大的中间地带，而目前尚不清楚应当用怎样的策略情形（如果存在的话）来描述这一地带。"

那么，是否存在其他的替代性理论，能够比混合策略均衡预测得更好？一些研究显示，一种涉及质反应均衡的模型也许能做到这一点。根据质反应均衡理论，参与者并不必然像纳什均衡要求的那样选择最优的反应，而是选择"较优的反应"，亦即以较高的概率选择可得到较高收益的策略。我们将在下面对这一模型的细节展开讨论。

7.2.2　质反应均衡模型

基本描述

上面已述，混合策略均衡虽然是对每个策略分配一个概率，但在本质上仍是一种纳什均衡，因为每名参与者都是在给定其他参与者的最优概率分布下决定自己的最优概率分布。可见，这一均衡是基于如下假定得到的，即个体具有无限的认知能力。现在，我们将对这一假定进行放松，即个体在进行最优选择时会出现计算错误。基于这一假定而发展起来的一个替代性的均衡理论被称为质反应均衡模型，此即下面将要提到的 QRE 模型。

早在质反应均衡模型提出之前，就已有类似的研究，试图解释为何在实际选择与纳什均衡之间存在偏离。这样的研究至少可追溯至泽尔腾的**颤抖手均衡**理论（Selten，1975）。该理论认为，正如手颤抖时就难以抓住东西一样，在博弈时对手也可能会发生轻微的失误而影响整个结果，但由于参与者是理性的，因此即便发生了这种小概率事件，所选策略依然是最优反应，并且随着参与者的错误趋于无穷小，颤抖手完美均衡最终将回归于纳什均衡。然而，大量实验数据却显示，参与者的选择与纳什均衡的偏离在统计学意义上始终是显著的。

其后，在这个问题上进行研究的代表人物还有：范·达默（Van Damme，1987），他在其著述中探讨了如果参与者的错误不能趋于无穷小，那么将会出现什么结果；罗森塔尔（Rosenthal，1987）则在研究中假定参与者选择某策略的概率是该策略期望效用的线性递增函数；而贝沙（Beja，1992）认为，参与者会事先设定一个目标策略，但是他的最终选择却无法达到既定的目标。

麦凯尔维和帕尔弗雷（Mckelvey and Palfrey，1995）在前人理论的基础上，于研究中首次提出，参与者在博弈中会根据各策略的相对期望效用进行选择，但在有限认知的约束下，他无法确定性地计算各策略的期望效用，而是受到某种随机误差的干扰。他们进一步假定，每名参与者都知道自己的选择会受到误差干扰，并且知道其他参与者的选择也是在误差干扰下进行的，但参与者仍能达到一个他们认为的彼此“最优反应”点，这是一个区别于纳什均衡的“有限计算下的均衡”。此时，较好的反应要比较差的反应更容易被观测到，但最好的反应并不以概率 1 出现。麦凯尔维和帕尔弗雷发现，基于这一思想而得到的参与者的“最优反应函数”与解析博弈论下的最优反应函数是不一样的，而是更类似于生物学或药理学中的一个常见统计模型，即质反应函数（详见后面的内容），因此他们将这种均衡命名为质反应均衡（Quantal Response Equilibrium，简称 QRE）。所谓质反应是指，机体对药物不同剂量的反应有时只有质的差别，比如阳性或阴性，无法体现为具体数值，因此反应的结果需要以整个样本的阳性率来表示。对于博弈实验来说，在某些情形下，参与者的最终选择只能是某几种纯策略中的一种，比如选“左”或“右”，因此反应的结果需对选“左”或选“右”的受试者的比率进行统计而得到。

QRE 的参数化形式

上面是对 QRE 内涵的大致描述。现在我们将给出一个具体的 QRE 表达式。有关 QRE 的一般性讨论请见第 7.6 节的附录，读者也可直接跳过这些技术性内容。在此处，我们需要强调的是，QRE 在实质上是给出了一个关于参与者的新的最优反应函数，用以替代纳什均衡模型下的最优反应函数。其中，后者是基于理性假定的计算结果，而前者则借鉴生物学、药理学的统计规律。在本节讨论的混合策略博弈下，这种新的最优反应函数可将个体选取各策略的期望效用映射为选取各策略的概率，但该函数在性状上仅是对纳什均衡下的最优反应函数的逼近或近似。我们将在后面看到这一点。

为了具体地表达 QRE，麦凯尔维和帕尔弗雷从卢斯（Luce，1959）和麦克法登（Mcfadden，1976）那里获得启发，提出了所谓的 Logit QRE 的概念。这种形式不但便于求解，而且便于统计学上的处理，从而可直接用于分析和解释实验数据。为此，我们首先给出 Logit QRE 的定义，并利用它展示 QRE 的求解过程。

具体地，在一个 n 人标准式博弈中，假设参与者 i 的可选策略有 J_i 个，那么他选择第 j 个策略的概率满足一个 Logit 形式的反应函数，可表达为：

$$\sigma_{ij}(u_i)=\frac{e^{\lambda u_{ij}}}{\sum_{k=1}^{J_i}e^{\lambda u_{ik}}} \tag{7.1}$$

其中，u_i 表示参与者 i 的期望效用，u_{ij} 表示参与者 i 选择第 j 个策略的期望效用。参数 $\lambda>0$ 衡量了计算误差的程度，在附录中我们将说明，该值越小，计算误差就越大。进一步地，根据式（7.1），如果每个参与者都依据 Logit 反应函数来决定选择各策略的概率，那么相应的 QRE 就可表达为：

$$\pi_{ij}^{*}=\frac{e^{\lambda u_{ij}(\pi^{*})}}{\sum_{k=1}^{J_i}e^{\lambda u_{ik}(\pi^{*})}} \tag{7.2}$$

其中 π_{ij}^{*} 表示参与者 i 选择第 j 个策略的均衡概率，而 π^{*} 代表所有参与者在均衡处的混合策略选择的组合。在上式中，可看到只有一个参数 λ，所以我们称 Logit QRE 是一种参数化的 QRE。当 $\lambda\rightarrow 0$ 时，参与者的计算误差非常大，根据式（7.2）可知，此时参与者对各策略赋予的选择概率趋于相等，为 $\frac{1}{J_i}$，这意味着他几乎无法辨别各策略的优劣，因此最方便的办法就是对各策略进行等概率的选择。这一情形是很符合现实经验的，它相当于一种直觉推断法（可参见第 5 章的相关讨论）。而随着时间的推移，比如博弈被重复进行多次，参与者则有可能通过学习来增强认知能力，从而减少计算误差。假设在极端状态下 $\lambda\rightarrow\infty$，这时参与者的选择将沿着唯一的路径收敛于纳什均衡。而当博弈中存在多个纳什均衡时，最终收敛于哪个均衡又与收益结构有关（相关证明超出本书的范围，故略去）。

但需强调的是，我们并不能将纳什均衡视为 QRE 的一个特例。虽然参与者通过学习可提高认知能力，但是最终却无法完全克服人类自身的局限性，所以纳什均衡只是一种理想的极限状态，此即 QRE 模型的潜在内涵。此外，QRE 的定义还意味着这一均衡是可位移的。只要参与者提高认知的努力不会停止，那么他就会在重复博弈中通过学习来积累经验，并将已达到的均衡状态向纳什均衡调整。因此可以认为，λ 值是一个受参与者学习影响的变量。关于学习过程对博弈均衡的影响，我们将在第 8 章作更多评述。

两人博弈下的 Logit QRE

为了直观地展示 Logit QRE 的求解过程，我们设计了一个两人标准式博弈，其收益矩阵见表 7—6。这是一个具有唯一混合策略纳什均衡的博弈。

表 7—6　一个混合策略博弈的收益矩阵

		参与者B 左	参与者B 右
参与者A	上	4, 0	0, 1
	下	0, 1	1, 0

如表 7—6 所示，该博弈中共有两名参与者，分别为参与者 A 和参与者 B，他们每人都有两个可选策略，参与者 A 选择“上”或“下”，参与者 B 选择“左”或“右”。首先我们求解这个博弈的纳什均衡。假设参与者 A 选择“上”的概率为 q，选择“下”的概率为 $1-q$，$0\leqslant q\leqslant 1$；参与者 B 选择“左”的概率为 p，选择“右”的概率为 $1-p$，$0\leqslant p\leqslant 1$。于是我们可以分别给出参与者 A 和参与者 B 的最优反应函数 $q(p)$ 和 $p(q)$，这在图 7—4 中表示了出来。这两条反应函数是运用第 7.1.3 节的求解方法得到的，它们的交点即为混合策略均衡，为 {(0.5，0.5)，(0.2，0.8)}。

那么，根据 Logit QRE 的定义，参与者选择的均衡点又应该在什么位置呢？我们先看参与者 A 的情况。根据计算，参与者 A 选择“上”的 Logit 反应函数为：

$$q=\frac{e^{\lambda u_{上}}}{e^{\lambda u_{上}}+e^{\lambda u_{下}}}=\frac{e^{\lambda 4p}}{e^{\lambda 4p}+e^{\lambda(1-p)}} \tag{7.3}$$

式 (7.3) 决定了参与者 A 选择“上”的概率，它实际是参与者 A 在有计算误差时的反应函数，即所谓的质反应函数，其形状见图 7—4，标识为 $q(p,\lambda)$。从该反应函数的图像可见，它要比解析博弈论下的最优反应函数 $q(p)$ 更为平滑，因此当 $p>0.2$ 时有 $q<1$，即参与者 A 此时并不是以概率 1 选择“上”，这说明最优的反应并不是确定出现的。

同样地，我们可以写出参与者 B 的 Logit 反应函数为：

$$p=\frac{e^{\lambda u_{左}}}{e^{\lambda u_{左}}+e^{\lambda u_{右}}}=\frac{e^{\lambda(1-q)}}{e^{\lambda(1-q)}+e^{\lambda q}} \tag{7.4}$$

式 (7.4) 决定了参与者 B 选择“下”的概率，该反应函数也可在图 7—4 中画出，为 $p(q,\lambda)$。这两条新的反应函数的交点就是 Logit QRE 所在的位置。这个基于有限计算的均衡点与纳什均衡是偏离的。但通过 Logit QRE 的性质可知，随着 λ 值的增大，参与者对期望效用的计算误差将不断缩小，故 Logit 反应函数不但在位置上而且在形状上都越来越接近混合策略均衡框架下的反应函数。但无论 λ 值增大到何种程度，Logit 反应函数都不会与传统反应函数完全重合，而 QRE 均衡点也不会与混合策略均衡点重合。

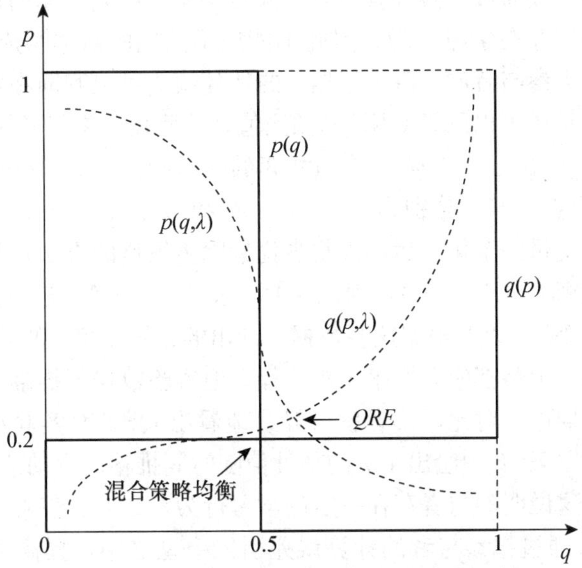

图 7—4　两种反应函数和两种均衡点的比较

另外，我们可通过不断变化 λ 值，来描绘 Logit QRE 的变动轨迹，见图 7—5。当 $\lambda \to 0$ 时，参与者趋于对各策略进行等概率的选择，此时 QRE 极限点为图 7—5 中的 a 点，当 λ 逐渐增大并趋于无穷时，Logit QRE 将向混合策略纳什均衡收敛。均衡点的变动反映了参与者在进行学习。其中，衡量误差程度的参数 λ 是决定 Logit 反应函数形状和位置的关键，换句话说，λ 值的大小是反映参与者计算能力的"标签"。

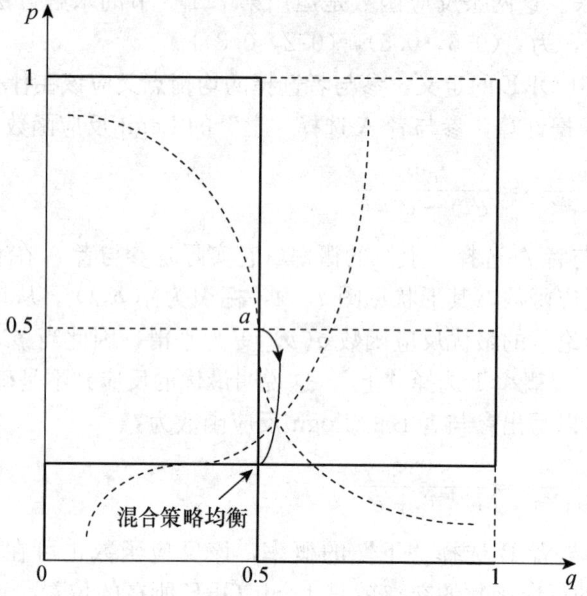

图 7—5　QRE 随 λ 值变动的轨迹

7.2.3　对实验数据的拟合

现在，我们展示一个应用 Logit QRE 拟合现实实验数据的例子。由于在 Logit 均衡中只有一个参数 λ，因此可通过实验来获得多个同类参与者在同一期的选择数据（由于随着时间的推移参与者可能存在学习行为，因此不能用不同期的数据组成样本），然后利用极大似然法估计出同一类参与者的 λ 值。根据 λ 的估计值，可以判断在实际选择中参与者受误差干扰的程度，并且还可以测算 QRE 的预测值，从而预测参与者的选择行为。

在表 7—7 中我们给出了一个两人零和博弈的收益矩阵（Lieberman，1960），其中参与者 1、2 各有三个可选策略，分别为 A_1、A_2、A_3 和 B_1、B_2、B_3，方格中的数字表示参与者 2 需向参与者 1 支付的金额。运用重复占优剔除劣策略的方法，我们可推出该博弈仅有一个纯策略纳什均衡为（A_3，B_3），因此我们在表 7—8 中只给出了受试者在实验时选取策略 A_3 和 B_3 的实际频率，以及根据这些数据估计出的 λ 值和相应的 QRE 预测值。根据纳什均衡的预测，这两个策略都应以概率 1 被选择，但实验数据却推翻了这一预测。把这些预测值与实际选择按期进行对比，读者就可轻易地看出 QRE 对实验数据的预测要比纳什均衡更好。我们还在图 7—6 中绘出了 λ 的估计值随时间推移的变动情况，从中可以看出 λ 值具有上升的趋势，这说明参与者存在一定的学习行为。

可以看到，QRE 通过把参与者的计算误差引入模型之中，提高了对参与者实际选择的解释和预测能力。而 Logit 均衡作为 QRE 的一种参数化形式，它的单参数性质便于在实际分析中应用。此外，参数化的 QRE 还能提供参与者存在学习行为的直接证据：如果估计的 λ 值在不断增大，就可说明参与者在进行学习。

表 7—7　　两人零和博弈的收益矩阵

		参与者 2		
		B_1	B_2	B_3
参与者 1	A_1	15	0	−2
	A_2	0	−15	−1
	A_3	1	2	0

资料来源：Lieberman（1960）。

表 7—8　　对纳什均衡的选择频率及 QRE 预测

经验期	实际选择频率		基于 QRE 的对选择 A_3 与 B_3 的概率预测	λ 估计值	$-L^*$
	A_3	B_3			
1	0.720	0.667	0.696	0.176	212.0
2	0.806	0.706	0.781	0.252	177.0
3	0.880	0.833	0.838	0.329	134.3
4	0.887	0.853	0.869	0.390	134.4
5	0.907	0.907	0.906	0.500	109.5
6	0.873	0.860	0.886	0.435	144.7
7	0.853	0.867	0.890	0.448	152.7
8	0.907	0.933	0.916	0.547	98.9
9	0.893	0.920	0.915	0.542	112.3
10	0.920	0.907	0.918	0.533	105.6
11	0.907	0.933	0.920	0.564	99.5
12	0.920	0.933	0.932	0.635	94.2
13	0.927	0.920	0.929	0.616	97.1
14	0.927	0.953	0.929	0.616	80.2
15	0.913	0.900	0.915	0.542	112.3
16	0.900	0.920	0.919	0.558	109.3
17	0.946	0.927	0.925	0.592	83.4
18	0.900	0.927	0.927	0.604	107.1
19	0.933	0.973	0.946	0.737	67.0
20	0.920	0.933	0.926	0.598	93.7

注：每个经验期由 10 轮实验组成，共有 200 轮实验。$-L^*$ 表示负的对数似然估计量。

资料来源：Mckelvey and Palfrey（1995）。

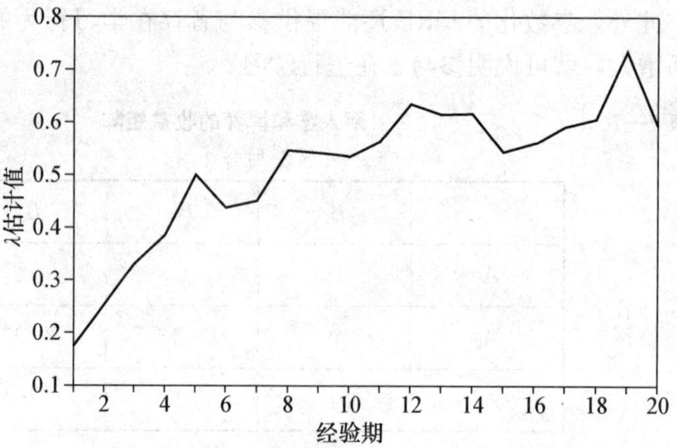

图 7—6　λ 估计值随时间推移的变动情况

7.2.4　心理学基础

现在，让我们来考虑，上述在经验中观测到的对混合策略均衡的偏离究竟是什么原因造成的？QRE 模型的合理之处及其心理学基础是什么？对此，拉波波特和布代斯库（Rapoport and Budescu，1997）提出了两个可能的原因：一是工作记忆的有限性，二是代表性直觉推断法。其中，**工作记忆**是指一个容量有限的用来暂时保持和存储信息的系统，有时又被称作短时记忆；而关于代表性直觉推断法的相关原理可回顾第 5 章的内容，它探讨了当个体面对难以计算客观概率的复杂情形时，会怎样对风险事件进行主观概率赋值。由于工作记忆有限，个体用来计算策略期望效用的信息很难是充分的，因此会导致他使用代表性直觉推断法来估测对手选取不同策略的概率分布，最终只能做出较优的反应，这反映了一种节省认知资源的倾向。

在此处我们还想强调的另一个原因是，许多心理学家和神经科学家都相信，人脑中存在某种随机化机制，但这种机制是很不完美的。因此，一个广受赞同的看法是，博弈中的参与者并不需要对其策略做到最优的随机化，只要其他参与者无法完全猜到他的行动规律即可，这足以保证他在博弈中取胜。

7.3　行为经济学的修正Ⅱ：有限推理

在上一节，我们对解析博弈论的拓展之处在于放松了个体具有无限计算能力的假定，据此发展出的 QRE 模型很好地解释了为何博弈参与者在实验中总会偏离纳什均衡。在本节，我们将把注意力转移到个体行为的另一特性，即他们的推理能力。

在解析博弈论下，个体被假定具有无限的认知能力，这意味着当所面临的问题需要通过重复推理才能解决时，个体有能力进行无限次的推理并作出最优选择。然而，这一预测再次遭遇了博弈实验中所出现的大量异象——个体很难做到无限次的推理，他们似乎推理几步就会停止，从而使得最终的策略选择与解析博弈论的预测极为不同，这被称为**有限推理**。据此，行为博弈论提出了所谓的**认知层级模型**，其中充分考虑了推理次数对个体策略选择的影响，从而较好地解释、模拟了博弈实验中的实际数据。

为了介绍这一模型，我们首先给出几个涉及重复推理的博弈及相关实验中的异象，以作为介绍该模型的经验基础。

7.3.1　异象

在第 7.1 节我们就已提到，具有占优策略均衡的博弈常常是很容易求解的，尤其是那些只涉及两种策略的两人博弈。而在更复杂的博弈情形下，我们有时需要通过重复推理来剔除劣策略，从而达到一个占优均衡。我们将看到，在某些情形下需要进行多步的推理，甚至是无限步。那么，现实中的个体究竟是怎样进行这些重复推理的？他们在那些形式较为复杂的博弈下会推理多少步骤？在解析博弈论的强式假定下，个体会进行无限次的推理，但现实情形仍需借助博弈实验来考察。

简单的两步推理博弈

为了便于后面的讲述，我们从一个简单的两步推理博弈开始（Beard and Beil，1994）。该博弈是一个两人动态博弈，我们在表 7—9 中给出了该博弈的基本形式。其中，参与者 A 首先行动，如果他选左，则博弈结束，他将获得 9.75 美元，参与者 B 获得 3 美元。而如果参与者 A 选右，则参与者 B 可继续行动。如果参与者 B 是完全利己的，他也会选右，于是获得 5 美元而不是选左获得 4.75 美元。参与者 B 选右还可使参与者 A 获得 10 美元，这要稍高于参与者 A 最初选左可获得的 9.75 美元。因此，重复占优均衡是（右，右）。然而，参与者 A 选右具有一定的风险，因为如果参与者 B 并未选择占优策略，那么参与者 A 将只能获得 3 美元。

表 7—9　　一个两步重复占优博弈

		参与者B	
		左	右
参与者A	左	9.75，3	
	右	3，4.75	10，5

在所进行的基准实验中，有 66%的参与者 A 选择了左，这表明他们普遍怀疑参与者 B 不会选择占优策略。这种怀疑最终被证明是正当的，因为当参与者 A 选右时，参与者 B 只在 83%的时间下选择了右。这个百分比意味着参与者 A 选右的期望收益仅有 $3\times0.17+10\times0.83=8.81$ 美元，这要低于选左可得到的收益。

上述的简单实验与许多其他后续实验都得到了一个基本结论，即参与者倾向于认为其他参与者不会如想象中那样服从占优均衡，换言之，许多参与者会怀疑对手的推理能力。但这一博弈无法反映参与者自己的推理能力，即他的实际推理步数，因为无论参与者 A 是否相信对手会服从占优均衡，他其实都已作了两步推理。为了更确切地考察个体在实际博弈中的推理步数，我们需要借助另一个著名的博弈，即选美竞猜博弈。

选美竞猜博弈

选美竞猜博弈是一个富含启发性的博弈，它的名称最初来自凯恩斯在 1936 年出版的《就业、利息与货币通论》一书。在书中，凯恩斯创造性地把股票市场投资比喻为一种报纸上的选美竞猜活动，其中参与者需要在众多照片中选出最漂亮的人脸肖像，如果哪位参与者的选择最接近于整体参与者的平均偏好，那么奖金就将颁授给他。凯恩斯是如此描述这种情形的：

> 每一个参与者所要挑选的并不是他自己认为是最漂亮的人，而是他设想的其他参与者所要挑选的人。全部参与者都以与此相同的办法看待这个问题。这里挑选的并不是根据个人判断力来选出的最漂亮的人，甚至也不是根据真正的平均的判断力来选出的最漂亮的人，而是运用智力来推测一般人所推测的一般人的意见为何。在这里，我们已经到达了推测的第三个层次。

上述情形可以用一种简单的博弈形式进行再现，并可用于实验。这种博弈的标准形式是，要求一组参与者从 1 到 100 中选择一个数字。哪位参与者选择的数字最接近所有参与者选择数字的平均数的某个比例 P（比如 $P=2/3$），那么谁就是胜出者。实验的目的在于考察参与者会重复推理多少次。如果参与者的选择是随机的或均匀分布的，那么平均数将为 50，该数字的 2/3 就是 33，因此如果你选择了 33，说明你进行了一步推理；第二步推理是，如果其他参与者都使用一步推理而选择了 33，那么你的最优选择应当是 33 的 2/3，即 22；而第三步推理是，如果其他参与者都使用了两步推理，那么你的最优选择应当是 15，如此往复。

我们可以看到，在上述博弈中，推理是可以进行无限次的，并且每多作一次推理，最优数字就应当更小，因此最终的重复占优均衡应为 0。然而，内格尔（Nagel，1995）在其实验中发现，参与者的平均选择大约为 35，并且在 33 和 22 附近存在两个较高的选择频率。更全面的实验是由何、凯莫勒和魏格尔特（Ho，Camerer and Weigelt，1998）进行的，他们得到的一般性结论是，参与者只会表现出一到两步的推理。凯莫勒（Camerer，1997）针对不同身份的受试者群体得到了类似的实验结果，这些受试者包括：心理学本科生、经济学博士、证券经理和 CEO。在针对财经杂志的读者所展开的竞猜式的现场实验中使用了真实的奖金发放，而实验结果也仍然类似，即在 33 和 22 附近存在两个频率峰值，但参与者平均选择的数字稍低一些，见图 7—7。

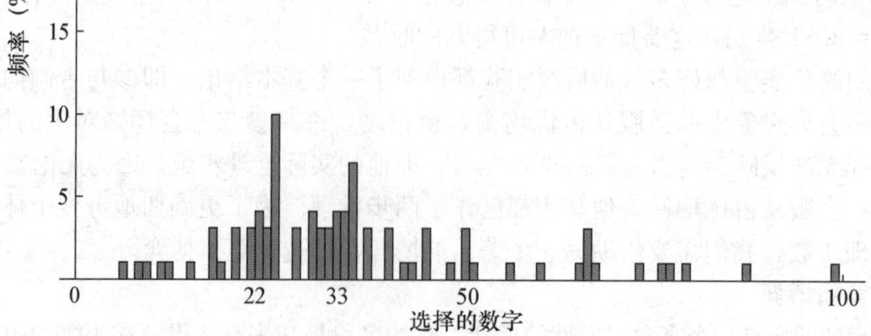

图 7—7 选美竞猜博弈的实验结果

资料来源：Camerer（2003）。

根据这些实验，我们得到两种可能的结论：其一，人们的推理通常无法超过两步；其二，他们也不相信其他人能做到这一点。但这两点结论是否具有稳健性，我们还需考察其他博弈的实验结果。

蜈蚣博弈

在某些博弈情形下，如果增加推理的步数，会使收益减少。与此相关的一个著名例子是所谓的**蜈蚣博弈**。这是一个动态的序贯博弈，由两名参与者（A 和 B）参加，并且轮流行动若干步。在每一步，一名参与者可选择取走奖金中的 80%（留给另一名参与者 20%）而结束博弈，或者他可选择“通过”而让另一名参与者行动，其中，奖金在每一步都是翻倍递增的。这种博弈还可被称为一种信任博弈，因为参与者可通过信任对方来使自己获利，至少在某种程度上是如此。麦凯尔维和帕尔弗雷（McKelvey and Palfrey，1992）针对该博弈进行了实验，其中第一步的奖金是 0.5 美元，总共可行动四步。图 7—8 给出了该博弈的博弈树。其中在每个节点，上方的数字为 A 的收益，下方的数字为 B 的收益。

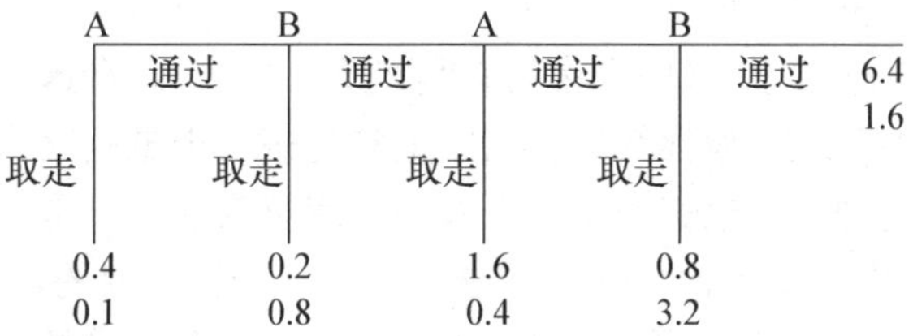

图 7—8　蜈蚣博弈

如果两名参与者在所有四步中都选择“通过”，那么最终参与者 A 将获得 6.4 美元，参与者 B 将获得 1.6 美元，这比在第一步分别获得 0.4 美元和 0.1 美元有着显著的提高。然而，如果我们运用逆向归纳法来求解这一博弈，则可发现最后一步恰好是轮到参与者 B 进行选择，而他的占优策略应当是选择“取走”，因为这样他可获得 3.2 美元，要高于 1.6 美元。如果参与者 A 推测到参与者 B 会在最后一步选择“取走”，那么他在倒数第二步时就也会选择“取走”，因为这样他就可得到 1.6 美元，这要高于在最后一步仅得到 0.8 美元。这一推理过程如此往复，直至回到左端第一个节点，即参与者 A 在博弈一开始就会选择“取走”，于是获得 0.4 美元，而 B 仅得 0.1 美元，此即该博弈的重复占优均衡。可见，如果两名参与者均可作充分的重复推理，则两人最终所获的金额最低。而如果参与者 A 在第一步就选择了“通过”，那么就意味着他违背了四步的重复占优；如果他在第三步选择了“通过”，则说明他违背了一步的重复占优。我们可以看到，无论是哪名参与者，在每一步选择“通过”都是劣策略。这样一来，每个人的利己动机将可能导致二人难以彼此信任，从而无法合作到最后一步。

以上就是从解析博弈论的角度对最终均衡解的推测。但在实验中，麦凯尔维和帕尔弗雷发现博弈的结果似乎不会退回到第一个节点。在四步博弈中，只有 6%～8%的参与者在第一步就选择了“取走”，而在随后每一步上选择“取走”的人数比例呈上升趋势，其中有 75%～82%的参与者在最后一步才选择“取走”。如果将上述博弈延长为六步，最后一步的奖金是最初奖金的 32 或 64 倍，此时只有 1%或更少的参与者在第一步选择“取走”。只有当大幅提高奖金并且经过五次博弈之后，在最初两步选择“取走”的人数才有显著提高，达到了 22%，这意味着参与者可能存在学习行为，从而增加了其推理步数。

脏脸博弈

与上述博弈相反的是，在另一些博弈中，增加推理步数可提高收益。**脏脸博弈**就是一个典型的例子，它来源于一种智力游戏。在该博弈的最初版本中（Littlewood，1953），有三位女士 A、B 和 C 同坐在一列火车车厢内，她们的脸上都有污迹，因此她们都在发笑。但接下来，A 从另两位女士的反应中意识到，她必有可笑之处。她的推理是，如果 B 看到 A 的脸是干净的，那么 B 就会推断 C 在笑话 B，于是 B 就会停止发笑。由于 B 仍在发笑，这一定说明 A 的脸是脏的。此时，A 假定 B 可根据 C 的行为进行充分的重复推理。

上述情形可用如下博弈进行再现，从而便于实验，其中参与者知道其他参与者的“类型”，但是不知道自己的“类型”。该实验是由韦伯（Weber，2001）进行的，其中参与者被分为两个类型：X 和 O，概率分别为 0.8 和 0.2。每名参与者都有两种可选策略，“上”或“下”。选“上”对两种类别的参与者均无收益。选“下”可使 X 型参与者获得 1 美元而 O 型参与者获得－5 美元。参与者轮流行动，当某个参与者选“下”时，博弈结束。如果参与者不知道自己的类型，那么选“下”的期望收益为 $0.8\times1+0.2\times(-5)=-0.2$，为负值，因此他们应该选“上”（假设参与者是风险中性的）。在这里，属于 X 型就好比你有一张脏脸，而选“下”就好像你知道自己脸上有污迹，于是赶紧去清洗。

首先，参与者都被告知，他们当中至少有一人属于 X 型。于是，如果一名参与者发现另一名参与者是 O 型的，那么他就可立即推断出自己是 X 型的，因此在第一步就会选“下”，其中涉及一步推理。而如果一名参与者发现另一名参与者是 X 型的，那么他就无法在博弈的第一步推断自己的类型，因此他会在第一步选“上”。但这会使另一名参与者意识到，对方观察到他是 X 型的，于是他在第二步就会选“下”，其中涉及两步推理。

韦伯发现，当两名参与者分别为 X 型和 O 型时，87％的受试者使用了一步推理。然而，当两名参与者都是 X 型时，只有 53％的受试者使用了两步推理，即在第二步选择“下”。凯莫勒（Camerer，2003）指出，该实验中的受试者均为加州理工学院的学生，他们之所以被选来参加实验，是因为他们拥有解决逻辑难题的技巧，然而他们当中只有一半左右的人做到了两步推理，因此这也许是此类抽象博弈中能够达到的最多推理步数。

7.3.2 认知层级模型

上面已述，人们通常是不进行过多推理的，这不仅在于他们怀疑其他人如此行为的能力，而且在于他们常常只有有限的认知能力。据此，研究者提出了所谓的认知层级模型（Camerer，Ho and Chong，2004），以便于预测重复推理博弈中的选择行为，并为学习模型提供初始条件（关于学习的问题将在第 8 章讲述）。有关认知层级模型的更多讨论请见第 7.6 节的附录，在此我们仅对该模型的核心思想进行简要表述。具体而言，认知层级模型假定，博弈参与者不是进行无限次推理，只能进行有限次数，同时还倾向于认为他的推理次数比其他参与者的推理次数要多，即他认为自己有更高的认知层级。基于这个信念，参与者对其他参与者选取每个策略的概率进行预测，并依此推算他自己选取每个策略的期望收益（或效用）。然后，再基于一个反应函数，将这些策略的收益映射为选择每个策略的概率。而反观纳什均衡模型，却假定每个参与者都是无限次推理的，而且也相信别人可作无限次推理，并依此计算他选择各策略的期望收益。可见，纳什均衡模型与认知层级模型对个体推理过程的假定是完全不同的，因此对个体之间的博弈结果的预测也就不同。

为了更清晰地表述认识层级模型的内容，请考虑一个仅有两人参加的博弈，分别为参与者 A 和参与者 B。每名参与者均有两个可选策略，分别标识为 s_{A1}、s_{A2} 和 s_{B1}、s_{B2}。现在，我们假设 A 可作三步推理，并且他认为 B 最多只能作两步推理，这意味着 A 的认知层级要比 B 高一层级。现进一步假设，A 猜测 B 是 c 步推理者（$c=0$，1，2）的概率为 $P(c)$，而 B 在不同推理步骤下选择策略 s_{Bi} 的概率又可假设为 $P(s_{Bi} \mid c)$，其中 $i=1$，2。于是，A 对于选择策略 s_{A1} 的期望收益为：

$$E_A(s_{A1}) = \sum_{i=1}^{2} \pi(s_{A1}, s_{Bi}) \cdot \left\{ \sum_{c=0}^{2} [P(c) \cdot P(s_{Bi} \mid c)] \right\} \tag{7.5}$$

其中，$E_A(s_{Ai})$ 表示 A 选择策略 s_{Ai} 的期望收益，$\pi(s_{Ai}, s_{Bi})$ 表示当 B 选择策略 s_{Bi} 时 A 选择 s_{Ai} 的收益，而 $\sum_{c=0}^{2} [P(c) \cdot P(s_{Bi} \mid c)]$ 则表示 B 选择策略 s_{Bi} 的总概率。

基于式（7.5），认知层级模型进一步假定，参与者 A 形成对策略 s_{A1} 的期望收益之后，即可通过一个 Logit 反应函数将这一收益映射为选择策略 s_{A1} 的概率，表示为：

$$P_A(s_{A1}) = \frac{e^{\lambda E_A(s_{A1})}}{e^{\lambda E_A(s_{A1})} + e^{\lambda E_A(s_{A2})}} \tag{7.6}$$

其中 λ 代表反应敏感度。于是选择策略 s_{A2} 的概率自然为 $1-P_A(s_{A1})$。

关于参与者 B 对各策略的选择概率也可按上述分析方法求出，当然需预先假设他可实施的推理步数，即认知层级水平。可见，在该理论下，认知层级是影响参与者策略选择的重要因素。

7.3.3　对实验数据的拟合

上面仅是对认知层级模型的简单说明。在该模型的原始版本中，一般基于泊松分布来描述使用不同推理步数的参与者的概率（实际数据可用相应的受试者占比来表示），具体形式可见第 7.6 节的附录，在那里，我们将泊松分布的密度函数表达为 $f(c \mid \tau)$，其中 τ 表示该分布的均值和方差。可见，这种分布只涉及单一的参数 τ，因此认知层级模型形式简单且便于应用。为了展示这一模型的预测与拟合结果，我们在表 7—10 中给出了何、凯莫勒和魏格尔特（Ho，Camerer and Weigelt，1998）所进行的两次选美竞猜博弈实验（比例值分别设为 $P=0.9$ 和 $P=0.7$ 两种情形），其中纳什均衡预测均为数字 0。在表中，我们分别给出了实验结果的均值、标准差和众数，以及根据认知层级模型而估计的 τ 值及相应的拟合均值、标准差和众数，其中选取的 τ 值能够最小化预测均值与实际均值的绝对差异。

表 7—10　　认知层级模型对实验数据的拟合情况

实验设定	纳什均衡预测	预测误差	实际数据			认知层级模型的拟合结果				
			均值	标准差	众数	τ 值	均值	预测误差	标准差	众数
$P=0.9$	0	−49.4	49.4	24.3	50	0.1	49.5	0.0	27.7	45
$P=0.7$	0	−38.9	38.9	24.7	35	1.0	38.8	−0.2	19.8	35

资料来源：根据 Camerer and Ho（2014）整理而得。

由表 7—10 可发现，实际的选择均值与纳什均衡的预测相去甚远，这说明参与者至多只进行了一到两步推理。而当选取恰当的 τ 值时，认知层级模型对实验结果的拟合度还是相当好的。更多的经验研究显示，在许多博弈中，τ 的值设定为 1.5 是较为合理的。总而言之，虽然重复推理的模式在不同博弈中各有不同，但参与者通常无法达到两步或三步以上的重复占优（其中，剔除自身的劣策略被称为第一步推理）。然而，某些博弈实验（尤其是那些人们在初始阶段就远离均衡的复杂博弈）却提供证据表明，学习效应是存在的，人们会随着博弈轮数的增加而表现出更多步数的推理（Rubinstein，1989）。

7.3.4 心理学基础

那么，认知层级模型具有怎样的心理学基础？人们为什么在需要重复推理时只会进行两到三步？可以说，这与第 7.2 节讨论的有限计算是类似的，即工作记忆的有限性不但会限制人们的计算能力，也会限制人们的推理能力。推理次数越多，意味着你需要对推理次数比你少的其他人的行为作更多记忆，从而需要比其他人耗费更多的认知资源（Devetag and Warglien，2008；Gill and Prowse，2012）。

与上述因素密切相关的另一个原因是决策疲劳，即人们在进行决策时会感到厌倦。因此，通过限制推理步数，可以使人们避免由于过度思考而耗费自身的认知资源。根据进化心理学的观点，认知资源也是稀缺的，因此在与其他对手竞争时，你并不需要无限拉长逻辑推理的步骤，而只需比对手多推理一步即可获胜。而如果你显得“过于聪明”，反而会使你失败，正所谓“聪明反被聪明误”。以上面的选美竞猜博弈为例，纳什均衡解虽然是数字 0，但如果其他参与者仅使用了一步推理而选择了 33，那么你的最优选择应当是 33 的 2/3，即 22，此时你仅需使用两步推理，比对手多一步即可；同理，如果其他参与者都使用了两步推理而选择了 22，那么你应当使用三步推理，即通过选择 22 的 2/3 而取胜。反之，如果你像一名无限推理者那样在起始阶段就选择了纳什均衡解 0，那么你会立即失败。有时这被称为“知识的诅咒”。

7.4 案例分析

在本节，我们将给出两个案例，其中第一个案例涉及足球赛中的点球问题，这与前面介绍的网球赛发球问题是类似的，因此与混合策略及有限计算有关。而第二个案例介绍了一个旅行者困境博弈实验，它与前面介绍的选美竞猜博弈是类似的，因此涉及的是重复占优与有限推理问题。这些案例主要参考凯莫勒（Camerer，2003）第 3、5 章的相关内容。

7.4.1 足球赛中的点球得分率

帕拉希欧斯-休塔（Palacios-Heurta，2001）利用欧洲足球赛事的点球数据对沃克和伍德斯的基本结论（见第 7.2.1 节）作了重现。在足球赛中，点球发生在某次犯规之后，这允许罚球者把球置于距球门 12 码的罚点上。其他的球员可以在罚球者和球门之间组成一道人墙，但是必须离球 10 码远。球员通常会聚集在一起，这就迫使罚球者必须把球踢向左边或右边。由于只需0.3秒就可把球射入网内，因此这基本上相当于一个同时行动博弈：罚球者通常选择向左或向右射门，而守门员必须在看到球飞来的方向之前就决定是扑向左边还是右边。

帕拉希欧斯-休塔的一个研究收获是，他可以为守门员和罚球者的行动编码，这样就可以说明他们是否处于一个相互最优的反应均衡上。结果他在研究中得到了与沃克和伍德斯相似的结论：罚球者向左或向右射门得分的概率，以及守门员向左或向右扑住球的概率，都是相当接近的。表7—11分别对习惯用左脚和习惯用右脚的罚球者的射门结果作了总结。表中给出了罚球者和守门员向左或向右的各种组合情形下的得分率及总体得分率。对于两种类型的罚球者，向左或向右射门的总体得分率（见最右一列）以及在守门员不同扑球方向下射门得分的总体概率（见每列最末一行）都是十分接近的。

需要指出的是，在参与者的历次行动之间不存在连续的相关性，因为在两次罚球之间一般有较长的时间空档，并且每次的执行者通常也不同。因此，上述研究结论再次意味着，熟练的职业运动员在某些时候可将有限计算的干扰控制在较小程度内，从而使其行动接近于混合策略纳什均衡。换言之，他们所实现的QRE具有较大的λ值。

表7—11　　足球赛中向左和向右行动的得分率

射门方向	守门员扑球方向		总体得分率
	左	右	
习惯左脚射门者			
左	0.62	0.95	0.76
右	0.94	0.61	0.81
总体得分率	0.76	0.80	0.78
习惯右脚射门者			
左	0.50	0.94	0.76
右	0.98	0.73	0.83
总体得分率	0.77	0.82	0.80

资料来源：Palacios-Huerta（2001）。

7.4.2　旅行者困境博弈

卡普拉等（Capra et al.，1999）以及卡布雷拉、卡普拉和戈麦斯（Cabrera，Capra and Gómez，2002）进行了一个关于旅行者困境博弈的实验，这非常类似于选美竞猜博弈。在旅行者困境博弈中，两个旅行者同时对他们丢失的行李寻求索赔，价格在80～200之间。航空公司以最低索赔额对两位旅行者进行支付。此外，航空公司还会向索赔较低的旅行者发放R的奖金，而对索赔较高的旅行者收取R的罚金。

显然，如果一名旅行者想要获得最大收益，他的索赔额应该比预期的其他旅行者的索赔额低1单位，这样就可使他的最小索赔额（即他的收益）尽量达到最大，同时还可赢得奖金R。在解析博弈论下，该博弈的结果必然是一种“底线竞争”，即每名旅行者都应选择最小索赔额 80，这是唯一的纳什均衡。在该博弈中，对索赔较低的人进行奖励而对索赔较高的人实施惩罚，目的在于杜绝索赔者欲壑难填的恶意要求。

图 7—9 列出了在不同 R 值下的 10 轮实验中的平均索赔额。从中可以发现，仅当$R=$ 50 或 80 时（即奖励或惩罚的力度较大），索赔额才会逐渐收敛于纳什均衡 80（这是可能的最低值）。而当 R 较低时（为 5 或 10，意味着较轻的奖励或惩罚力度），参与者会远离纳什均衡，而转向串谋价格 200。看起来，奖惩力度会影响参与者的选择结果。对这一现象的解释以及它与有限推理的关系，我们将留给读者自己完成。

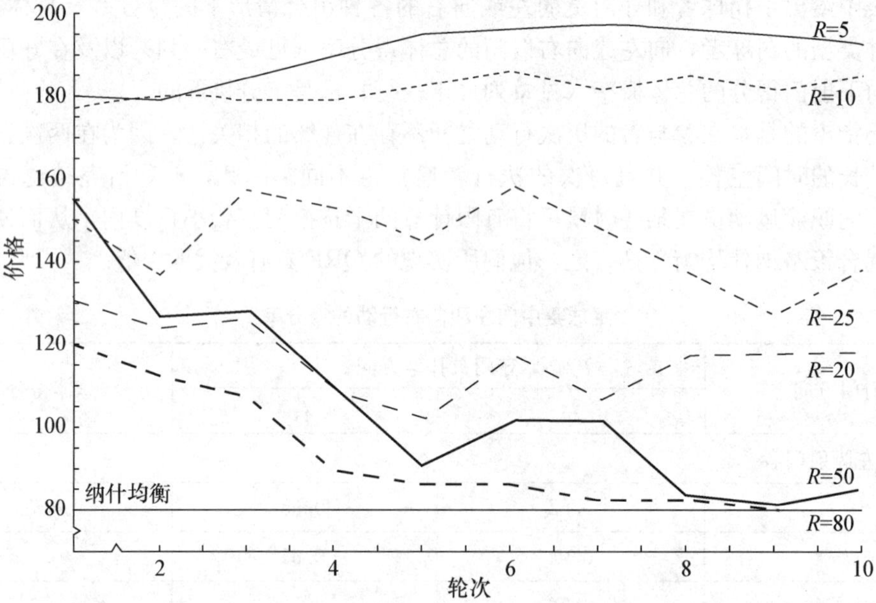

图 7—9　不同 R 值下的平均索赔价格趋势（10 轮实验）

资料来源：Capra et al.(1999)。

7.5　本章要点

● 标准经济学下的博弈理论即为解析博弈论，它构建于三个重要的基本假定之上：①个体具有无限的认知能力，能够做出正确的推断和最优的选择；②博弈的均衡是瞬间达到的，不存在由其他因素导致的时间滞后；③博弈中的个体只受利己动机驱使。行为经济学对这三条假定分别作出了相应的修正与拓展，所形成的新的理论体系被称作行为博弈论。

● 在解析博弈论下，个体具有无限认知能力意味着他能够进行完全的计算和推理，因此可达到纳什均衡。然而，实验中出现的大量异象表明，个体在现实博弈中很难做到这一点，他们只能表现出有限的计算能力和推理能力，故其策略选择往往偏离纳什均衡，这为行为博弈论发展新的理论提供了空间。

● 在行为博弈论中，用于描述有限计算能力的代表性理论为质反应均衡模型，而用于描述有限推理能力的代表性理论为认知层级模型。

- 质反应均衡模型的核心思想是，参与者在博弈中会根据各策略的相对期望效用来做选择。在有限认知的约束下，他计算各策略的期望效用时会受到随机误差的干扰，因此无法达到纳什均衡。然而，该模型进一步假定，每名参与者都知道自己的选择会受到误差的干扰，并且知道其他参与者的选择也会受到误差的干扰，但参与者仍能达到一个他们认为的彼此“最优反应”点，这是一个区别于纳什均衡的“有限计算下的均衡”。
- 认知层级模型的核心思想是，在需要进行重复占优博弈的情形下，人们通常不作过多推理，而这必然会使其策略选择偏离纳什均衡。大量实验证据也表明，个体在博弈中的推理大概进行两到三步即止，这不仅在于他们怀疑其他人能否进行更多次数的推理，而且在于他们自身的推理能力就很有限。基于这些思想，认知层级模型利用泊松概率分布描述了使用不同推理步数的参与者比例，并据此给出了参与者选择每种策略的期望收益和概率。

7.6 附　　录

本节将分别给出 QRE 模型和认知层级模型的一般化形式，以供有兴趣的读者参考。

7.6.1 QRE 的一般化讨论

标准表述

基于第 7.2.2 节的相关性质简介，我们现在可正式给出 QRE 的一般定义。请考虑一个 n 人标准式博弈，n 个人组成集合 $N=\{1, \cdots, n\}$，其中对参与者 $i\in N$ 而言，他的策略集为 $S_i=\{s_{i1}, s_{i2}, \cdots, s_{iJ_i}\}$，其中有 J_i 个纯策略，且 $S=\prod_{i\in N}S_i$。定义参与者 i 对策略 s_{ij} 的选择概率为 p_{ij}，则参与者 i 的混合策略选择可表示为 $p_i=(p_{i1}, p_{i2}, \cdots, p_{iJ_i})$，且 $\sum p_{ij}=1$，$p_{ij}\geqslant 0$。令 Δ_i 为各种可行 p_i 的集合，即 $\Delta_i=\{p_i=(p_{i1}, p_{i2}, \cdots, p_{iJ_i}): \sum p_{ij}=1, p_{ij}\geqslant 0\}$，同时进一步定义 $\Delta=\prod_{i\in N}\Delta_i$，并用 $p=(p_1, p_2, \cdots, p_n)$ 表示 Δ 中的点，其简写形式为 $p=(p_i, p_{-i})$，则 (s_{ij}, p_{-i}) 表示参与者 i 以概率 1 选择纯策略 s_{ij}，而其他参与者的选择为 p_{-i}。

现在，我们可定义参与者 i 的期望效用函数（或称收益函数）为：

$$u_i(p)=\sum_{j=1}^{J_i}p_{ij}u_i(s_{ij}, p_{-i}) \tag{7.7}$$

进一步地，假定参与者在计算每个策略的期望效用时会犯错误，亦即他对每个策略所算出的期望效用是正确的期望效用加上一个噪声干扰项，这个噪声干扰是由有限认知能力造成的。每个参与者都知道自己的选择会受到噪声干扰，并且知道其他参与者也会受到噪声干扰。正式地，对每个参与者 i，以及 i 的每个策略 $s_{ij}\in S_i$，我们可作出如下定义：

$$\hat{u}_i(s_{ij}, p_{-i})=u_i(s_{ij}, p_{-i})+\varepsilon_{ij} \tag{7.8}$$

其中 $\hat{u}_i(s_{ij}, p_{-i})$ 表示参与者 i 对策略 s_{ij} 实际计算出的期望效用，$u_i(s_{ij}, p_{-i})$ 表示参与者 i

如果不犯错误而对策略 s_{ij} 计算出的期望效用，而 $\varepsilon_i=(\varepsilon_{i1},\varepsilon_{i2},\cdots,\varepsilon_{iJ_i})$ 为参与者 i 的误差向量，且 $\varepsilon_i\in R^{J_i}$，其中各分量表示在计算各策略的期望效用时的噪声干扰，满足独立同分布。假定这些分量共同服从于一个联合分布密度函数 $f_i(\varepsilon_i)$，其中每个分量 ε_{ij} 的边际分布均存在，并且有 $E(\varepsilon_i)=0$。

作出这样一系列的假定和定义之后，现在可以给出每个参与者的行为规则：当且仅当 $\hat{u}_i(s_{ij},p_{-i})\geqslant\hat{u}_i(s_{ik},p_{-i})\ \forall k=1,2,\cdots,J_i$ 时，参与者 i 才会选择策略 s_{ij}。这个假定符合人们的一般行为准则，即人们会去选择他自己认为的最好策略。需要注意的是，这里我们强调的是参与者自己认为的最好策略，因为参与者在计算各策略的期望效用时可能会出错，故而他在现实中很难选择传统意义上的最优化策略。现在的问题是，由于参与者的选择受到噪声干扰，因此我们必须弄清楚噪声究竟是如何施加影响的。正式地，对所有参与者 i，导致他选择策略 s_{ij} 的误差向量集可以定义为：

$$R_{ij}=\{\varepsilon_i\in R^{J_i}\mid u_{ij}+\varepsilon_{ij}\geqslant u_{ik}+\varepsilon_{ik}\ \forall k=1,\cdots,J_i\} \tag{7.9}$$

又令 $\sigma_{ij}(u_i(p))$ 表示参与者 i 在噪声干扰下选择策略 s_{ij} 的概率，有：

$$\sigma_{ij}(u_i(p))=\int_{-\infty}^{+\infty}\int_{-\infty}^{u_{ij}-u_{i1}+\varepsilon_{ij}}\cdots\int_{-\infty}^{u_{ij}-u_{i(j-1)}+\varepsilon_{ij}}\int_{-\infty}^{u_{ij}-u_{i(j+1)}+\varepsilon_{ij}}\cdots$$

$$\cdots\int_{-\infty}^{u_{ij}-u_{iJ_i}+\varepsilon_{ij}}f_i(\varepsilon_i)\mathrm{d}\varepsilon_{iJ_i}\cdots\mathrm{d}\varepsilon_{i(j+1)}\mathrm{d}\varepsilon_{i(j-1)}\cdots\mathrm{d}\varepsilon_{i1}\mathrm{d}\varepsilon_{ij} \tag{7.10}$$

于是 $\sigma_{ij}(u_i(p))$ 可称为“最优的质反应函数”。这样一来，对任意可行的概率密度函数 f_i，我们可给出 QRE 的正式定义为：在一个标准式博弈下，若对所有参与者 $i\in N$，存在 $p^*\in\Delta$，使得 $p_{ij}^*=\sigma_{ij}(u_i(p^*))$，则称 $p^*=(p_1^*,p_2^*,\cdots,p_n^*)$ 为一个质反应均衡（QRE）。

关于 QRE 的存在性，由于其证明方式超出了本书范围，故不再讲述。此处只需了解的是，根据 QRE 的内涵，在一个标准式博弈中，即使每个参与者在计算各策略的期望效用时会出错，但如果出错程度既定（即给定一个噪声概率分布），那么就仍存在这样一个均衡点，在该点上每个参与者都对其他参与者做出了他所认为的“最优反应”。

可见，QRE 是对纳什均衡的一种拓展，它本身并未否定和放弃有关“均衡”的概念，而是用具有噪声的非完美均衡取代了原有的完美均衡。同时，QRE 并不以无限认知能力作为推导均衡的假定基础，而是将均衡建立在一个更符合现实的假定之上，即认为参与者虽然“在信念上是理性的”，但是他与生俱来的有限计算能力却使他无法选择纳什意义上的最优化策略，因此只能选择他认为的最好策略。

参数化的 QRE

上面对 QRE 的讲述是一种抽象的数学表达。为了能够直观地看出 QRE 与纳什均衡的相对差异，就必须设定一个最优的质反应函数形式 $\sigma_{ij}(u_i(p))$。对此，麦凯尔维和帕尔弗雷提出了所谓的 Logit QRE，其中参数化了参与者受噪声影响的程度。

为了看出这种参数化的过程，我们仍从式（7.8）出发。首先在每个噪声分量 ε_{ij} 上乘以一个程度参数 β，则式（7.8）将变为：

$$\hat{u}_i(s_{ij},p_{-i})=u_i(s_{ij},p_{-i})+\beta\varepsilon_{ij} \tag{7.11}$$

其中 $\beta>0$，这说明 β 越大，参与者在评估期望效用时就越容易出错，反之亦然。这样根据式（7.9），参与者选择策略 s_{ij} 的概率就可以写为：

$$\sigma_{ij}(u_i) = Prob\{\frac{u_i(s_{ij}, p_{-i}) - u_i(s_{ik}, p_{-i})}{\beta} \geqslant \varepsilon_{ik} - \varepsilon_{ij} \quad \forall k \neq j\} \tag{7.12}$$

那么根据式（7.10）有：

$$\sigma_{ij}(u_i) = \int_{-\infty}^{+\infty} \int_{-\infty}^{\frac{u_{ij}-u_{i1}}{\beta}+\varepsilon_{ij}} \cdots \int_{-\infty}^{\frac{u_{ij}-u_{i(j-1)}}{\beta}+\varepsilon_{ij}} \int_{-\infty}^{\frac{u_{ij}-u_{i(j+1)}}{\beta}+\varepsilon_{ij}} \cdots \cdots \int_{-\infty}^{\frac{u_{ij}-u_{iJ_i}}{\beta}+\varepsilon_{ij}} f_i(\varepsilon_i) \mathrm{d}\varepsilon_{iJ_i} \cdots \mathrm{d}\varepsilon_{i(j+1)} \mathrm{d}\varepsilon_{i(j-1)} \cdots \mathrm{d}\varepsilon_{i1} \mathrm{d}\varepsilon_{ij} \tag{7.13}$$

如果令 ε_{ij} 服从某种极值分布，计算式（7.13）并令 $\lambda = \frac{1}{\beta}$，则有：

$$\sigma_{ij}(u_i) = \frac{\mathrm{e}^{\lambda u_{ij}}}{\sum_{k=1}^{J_i} \mathrm{e}^{\lambda u_{ik}}} \tag{7.14}$$

式（7.14）的含义是参与者 i 选择策略 s_{ij} 的概率，此即为 Logit QRE 的反应函数。如果每个参与者都依据这种反应函数来决定选择某个策略的概率，那么相应的 Logit QRE 就可表达为：

$$\pi_{ij}^* = \frac{\mathrm{e}^{\lambda u_{ij}(\pi^*)}}{\sum_{k=1}^{J_i} \mathrm{e}^{\lambda u_{ik}(\pi^*)}} \tag{7.15}$$

其中 π_{ij}^*、π^* 的定义见第 7.2.2 节，可见，在式（7.15）中只存在一个参数 λ，因此 Logit QRE 被称为参数化的 QRE。

7.6.2　认知层级模型的一般化讨论

在第 7.3.2 节的基础上，我们于此处进一步给出认知层级模型的一般化形式。正式地，假设参与者 i 有 m_i 个可选策略，以 k 标序，又假设他可作 K 步推理，且认为其他参与者至多只能作 $K-1$ 步推理，那么他对选择第 j 个策略 s_{ij} 的期望收益可表示如下：

$$E_i(s_{ij}) = \sum_{h=1}^{m_{-i}} \pi(s_{ij}, s_{-ih}) \cdot \left\{ \sum_{c=0}^{K-1} \left[\frac{f(c \mid \tau)}{\sum_{c=0}^{K-1} f(c \mid \tau)} \cdot P(h \mid c) \right] \right\} \tag{7.16}$$

其中，m_{-i} 表示其他参与者的策略个数，以 h 标序。$\pi(s_{ij}, s_{-ih})$ 代表当其他参与者选择第 h 个策略时参与者 i 选择 s_{ij} 的收益（为了简便起见，此处假设其他参与者都选择同一策略）。$P(h \mid c)$ 是进行 c 步推理的参与者选择第 h 个策略的概率，$f(c \mid \tau)$ 为均值和方差均为 τ 的泊松分布密度函数，$\frac{f(c \mid \tau)}{\sum_{c=0}^{K-1} f(c \mid \tau)}$ 代表使用 c 步推理的参与者比例，于是 $\sum_{c=0}^{K-1} \left[\frac{f(c \mid \tau)}{\sum_{c=0}^{K-1} f(c \mid \tau)} \cdot P(h \mid c) \right]$ 代表其他参与者选择第 h 个策略的总概率，因此是

$\pi(s_{ij}, s_{-ih})$ 的加权权重。

接下来，该模型又假定，参与者 i 形成对策略 s_{ij} 的期望收益后，会通过一个 Logit 反应函数将这一收益映射为选择策略 s_{ij} 的概率，表示如下：

$$P_i(s_{ij}) = \frac{e^{\lambda E_i(s_{ij})}}{\sum_{k=1}^{m_i} e^{\lambda E_i(s_{ik})}} \tag{7.17}$$

其中 λ 代表反应敏感度。

根据这一模型，那些使用零步推理的参与者（$K=0$）选取每一种策略的概率均为 $1/m_i$，因为他们的认知能力很低，只能假定每种策略的期望收益都相等。而那些使用一步推理的参与者（$K=1$）会认为其他人只会使用零步推理，因此根据式（7.16），他们对选择策略 s_{ij} 的期望收益为：

$$\begin{aligned} E_i(s_{ij}) &= \sum_{h=1}^{m_{-i}} \pi(s_{ij}, s_{-ih}) \cdot \left\{ \sum_{c=0}^{1-1} \left[\frac{f(0 \mid \tau)}{\sum_{c=0}^{1-1} f(0 \mid \tau)} \cdot P(h \mid 0) \right] \right\} \\ &= \sum_{h=1}^{m_{-i}} \pi(s_{ij}, s_{-ih}) \cdot \frac{1}{m_{-i}} \end{aligned} \tag{7.18}$$

进而根据式（7.17）可知他们选取策略 s_{ij} 的概率为：

$$P_i(s_{ij}) = \frac{e^{\frac{\lambda}{m_{-i}} \sum_{h=1}^{m_{-i}} \pi(s_{ij}, s_{-ih})}}{\sum_{k=1}^{m_i} e^{\frac{\lambda}{m_{-i}} \sum_{h=1}^{m_{-i}} \pi(s_{ik}, s_{-ih})}} \tag{7.19}$$

依次可类推使用两步乃至更多步骤推理的受试者的期望收益、选择概率等。

课后思考

- 请举例说明同时存在纯策略纳什均衡与混合策略纳什均衡的情形。
- 请举例说明重复占优均衡与纳什均衡的关系。
- 理解 Logit QRE 对混合策略情形博弈的预测方式。
- 请回顾第 7.4.2 节，给出旅行者困境博弈的纳什均衡的推导过程，并对图 7—9 所示的基本结果进行说明。

关键术语

解析博弈论　analytical game theory
行为博弈论　behavioral game theory
囚徒困境博弈　prisoner's dilemma game

标准式表述 normal-form representation
收益矩阵 payoff matrix
扩展式表述 extensive-form representation
博弈树 game tree
最后通牒博弈 ultimatum game
节点 node
决策节 decision node
终点节 terminal node
信息集 information set
自然 nature
零和博弈 zero-sum game
非零和博弈 non-zero-sum game
完美信息 perfect information
非完美信息 imperfect information
静态博弈 static game
动态博弈 dynamic game
离散型策略 discrete strategy
连续型策略 continuous strategy
重复博弈 repeated game
单击博弈 one-shot game
占优策略均衡 dominant strategy equilibrium
重复占优策略均衡 iterated dominant strategy equilibrium
纳什均衡 Nash equilibrium
占优策略 dominant strategy
劣策略 dominated strategy
纯策略 pure strategy
混合策略 mixed strategy
混合策略均衡 mixed strategic equilibrium
性别战博弈 battle of the sexes
最优反应函数 best response function
混合策略均衡 mixed strategic equilibrium
子博弈完美纳什均衡 subgame perfect Nash equilibrium
子博弈 subgame
逆向归纳法 backward induction
实验室实验 lab experiment
现场实验 field experiment
质反应均衡模型 quantal response equilibrium model
有限计算 limited computing
颤抖手均衡 trembling hand equilibrium

工作记忆　working memory
有限推理　limited thinking
认知层级模型　cognitive hierarchy model
选美竞猜博弈　beauty-contest game
蜈蚣博弈　centipede game
脏脸博弈　dirty faces game

进一步阅读

[1] Camerer，C. F. and Ho，T-H.（2014）．"Behavioral Game Theory Experiments and Modeling." http://faculty. haas. berkeley. edu/hoteck/PAPERS/Camerer-Ho-Book. pdf.

[2] Durlauf，S. N. and Blume，L.（2010）．*Behavioural and Experimental Economics*. New York，NY：Palgrave Macmillan.

[3] Moinas，S. and Pouget，S.（2013）．"The Bubble Game：An Experimental Study." *Econometrica*，81（4），1507-1539.

[4] Rogers，B. W.，Palfrey，T. R. and Camerer，C. F.（2009）．"Heterogeneous Quantal Response Equilibrium and Cognitive Hierarchies." *Journal of Economic Theory*，144（4），1440-1467.

[5] 科林·F·凯莫勒．行为博弈．北京：中国人民大学出版社，2006.

第 8 章

学　习

本章将探讨第 7 章中提到的解析博弈论的第二条基本假定——博弈的均衡是瞬间达到的，不存在由其他因素导致的时间滞后。然而，在第 7 章中我们已经指出，个体在进行博弈时由于认知水平有限，因此会出现有误差的计算或不充分的推理，从而导致其策略选择偏离纳什均衡。此外我们还指出，这种偏离不一定是一种恒常状态。当博弈是重复进行的时，随着时间的推移，博弈的参与者会不断调整其策略选择，这可能意味着存在学习过程。对这一过程的考察正是本章的主题。与上一章类似，本章仍与式（1.1）的组成部分（1）有关，因为在标准经济学下，参与互动的个体被假定无须经过学习即可实现策略的最优化选择。

与前述各章不同的是，第 8.1 节并不以介绍标准经济学模型为主要内容，因为解析博弈论假定均衡是瞬间达到的，不牵涉任何学习过程，而相关的均衡概念已在上一章介绍，故本章不再赘述。所以在第 8.1 节中，我们主要对学习的定义、相关概念、检验方法等进行介绍。其后，我们将在第 8.2 节至第 8.5 节分别介绍四种重要的学习理论，它们是：强化学习、信念学习、模仿学习和经验加权吸引力学习。其中，信念学习涉及的内容较丰富，我们将用较多篇幅予以评介。

8.1　博弈中的学习

本节将对博弈中的学习问题及相关理论作一简要回顾，以作为后续各节内容的纲领性介绍。

8.1.1　学习的定义

在解析博弈论的大部分发展史中，均衡是如何产生的问题在很大程度上被避而不谈。根据解析博弈论的基本假定，博弈的参与者具有完备的计算与推理能力，因此总能瞬时达到均衡的位置，时间变量对于均衡的形成似乎不起作用。然而，前述第 7 章已经展示了博弈参与者的策略选择对均衡的偏离情形，以及随着整个博弈的重复进行，这种偏离状态也会出现向均衡的调整。据此，行为博弈论作出了新的假定，认为个体虽在博弈的最初几局难以达到均衡，但却可通过学习而不断向均衡调整。其中，**学习**可被定义为个体随着自身经验的累积而改变行为。但需要指出的是，在很多情形下，学习并不一定导向对纳什均衡的收敛，而是依实验的初始信息条件甚至实验者的主观导向而定，我们将在后面看到这一点。故而从广义上看，只要参与者在重复博弈的过程中表现出不断调整策略的迹象，就可认为存在学习，因此各种学习模型的关注点不是参与者在某类博弈中具有怎样的规律性行为，而是试图在一般情况下尽可能模拟参与者的策略调整过程。

以往大部分有关学习的研究都是纯理论性的，缺乏经验的支撑和稳健的检验，但仅靠理论推演是不太可能对个体的学习行为作出真实解释的。比如，在早期的理论研究中，研究者一般采用随机过程的数学方法来证明不同决策规则的有限性（Weilbull，1995；Fudenberg and Levine，1998），并认为那些具有合理有限性的规则是对博弈参与者行为的更好描述。然而，这些有限性很可能要经过漫长的时间（比如几年甚至几十年）才能表现出来，这使得上述方法无法对较短时间内呈现的策略选择过程进行令人信服的描述。因此，在最近二十年来的研究中，研究者更为关心怎样使用实验数据来检验所提出的各类学习模型。利用实验数据是一种较好的检验学习模型的方法，因为在实验中可对受试者的收益和可得信息加以控制，这使得我们能够确信受试者知道什么（以及知道别人也知道什么），他们期待从不同的策略中得到什么，以及他们过去具有怎样的经验。

8.1.2 学习理论的核心思想与基本概念

多年以来，研究者提出了许多不同的学习理论。在本章，我们主要关注的是如下四类学习理论：强化学习、信念学习、模仿学习和经验加权吸引力学习。我们将对每种理论作一定的评述，并对它们的关系进行阐释。为此，本节先对学习理论的核心思想以及一些与学习有关的基本概念进行介绍。

在许多学习理论中，都涉及一个重要的概念即**吸引力**，其含义是，参与者根据某些标准来计算每个策略对他的吸引力值，并以此作为策略选择的基础。其中，对吸引力的计算是根据历史经验的变化而更新的。据此，学习理论的核心思想可以表述为：个体在博弈中选择什么策略取决于每个策略的吸引力，吸引力越大的策略，被选择的概率就越大。同时，每个策略的吸引力又是不断更新的，这说明个体在进行学习。因此，策略吸引力的更新方式反映了个体的学习特征。而在解析博弈论下，个体的策略选择直接依据理性计算而一次性得到，"全知全能"的个体无须进行任何学习。可见，相较而言，学习理论更能刻画个体在博弈中的策略调整过程。在每种学习理论中，吸引力的计算标准、构成要素和更新方式都是不同的，这是区分不同学习理论的关键。

在这里，我们有必要介绍一下与学习理论相关的各种概念的标记法，其中有些在第 7 章已经涉及。假设一个由 n 名参与者组成的集合 $N=\{1, \cdots, n\}$，其中对参与者 $i\in N$ 而言，他的策略集为 $S_i=\{s_{i1}, s_{i2}, \cdots, s_{im_i}\}$，其中有 m_i 个可选策略，则参与者 i 在时期 t 选择第 j 个策略的吸引力记作 $A_{ij}(t)$。为了简单起见，我们假设其他参与者都使用各自策略集中的第 k 个策略。于是：

① s_{ij} =参与者 i 的第 j 个策略。

② s_{-ik} =其他参与者都选择各自的第 k 个策略，为一向量，可表示为 $\{s_{1k}, s_{2k}, \cdots, s_{(i-1)k}, s_{(i+1)k}, \cdots, s_{nk}\}$。

③ $s_i(t)$ =参与者 i 在时期 t 实际选择的策略。

④ $s_{-i}(t)$ =其他参与者在时期 t 实际选择的策略，为一向量，可表示为 $\{s_1(t), s_2(t), \cdots, s_{i-1}(t), s_{i+1}(t), \cdots, s_n(t)\}$。

⑤ $\pi_i(s_{ij}, s_{-ik})$ =当其他参与者选择 s_{-ik} 时，参与者 i 选择 s_{ij} 的收益。

⑥ $b_i(s_{-i}(t))$ =参与者 i 在时期 t 对其他参与者所选策略的最优反应。

现在，我们可以用表 8—1 所示的囚徒困境博弈来描述这些与吸引力有关的要素，该表是对表 7—1 的复制，其中的数字代表每名囚徒可能被判的监禁年数。在第 7.1.3 节我们已指出，对于囚徒 A 来说，如果囚徒 B 坦白，那么囚徒 A 也应当选择坦白，因为这使他只会被判 5 年而不是 10 年；而如果囚徒 B 不坦白，囚徒 A 还应该选择坦白，因为他将得到释放。因此，无论囚徒 B 选择什么，囚徒 A 的最优选择都是坦白，并且这一分析逻辑同样适用于囚徒 B。故而两名参与者的占优策略都是坦白，此即该博弈的纳什均衡。

表 8—1　　　　囚徒困境博弈

		囚徒 B	
		坦白	不坦白
囚徒 A	坦白	−5，−5	0，−10
	不坦白	−10，0	−1，−1

在上述博弈中，如果将参与者 A 和 B 的策略分别记为 s_{A1}（坦白）、s_{A2}（不坦白）和 s_{B1}（坦白）、s_{B2}（不坦白），那么当 A 决定不坦白而 B 决定坦白时，有：

①A 的实际选择为 $s_A(t)=s_{A2}$。

② B 的实际选择为 $s_B(t)=s_{B1}$。

③A 得到的收益为 $\pi_A(s_{A2}, s_{B1})=-10$。

④A 放弃的收益为 $\pi_A(s_{A1}, s_{B1})=-5$。

⑤A 的最优反应为 $b_A(s_{B1})=s_{A1}$。

⑥ B 得到的收益为 $\pi_B(s_{A2}, s_{B1})=0$。

⑦ B 放弃的收益为 $\pi_B(s_{A2}, s_{B2})=-1$。

上述七个信息是形成每个策略的吸引力的基础。根据这些信息，我们就可对某个学习理论进行评估，因为每个学习理论所涉及的信息都在这七个信息之内。其中需要借助一些统计学原理，从而可把吸引力值映射为对不同策略的选择概率，一个基本推测是，某个策略的吸引力越大，它被选择的可能性就越大。此处常会使用诸如 Logit 反应函数这样的函数形式，这在第 7 章的 QRE 模型和认知层级模型中均有提及。

至于对不同学习理论的评估与对比，从经验层面可采取如下几种方式：

①直接检验法，即向每名受试者询问，他们在学习和选择策略时会用到哪些类型的信息。

②间接检验法，即运用电脑程序来构建实验，以观测人们会使用哪些信息。

③统计检验法，即通过使用诸如 Logit 回归和极大似然估计这样的统计学技术，来考察模型是否能良好地拟合数据并作出精确预测。

每种类型的检验都可用于不同模型的比较，现在我们就来详细讨论这些理论。鉴于本书预设的难易度及潜在读者群，我们在本章仅对各种学习理论进行一般性的描述，其中主要评介每种学习理论下的策略吸引力的更新方式，更多技术细节及相关检验可参考凯莫勒（Camerer，2003）的《行为博弈》第6章的内容。

8.1.3 心理学基础

在本章，我们将不再对每个学习理论的心理学基础进行详细分述，而是在此给出一个总括性说明。我们在第5章中已指出，人类固有的认知能力局限使其无法迅速获得解决问题的最佳方案，而只能借助一些直觉推断法来形成基本判断。但每种直觉推断法都有其适用范围，在范围以内是很有效的，一旦超出其范围，就容易导致严重偏差。此时，通过学习就可对这些偏差予以调整。

但需要强调的是，学习也是漫长进化年代里形成的一种适应性机制，在很多时候，某些学习规则本身就是一种直觉推断法，如后面将要介绍的模仿学习就属此例。因此，学习也是以解决适应性问题为导向的，而不是以标准经济学意义上的理性为导向。换言之，学习的目的不是理性，而是最大化生物体的适应性。因此，学习本身并不能保证现实博弈的结果一定收敛于纳什均衡，学习仅仅意味着个体能够依靠经验的累积来调整策略。

8.2 强化学习

本节将对**强化学习**理论的内容、缘起、发展历程及其基本形式进行简要评述。强化学习理论源于行为学派的心理学。在20世纪20—60年代这段心理学发展期内，行为学派是一个极端而重要的组成部分。行为学派厌倦了之前的“精神学家们”对不可直接观测的思维过程的模糊描述，于是在对认知过程的建模中强行加入了智力限制，并且坚持认为所有的行为都可解释成是对以前强化的习得性反应。

虽然强化理论关于人类特性的极端观点长期统治着心理学领域，但行为学派不能解释在具有大量可能反应和缺乏直接强化的领域里人们是如何通过感知和模仿来迅速学习的，比如儿童学习语言就属此例。不过，强化模型在研究动物学习和某些人类行为时仍有广泛的应用，比如恐惧症，或是像老虎机（一种赌博器具）这样的简单决策环境下的学习，等等。

在博弈论的发展过程中，出现过三次研究强化学习理论的热潮。早在60年前，布什和莫斯泰勒（Bush and Mosteller，1955）等人就构造了一些简单的强化规则，并将它们应用于决策中的学习。其后，克劳斯（Cross，1973；1983）发起了第二次研究浪潮，他进一步将强化应用于经济决策。但不幸的是，他的先驱性工作在很大程度上被人们忽视，直到十年后的第三次浪潮，阿瑟（Arthur，1991；1994）才再次复兴了强化方法并将之用于对简单决策的解释。其后，马卡里斯特（McAllister，1991）、莫克基和索弗（Mookerjee and Sopher，1994）、罗斯和艾利夫（Roth and Erev，1995）、萨林和瓦希德（Sarin and Vahid，2001）以及其他学者又将强化理论应用于博弈情形。

在这里，我们以马卡里斯特（McAllister，1991）的方法作为强化学习理论的基本形式并予以介绍。在他的方法下，博弈参与者 i 面对的每个策略的吸引力根据如下两个公式进行更新：

$$A_{ij}(t)=\varphi A_{ij}(t-1)+(1-\varphi)\pi_i(s_i(t),s_{-i}(t)),\ s_i(t)=s_{ij} \tag{8.1}$$

$$A_{ij}(t)=\varphi A_{ij}(t-1)\text{，在其他情况下} \tag{8.2}$$

其中 $0\leqslant\varphi\leqslant 1$ 为权重。而选择策略 s_{ij} 的概率依据下式进行更新：

$$P_{ij}(t+1)=(A_{ij}(t)-\alpha\rho_j(t)A_{ij}(t))/\sum_{k=1}^{m_i}(A_{ik}(t)-A_{ik}(t)\alpha\rho_k(t)) \tag{8.3}$$

其中，α 是影响学习速率的调整因子，$\rho_j(t)$ 是调整率。

因此，式（8.1）表达的意义是：如果参与者 i 在时期 t 恰好选择了第 j 个策略 s_{ij}，则策略 s_{ij} 在第 t 期对他的吸引力是该策略在时期 t 的收益与该策略在时期 $t-1$ 的吸引力的加权平均值。换言之，$\pi_i(s_i(t),s_{-i}(t))$ 形成了对 $A_{ij}(t-1)$ 的更新。相对地，式（8.2）表达的是：如果参与者 i 在时期 t 未选择策略 s_{ij}，则该策略在时期 $t-1$ 形成的吸引力 $A_{ij}(t-1)$ 将无法得到进一步更新，并且还会以 φ 的比例衰减。

从式（8.1）及式（8.2）可看到，强化学习理论认为，受试者在进行策略选择时使用的信息很少，仅包括他们自己以前的选择以及当前所得到的收益。虽然这种行为在许多动物身上确实存在，但已有许多经验研究显示，人类不仅使用这些信息，而且还使用其他信息，因此仅用强化学习理论有时很难解释人类的行为。

萨林和瓦希德（Sarin and Vahid，2001）提出了另一个强化模型，其中巧妙地考虑了情绪冲击对策略选择的强化作用。其方法是，令当期吸引力等于滞后吸引力加上一个“**惊奇度**”的 γ 倍，其中 γ 是学习速度参数，而“惊奇度”是实际获得的收益与前一期吸引力之差。于是，吸引力公式可写为：

$$A_{ij}(t)=A_{ij}(t-1)+\gamma(\pi_i(s_{ij},s_{-i}(t))-A_{ij}(t-1)),\ s_i(t)=s_{ij} \tag{8.4}$$

$$A_{ij}(t)=A_{ij}(t-1)\text{，在其他情况下} \tag{8.5}$$

可见，从选择策略 s_{ij} 中得到的收益与前一期的吸引力相比差距越大，意味着选择策略 s_{ij} 给个体带来的情绪冲击越高，于是会强化策略 s_{ij} 的吸引力。萨林和瓦希德还假定，博弈参与者总会选取吸引力最强的策略，这不同于前面马卡里斯特的假定即策略选择依据于某一概率更新函数。

从统计检验上看，强化学习理论虽然可能预测到学习的方向，但是它所预测的学习速度过慢，这与人类学习的真实速度不符（我们将在第 8.6 节的案例研究中详细讨论这一点）。一个可能的原因是，在许多现实情形中，无论是博弈实验还是日常生活，其实都很少存在强化。只有当一名受试者选择了一个好策略时，针对这一策略的强化才会发生；而当选择的是坏策略时，受试者就很难获得搜寻更好策略的线索，并且之前选过的好策略也得不到进一步强化。另外，即便受试者选择的是好策略，这一策略也可能不是最优的，但受试者却很难知道这一点，从而在错误的方向上进行了强化。

8.3 信念学习

本节将对**信念学习**理论及其主要形式进行评述。在经济学中，有关信念学习的著名例子可追溯至古诺寡头模型（Cournot，1838）。其后的伯川德（Bertrand，1883）和冯·斯塔克尔伯格（Von Stackelberg，1934）的寡头模型也属于类似的例子。在这些寡头模型中，描述的都是厂商如何对前一期观测到的行为作出最优反应，其中，对前一期行为的观测构成了厂商在本期的信念，这些信念又影响着各个策略对厂商的吸引力，因此厂商在本期的选择也取决于这些信念，这意味着信念的动态调整对于厂商的策略选择就至为重要，此即信念学习的基本思想。

在本节，我们将简要介绍当前关于信念学习的主要理论及研究进展，主要包括**虚拟对策**模型、**一般信念学习**模型、**方向学习**模型和**贝叶斯学习**模型。在介绍这些模型之前，我们首先回顾一下古诺寡头模型的基本内容，因为其中涉及的动态调整过程代表了信念学习的早期思想来源。

8.3.1 古诺最优反应动态

最初的古诺寡头模型涉及的是一个只有两家厂商的市场，称为 A 和 B。一般来说，古诺寡头模型基于如下几条假定：

①市场上存在若干家厂商和大量购买者，且不会有新的厂商进入市场。

②厂商生产同质的产品，因此每家厂商只能索取相同的市场价格。

③厂商之间展开的是产量竞争，即每家厂商对其他厂商的产量水平进行估计，并据此决定自己的产量水平。每家厂商都相信，它自己的产量策略不会影响其他厂商的策略。

④每家厂商都力图最大化利润，并认为其他厂商也是如此。

基于上述假定，我们可用两厂商情形（A 和 B）来阐明古诺模型的要义。首先，我们假定市场需求函数为 $P=400-2Q$（其中 P 为市场价格，Q 为产量）。其次，两家厂商面临不变的边际成本 40，不存在固定成本。于是，该模型的解析过程可表示为如下几个步骤：

①设厂商 A 和 B 的产量分别为 Q_A 和 Q_B，这意味着 $Q=Q_A+Q_B$。于是，市场需求函数可重新表达为：

$$P=400-2(Q_A+Q_B)=400-2Q_A-2Q_B \tag{8.6}$$

②将每家厂商的利润表述为两家厂商产量的函数。由于不存在固定成本，因此边际成本与平均成本是相等的，于是厂商 A 的利润方程可写作：

$$\begin{aligned}\prod_A &= PQ_A-40Q_A\\ &=(400-2Q_A-2Q_B)Q_A-40Q_A\\ &=360Q_A-2Q_A^2-2Q_BQ_A\end{aligned} \tag{8.7}$$

③将厂商 A 的最优产量表述为厂商 B 的产量的函数。为此，我们需计算利润函数 $\prod_A$ 对 Q_A 的导数，并令其等于零（以使利润最大化）：

$$\frac{\partial \prod_A}{\partial Q_A}=360-4Q_A-2Q_B=0 \tag{8.8}$$

于是得到：

$$Q_A=90-0.5Q_B \tag{8.9}$$

式（8.9）即为厂商A的最优反应函数。它说明的是，厂商A根据它对厂商B的产量的估计来决定自己在市场上应投放多少产量。

④上述的解析步骤也可用于厂商B，从而得到厂商B的最优反应函数。由于厂商A和厂商B是对称的，因此厂商B的最优反应函数可写为：

$$Q_B = 90 - 0.5Q_A \tag{8.10}$$

⑤通过联立上面两个最优反应函数，即可解出厂商A和B的均衡产量，$Q_A = Q_B = 60$。

上面求出的两家厂商的均衡产量可被称为**古诺-纳什均衡**，因为每家厂商都对另一家厂商的产量策略作了最优反应，并且两家厂商都没有偏离这一策略的倾向。但严格来说，厂商A与B并不会在瞬间达到这一均衡，一个更可能的情况是，它们会不断根据对方的产量来调整自己的产量，进而不断逼近纳什均衡。这一调整过程可通过将时间变量引入式（8.9）、式（8.10）来得到：

$$Q_A(t) = 90 - 0.5Q_B(t-1) \tag{8.11}$$

$$Q_B(t) = 90 - 0.5Q_A(t-1) \tag{8.12}$$

上述两式的含义是，无论是厂商A还是厂商B，它们均通过观察对手的上一期产量，来决定它们在本期的最优产量。这一过程循环往复，最后二者将达到纳什均衡。但其中隐含的一个假定是，厂商相信对手不会在本期改变产量，换言之，厂商将对手的上一期产量作为自己在本期所持有的信念，并基于这一信念来决定自己本期的产量选择。这一过程实际上描述了一个最为简单的信念学习形式，可将之称为**古诺最优反应动态**。

8.3.2 虚拟对策

基于早期古诺寡头模型的启发，一些学者于20世纪50年代提出了一种关于虚拟对策的模型（Brown，1951；Robinson，1951）。其基本思想是，参与者观察其他参与者在过去一段时期内选择不同策略的相对频率，而这些相对频率就成为对其他参与者在下一期做出何种行为的信念。根据这些信念，参与者就可算出选择每种策略的期望收益，并更多地选择那些期望收益较高的策略。在最基本的虚拟对策模型中，对所有的历史观测值都赋予相同的权重，但其后的一些变体模型对不同的历史观测值赋予了差异化的权重，其中越久远的观测值被赋予的权重也越低，这反映了越久远的信息对于形成当前信念越不重要。如此一来，上述的古诺寡头模型就可看作虚拟对策模型的一个极端情形，因为它实际上只对最近一期的观测值赋予了权重，而对更久远的观测值不赋予任何权重，见式（8.11）、式（8.12）。

早期的研究证明，在一些博弈中，如果虚拟对策的信念是收敛的，那么这些信念就能收敛至纳什均衡，比如前述的古诺寡头模型就是如此。然而，沙普利——2012年诺贝尔经济学奖得主——却指出，在某种包含三个策略的零和博弈中，虚拟对策在各种策略之间循环而不能达到唯一的混合策略均衡（Shapley，1964）。人们本来希望，对于虚拟对策收敛于纳什均衡这一点应存在一般性的保证，但沙普利的反例却占了上风，这导致此方面的研究步入低谷。

从20世纪80年代始，理论学家复兴了关于虚拟对策的研究，并将它解释为参与者是如何从多时期的实际行为中（而不是从心理上的模拟实验中）学习的（Fudenberg and Kreps，1995）。

张和弗里德曼（Cheung and Friedman，1997）较早地通过全面使用实验数据来研究信念学习。他们假定，参与者基于加权的虚拟对策来形成对其他人选择各策略的相对频率的信念。于是，在一个简单的两人两策略博弈中，参与者 A 认为参与者 B 在时期 $t+1$ 选择策略 s_{B1} 的相对频率为：

$$E_A(s_{B1})(t+1)=\frac{I(s_{B1},s_B(t))+\sum_{k=1}^{t-1}\varphi_A^k\cdot I(s_{B1},s_B(t-k))}{1+\sum_{k=1}^{t-1}\varphi_A^k} \tag{8.13}$$

其中，φ_A^k 为权重函数；$I(x,y)$ 为指示函数，当 $x=y$ 时 $I(x,y)=1$，当 $x\neq y$ 时 $I(x,y)=0$。从上式中可发现，t 期的观测值被赋予的权重为 1，$t-1$ 期的观测值被赋予的权重为 φ_A，$t-2$ 期的观测值被赋予的权重为 φ_A^2，以此类推，最初一期的观测值被赋予的权重为 φ_A^{t-1}。可见，若设 $0<\varphi_A<1$，那么越是久远的观测值被赋予的权重也就越小；而当 $\varphi_A=1$ 时，加权虚拟对策就退化为最基本的虚拟对策模型，即对历史各期观测值都赋予相同的权重；而当 $\varphi_A=0$ 时，它就退化为上面介绍的古诺最优反应动态，因为只有上一期的观测值被赋予了权重，为 1。

8.3.3 一般信念学习

当博弈存在多个纳什均衡时，究竟哪个均衡会被最终选出？此时，参与者之间面临着协调问题，因此这类博弈被称为**协调博弈**。我们在第 7.1 节已经提到，解析博弈论很难对协调博弈的结果作出有效预测。因此，我们需要借助重复的实验，来观察参与者策略的动态调整及收敛方向。这一调整过程反映的就是参与者的学习过程。由于协调博弈涉及多个均衡，因此在实验的起始阶段，各参与者持有的初始信念往往是分散化的。对此，克劳福德（Crawford，1995）、克劳福德和布罗塞塔（Crawford and Broseta，1998）提出了所谓的一般信念学习模型，其中基于分散的初始信念和适应性动态的相互作用来解释博弈中的收敛方式，即参与者的**一般信念**的形成过程。

为了说明一般信念学习模型的预测机制，我们先来看范·哈依克、巴特里奥和贝尔（Van Huyck，Battalio and Beil，1990；1991）所研究的某种协调博弈。在这类博弈中，参与者 i 从 1 到 7 中选取一个数字，并且他的收益取决于所选的数字 $s_i(t)$，以及所有被选数字的某个次序统计量 $y(t)$（比如中位数或最小值等）。一般来说，参与者的收益通常是 $y(t)$ 的增函数，但却是 $s_i(t)$ 与 $y(t)$ 之间偏差的减函数。比如，当 $y(t)$ 被规定为所有被选数字的中位数时，如果参与者选择的数字高于或低于这个中位数，他受到的惩罚将是偏差的平方倍，因此所有人都力图寻求相互一致的中位数，这需要他们之间存在某种协调。而当 $y(t)$ 被规定为所有被选数字的最小值时，如果参与者的选择大于这一最小值，则他将会受到处罚。

显然，在上述博弈中，如果所有参与者都选择了某个相同的数字，那么就构成了一个纳什均衡，这意味着纳什均衡共有七个。那么究竟哪个均衡会最终出现？范·哈依克等人的实验结果是，在关于中位数的博弈中，参与者初始的选择会比较分散，但选择 4 和 5 的人比较多，并且会在几个时期内迅速收敛于最初的中位数。在关于最小值的博弈中，初始选择的分散性意味着他们选择的最小值通常很低，并且参与者一般在几期内就会收敛于最小值 1。

对于上述实验结果，克劳福德认为，由于参与者在偏离次序统计量时会受到惩罚，因此在研究中无须将参与者对次序统计量的信念与他的实际选择区分开来。基于这一考虑以及自适应性控制方面的研究成果，克劳福德假设参与者 i 在第 1 期的初始选择 $s_i(1)$ 为：

$$s_i(1) = \alpha_0 + \zeta_{i0} \tag{8.14}$$

而在随后的其他时期，调整过的选择 $s_i(t)$ 为：

$$s_i(t) = \alpha_t + (1-\varphi_t)y(t-1) + \varphi_t s_i(t-1) + \zeta_{it} \tag{8.15}$$

在上述两个等式中，每个参与者的反应都取决于他们共有的参数和一个因人而异的变量。其中，截距 α_t 表示各期选择中的漂移项，它对每个参与者来说都是相同的。权重 φ_t 表示学习的速度，这个值越小，表示对经验（即观察到的上一期次序统计量）的反应越快。ζ_{it} 反映了因人而异的初始信念（$t=0$）以及对信念的冲击（$t\neq1$）。于是，式（8.14）体现了参与者在第 1 期的初始选择，而式（8.15）表明参与者在随后每一期的选择是他在上一期的实际选择与观察到的上一期次序统计量的加权平均值。

可以认为，上述模型是虚拟对策模型与古诺模型的更一般形式，因为它包含了随时间而异的历史权重以及在信念方面的特殊变化，比如源于参与者的灵感突发或是因公共事件而产生的对信念的冲击。进行递归处理后，克劳福德发现，给定一组合理的参数值，就会得到唯一的选择路径和相应的次序统计量，于是所有的参与者最后都会选择相同的数字。从直觉上看，这意味着只要一组参与者持续地对经验进行学习，并且漂移项与冲击项是跨期衰减的，那么他们最终就会达到一个彼此最优的反应点。但至于参与者会达到哪个均衡，则随机地取决于初始条件和参数值。正因为如此，实验观察就是切实必要的，因为在很多情形下，仅靠推理本身并不能预测哪种路径会发生，而这也正是解析博弈论的局限之处。让人们参与到博弈之中并观察发生了什么，才是充分理解上述学习过程的必要条件。

借助一定的计量经济学手段，基于上述中位数博弈的实验数据，可估计出 α_0 值为 4.75，这反映了参与者在第 1 期主要倾向于选择 4 或 5。另外，参与者在第 1 期的对信念的冲击方差为 1.62，意味着各参与者初始选择的标准差为 1.27。而学习速度系数 φ_t 被估计为 0.42，这表明相对于参与者上一期的选择来说，他们赋予了观察到的上一期中位数 $y(t)$ 更高的权重（即 $1-0.42=0.58$）。

而基于上述最小值博弈的实验数据，漂移项 α_t 在 t 个时期内都被限定为非零常数。其估计值为 -0.27，这反映了各期选择数据具有明显的下降趋势。学习速度系数 φ_t 的估计值为 0.75，表明参与者在最小值博弈中的学习速度要比在中位数博弈中更慢。

8.3.4 方向学习

方向学习理论的考察目标是：当参与者在低信息环境下仅知道策略变化的合理方向时，他们会怎样调整策略。一个直观的例子是射箭。如果箭射在了靶心的左边，射手将知道下一次瞄准时要朝右边一点，但他仅知道这么多而已。虽然方向学习理论尚处于发展阶段，但可以把它看作信念学习的相关理论，它把古诺模型的特征（越来越接近最优反应点）与参与者的选择惯性进行了结合。

泽尔腾和斯多克（Selten and Stöcker，1986）使用方向学习理论分析了有限次的重复囚徒困境博弈实验。关于囚徒困境博弈的基本内容可见表8—1，其中，若把参与者选择坦白看作是背叛，把不坦白看作是合作，则该博弈的唯一纳什均衡是（背叛，背叛）。显然，如果对囚徒困境博弈进行有限次的多期重复，那么这一重复博弈的纳什均衡是，参与者在第一期都选择背叛，并在随后各期也都选择背叛。然而，这一均衡并不是帕累托占优解，因为若双方在每期都选择合作，则将得到一个对双方都更有利的结果。

但是，在实验中常会看到，参与者并不一定在起始期就会选择背叛，而是在若干期的合作之后，由于某一方通过背叛而额外牟利，导致后续各期双方均选择背叛。据此，泽尔腾和斯多克在其模型中假定，每个参与者都有一个企图背叛的时期 k，并根据对手的背叛期来进行学习，从而向前或向后调整自己的背叛期。可见，当对手比你背叛得早时，你倾向于将你的背叛期也提前，从而避免更多损失；当对手和你同时背叛时，你也倾向于将背叛期提前，以获取更多额外收益；而当对手比你背叛得晚时，你倾向于将你的背叛期也延后，以试图延长合作期来提高总收益。据此，泽尔腾和斯多克进一步假定，比对手背叛得晚的参与者以概率 α 来将他们的背叛期 k 提前一期；与对手同时背叛的参与者以概率 β 来将他们的背叛期 k 提前一期，且 $\alpha>\beta$，这意味着相对于同时发生的背叛，参与者更可能从先于他背叛的背叛中进行学习，因为他对先于他的背叛会反应得更激烈；另外，若参与者在其对手之前背叛，则他以概率 γ 来将其背叛期 k 延后一期。

实验结果显示，在65%的情况下，参与者确实像方向学习理论预测的那样改变他们的背叛期；而在另外35%的情况下，参与者与理论的预测恰好相反。通过实验数据可以得到 α、β 和 γ 的中位数估计值分别为0.500、0.135和0.225，且利用这些参数得到的稳态计算暗示，从长期来看，在实验的起始阶段就会立即发生背叛。

方向学习理论为学习建立了一个简单的框架，并且通常能预测其他研究中大多数的关于策略选择的方向性变化。然而，方向学习理论仅能预测出策略调整的趋势，无法作出确切预测，因此很难形成全面的影响力。在很多时候，我们需将方向学习理论植入其他学习理论，才可取得更好的预测效果。另外，如果我们定义参与者 i 在事后的最优选择为 $b_i(t)$，而他的实际选择为 $s_i(t)$，那么根据方向学习理论的预测，他接下来将会选择 $s_i(t)$ 和 $b_i(t)$ 之间的策略。但假如存在这样一种博弈，其中处于 $[s_i(t), b_i(t)]$ 之间的某些策略仅能提供很低的收益，那么这些低收益策略是否会被参与者选取？方向学习理论对此无法做出任何预测和说明。

8.3.5 贝叶斯学习

信念学习的一个更现代的版本是由乔丹（Jordan，1991）提出的，其中涉及所谓的贝叶斯学习。在该模型中，参与者不确定其他参与者的具体收益状况，但是每个收益矩阵被采用的先验概率是共有知识，并且随着时间的推移，他们能从其他参与者的行动中进行学习，即通过贝叶斯法则来不断更新每个收益矩阵被采用的条件概率。乔丹指出，在有限次的重复博弈中，贝叶斯学习过程会收敛至纳什均衡。虽然这一结论在理论上是可靠的，但乔丹仅能解释参与者如何对其他人的收益进行学习，而不能解释如何对其他人的可能行动进行学习。并且在收益情况为共有知识的简单情形下，乔丹的模型认为均衡会立即出现，但这在实验中是极为罕见的。由于乔丹的模型对这种简单情形的预测尚且出错，因此它很难成为最优的一般性方法。尽管如此，它还是做出了一些有趣的预测，值得我们进行关注。

考克斯、夏查特和沃尔克（Cox，Shachat and Walker，2001）最早对乔丹的贝叶斯学习模型进行了实验检验。我们在表8—2中给出了考克斯等人所采取的博弈，其中：行参与者的收益由四个收益矩阵中的一个来给出（分别为A、B、C、D），而列参与者的收益由两个收益矩阵中的一个来给出（分别为B、D）。每个真实的博弈都是一个行参与者收益矩阵和一个列参与者收益矩阵的联合体（其中，括号内是每种收益矩阵的先验概率）。参与者知道他们自己的矩阵，不知道其他参与者采用了哪个矩阵，但每个矩阵被采用的先验概率是共有知识。

表8—2　贝叶斯学习博弈中的收益矩阵

	行参与者的收益矩阵								列参与者的收益矩阵			
	A（3/8）		B（1/8）		C（3/8）		D（1/8）		B（1/2）		D（1/2）	
	左	右	左	右	左	右	左	右	左	右	左	右
上	1	2	0	3	1	0	3	0	0	2	3	1
下	0	0	2	2	2	2	1	1	3	2	0	1

资料来源：Cox，Shachat and Walker（2001）。

按照贝叶斯学习过程，参与者不仅采取行动，同时还学习有关其他参与者的收益矩阵。举例来说，假设行参与者的矩阵为C而列参与者的矩阵为B（用CB表示）。于是，两名参与者的学习过程可分析如下：

①对于行参与者来说，当他的矩阵为C时，存在一个明显的占优策略为“下”，因此他无须进行更多学习，直接选“下”以获取2即可。

②对于列参与者来说，他的学习过程较为复杂。首先，他需要分析行参与者在每种矩阵下的策略：当矩阵是A时，行参与者的占优策略为“上”；当矩阵是C时，行参与者的占优策略为“下”；而当矩阵是B时，行参与者将选择“下”；当矩阵是D时，行参与者又会选择“上”（B、D情形下涉及的推理过程，读者可自行完成）。于是，从矩阵A到D行参与者的最优选择将依次为“上”、“下”、“下”、“上”。基于这些推测，并且给定每个矩阵的先验概率，列参与者就可算出行参与者选择“上”或“下”的概率均为1/2。据此，列参与者就可进一步计算他本人选择“左”或“右”的期望收益。由于他已知自己的矩阵是B，因此他选择“左”的期望收益为$0.5\times0+0.5\times3=1.5$，选择“右”的期望收益为2，于是他将选择“右”。

③根据上述分析可知，当矩阵联合体为CB时，贝叶斯学习意味着在时期1的博弈结果为（下，右）。但要注意的是，当列参与者观察到时期1的结果为（下，右）时，他将意识到行参与者的矩阵是B或C。这样，列参与者将推断行参与者会一直选择“下”，因此他的更优策略是选“左”从而获得3。于是，时期2的博弈结果将为（下，左）。到此为止就没有更多可供学习的东西了，两名参与者在后面各期将一直选取（下，左）。

现在，让我们来考察相关的实验结果。在实验中，行参与者在时期1的选择在70%的情形下符合乔丹模型的预测结果，而列参与者在60%的情形下符合预测。在时期2（基于时期1的历史条件），相应的比率变为54%和69%。这样看来，参与者大致上遵循了乔丹路径，但同时也存在显著的偏差。此外，更多的实验检验还表明，乔丹模型似乎对简单博弈预测得较好，但在更复杂的博弈中就很难做到预测准确。一个可能的原因是，参与者可进行贝叶斯更新是一个过于苛刻的假定，这已在第5章作了详细讨论。

8.4 模仿学习

本节的关注点为**模仿学习**理论。模仿是人类常见的一种学习方式。在动物或儿童中，模仿行为尤其普遍。在很多时候，模仿是一个非常有效的直觉推断法，因为参与者只需重复选择别人的策略即可，无须形成自己的信念或评估所有的策略（Schlag，1999）。换言之，别人对某策略的选择影响着该策略对你的吸引力。

胡克、诺曼和奥奇斯勒（Hück，Normann and Oechssler，1999）研究了古诺寡头市场中的模仿学习情形。在他们的实验中，四名参与者（扮演厂商）每一期都在区间[0，100]中选择某个产量$q_i(t)$，$i=1，2，3，4$，这一过程共进行40期。产品价格由市场需求函数$P(t)=100-Q(t)$决定，其中$Q(t)=\sum_{i=1}^{4}q_i(t)$为总产量。假设所有参与者的边际成本都是1，于是每名参与者的利润方程为$\pi_i(t)=q_i(t)(P(t)-1)$。通过简单的计算，我们即可得到关于总产量的三个基本预测：一是古诺纳什均衡产量，为79.2；二是瓦尔拉斯或竞争性产量，即价格等于边际成本时的产量，为99；三是共谋产量，即最大化行业利润的产量，为49.5。

胡克等人的研究焦点是，当参与者面临的信息条件不同时，他们会表现出怎样的学习方式。为此，他们比较了四种信息条件下的参与者行为，分别是BEST、FULL、IMIT和NOIN条件，见表8—3。此外，他们还在实验中引入了“惯性”，即假定厂商在每一期只能以1/3的概率改变其产量。

表8—3　胡克等人博弈中的信息条件和产量预测

条件	厂商i的可得信息		预测的总产量$Q(t)$		平均$Q(t)$（标准差）
	信息	产量、利润	古诺最优反应动态	模仿最优厂商	
BEST	需求、成本	$Q(t)$	79.2	失效	82.56 (2.5)
FULL	需求、成本	$q_j(t)$，$\pi_j(t)$ $j=1，2，3，4$	79.2	99	91.60 (6.5)
IMIT	无	$q_j(t)$，$\pi_j(t)$ $j=1，2，3，4$	失效	99	138.85 (31.6)
NOIN	无	$\pi_i(t)$	失效	失效	93.55 (14.7)

资料来源：Hück，Normann and Oechssler（1999）。

可见，在不同的信息条件下，不同的学习方式会得到不同的结果。此处主要考察古诺最优反应动态和模仿学习的两种情况（其中，前者在本质上是一种信念学习，而后者在这里主要指模仿最成功厂商的产量）：

①在 BEST 条件下，参与者不但可获知需求函数形式和边际成本，而且还可获知总产量。于是，如果参与者是按照古诺最优反应动态来学习的，那么他们将使总产量收敛于古诺产量 79.2；而如果他们是模仿学习的，那么他们此时并不知道该去模仿谁，这意味着此时模仿学习理论是失效的。

②在 FULL 条件下，参与者不但可获知需求函数形式和边际成本，而且还可获知每名参与者的产量和利润。于是，如果参与者是按照古诺最优反应动态来学习的，那么他们仍能将总产量收敛于古诺产量 79.2；而如果他们是模仿学习的，由于此时他们清楚每名厂商的产量和利润，因此模仿行为是可行的，那么他们将使总产量收敛于竞争性产量 99（这是因为，当价格高于边际成本时，产量最大的厂商将获得最高利润，因此它被视为最成功的厂商和被模仿的对象。当其他厂商都模仿该厂商的产量时，价格将逐渐被压低至等于边际成本，于是总产量将接近竞争性产量）。

③在 IMIT 条件下，参与者仅能获知每名参与者的产量和利润。于是，如果参与者是按照古诺最优反应动态来学习的，他们将无法算出古诺产量，这意味着此时古诺模型是失效的；而如果他们是模仿学习的，那么他们将使总产量收敛于竞争性产量 99。

④在 NOIN 条件下，参与者仅能获知自己的利润，因此他们既无法按古诺最优反应动态来学习，也无法实施模仿学习。此时，这两种学习理论都是失效的。

现在，让我们来考察相关的实验结果。实验显示，在 BEST 条件下，产量会缓慢地降低，最终收敛并接近古诺最优反应动态所预测的产量 79.2。而在 FULL 条件下，产量会收敛并接近瓦尔拉斯产量 99。由于在 FULL 条件下受试者知道每个厂商的产量和利润，并且模仿最成功厂商的策略会导致向瓦尔拉斯产量收敛，因此当观察到这一收敛现象时，就意味着确实发生了模仿。在 IMIT 条件下，产量的波动很大。而在 NOIN 条件下，初始阶段的产量也存在大幅度的波动，但随后会收敛并接近瓦尔拉斯产量 99。

胡克等人用一个多项回归式来描述这些学习，从而把各期产量的变化 $q_i(t)-q_i(t-1)$ 与各种学习理论预测的产量变化联系了起来。在其回归式中，定义参与者 i 对 $t-1$ 期产量的最优反应为 $\gamma_i(t-1)$，获得最高利润的厂商的产量是 $b(t-1)$，其他厂商的平均产量是 $a(t-1)$。于是，回归函数被表达为：

$$q_i(t)-q_i(t-1)=\beta_0+\beta_1(\gamma_i(t-1)-q_i(t-1))+\beta_2(b(t-1)-q_i(t-1)) \\ +\beta_3(\alpha(t-1)-q_i(t-1))+\varepsilon_{it} \tag{8.16}$$

其中，系数 β_1、β_2 和 β_3 分别度量了古诺最优反应动态、模仿最成功厂商和模仿平均厂商三种理论对产量变化的预测程度。结果显示，所有系数的显著性都很高，并且在 FULL 条件下，古诺最优反应动态对产量变化的预测程度（$\beta_1=0.366$）要比模仿最成功厂商（$\beta_2=0.110$）强得多。但在 IMIT 条件下，古诺最优反应动态是无法被计算的。此时，模仿最成功厂商对产量变化的预测程度最为突出，β_2 的估计值为 0.465，而模仿平均厂商对产量变化的预测程度很小，β_3 的估计值仅为 0.151。

上述分析表明，在胡克等人的实验中，古诺最优反应动态和模仿学习是同时存在的。这一结论意味着我们应该把模仿行为严格地看作学习的一种经验性来源。另外，上述实验结果的另一个启示是，学习过程并不一定向纳什均衡收敛（在本节的实验中纳什均衡为古诺产量），而是依赖于可得的信息条件以及所采取的学习规则。比如在本节的实验例子中，

FULL 条件下的产量就会收敛于瓦尔拉斯产量，这意味着模仿学习的结果并不一定收敛于纳什均衡。

8.5　经验加权吸引力学习

到目前为止，本章所介绍的学习模型都只涉及单一的学习规则。所谓**学习规则**，实质上是一种对不同信息的加权方法，这些信息主要是指第 8.1 节中给出的决定策略吸引力的七个要素。在本章前面的讨论中，一般假设参与者在实验中始终使用同一种学习规则。但在现实中，人们往往会同时使用不同的学习规则，或者在不同的学习规则之间切换。据此，研究者提出了所谓的混合学习模型，以试图在一个统一的框架下对多种学习模型进行混合。在这类模型中，较为著名的有**规则学习**模型与**经验加权吸引力学习**模型。其中，前者主要来自斯塔尔（Stahl，1996；2000）的贡献，其基本假设是，参与者知道各种学习规则的差异程度，并可根据每种规则的表现而从一种转换到另一种。此时，人们在每期的学习将不再基于每个策略的吸引力，而是基于各种学习规则的效果。于是，各策略被选择的概率取决于人们对不同学习规则赋予的权重，且这些权重又根据每种规则的表现而不断更新。鉴于本书的讨论范围，我们在此不再对规则学习理论作更多描述，感兴趣的读者可参阅凯莫勒（Camerer，2003）的相关章节内容。本节将重点评介另一个重要的混合学习模型——经验加权吸引力学习。

8.5.1　模型的基本描述

经验加权吸引力学习理论（experience-weighted attraction learning）根据其英文可简称为 EWA 学习理论。该理论的提出背景是，研究者发现强化学习理论与信念学习理论存在如下缺点：一方面，强化学习理论假定参与者不考虑未选策略的收益信息（可回顾式(8.1)、式（8.2)）；另一方面，信念学习理论假定参与者不考虑他们过去已选策略的信息（可回顾式（8.11)、式（8.12)）。但实际上，当这两种信息可用时，参与者是会加以考虑的。因此，凯莫勒和何（Camerer and Ho，1999）建立了一个强化学习和信念学习模型的混合体，此即 EWA 学习理论。其中，参与者对这两种类型的信息都会加以利用。

在 EWA 学习理论中，两个最为重要的变量是吸引力 $A_{ij}(t)$ 和经验权重 $N(t)$，它们在每期过后都会得到更新。其中，经验权重的初始值是 $N(0)$ （一种先验信念），并根据 $N(t)=\varphi(1-\kappa)N(t-1)+1$ 来更新，其限制条件为 $N(t)\leqslant 1/[1-\varphi(1-\kappa)]$，所以 $N(t)$ 是弱递增的。而吸引力的初始值是 $A_{ij}(0)$，并根据下式更新：

$$A_{ij}(t)=\frac{\varphi\cdot N(t-1)\cdot A_{ij}(t-1)+[\delta+(1-\delta)\cdot I(s_{ij},s_i(t))]\cdot\pi_i(s_{ij},s_{-i}(t))}{N(t)}\tag{8.17}$$

此处，$A_{ij}(t)$ 应视为在 t 期末所形成的关于策略 j 的吸引力。基于这一吸引力，策略 j 在 $t+1$期被选择的概率根据一个 Logit 反应函数来更新：

$$P_{ij}(t+1)=\mathrm{e}^{\lambda_i\cdot A_{ij}(t)}/\sum_{k=1}^{m_i}\mathrm{e}^{\lambda_i\cdot A_{ij}(t)}\tag{8.18}$$

这与第7章讨论认知层级模型时给出的式（7.17）是一致的，它反映了如何将某一策略的吸引力映射为选择该策略的概率。

接下来，我们需要对式（8.17）中的三个参数 δ、φ 和 κ 进行说明，它们的含义反映了 EWA 学习理论的内涵：

①δ 是赋予未选策略收益的权重，因此它主要在加权收益项 $[\delta+(1-\delta)I(s_{ij},s_i(t))]\pi_i(s_{ij},s_{-i}(t))$ 中发挥作用。具体而言：当策略 s_{ij} 被选择时，$I(s_{ij},s_i(t))=1$，于是策略 s_{ij} 的收益 $\pi(s_{ij},s_{-i}(t))$ 对吸引力 $A_{ij}(t)$ 的更新程度为 $1/N(t)$；而当策略 s_{ij} 未被选择时，$I(s_{ij},s_i(t))=0$，于是策略 s_{ij} 的收益 $\pi_i(s_{ij},s_{-i}(t))$ 对吸引力 $A_{ij}(t)$ 的更新程度为 $\delta/N(t)$。这意味着无论策略 s_{ij} 是否被选择，它的收益都会影响它的吸引力。于是，EWA 学习理论同时容纳了两种效应：一方面，参与者倾向于重复那些成功的策略；另一方面，参与者也会尝试那些可能会获得成功的策略。这就克服了强化学习模型只看重已选策略的缺点。

②φ 类似于一种贴现因子，它可使前一期的吸引力衰减，比如：参与者可能会忘记某一策略在过去的吸引力，又或者他意识到学习环境已发生改变，因此主动对旧信息予以淘汰，正如厂商会因技术进步而淘汰旧机器一样。

③κ 控制着吸引力 $A_{ij}(t)$ 的增长率：当 $\kappa=0$ 时，根据式（8.17），当期吸引力 $A_{ij}(t)$ 是上一期吸引力 $A_{ij}(t-1)$ 与加权收益项 $[\delta+(1-\delta)I(s_{ij},s_i(t))]\pi_i(s_{ij},s_{-i}(t))$ 的加权平均值，权重分别为 $\dfrac{\varphi\cdot N(t-1)}{\varphi\cdot N(t-1)+1}$ 和 $\dfrac{1}{\varphi\cdot N(t-1)+1}$，此时吸引力的增长是很缓慢的；而当 $\kappa=1$ 时，$N(t)=N(t-1)=1$，于是有：

$$A_{ij}(t)=\varphi A_{ij}(t-1)+[\delta+(1-\delta)\cdot I(s_{ij},s_i(t))]\cdot\pi_i(s_{ij},s_{-i}(t)] \qquad (8.19)$$

这意味着吸引力是累积式增长的，因此速度较快。吸引力的增长率十分重要，因为在式（8.18）所示的 Logit 反应函数中，吸引力的差异决定了选择概率的分布情况；在 λ 值被固定后，κ 越大，则意味着参与者能越敏锐地锁定于对某一策略的频繁选择。

8.5.2 与其他学习模型的关系

上面已经提到，EWA 学习理论实质上是将不同的学习规则囊括于统一的框架之下，所以它可看作不同学习模型的混合体，且主要涉及的是强化学习和信念学习。因此，一个自然而然的推断是，通过恰当的参数设定，就可让 EWA 学习模型退化为强化学习或信念学习。现在我们就来对此进行讨论。

①当 $\delta=0$，$\kappa=1$ 且 $N(0)=1$（于是 $N(t)=1$）时，式（8.17）中的吸引力更新方程将变为：

$$A_{ij}(t)=\varphi A_{ij}(t-1)+I(s_{ij},s_i(t))\pi_i(s_{ij},s_{-i}(t)) \qquad (8.20)$$

回顾第8.2节中的式（8.1）和式（8.2），可知式（8.20）实际上是强化学习模型的一种形式（由于吸引力是累积式增长的，所以可称为**累积强化学习**），此时参与者仅关心已选策略的收益，而未选策略的收益信息是不予考虑的。进一步地，当 κ 不为1而为0时，吸引力将是上一期吸引力与已选策略收益的加权平均值（被称为**平均强化学习**），这在形式上与式（8.1）更为接近。

②当 $\delta=1$ 且 $\kappa=0$ 时，式（8.17）的更新方程将变为：

$$A_{ij}(t)=\frac{\varphi\cdot N(t-1)\cdot A_{ij}(t-1)+\pi_i(s_{ij},s_{-i}(t))}{\varphi\cdot N(t-1)+1} \tag{8.21}$$

对它进行一定的代数变换即可发现，这个更新方程与第 8.3 节介绍的加权虚拟对策极为相似（具体的变换过程超出本书范围，故略去，感兴趣的读者可参阅 Camerer and Ho，1999）。这意味着根据加权虚拟对策进行学习的参与者与 EWA 学习者的行为存在相似性，而加权虚拟对策是信念学习理论的一种重要形式。

③进一步地，当三个主要参数 δ、φ 和 κ 以不同的组合出现时，EWA 学习模型将会蜕变为多种形式。据此，我们可基于（δ，φ，κ）坐标系，绘出一个立方体，并将不同的学习规则在这个立方体上标识出来，见图 8—1。

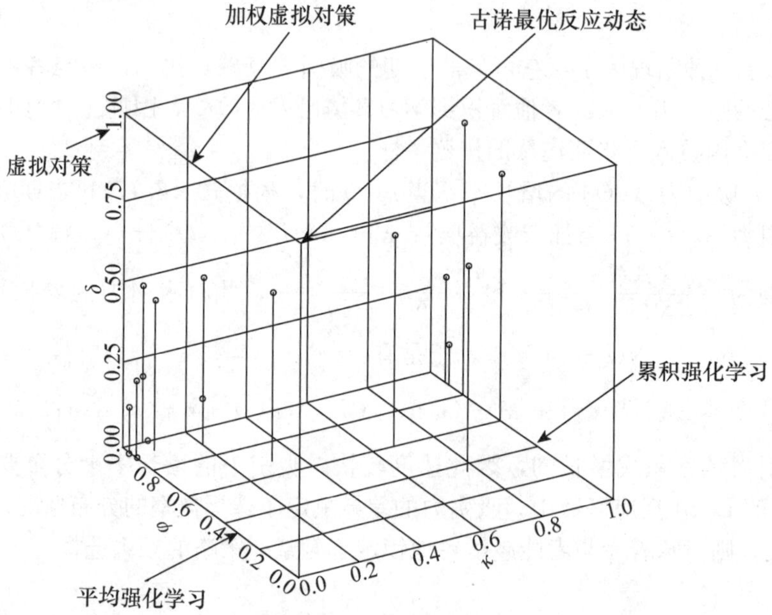

图 8—1　EWA 参数立方体

资料来源：Camerer（2003）。

在图 8—1 中，立方体上的每个点都是三个参数值的组合，每个组合都可以确定更新方程的某种具体形式。因此，整个立方体显示了一个 EWA 家族。显然，EWA 参数立方体的各顶点和棱对应于特殊的边界情况。比如：当 $\varphi=\kappa=0$ 且 $\delta=1$ 时就是古诺最优反应动态；当 $\kappa=0$ 且 $\varphi=\delta=1$ 时就是最基本的虚拟对策模型；当 $\delta=1$ 且 $\kappa=0$ 时则是加权虚拟对策；而当 $\delta=0$ 且 κ 分别为 0 和 1 时，所确定的两条棱则分别是平均强化学习和累积强化学习。可见，EWA 参数立方体有助于我们直观地理解各种学习理论之间的联系和区别。

8.5.3　对实验数据的拟合与预测

现在，让我们来考察 EWA 学习模型对实验数据的拟合与预测能力。针对约 40 个实验数据集的研究表明，EWA 学习模型的拟合与预测要比强化学习模型和加权虚拟对策模型准确得多，仅在混合策略博弈下与强化学习模型一样好（Camerer，Hsia and Ho，

2002)。此外，图 8—1 还给出了针对 20 个数据集的三参数估计结果，由空心点表示，其中每个空心点都是由某个博弈的实验数据估计而来的。可以想象，如果某个单一的学习规则可以解释不同博弈实验中的学习过程，那么所估计的这些点应当在立方体的某个顶点或棱上产生汇聚现象。然而，从图中可见，大部分的点分散于立方体的各处。只有一些点汇聚在平均强化学习的那个顶点，即 $\delta=\kappa=0$ 且 φ 接近于 1。除此之外，任何特殊的顶点或棱上都不存在点汇聚的强烈趋势，这意味着假设参与者仅使用某个单一学习规则是不恰当的。

虽然 EWA 学习模型对实验数据的拟合有力，并且具有较强的一般性，但仍有学者对该模型提出了批评，认为它过于复杂，其中涉及了太多的参数——加入这些参数必然会使它比其他模型拟合得更好。但这些批评忽视了 EWA 模型所具备的三个主要优势：

①EWA 学习模型的参数对于其他模型来说并不是多余的。其他模型只是暗中把这些参数简单设定为某一个固定值。

②EWA 学习模型可阐明强化学习与信念学习之间的关系。通过将某些参数设定为极端值，EWA 学习模型就可转变为这些模型，这在前面已述。

③EWA 学习模型不仅对数据的拟合性好，而且预测也更准确。人们经常假定，一个好的理论需要同时满足这两条标准，但其实并非完全如此。统计学分析中的一个要点是，在某个模型中加入新的参数可提高拟合优度。但是，对模型的最终检验要看它的样本外预测力。我们在许多研究中都可看到，具有较好拟合优度的模型并不一定会作出较好的样本外预测。凯莫勒等人使用了一个很常见的办法，即只用 70%的数据来得到一个拟合优度最高的模型，然后用剩下的 30%的数据来检测这一模型的预测优度（Camerer，Ho and Chong，2002)。结果显示，EWA 学习模型的样本外预测能力是很强的。

8.6　案例分析

本节将给出一个基于强化学习模型而得到的关于参与者策略选择的模拟路径，以及它与实际选择的对比，所基于的博弈为范・哈依克等（Van Huyck et al.，1990）的协调博弈。

首先我们简要回顾范・哈依克的协调博弈内容，这在第 8.3 节已有讲述。在该博弈中，参与者选择从 1 到 7 中的一个数字，并且参与者 i 的收益取决于他选择的数字 $s_i(t)$ 以及所有被选数字的某个次序统计量 $y(t)$。其中，参与者 i 的收益通常是 $y(t)$ 的增函数，却是 $s_i(t)$ 与 $y(t)$ 之间偏差的减函数。在某些情形下，$y(t)$ 可被规定为最小值，于是，如果参与者的选择大于最小值将会受到处罚，并且每个人都希望最小值越高越好。由于参与者的最终收益取决于众人选择的最小值，因此选取最小值的那个人被认为是所有参与者中的“薄弱环节”，他选择的数值越小，参与者的收益将越低，并且其他参与者受罚的程度也越高，故而这一博弈又被称作**弱链博弈**。可见，在这一博弈中，只要每名参与者都选择同一数字，就可构成一个纳什均衡，所以纳什均衡共有七个。

在第 8.2 节，我们介绍了马卡里斯特（McAllister，1991）的强化学习模型。现在，我们进一步给出这一模型对上述协调博弈的模拟路径与实际实验数据的对比。首先我们给出范・哈依克等的实验数据，见表 8—4。其中，实验期数为 10，每个方格中给出了选取某一数字的人数。

表 8—4　　弱链博弈的实际选择结果

可选数字	时期									
	1	2	3	4	5	6	7	8	9	10
7	33	13	9	4	4	4	6	3	3	8
6	10	11	7	0	1	2	0	0	0	0
5	34	24	10	12	2	2	4	1	0	1
4	17	23	24	18	15	5	3	3	2	2
3	5	18	25	25	17	9	8	3	4	2
2	5	13	17	23	31	35	39	27	26	17
1	2	5	15	25	37	30	47	70	72	77

资料来源：Van Huyck，Battalio and Beil（1990）。

从表 8—4 可以发现，在实验的起始时期，参与者对各数字的选择是较为分散的，并且主要集中于较大的数字。但随着实验期数的增加，人们越来越倾向于选择更低的数字，并在第 8 期时趋于稳定，此时选择数字 1 的参与者比例达到 65.4%，占绝对优势，选择数字 2 的人数比例为 25.2%，而选择其他数字的参与者很少（见表 8—5）。可以认为，这一实验数据基本显示了参与者如何从最初的分散式选择逐渐向某一个纳什均衡（此处是数字 1）收敛的过程，而背后推动这一过程的力量就是学习。

根据上述实验结果，马卡里斯特在强化学习模型中代入了一些特定的参数值，从而对博弈的选择路径进行了模拟，并发现当设定的更新速度很快时（比如在式（8.1）中令 $\varphi=0.5$，在式（8.3）中令 $\alpha=0.75$），模拟的路径在第 8 期就能收敛于观测到的数据，见表 8—5，其中每个方格中给出了选择每个数字的频率。从中可以发现，虽然模拟的路径在第 8 期显现出了向数字 1 的收敛趋势，但实际中的参与者要比模拟的路径中更频密地选择 1（在表中体现为第 8 期的实际选择频率 0.654 远大于模拟值 0.25）。换言之，强化学习模型虽能对实际学习过程进行一定的模拟，但效果并不是很好，其主要原因即在于该模型忽视了那些未选策略的收益。此外，上述实验及理论模拟还向我们表明，学习理论本身有时并不能预测究竟会出现哪个均衡，而是需要根据实际出现的均衡来校准学习理论中的相关参数。这意味着实验观测对于理解参与者的学习过程是至为重要的（这正体现了实验经济学与行为经济学的相互关系特点，但也恰是二者容易被混淆之处）。

表 8—5　　弱链博弈中的实际选择数据与理论模拟值的对比

可选数字	第 1 期的实际数据	第 8 期的实际数据	模拟的第 8 期数据
1	0.019	0.654	0.25
2	0.047	0.252	0.50
3	0.047	0.028	0.13
4	0.168	0.028	0.06
5	0.318	0.009	0.06
6	0.093	0.000	0.00
7	0.308	0.028	0.00

资料来源：McAllister（1991）。

8.7　本章要点

● 标准经济学假定，博弈的均衡是瞬间达到的，不存在由其他因素导致的时间滞后。行为博弈论基于大量经验事实提出，个体在进行博弈时由于认知水平有限，导致他在选取策略时会偏离纳什均衡，但这种偏离并非一种恒常状态。随着时间的推移，个体会通过学习而逐渐调整自己的策略选择，最终形成向某一均衡（但未必是纳什均衡）收敛的趋势。

● 所谓学习，是指个体随着自身经验的累积而改变行为。学习也是产生于漫长进化年代的一种适应性机制，因此学习的目的不是理性，而是最大化适应性。

● 在学习理论中，一个重要的概念是策略的吸引力，即参与者根据某些标准计算出的每个策略对他的吸引力值，它是参与者进行策略选择的基础。其中，吸引力可根据历史经验的变化而不断更新，这体现了学习的作用。

● 重要的学习理论包括：强化学习、信念学习、模仿学习、经验加权吸引力学习等。其中，信念学习又主要包括：古诺最优反应动态、虚拟对策、一般信念学习、方向学习和贝叶斯学习等。

课后思考

● 请举出现实中关于强化学习、信念学习和模仿学习的若干实例。

● 请计算第8.4节涉及的寡头市场中的古诺均衡产量、瓦尔拉斯产量以及最大化行业利润的共谋产量。

● 请推导第8.6节所示案例中弱链博弈的纳什均衡解。

● 请思考，能否基于EWA学习模型来理解方向学习与模仿学习？

关键术语

学习　learning
吸引力　attraction
强化学习　reinforcement learning
惊奇度　surprise
信念学习　belief learning
古诺-纳什均衡　Cournot-Nash equilibrium
古诺最优反应动态　Cournot best-response dynamics
虚拟对策　fictitious play
一般信念学习　general belief learning
方向学习　direction learning

贝叶斯学习　Bayesian learning
协调博弈　coordination game
一般信念　general belief
模仿学习　imitation learning
学习规则　learning rule
规则学习　rule learning
经验加权吸引力学习　experience-weighted attraction learning
累积强化学习　cumulative reinforcement learning
平均强化学习　average reinforcement learning
弱链博弈　weak-link game

进一步阅读

[1] Ho, T., Camerer, C. F. and Chong, J. K. (2007). "Self-Tuning Experience Weighted Attraction Learning in Games." *Journal of Economic Theory*, 133, 177-198.

[2] Fundenberg, D. and Levine, D. K. (1998). *The Theory of Learning in Games*. Cambridge, MA: MIT Press.

[3] 科林·F·凯莫勒. 行为博弈. 北京：中国人民大学出版社，2006.

第 9 章

社会偏好

在本章，我们将探讨在第 7 章中提到的解析博弈论的第三条假定——个体只受利己动机驱使，即个体的偏好或效用只取决于自己的利益，这主要与式（1.1）的组成部分（4）有关。对此，行为博弈论所作的拓展是，它假定个体的偏好及效用不仅受自身利益的影响，还受其他人利益和选择的影响，这被称为**社会偏好**。

第 9.1 节将介绍标准经济学模型对社会偏好的看法。显然，由于解析博弈论假定个体只受利己动机的驱使，因此当然不涉及社会偏好。然而，大量实验显示，博弈中的参与者常常会出现违背利己假定的选择。为此，行为经济学发展出了关于社会偏好的两方面重要内容：公平与互惠，这将分别在第 9.2 节和第 9.3 节中讨论。其中，每一节的基本结构将安排为博弈实验中的异象、来自行为经济学的解释以及相关理论模型。需要强调的是（这对应于我们贯穿全书的核心观点），本章评介的各理论模型在本质上都是对标准利己模型的修正，而不是对它的否定，正如第 6 章中的双曲线贴现模型与贴现效用模型的关系。最后，第 9.4 节是对第 9.2 节和第 9.3 节内容的进一步细化考察。

9.1 标准经济学模型

在本节，我们将主要探讨标准经济学模型关于社会偏好的基本假定。

标准经济学下的一个核心假定是，经济主体完全受利己动机驱使，这意味着标准经济学家其实是不考虑社会偏好的。的确，标准经济学模型常常被称为利己模型，并由此受到众多经济学家的推崇。比如，施蒂格勒（Stigler，1981）就曾说："当利己与伦理价值在最广泛的词义范畴上存在冲突时，在许多情形下，或者说其实是大部分情形下，利己理论……将会胜出。"这一论断暗示着，在解释现实问题方面，利己模型具有广泛的有用性。

虽然许多经济学家试图列举大量经验证据来对上述论断进行反驳（Fehr and Gächter，2001），但我们有必要首先阐明一个基本的但却常被忽视的观点，这实际上在第 1 章就已提及，即纯粹的利己模型从许多方面来看就像一个稻草人，它代表一种片面的简化情形，仅是为了便于建模和应用，这与完全竞争模型的功能是类似的，现实中何尝存在过真正意义上的完全竞争呢？因此，利己模型之所以受到青睐，不在于其真实性，而在于其简约性。极少有个体会完全无视他的行为对旁人的影响。此外，如果个体只受利己动机的驱使，那么他是极难达到自身目标的，因为他总是与其他人疏远，但很多选择目标恰恰需要与其他人合作才能完成。现实中所有的正常个体，甚至包括那些被认为极度自私的人，都会在一定程度上考虑他们的选择对其他人的影响。这种考虑可能并非深思熟虑的结果，而是由某些情绪引发，比如愧疚、嫉妒或厌恶等。因此，即便推崇利己模型，也不意味着社会偏好就不存在，只不过在特定的应用情境下无须考虑社会偏好而已。

然而，对于标准经济学模型的利己假定来说，在很多情形下却存在诸多引人注目的异象，它们不能被利己模型合理解释，而是与本章将要评介的各种社会偏好类型有关。这些异象都是从现场实验或实验室实验中得到的。下面给出的这些日常例子可帮助我们理解本章将要考察的社会偏好类型：

① 向侍者支付小费。

②向受灾地区捐款。

③志愿参加义务劳动。

④在无奖金激励时反而比有奖金激励时更卖力地工作。

⑤ 在经济衰退期，厂商宁可裁员而不是减薪。

⑥当出现供给短缺时，垄断厂商并不提价。

⑦ 大声斥责那些乱丢垃圾的人。

⑧即使自己蒙受损失，也要惩罚“搭便车者”。

显然，上述这些异象无法在利己模型下得到有效解释。比如在例①中，某人向一家餐馆的侍者支付小费，但他以后很可能不会再来这里用餐。此时，个体通过实施某种行为可为其他人带来利益，但却以损失自身利益为前提。与此相反的是，个体还可通过某些行为使其他人蒙受一定的损失，但这些行为的发起者也会蒙受一定损失，并且得不到什么物质利益。比如在例⑦中，某人通过大声呵斥来惩戒那些乱丢垃圾的人，但这很可能会引致一场争吵甚至殴斗。

总之，上述这些行为，无论其结果是什么，均会导致个体付出一定的成本而得不到相应的物质利益。那么，现实中的个体为何还会去实施这些行为呢？一个合理的推断是，这些行为可为个体带来非物质性的或是心理上的额外获益，这成为构建各种社会偏好模型的基本思想，我们将在后面看到这一点。而在此处可指出的是，上述异象激发了行为经济学家从两个主要方面思考社会偏好问题，它们是公平（比如例①、⑥）与互惠（比如例②、③、⑤），这将是接下来两节的主要内容。

9.2 行为经济学的修正Ⅰ：公平

在本节，我们将评介社会偏好问题的第一个重要内容——**公平**。公平可视为关于社会偏好的基础性概念，它是理解互惠问题的前提，因此需要首先讨论。本节的结构安排如下：一是对与公平有关的异象进行描述，主要是基于博弈实验来反映；二是引入公平的概念及相关理论模型来对上述异象进行解释。

9.2.1 异象

很多标准经济学的异象是难以从现实中直接观测和讨论的，因此在很多情形下需要借助博弈实验的方式来完成这一工作。与公平有关的异象正是得自于若干博弈的实验结果，主要分为**最后通牒博弈**实验与**独裁者博弈**实验两大类。首先我们来介绍最后通牒博弈的主要内容、标准经济学的预测以及从实验结果中观测到的异象。

最后通牒博弈

（1）博弈的描述。

用来考察公平的最基本的博弈形式是所谓的最后通牒讨价还价博弈，简称最后通牒博弈。该博弈最初由古斯、斯科密特伯格和施瓦茨（Güth，Schmittberger and Schwarze，1982）提出并进行了相关实验。在第 7 章，我们已对该博弈做过简单介绍，此处将展开更多细节问题的讨论。

该博弈属于最简单的二人博弈，一般包括一名**提议者**和一名**回应者**。其中，提议者向回应者提出一种分配资源的方案，如果回应者同意这一方案，则按照这种方案分配资源；如果不同意，则二人都将一无所获。比如针对 10 美元的金额，提议者提出给回应者 x 美元，自己留 $10-x$ 美元；回应者可以答应这一方案，也可以拒绝，但如果拒绝，两人最终都只能得到 0 美元。

该博弈虽然十分简单，却模拟了现实中广泛存在的讨价还价过程的最后阶段。设想你与某商贩的讨价还价进行到了最后一步：你向对方提出一个最后的可能价格，如果对方接受，买卖即可达成，于是你将获得心仪已久的商品，而对方也获得他想赚取的那份钱；如果对方不接受，那么双方都将一无所获，亦即你没得到想要的商品，而对方也没挣到任何钱。

（2）标准经济学的预测。

首先，我们来看标准经济学会如何预测最后通牒博弈的结果。一方面，由于回应者被假定是完全利己的，因此他希望能最大化自身的收益，于是可以料想，他会接受提议者提出的任何分配方案，哪怕是只分给他很少的金额也愿意接受，因为任何拒绝行为都会使自己一无所获；另一方面，由于提议者也被假定是完全利己的，因此他也希望能最大化自身的收益，并且他知道回应者也是完全利己的，亦即回应者不会实施任何拒绝，所以他最终将决定分给回应者一个尽可能接近于 0 美元的金额。

（3）实验结果。

然而，古斯、斯科密特伯格和施瓦茨在实验中却发现，一方面，提议者平均会将总金额的 40%出让给对方，许多提议者甚至出让了总金额的 50%；另一方面，如果出让额为总金额的 20%，那么约有 50%的回应者选择拒绝。

上述实验结果不断得到了其他实验的进一步证实。在这些实验中，有些仍使用上面所述的方式来得到回应者的反应，但另一些实验却要求回应者给出一个**最小可接受出让额**。这种方法有助于我们得到关于回应者的更真实的信息，但该方法的一个可能缺陷是，它会导致回应者的反应出现向上偏差，即人们倾向于索取得过多（不过这方面的证据并不多见）。

这些实验的结果通常表明，有 60%～80%的出让额介于总金额的 40%～50%之间，并且出让额几乎不会低于总金额的 20%。此外，较低的出让额经常被拒绝，其中，在低于总金额 20%的出让额中，有 50%都被拒绝了。当提高总金额时，上述实验结果仍然具有稳健性。比如，在一项由美国亚利桑那州学生参加的实验中，总金额被设为 100 美元，其中有几个学生拒绝了 30 美元的出让额（Hoffman，McCabe and Smith，1996）。在另一项将总金额设为 400 美元的实验中也发现了类似的结果，并且在可支配收入较低的国家中也得到了这一结果，其中总金额相当于受试者三个月的收入（List and Cherry，2000）。

上述这些实验结果明显违背了标准经济学的预测——提议者并不是出让一个尽量小的金额，而回应者似乎经常会拒绝。但稍加思考即可发现，这是一个似是而非的异象，因为提议者可能担心一个过小的出让额会激怒回应者，从而导致回应者实施拒绝，这使得提议者自己也一无所获。于是，提议者给出一个慷慨的出让额既可能是出于自利的打算，也可能是出于利他的本能。因此，最后通牒博弈实验仅能在一定程度上反映个体不是完全利己的，所以我们需引入另一类博弈实验来彻底排除利己因素的干扰，这就是下面将要介绍的独裁者博弈。

独裁者博弈

（1）博弈的描述。

在最后通牒博弈中，如果剥夺回应者选择拒绝的权利，那么该博弈就变形为独裁者博弈。其含义是，博弈中的提议者就像一名**独裁者**，对他给出的任何分配方案回应者都只能全盘接受，此时的回应者变成了单纯的**接受者**。可见，独裁者博弈比最后通牒博弈的形式更为简单，它也是对现实中某些情形的模拟，比如向乞讨者施舍，施舍的金额是完全由布施者决定的，乞讨者只能无条件接受。

独裁者博弈的价值在于，它有助于考察提议者（此时变为独裁者）出让的金额究竟是因为担心被拒绝还是出于其他非利己因素的考虑。由于接受者没有拒绝的权利，因此如果提议者出让的金额为正，则说明他纯粹是受到了非利己因素的驱动，而不是担心被拒绝所致。故而，通过观察提议者出让金额的大小，就可度量提议者受到非利己因素的影响程度。

（2）标准经济学的预测。

在标准经济学下，独裁者博弈的结果是显而易见的。由于独裁者被假定是完全利己的，因此他的目标必然是最大化自身利益。故而，独裁者在博弈中应当不会出让任何金额给对方。此时，由于接受者不存在行动权，所以我们没有必要分析接受者的决策行为。

（3）实验结果。

最早对最后通牒博弈和独裁者博弈进行比较的研究是由福赛斯等人作出的（Forsythe et al.，1994）。他们发现，独裁者平均出让的金额为总金额的 20%，这大大低于最后通牒博弈中提议者的出让额，但仍足以看作是标准经济学的异象。此外，我们还在图 9—1 中给出了福赛斯等人对独裁者博弈和最后通牒博弈的实验结果比较，其中横轴表示提议者（或独裁者）出让的金额，纵轴表示在每一金额下的提议者（或独裁者）所占的百分比。

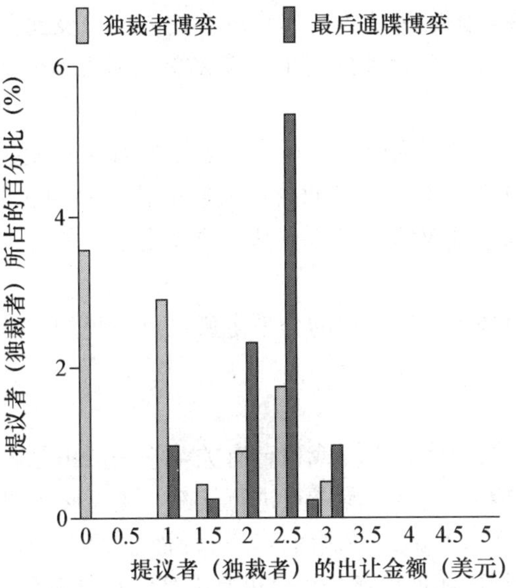

图 9—1　独裁者博弈与最后通牒博弈的对比

资料来源：Forsythe et al.，1994。

通过对两种博弈的实验结果进行对比可发现，在独裁者博弈中，约有 36%的独裁者出让的金额为 0，并且主要分布在图中靠左的部分；而在最后通牒博弈中，所有提议者的出让额都为正，并且主要分布在图中靠右的部分。这一结果意味着，正的出让额似乎主要是为了避免被对手拒绝，即出于自利的打算，但不可否认的是，其中确实也存在一部分出于非自利的考虑。

上面仅仅对这些博弈情形的基本实验结果作了一个简单展示。在第 9.4 节，我们还将对最后通牒博弈与独裁者博弈的各种变体及相关实验进行更详细的讨论。但在此处我们已足以相信，标准经济学所基于的利己动机假定无法对上述实验结果予以解释。为此，行为经济学试图对标准的利己假定进行修正和拓展，其基本观点是，参与者在决策时会考虑自己及对方的公平观，这将导致博弈结果偏离标准经济学的预测。接下来，我们将对公平的内涵予以介绍，然后给出两个以公平为基本假定的效用模型，用以解释上述博弈实验中的异象。

9.2.2　公平的内涵

定义与性质

公平是个很难精确定义的概念。此处，我们借鉴卡尼曼、奈奇和泰勒（Kahneman，Knetsch and Thaler，1986）的相关观点。在他们关于公平的研究中，一个核心的概念是**双边赋权**，其含义是，在一项交易中，双方当事人都被预先赋予了某种形式的权利。可以认为，任何交易都是基于事先默认的某种双边赋权来进行的，而公平就是对双边赋权的认可。换言之，如果在交易的过程中，双方当事人的权利都未受损，则该项交易被认为是公平的。

需要强调的是，基于双边赋权的公平定义是一种抽象的表述，其中并不涉及双边赋权的具体内容到底是什么。这是因为，公平一般被看作一种主观概念，并没有一个关于什么是公平的客观标准，对公平的判断是以群体成员的正常行为或流行的“社会规范”为标准的。比如，两百年前，许多国家都认为，偷窃绵羊的人应该变身为奴或是被判处绞刑。又比如，在当前一些社会，对通奸者判处石刑或是对涉及违禁婚恋的家人实施“荣誉处决”是合情合理的。

由于公平是一个主观概念，因此一个社会对公平的看法可能会在几个世纪甚至是几十年中发生巨大的变化。即便在较短的时期内，人们的公平观也会随着环境的变化而调整。但无论怎样，公平是对双边赋权的认可这一基本要义是不变的。

公平的影响因素

卡尼曼、奈奇和泰勒基于双边赋权的公平定义，进一步划分和描述了三种影响公平的因素。

（1）交易的参考点。

许多交易与某一水平的价格、工资或租金有关，它一般由某种交易的历史经验或是流行的竞争程度所决定。如果不按这一参考点进行交易，则意味着某一方当事人的赋权受到了损害，于是将被认为是不公平的。举例而言，一名业主提高当前租房者的租金可能被认为是不公平的，除非临近区域内相似房产的租金也有上涨。这种对公平的判断还与道德风险有关。例如，一旦一名交易者作出了承诺，比如接受一份工作，那么若另一方交易者利用这一承诺来牟利，比如随意安排加班（参考点为每日工作八小时），就会被认为是不公平的。

当交易的情形存在多个参考点时，不同个体认定的参考点将有可能不同，这将造成他们对公平的看法出现分歧，于是在交易中就容易出现冲突。比如，在工资纠纷中，工会可能会宣称他们的工资待遇是不公平的，因为在另一个行业中，一名技能相似的工人可获得更高的报酬。然而，雇主却认为，他们近几年已比那些同类工人的工资上涨得快。

根据交易的参考点因素，我们可作出如下两点评论。首先，参考点交易与第 2 章介绍的参考点依赖是类似的，因为它们都涉及人们对收益和损失的理解。其次，参考点交易还进一步支持了上面的判断，即人们对公平的看法是以大多数人可接受的正常行为或“社会规范”为标准的，而不是以“客观公平”为基础。由此，不仅公平的衡量标准会随时间而变化，而且当事人在交易情形下也愿意公平行事，并且其他当事人也期望他能公平行事。

（2）交易的结果。

交易者对其结果的看法可能会与另一方当事人不同，这主要是由于同一结果在不同当事人看来对其自身赋权产生了不同的影响。一方面，根据双边赋权的基本原理，如果一方交易者的获益是基于另一方交易者的等量损失，那么这将被认为是不公平的。比如，如果一场大雪导致雪锹出现短缺，那么卖家借此提价将被认为是一种“敲诈”，因为卖家获得的额外收益是以买家的损失为前提的。但另一方面，人们却通常认为，如果商品的生产成本出现上涨，那么将这种上涨转嫁给消费者却是可接受的，因为人们觉得厂商并未从中额外牟利。

此外，交易结果对双边赋权的影响还可从损失厌恶的角度来进一步理解。比如，在交易中，如果己方的某项货币收益是以对方的等量货币损失为前提的，那么双方的总体福利将会降低，因为损失厌恶会使对方丧失的效用大于己方获取的效用，这自然会影响双方对赋权变化的看法。又如，人们会认为，一个直接的损失要比取消某一收益更为糟糕。比如我们在第 2 章曾列举这样的例子：厂商在淡季时会选择打折出售而不是降价出售，因为等到旺季时，消费者更能接受取消打折而不是直接提价。与此类似的另一个例子是，当经济不景气时，厂商往往停止向雇员发放奖金，但一般不会直接降低雇员的工资。

(3) 交易条件的变化。

在现实中，交易的条件很容易发生变化，这可分为不可控的变化和可控的变化两种情形。

比如，如果一家厂商面临的需求增加了，这可增加该厂商的利润甚至市场份额，但如果这一结果不是厂商靠自身努力所致，那么厂商若借机提高价格，就会被消费者认为是不公平的。然而，如果厂商面临的需求增加是由于它提高了产品质量或是提供了更优质的服务，那么厂商的提价就会被认为是公平的。与此类似，如果成本上涨不是厂商的可控因素，并且由此引发了厂商利润的下降，那么厂商的提价就被认为是合理的。但反过来，如果成本的上涨是由厂商自身缺乏效率造成的，那么提价就会遭到消费者的指责，比如一些能源类的垄断性行业不断提高价格就属此例。

9.2.3　公平模型

根据上述讨论，我们现在进一步给出所谓的公平模型，以帮助理解前述实验结果中的异象。在行为经济学下，这类模型被称为**厌恶不均等模型**，其核心观点是，人们不但在意自己的收益，而且在意自己收益与其他人收益的相对差异，因为这种相对差异往往反映了当事人的双边赋权是否得到了维持。该模型假定，无论自己的收益低于或高于其他人的收益，都会让当事人蒙受一定的效用损失。

厌恶不均等模型按照提出者的不同，又可区分为两类：其一为**菲尔-施密特模型**，其二为**博尔顿-奥肯菲尔斯模型**。我们下面将分别述之。

菲尔-施密特模型

该模型由菲尔和施密特提出（Fehr and Schmidt，1999）。该模型假定，除了纯粹的利己者之外，还存在一些个体，他们不但受利己动机影响，而且还厌恶不均等的结果。其中，“不均等”是指个体自身收入与某个“中性”收入参考点之间的差异，既涉及低于参考点的情形，也涉及高于参考点的情形。该模型假定，个体与其他人的相对物质差异是个体判断公平的基础，并且会影响人们的效用及行为。因此，个体的效用函数不但应考虑个体自身的物质收入，还需考虑这些收入与参考点收入的差异。这种建模思路与第 2 章介绍的行为经济学下的效用函数有异曲同工之处。

但在对现实情形进行建模时，我们所面临的一个问题是，如何决定相关的参考群体和参考点。如果是在实验情形下，我们似乎可以合理地假定相关的参考群体就是实验中的其他受试者，而参考点就是其他受试者的平均收入。

在上述简介的基础上，现在可对该模型的具体细节展开介绍。假设在一个由 n 名个体构成的群体中，社会分配由如下收入向量表示：

$$x=(x_1,x_2,\cdots,x_n) \tag{9.1}$$

而个体 i 的效用函数是该向量的函数，表示如下：

$$U_i(x)=x_i-\frac{\alpha_i}{n-1}\sum_{k\neq i}\max(x_k-x_i,0)-\frac{\beta_i}{n-1}\sum_{k\neq i}\max(x_i-x_k,0) \tag{9.2}$$

这一形式的效用函数暗示，个体 i 不但在意自己所得的物质收入（上式中右边第一项），而且还会在意他的收入低于其他所有成员的情况（上式中右边第二项），这被称为劣势不均等，以及高于其他所有成员的情况（上式中右边第三项），这被称为优势不均等。其中，α_i是个体i对劣势不均等的厌恶系数，而β_i是他对优势不均等的厌恶系数。该模型假定，无论个体的收入是低于其他成员还是高于其他成员，均会带来效用损失，因为前者会让他心生嫉妒，后者会让他心生愧疚。因此，该模型有时还被称为内疚—嫉妒模型。

上述模型还涉及两个更进一步的假定：

①$\beta_i \leqslant \alpha_i$。该不等式意味着，优势不均等给个体带来的效用损失要低于劣势不均等带来的效用损失，亦即嫉妒感要比内疚感更为强烈，这是符合直觉的。

② $0 \leqslant \beta_i < 1$。一方面，该不等式的下界意味着优势不均等确实会给个体造成效用损失，而不是使个体从中得到额外的愉悦。这一假定显然是令人质疑的，而菲尔和施密特也承认，对于那些追求地位的人来说，β_i应该是负值，但他们却证明这类人"对于最终的均衡行为不存在影响"，因此上述假定就是可接受的。另一方面，该不等式的上界是1，其含义是，个体i愿意放弃1美元来使他相对于其他个体的优势也降低1美元，这似乎不太符合常理，因此β_i应严格小于1。

博尔顿-奥肯菲尔斯模型

该模型是由博尔顿和奥肯菲尔斯提出的（Bolton and Ockenfels，2000），它在许多方面与菲尔-施密特模型相类似，因为其中也假定，个体不但在意自己的收入，而且在意他的相对收入。该模型假定，个体希望自己的相对收入与群体的平均收入相等，这意味着无论个体的收入是高于还是低于平均收入，他都愿意作出一定牺牲以使自己的收入接近于平均收入。用数学语言即可表达为，在一个由n名个体构成的群体中，个体i的效用函数是：

$$U_i(x) = U(x_i, x_i/\sum x_j) \tag{9.3}$$

其中，个体i会严格偏好一个等于平均收益值$1/n$的收益，因此有$\frac{\partial U(x_i, 1/n)}{\partial x_i} = 0$且$\frac{\partial^2 U(x_i, 1/n)}{\partial x_i^2} < 0$。

博尔顿-奥肯菲尔斯模型与菲尔-施密特模型之间存在三个主要差别：

①博尔顿-奥肯菲尔斯模型关注的是个体间收入的相对大小，而菲尔-施密特模型关注的是个体间收入的绝对差异。

②博尔顿-奥肯菲尔斯模型并不像菲尔-施密特模型那样将每名个体的收入与其他所有人的收入分别作对比，而是仅将每名个体的收入与平均收入作对比。

③博尔顿-奥肯菲尔斯模型还假设，个体对不均等持有一种对称的态度，即内疚和嫉妒在程度上是相等的（$\alpha_i = \beta_i$），而菲尔-施密特模型却假定嫉妒感要比内疚感更大，这在经验上更符合直觉。

从上述三个方面来看，菲尔-施密特模型似乎更具有优势，它能更好地拟合经验事实，并且具备更为稳固的心理学基础。我们可用一个三人博弈来对这两个模型的预测力进行简单对比：

假设三个人的收入可分别表示为（x，$x-\varepsilon$，$x+\varepsilon$）。于是，根据博尔顿-奥肯菲尔斯模型可知，第一个人的效用应该与ε的值无关，因为三个人的总收入是常数，这使得第一个人的收入占总收入的比例始终为1/3，不会受ε值的影响。然而，根据菲尔-施密特模型可知，当ε值上升时，第一个人对第三个人的嫉妒感将上升，同时对第二个人的内疚感也会上升，这将导致第一个人的效用出现下降。可见，菲尔-施密特模型可以反映个体的较为复杂的心理过程，因此也能更真实地描述和预测个体的效用与行为。

需要指出的是，无论是菲尔-施密特模型还是博尔顿-奥肯菲尔斯模型，都是以“其他受试者的平均收入”作为公平的标准。但我们在前面已指出，公平是一个主观概念，它以旁观者的态度为转移，并不存在所谓的“客观公平”的标准。因此，以其他人的平均收入作为公平标准仅是模型构建者的一个先入预设而已，其目的是为了便于模型的构建。实际上，根据研究问题的不同，我们完全可以选用其他公平标准作为建模的基础。

模型的预测机理

基于博尔顿-奥肯菲尔斯模型与菲尔-施密特模型，我们就可对各种博弈的均衡给出特定的预测。比如，这两个模型均能预测最后通牒博弈中的回应者会一直拒绝为零的出让额，并且当出让额上升时，拒绝率会下降。它们还能预测最后通牒博弈中的出让额要高于独裁者博弈中的出让额。现在，我们以菲尔-施密特模型为例，来说明如何运用这类模型去预测最后通牒博弈的结果，并与标准经济学模型的预测进行比较。

根据上面所述，基本的最后通牒博弈是一个二人博弈，我们设其中的提议者为参与者 1，回应者为参与者 2，可分的总金额为 10 美元，于是根据式（9.1）及式（9.2），提议者和回应者的效用函数可写为：

$$U_i(x) = x_i - \alpha_i \max(10 - 2x_i, 0) - \beta_i \max(2x_i - 10, 0) \tag{9.4}$$

其中 $i=1$，2。可见，两名参与者的效用函数实际上都满足线性分段函数形式，可进一步写为：

$$U_i(x) = \begin{cases} (1+2\alpha_i)x_i - 10\alpha_i & 0 \leqslant x_i \leqslant 5 \\ (1-2\beta_i)x_i + 10\beta_i & x_i > 5 \end{cases} \tag{9.5}$$

其中 $x_i=5$ 被假定为公平的标准。为了直观地看出该函数的图形，我们绘制了图 9—2，其中假设愧疚系数 $\beta_i < 0.5$，以保证效用函数的斜率始终为正值。

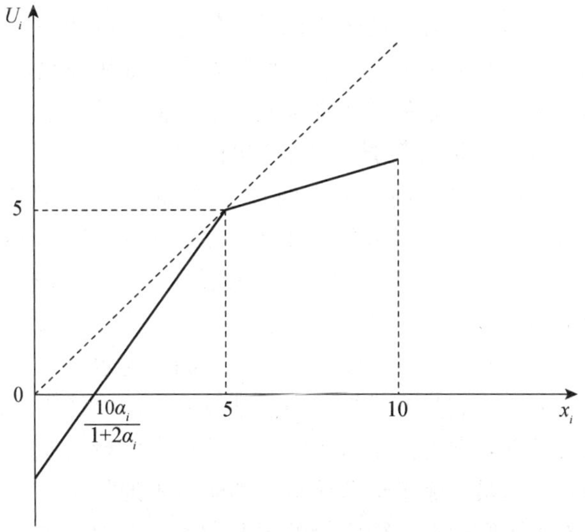

图 9—2　二人情形下的菲尔-施密特效用函数

从图 9—2 中可见，对于回应者而言，如果他被分到的金额不足 $\frac{10\alpha_2}{1+2\alpha_2}$，则他将会实施拒绝，其原因在于：如果选择接受，由于这是一个超出忍耐范围的不公平结果，因而回应者因愤怒而蒙受的负效用超出了因实际收益而获得的正效用，这将使回应者的净效用为负值。因此他的更优选择是实施拒绝，因为拒绝意味着双方都一无所有，都得到 0 单位效用。

而对于提议者而言，如果假设他能预料到回应者的公平观及行为，那么他将不会分给对方一个小于 $\frac{10\alpha_2}{1+2\alpha_2}$ 的金额，即他留给自己的金额 x_1 不应超过 $10-\frac{10\alpha_2}{1+2\alpha_2}=\frac{10(1+\alpha_2)}{1+2\alpha_2}$。又根据图 9—2 可知，提议者要想使自己的最终效用为正值，则他留给自己的金额 x_1 不应小于 $\frac{10\alpha_1}{1+2\alpha_1}$，否则他会觉得有损对自己的公平。通过简单的数学运算即可发现 $\frac{10(1+\alpha_2)}{1+2\alpha_2}>\frac{10\alpha_1}{1+2\alpha_1}$ 一定满足，因此提议者留给自己的金额 x_1 应介于区间 $\left[\frac{10\alpha_1}{1+2\alpha_1}, \frac{10(1+\alpha_2)}{1+2\alpha_2}\right]$，即他既不会出让一个过小的金额而遭到回应者拒绝，也不会无限制地出让过于慷慨的金额，这意味着提议者不但考虑自己的公平观，还会考虑对手的公平观。

可见，基于菲尔-施密特模型的对参与者行为的预测是较符合前面给出的实验结果的。反观标准经济学模型，它仅能预测提议者会出让一个尽量小的金额，且回应者在任何时候都不会拒绝。显然，引入了公平因素的菲尔-施密特模型的预测更符合现实。

9.2.4 心理学基础

公平感具有很强的进化意义，因为那些更愿意关注公平的个体也更容易与群体中其他成员达成合作，于是也就更易于提高自身的适应性。另外，正如前面指出的，公平是一个主观概念，并不存在一个所谓的客观的公平标准，但在一定的历史时期和环境约束下，群体成员会形成一个关于什么是公平的共识。其原因在于，如果每名成员都坚持关于公平的个人看法，那么群体内部将出现多种道德准则共存的局面，而这显然容易诱发冲突，从而导致社会资源的大量耗费，于是会削弱整个群体的适应性。由此，协调行为就是必要的，即公平准则的制定应在对己有利的前提下得到其他成员的认可，此即对双边赋权的认可。因此，从进化意义上看，这是群体追求公平准则的内在动因（DeSciolil et al.，2014）。

从神经经济学角度看，公平程度还与某些深层次的生理因素有关。对此，伯纳姆（Burnham，1999）通过人们的唾液样本对睾丸激素水平进行了测量，并试图研究激素水平不同的人是否具有不同的公平观。睾丸激素是一种类固醇荷尔蒙，由男性睾丸或女性卵巢分泌，肾上腺也有少量分泌，它具有维持肌肉强度及质量、维持骨质密度及强度、提神及提升体能等作用。研究发现，睾丸激素水平与人们的攻击性行为倾向、社会地位、职业成某些规律性关系。例如，演员、橄榄球队队员和消防员等的相关激素水平很高；医生、售货员和牧师的相关激素水平则较低；而教授的睾丸激素处于中等水平。实验显示，睾丸激素水平较高的男性在最后通牒博弈中具有更强烈的维护自己声誉的冲动，这会影响到他的公平观。比如，在伯纳姆的最后通牒博弈实验中，要求提议者只可在 40 美元中选择出让 5

美元或 25 美元。结果发现，当睾丸激素水平较高的人扮演提议者时，他们会更多地选择较为慷慨的 25 美元作为出让额。

9.3 行为经济学的修正Ⅱ：互惠

在完成对公平问题的讨论之后，本节将关注社会偏好的另一个重要议题——**互惠**。与上一节类似，本节的结构仍安排为：首先，基于若干博弈实验来描述与互惠有关的异象；其次，对互惠的概念进行阐述，并引入相应的互惠模型以帮助解释上述异象。

9.3.1 异象

与互惠有关的异象主要可借助于一个**劳动市场博弈**实验来反映。为此，我们首先对相关博弈实验的内容、标准经济学的预测和实验结果中的异象进行评介，然后再对互惠的含义、相关模型进行说明与介绍。

劳动市场博弈

(1) 博弈的描述。

劳动市场博弈涉及的是一个多人博弈 (Fehr, Kirchsteiger and Reidl, 1993)，我们可将其基本内容概括为：假设厂商给工人提供的工资为 w，而接受该工资的工人会以此来决定自己工作的努力程度 e（其值设为 1 至 10)，于是厂商将获得 $qe-w$，其中 q 为 1 单位努力程度所带来的产量。由于努力工作是要付出辛劳的，因此工人存在怠工的倾向，然而厂商无法对工人的努力水平进行监督和控制。假设努力的成本函数为 $c(e)$（其中，1 单位的努力带来的成本假设为 1，即 $c(1)=1$)，它是一个凸的递增函数，于是工人最终将获得 $w-c(e)$，这是一个非常直观的描述性统计量，被称为“工作租金”。

市场上存在劳动的过度供给（比如 8 个工人和 6 个厂商），并且在大部分实验中由厂商提出工资而工人决定是否接受。厂商不能与特定的工人长期签约并且也不知道工人的身份，因此工人无法通过建立个人声誉来谋取长期利益。

(2) 标准经济学的预测。

在上述假设条件下，标准经济学会对博弈的结果作出何种预测呢？由于工人被雇用后，厂商并不能直接控制工人的努力程度，因此完全利己的工人将会选择最低的努力程度，即 $e=1$，以使自己蒙受的辛劳程度最小，即 $c(1)=1$。而厂商会事先预料到这一点，并且厂商是追求利润最大化的，因此他只会向工人支付一个尽可能低的工资，即 $w=1$（这同时也是市场出清工资)。仅当厂商能以一定概率发现工人怠工并实施惩罚时，工人的努力程度才会得到一定程度的提高。

(3) 实验结果。

相关实验结果可参见菲尔和盖奇特 (Fehr and Gächter, 2000) 的描述，他们主要关注了努力程度 e 与“工作租金” $w-c(e)$ 的关系。如果厂商与工人签订合同时要求工人的努力水平为 e'，那么厂商向工人提供的“工作租金”就为 $w-c(e')$。

图 9—3 展示了厂商给出的工作租金 $w-c(e')$ 和工人实际努力水平 e 之间的关系。一方面，从图中可见，当厂商没有任何防范怠工的措施时，工人可得的工作租金越高，则其

努力工作的程度也越高，这一实验结果显然违背了标准经济学的预测。另一方面，当厂商使用某种防范怠工的措施时，比如厂商事先指出，若工人的努力程度低于所要求的 e' 并且其怠工行为被发现了（发现概率为 1/3），他将接受一个罚金，则从图 9—3 可以看到，工人受到罚金威胁时反而会降低工作的努力水平，并且他们的努力程度与可得的工作租金之间不存在显著的关系，这一实验结果也明显违背了标准经济学的预测。

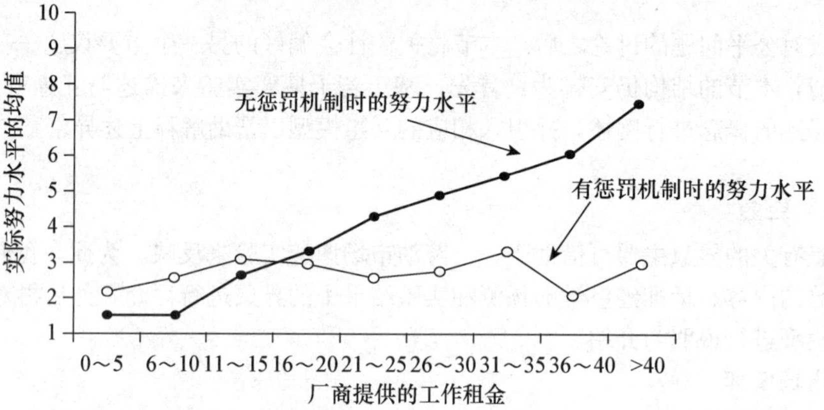

图 9—3　工作租金与工人努力水平的关系

资料来源：Fehr and Gächter（2000）。

基于上述实验结果的一个推论是，由于在有罚金机制的市场中仍会存在怠工行为，因此厂商通过收取罚金可以得到更多获利，但是总利润水平却会处于低位，因为工人的努力程度一直无法得到提高。显然，传统的罚金激励机制似乎会减少总产出，而如果让工人自己决定努力水平，虽然会有一定的道德风险，却会切实地提高工人的努力程度。换一个角度说，上述实验结果意味着明确的激励机制（比如罚金制度）在一定程度上会“挤出”工人内生的自我激励。

显然，上述实验结果中的异象及相关推论是很难用第 9.2 节介绍的公平模型进行完整解释的。比如，在实验中可发现，厂商有时会向工人支付一个超出市场出清水平的工资，这很难说是为了维护公平，除非假定社会公认的公平工资位于出清工资之上，但这样的解释显得有些“就事论事”。为此，我们需要从其他角度来进一步理解上述异象，这就是下面将要评介的互惠理论。

9.3.2　互惠的内涵

所谓互惠，是指当一方当事人向另一方当事人做出某种行为时，另一方当事人通过合理的回应行为来维持公平。有时，这种回应行为甚至是以当事人损失一定的物质利益为代价的。可见，个体间互惠的基础是公平，因此互惠是比公平更复杂的一个概念。

一般来说，互惠可分为两种类别：其一为**积极互惠**，它是指当一方当事人向另一方当事人做出善意的行为时，为了维持公平，另一方当事人也会做出善意的行为；其二为**消极互惠**，它是指当一方当事人向另一方当事人做出恶意的行为时，为了维持公平，另一方当事人也会做出恶意的行为。

与互惠有关的另一个重要概念是**信任**。它与许多学科都有关，并且很难定义，但如果基于第 9.2 节对公平的定义方式，我们就可较满意地将信任定义为：一方当事人相信另一方当事人不会损害其在双边赋权中应有的权利。在日常交易中，双边赋权通常是由契约的形式规定的，但契约可分为完全契约与不完全契约两种。所谓完全契约是指对交易的所有可能结果都作出详细说明。然而在现实中，大部分交易涉及的是不完全契约，因为多数交易都与未来的成本和收益有关，而未来总是充满不确定性。当一项交易涉及的是不完全契约时，信任就成为这种交易的基础。与信任有关的交易类型包括租房、寻职、雇用员工或是向别人贷款，等等。还有一些活动，比如在街边停车、向慈善机构捐款或是结婚，也需要基于一定的信任。

经济学家强调，信任是减少交易成本的一种方法，是经济运行的“润滑剂”。无论何时，如果从一项交易中可以获利，则任何能确保交易另一方获取应得份额的规章制度都会使生产效率得到提升。比如合法契约、第三方担保以及来自权威部门的惩罚威胁等，均可提供这种担保，但这些担保方式却需要支付一定的成本。而如果交易双方存在牢固的信任基础，那么就可规避这些交易成本。但信任很容易遭到破坏，并且难于重建。

那么，信任与互惠究竟有何关系？可以认为，对别人表达信任可被视作一种善意行为，为了回应这一善意行为，或是为了显示自己值得信任，受到信任的人需要对信任进行偿付，这其实是一种积极互惠。基于这一视角，我们就可对劳动市场实验中的异象进行解释，这与阿克洛夫（Akerlof，1982）的**礼物交换假说**是类似的。按照阿克洛夫的观点，厂商会给予工人一个超过市场出清工资的“礼物”来激励工人更加努力地工作。由于工人与厂商在每一时期相遇都是彼此陌生的（不能订立长期契约），因此厂商的这种行为不是一个重复博弈下达到的均衡。此时，厂商提供的“礼物”反映了他对工人的信任，或可视为他对工人表达的善意，而如果工人由此提高了努力程度，则表明工人受到了某种社会原则或道德责任的敦促，这其实是对信任的偿付，亦即一种积极互惠。因此，工人的努力水平反映了他实施积极互惠的程度。

此外，最后通牒博弈中的回应者行为也可从互惠的角度来理解。在该博弈中，回应者实施拒绝可被看作一种消极互惠，因为只有当回应者觉得分配方案不公平时，即当他觉得提议者做出的是恶意行为时，他才会实施拒绝，因此这种拒绝可被看作是对提议者的一种惩罚，而且是以回应者牺牲自己的利益为代价的（实施拒绝后，他自己也将一无所获）。因此，对最后通牒博弈中回应者的拒绝行为进行考察，实际上就是对消极互惠的一种考察。

9.3.3　互惠模型

基于上述讨论，我们现在可进一步给出关于互惠模型的评介。互惠模型所基于的思想是，人们对公平的看法不仅依赖于是否受到平等对待，而且依赖于所受到的对待是由于什么原因：究竟是受到了积极互惠，还是消极互惠？对此，我们需要一个能同时解释积极互惠与消极互惠的理论模型。由拉宾（Rabin，1993）提出的一个模型可作为讨论互惠问题的起点。

模型的描述

拉宾模型的核心思想可由一段话来表示：如果某人善意对你，那么公平感要求你也善意对他；如果某人恶意对你，那么公平感允许你并且仇恨感要求你也恶意对他。

在上述观点下，拉宾模型可被看作一个二人模型，其中每个人的效用都依赖于他的信念。具体而言，参与者 1 的策略（以 a_1 表示）依赖于他对参与者 2 策略的信念（以 b_2 表示），并且依赖于他对参与者 2 关于参与者 1 策略的信念的信念（以 c_1 表示）。该模型对参与者 2 策略的描述也是类似的。根据这些假定，我们就可探讨：参与者 1 对参与者 2 的“善意”是多少，以及参与者 1 认为参与者 2 对他的“善意”是多少。

(1) 参与者 1 对参与者 2 的“善意”。

给定参与者 1 对参与者 2 策略的信念为 b_2，那么他自身的策略就是如何在可能的收益集合中向参与者 2 分配一个收益。假设参与者 2 可获得的最高和最低收益分别为 $\pi_2^{max}(b_2)$ 和 $\pi_2^{min}(b_2)$，我们还需要定义一个公平收益，即 $\pi_2^{fair}(b_2)$，拉宾将其设为最高和最低收益的平均值。于是，参与者 1 对参与者 2 的善意可表示为：

$$f_1(a_1,b_2)=\frac{\pi_2(b_2,a_1)-\pi_2^{fair}(b_2)}{\pi_2^{max}(b_2)-\pi_2^{min}(b_2)} \tag{9.6}$$

其含义是，参与者 1 对参与者 2 的善意是他自己的策略（ a_1 ）以及他对参与者 2 策略的信念（ b_2 ）的函数。此处，善意的程度被表达成分数的形式，其中分子为参与者 2 的实际收益与公平收益之差，分母为参与者 1 可选择的向参与者 2 分配的收益范围。因此，如果参与者 2 获得一个高于公平收益的收益，那么分子将为正值，这意味着参与者 1 是怀有善意的。反之，如果参与者 2 获得一个低于公平收益的收益，那么分子将为负值，这表明参与者 1 怀有恶意。

(2) 参与者 1 对参与者 2 的“善意”的信念。

这依赖于参与者 1 对参与者 2 关于参与者 1 策略的信念的信念 c_1，可用下式进行表达，其含义即指参与者 1 认为参与者 2 对他的“善意”是多少，为：

$$\tilde{f}_2(b_2,c_1)=\frac{\pi_1(c_1,b_2)-\pi_1^{fair}(c_1)}{\pi_1^{max}(c_1)-\pi_1^{min}(c_1)} \tag{9.7}$$

基于上述讨论，拉宾进一步假定参与者 1 的效用函数可表达为：

$$U_1(a_1,b_2,c_1)=\pi_1(a_1,b_2)+\alpha\tilde{f}_2(b_2,c_1)+\alpha\tilde{f}_2(b_2,c_1)f_1(a_1,b_2) \tag{9.8}$$

其中，右边第一项 $\pi_1(a_1,b_2)$ 代表参与者 1 的直接收益，可看作他从物质收益中获得的效用。第二项 $\alpha\tilde{f}_2(b_2,c_1)$ 表示参与者 1 是如何看待参与者 2 的善意的，并从中获得一定的效用，其中 α 表示把善意转换成效用的权重（如果参与者无社会偏好，则 $\alpha=0$）。而第三项 $\alpha\tilde{f}_2(b_2,c_1)f_1(a_1,b_2)$ 表示互惠的效用，它是参与者预期受到的善意与自身对他人善意的乘积的函数。应当指出，如果参与者 2 的善意得到了参与者 1 的回报，那么第三项就为正；而如果参与者 2 的恶意得到了参与者 1 的报复，那么此项也应为正。于是，无论是积极互惠还是消极互惠，都会带来正的效用。

该模型的均衡可在参与者最大化效用的基础上得到，此处假定有 $a_1=b_2=c_1$，这意味着每个参与者对另一参与者策略的信念都是正确的，并且对另一参与者信念的信念也是正确的。

模型的预测机理

现在，我们可对拉宾模型的预测机理进行说明，所基于的博弈为囚徒困境博弈，其中给定的收益矩阵见表 9—1。根据解析博弈论的基本原理可知，对于每名参与者来说，占优策略都是选择背叛，因此最终的占优均衡（也即纳什均衡）为（背叛，背叛）。

表 9—1 囚徒困境博弈的收益矩阵

		参与者 2 合作	参与者 2 背叛
参与者 1	合作	4，4	0，6
参与者 1	背叛	6，0	1，1

然而，在过去的二十多年里，研究者进行了许多关于囚徒困境博弈的扩展性研究，结果发现当博弈实验仅进行一次时，参与者在一半的时间内都会选择合作，这明显违背了解析博弈论的预测。此时，对囚徒困境博弈的传统分析已无法帮助我们准确预测真实世界的行为。另一个有趣的发现是，博弈前的沟通对于增加合作具有显著的积极效应，但标准经济学模型却预测这根本不会影响博弈的结果。

现在，我们将引入对社会偏好的考虑，方法是通过调整收益矩阵以加入“善意”，所基于的效用函数为式（9.8）。我们对参与者 1 在四种可能的策略组合下的效用分别作了计算（参与者 2 面临的状况与参与者 1 是相同的，因为表 9—1 的收益矩阵是对称的，故关于参与者 2 的分析从略）。

（1）合作/合作。

此时，根据拉宾模型的假定，有 $a_1=b_2=c_1=$ 合作，于是根据表 9—1 可知，式（9.8）的第一项 $\pi_1(a_1,b_2)=4$，即参与者 1 可得到的直接收益为 4。而第二项 $\alpha\tilde{f}_2(b_2,c_1)$ 的值为：

$$\alpha\tilde{f}_2(b_2,c_1)=\alpha\frac{\pi_1(c_1,b_2)-\pi_1^{fair}(c_1)}{\pi_1^{\max}(c_1)-\pi_1^{\min}(c_1)}=\alpha\frac{4-(4-0)/2}{4-0}=0.5\alpha \tag{9.9}$$

该项值为正，这意味着参与者 1 认为参与者 2 是善意的。接下来，我们又可计算出第三项 $\alpha\tilde{f}_2(b_2,c_1)f_1(a_1,b_2)$ 的值：

$$\begin{aligned}\alpha\tilde{f}_2(b_2,c_1)f_1(a_1,b_2)&=0.5\alpha\cdot f_1(a_1,b_2)\\&=0.5\alpha\cdot\frac{\pi_2(b_2,a_1)-\pi_2^{fair}(b_2)}{\pi_2^{\max}(b_2)-\pi_2^{\min}(b_2)}\\&=0.5\alpha\cdot\frac{4-(4-0)/2}{4-0}=0.25\alpha\end{aligned} \tag{9.10}$$

该项值也为正，说明参与者 1 从互惠中得到一个正效用，这是因为双方都选择了合作，所以是一个积极互惠。于是，参与者 1 的最终效用可表达为：

$$U_1=4+0.5\alpha+0.25\alpha=4+0.75\alpha \tag{9.11}$$

按照上述方法，我们还可计算出其他策略组合下参与者 1 的效用，见（2）～（4）。

（2）合作/背叛。

$$\begin{aligned}U_1&=0+\alpha(0-2)/(4-0)+\alpha(0-2)/(4-0)\times(6-3.5)/(6-1)\\&=0-0.5\alpha-0.25\alpha=0-0.75\alpha\end{aligned} \tag{9.12}$$

上面第二个等式中第二项和第三项都是负的。其含义是，另一名参与者不仅是怀有恶意的，而且并未回报参与者 1 的善意。

(3) 背叛/合作。

$$U_1 = 6 + \alpha(6-3.5)/(6-1) + \alpha(6-3.5)/(6-1) \times (0-2)/(4-0)$$
$$= 6 + 0.5\alpha - 0.25\alpha = 6 + 0.25\alpha \tag{9.13}$$

上面第二个等式中第二项是正的，表示参与者 1 认为另一名参与者是善意的，但第三项是负的，因为参与者 1 的恶意并未受到对方的报复，参与者 1 由此心生愧疚。

(4) 背叛/背叛。

$$U_1 = 1 + \alpha(1-3.5)/(6-1) + \alpha(1-3.5)/(6-1) \times (1-3.5)/(6-1)$$
$$= 1 - 0.5\alpha + 0.25\alpha = 1 - 0.25\alpha \tag{9.14}$$

上面第二个等式中第二项是负的，因为参与者 1 认为另一名参与者是恶意的，但第三项是正的，因为参与者 1 对另一名参与者的恶意实施了报复，因此是一个消极互惠。

基于上述计算，我们现在可构造一个新的收益矩阵，其中对每个策略组合都加入了对“善意”的考虑，见表 9—2。

表 9—2　　考虑“善意”后的囚徒困境博弈

		参与者 2	
		合作	背叛
参与者 1	合作	$4+0.75\alpha$，$4+0.75\alpha$	$0-0.75\alpha$，$6+0.25\alpha$
	背叛	$6+0.25\alpha$，$0-0.75\alpha$	$1-0.25\alpha$，$1-0.25\alpha$

根据表 9—2 可发现，在这个被修正的收益矩阵中，每个参与者的占优策略都不再必然是选择背叛。例如，如果 $4+0.75\alpha > 6+0.25\alpha$，即 $\alpha > 4$，那么当参与者 2 选择合作时，参与者 1 也选择合作将会比选择背叛获得更高的收益。这一模型意味着，在囚徒困境博弈中，当个体之间存在互惠动机时，选择合作才可能是占优均衡，这就对上面提到的实验结果作出了解释。

9.3.4 心理学基础

现在，我们可对互惠的心理学基础作一简要说明。正如我们从前述各章涉及的博弈行为中所看到的那样，进化心理学对于理解社会行为大有用处。根据进化心理学的观点，对于所考察的社会行为来说，在过去的数百万年中，当人类活动开始以狩猎—采集部落为经济单位时，人脑才得到显著的发展。在这种原始环境下，合作行为可带来显著的优势，因为在同一群体内部，人员之间的重复互动是很频繁的，并且人们可从中学会如何识别其他成员并记住彼此之间的相互权益。合作行为对于提供公共品也是必要的，比如从大型狩猎活动中获取的食物就属此类。而对于背叛者和搭便车者的惩罚（驱逐或流放）对于强化合作行为也很必要。上述讨论暗示着，互惠对于维持种群的合作行为是很关键的。

神经经济学的相关研究也为互惠的存在提供了直接证据。在过去的十多年里，各类神经扫描技术已使我们能够对心理上的收益或成本进行鉴别与衡量。其中，欧道尔蒂（O'Doherty，2004）发现，那些能带来预期货币收益的选择会激活人脑中的背部纹状体。据此可以推测，由合作或惩罚带来的心理收益可能也与这一区域的激活有关。基于这一点，德·盖尔万等（De Quervain et al.，2004）利用正电子发射断层扫描技术，考察了博弈中的受试者在惩罚对手时的脑部反应。在他们的实验中，当受试者发现对方背叛时，就可向对方实施惩罚。而惩罚共有两种形式：一是象征性的惩罚，这不会使对手的实际收益产生任何损失；二是有效惩罚，这的确会降低对手的实际收益。盖尔万等人发现：相对于象征性的惩罚来说，有效惩罚会显著地激活背部纹状体，并且被激活程度越高的受试者更愿意承担一定的成本来实施惩罚（比如令对手每损失 2 美元，自己也需损失 1 美元）。因此，这一研究支持了上述推断，即人们可从实施惩罚中获得满意感，而背部纹状体的激活反映了由惩罚行为带来的预期满意度。

可见，德・盖尔万等人的研究为消极互惠的存在提供了神经学基础。而另一些研究则揭示了积极互惠的客观存在性。瑞林等（Rilling et al.，2002；2004）考察了受试者与人类搭档及计算机搭档的相互合作行为，其中包括重复博弈情形与单击博弈情形。大致来说，在两种情形下的实验结果基本相同，但在单击情形下得到的结果更加可信，因为重复博弈会受许多混淆因素的干扰。这些研究显示，相对于计算机搭档来说，与人类搭档进行合作会使人脑背部纹状体的活跃度更强。这意味着与人类搭档的相互合作（即积极互惠）可带来更多的心理收益。

9.4　公平与互惠的进一步考察

如果把第 9.2 节讨论的博弈实验情形看作基准情形，那么在现实中，人们往往是在与基准情形非常不同的情境下进行博弈的。因此，为了考察不同情境下人们的博弈特点，我们就需要调整或控制实验中的某些元素，以模拟不同的现实情境。实际上，现实生活中的许多因素均可在博弈实验中进行再现、模拟或剔除，这样做有很多好处，因为它有助于考察某个单一因素的影响方式。对于前两节所讨论的涉及公平与互惠的实验来说，我们主要介绍文献中常见的两类调整实验的方式，分别是对结构性因素的调整和对人口统计学因素的调整（还有一类被称为对描述性因素的调整，鉴于本书的内容安排，兹不述及）。

9.4.1　结构性因素

一个基本推测是，不同的实验结构（或方式）可能会导致博弈实验的参与者表现出不同的公平观或互惠程度。此处，不同的实验结构反映了对不同现实博弈情境的模拟。本节主要介绍七个基本的结构性因素，它们是：匿名、沟通、重复进行、授权、竞争、可得信息、意图。下面将分而述之。

匿名

在实验研究中，如果受试者与实验者之间或者受试者与受试者之间是匿名的，那么可能会影响双边赋权的状况，于是影响公平的程度。比如，如果受试者知道或担心他们的身份被实验者和其他受试者所了解，那么他们也许会表现出“友好”的姿态或是取悦实验者。在现实中，人们之间的许多互动行为都是匿名的，比如随意在路边一家便利店购买饮料，你和店主的互动就属此类。

一个较著名的实验是由霍夫曼等（Hoffman et al.，1994）进行的。他们设计了一个“双重匿名”的独裁者博弈实验，其中每个独裁者都会得到一个不透明的信封，其内装有十张一美元大小的纸片和十张一美元钞票。随后，独裁者依次躲到一个“电话亭”内，从他的信封中抽出十张纸，并留下十张，然后将信封投入一个大箱子里。在所有的信封都投入箱子后，实验者将检查这些信封并了解其内剩余钱数的分布情况，但由于信封上没有做任何标记，因此无法确切地知晓每个独裁者留下多少钞票。接下来，每个接受者都从箱子内拿走一个信封，并可拥有其内留下的美元。

实验结果显示，一半以上的受试者什么也没留下，并且平均剩余钱数只有总额的10%，明显小于无“双重匿名”条件下的结果（即第9.2.1节给出的20%）。在霍夫曼、麦卡布和史密斯（Hoffman，McCabe and Smith，1998）的研究中也得到了相似的结果，但在博尔顿、卡托克和茨维克（Bolton，Katok and Zwick，1998）的研究中却未发现“双重匿名”和其他情形下的结果有什么差异。无论怎样，增加了匿名的条件确实可能使受试者的公平观发生变化。对此，有学者提出了相应的解释：匿名性会增加受试者之间或受试者与实验者之间的“社会距离”（Frey and Bohnet，1997），进而会改变受试者对双边赋权的看法，从而改变他们的公平观。

另外，如果受试者与实验者之间或受试者之间是匿名的，那么一个推断是，受试者的互惠程度也可能受到影响。但实验结果显示，在最后通牒博弈中，匿名性似乎只会轻微但不显著地减少拒绝的次数（Bolton and Zwick，1995），其原因可能在于，人们有时实施消极互惠是为了维护声誉或尊严，但当处于匿名环境时，这一动机就变得微弱了，因为没有人会知道是谁的声誉受到了损害，此时纯粹利己的动机将可能占据上风，于是参与者将更为关心自己最终得到的物质利益。

沟通

与匿名相反的条件就是所谓的沟通。可以想象，在博弈中让当事人彼此有一定了解，有可能会影响双方对双边赋权的看法，从而影响公平的程度。沟通也是一个十分常见的现实情境，许多行为是在博弈双方存在深入沟通的前提下进行的，比如夫妻、上下级、同事、师生等关系就属此例。

博纳特和弗雷（Bohnet and Frey，1999）通过如下实验考察了沟通对公平观的影响：让接受者手中拿着一个号码，并让处于同一室内的独裁者根据这个号码来确认谁是他的接受者（但不是反过来）。实验结果显示，让独裁者看到他的接受者到底是谁，使得出让金额为零的独裁者减少了，但是出让金额的平均数没有发生显著的变化。进一步地，如果让接受者站起来作一番自我介绍（比如他的名字、出生地、爱好和专业等），则独裁者的平均出让额上升到总金额的一半，并且有40%的独裁者的出让额超过了一半。而在另一个类似的研究中，研究者发现，当接受者是一个知名而富有爱心的红十字会成员时，独裁者对他的出让额向上翻了一番。但对于涉及两名接受者和一名独裁者的三人博弈来说，如果只允许一名接受者与独裁者沟通，那么独裁者只会对这名接受者出让更多金额（是分给另一名接受者的两倍左右），这表明沟通仅会引发对特定人员的慷慨，而不是对所有人（Frey and Bohnet，1997）。

重复进行

在许多实验中，实验者会重复进行最后通牒博弈来观察受试者的行为是否会出现特殊的结果。重复进行博弈也是对现实情形的一种模拟，毕竟我们的许多互动行为是重复性的，比如厂商需要定期与工人商讨合同，消费者会去同一家超市购买物品，等等。

实验结果显示，当实验轮次不断增加，并且让受试者在每次都遇到不同的陌生对手时，回应者的拒绝金额会出现一个轻微但不显著的下降倾向（Roth et al.，1991；Knez and Camerer，1995；List and Cherry，2000）。从这一点来看，似乎存在一个向标准经济学的预测结果缓慢收敛的趋势。

哈里森和麦卡布（Harrison and McCabe，1996）的研究显示，当受试者可获知其他受试者的行为时，他们可接受的最小出让额将随着实验轮次的增加而向下调整。导致这一结果的可能原因是：其一，当回应者观察到其他回应者不再实施拒绝时，他也就不再拒绝那些不公平的分配方案了，这说明他的公平观会受到别人影响；其二，如果消极互惠是一种可满足的报复欲望，那么这与人类其他的某些本能欲望一样，可在较短的时间内得到满足（比如食欲、性欲等），因此回应者会在多次实施拒绝后感到"厌倦"；其三，受试者可能调整了他们对公平的判断。无论怎样，上述实验结果似乎都意味着，重复进行在一定程度上会改变个体的公平观，并可能减弱消极互惠的程度。

授权

当受试者感觉到某种授权时，比如独裁者的身份是通过竞争才得到的，那么他们对公平的看法就与无授权时不同。在现实中，权力往往是通过某些"努力"得来的，这自然会影响当事人对双边赋权的看法，从而影响到他的公平观。

在霍夫曼等（Hoffman et al.，1994）的实验中，要求参与者首先回答一组常识问题。那些能回答更多常识问题的参与者将被授予决定分配方案的权力，亦即得到提议者或独裁者的地位。实验结果显示，这种授权方式使最后通牒博弈中提议者的出让金额减少了约10%，而独裁者博弈中的出让金额减少了一半。显然，授权某人得到某种地位会使他的公平观出现一定程度的改变。而与此对应的是，在竞争中失败的一方（即未获得授权的一方）可能会对竞争的合理性产生质疑，从而会增强他实施消极互惠的动机。例如在上述实验中，回应者似乎并不认可这种授权方式，于是他们的拒绝率出现了上升，这也许是因为回应者从自我归因的角度（见第5章）对授权的合法性产生了质疑。

另一种授权是指，独裁者用来分配的总金额是事先给定的或是通过努力而"赚取"的。对此，切利等（Cherry et al.，2002）进行了一个实验，其中涉及三种情形：总金额是外生给定的、总金额是"赚取"的、双重匿名且总金额是"赚取"的。实验的受试者是大学本科生，他们通过正确回答一组GMAT试题而"赚取"一定的财富。实验的结果显示：当总金额不是"赚取"的时，所有的博弈中平均只有17%的独裁者出让了零；当总金额是"赚取"的时，独裁者在80%的博弈中出让了零；而当双重匿名且总金额是"赚取"的时，出让零的比例上升至96%。这一实验结果表明，用来分配的资源如果是分配者经由一定努力才得到的，那么他的公平观也会发生变化，此时利己动机可能更占上风。

竞争

当受试者感觉到某种竞争压力时，这自然也会影响他对双边赋权的看法，进而影响他的公平观。在实验中引入竞争压力，模拟了现实中的许多互动决策是在各种约束条件下完成的。

罗斯等（Roth et al.，1991）在他们构造的一个"市场博弈"实验中考察了上述因素，其方法是，在博弈中让九个提议者同时向一个回应者提出出让额，而回应者可以选择接受其中最高的出让额，于是提出最高出让额的提议者将与回应者各取所得，其他提议者一无所获。实验结果显示：在第一轮博弈中，提议者的出让金额较为分散，但是比最普通的二人最后通牒博弈中要高出很多，最高的出让额甚至达到总金额的 95%；而当进行第二轮博弈时，提议者的出让额几乎接近 100%，换言之，即使最后所得甚少，总比一无所获要好。这一“市场博弈”充分展示了竞争压力对个体行为的影响。

斯科特、维斯和萨帕特（Schotter，Weiss and Zapater，1996）在一个两阶段博弈实验中巧妙地引入了竞争因素：在该博弈的第一阶段，受试者仅当与其他角色相同的受试者进行收益排名而处于前一半位置之上时，才有参加下一阶段博弈的资格（但对手需调换）。实验结果显示：在两阶段的独裁者博弈中，30%的独裁者在第一阶段未出让任何金额，而在传统的单阶段博弈中，只有 13%的独裁者未出让任何金额。另外，在两阶段的最后通牒博弈中，提议者在第一阶段的出让额也降低了 10%左右。这一结果说明，竞争压力会使个体的利己动机被放大。

此外，当受试者感觉到某种竞争压力时，还会影响他的互惠程度。例如，在一项针对回应者竞争的研究中，古斯、马昌德和吕利埃（Güth，Marchand and Rullière，1997）发现，当单一的提议者向多个竞争性的回应者提出分配方案时，回应者愿意接受的最小出让额出现了显著的降低。当实验进行到第五轮时，可接受的最小出让额下降到总金额的 5%以下。这一实验结果说明，当回应者面临与其他回应者的竞争时，他的公平观将会发生改变。此时，回应者将不再“自命清高”或过于在意声誉。为了能够获取物质利益，他不再轻易拒绝，即他实施消极互惠的倾向将下降。

可得信息

受试者的可得信息可能是另一个会影响公平程度和互惠动机的因素。在标准经济学下，完全信息是一个常见的假定。但在现实中，人们的许多互动是在不完全信息或是信息不对称的条件下进行的。因此，在有信息约束的条件下考察个体的公平观也就很有必要。

一般而言，在最后通牒博弈中，回应者对总金额大小的了解可分为三种情形：一是完全信息：他们知道用来分配的总金额是多少；二是不完全信息：他们知道总金额的可能大小以及每种大小的概率分布；三是没有任何可得信息。大部分研究均表明，回应者在不完全信息或无信息情形下倾向于认为一个较小的出让额是较公平的（Mitzkewitz and Nagel，1993；Straub and Murnighan，1995；Croson，1996），因为回应者可能认为较低的出让额意味着总金额本身也较小。因此，当回应者面临不完全信息或无信息情形时，实施拒绝的频率也较低，即人们此时不会轻易实施消极互惠。于是，提议者可利用回应者的这种犹疑心理，故意给出一个较低的出让额。然而，这一推测并非总是成立。例如，凯莫勒和洛文斯坦（Camerer and Loewenstein，1993）在研究中就得到了不同的结果。在他们的实验中，一些回应者拥有完全信息，但另一些回应者仅知道总金额的可能大小为 1 美元、3 美元、5 美元、7 美元和 9 美元，并且每种大小的概率是均等的。在完全信息下，平均的最小可接受出让额是总金额的 30%，这是一个很有代表性的比例；但在不完全信息下，平均的最小可接受出让额为 1.88 美元，这是总金额平均值（5 美元）的 38%，意味着在不完全信息下反而出现了更多的未达成协议的现象。

可得信息对受试者行为的影响还有另一种形式，即在实验中，受试者会将其他受试者以前的行为作为可得信息，从而成为判断公平的一个参考点。研究发现，无论是在最后通牒博弈（Knez and Camerer，1995）中还是在独裁者博弈（Cason and Mui，1998）中，某个提议者的出让金额与其他提议者的出让金额都存在某种正向相关关系。我们在现实中常常提及的社会影响因素，就属于这类可得信息。

意图

人类不但重视人们的行动结果，还重视人们的行动意图。行动意图是影响人们是否进行消极互惠的重要因素。比如，若某项伤害活动是出于偶然而不是有意为之，那么相应的惩罚也就不太严厉；反之，若某人有伤害别人的意图，那么即使最终并未造成伤害，也需对这种意图实施惩治。

福尔克、菲尔和费希巴彻尔（Falk，Fehr and Fischbacher，2003）为了研究个体的意图是否会影响对手的消极互惠而进行了三个不同的最后通牒博弈实验，其中要求提议者只能在（8，2）的分配方案（自己留下 8，给对手 2）与另一个备选方案之间进行选择，而备选方案分别是（5，5）、（2，8）和（10，0）中的任一种。实验的目的在于考察，在不同的备选方案下，回应者对于（8，2）的方案会做出什么反应。见表 9—3。

表 9—3 不同备选方案下的最后通牒博弈

备选方案	对选择（8，2）的解释	回应者拒绝（8，2）的比率	提议者选择（8，2）的比率
（5，5）	相对不公平的	0.44	0.31
（2，8）	不愿牺牲自我	0.27	0.73
（8，2）	中性的	0.18	—
（10，0）	相对公平的	0.09	1.00

资料来源：Falk，Fehr and Fischbacher（2003）。

根据表 9—3，在每一种备选方案下，回应者都会对提议者的意图产生一个评价：其一，当备选方案为（5，5）时，提议者选择方案（8，2）是相对不公平的，此时提议者的动机是纯粹利己的，因此回应者的拒绝率也较高，达到了 44%；其二，当备选方案为（10，0）时，提议者选择方案（8，2）表明他是善意的，是想让回应者也得到一定收益，因此回应者的拒绝率较低，仅为 9%；其三，当备选方案为（2，8）时，提议者选择方案（8，2）说明他在两个不对称的方案中选择了对自己较有利的方案，这是可以理解和容忍的，故而回应者的拒绝率也较低，为 27%。看来，对意图的考虑确实会影响个体实施消极互惠的动机。

9.4.2 人口统计学因素

另一类可供调整的实验因素被称为人口统计学因素。这些因素并非如上述的各种结构性因素是与个体所处的制度、环境等有关，而是与个体固有的一些内在特征有关。在本书中，我们主要关注如下几个方面：性别、年龄和文化。下面将逐一评述。

性别

人们广泛认为，女性更愿意牺牲自身利益来维持人际交往中的和睦关系，而男性却更富有竞争性与攻击性，也更容易忽视人际关系的和谐。这可从儿童的玩耍方式窥其一斑：当女童在一起游戏时，如果有人伤到了膝盖，她们通常会聚在伤者周围并尽力安抚；而如果换作男童，他们更可能是协助伤者离开，然后继续游戏。这一常见的情形在一定程度上揭示了性别对个体行为的异质影响。

更细致的研究需要借助博弈实验，以将性别因素作为控制变量引入其中。在这方面，较具代表性的研究结论有：①在最后通牒博弈中，每种性别的参与者的出让金额是相似的（Eckel and Grossman，2001）。②在独裁者博弈中，性别之间似乎没有什么行为上的差异（Frey and Bohnet，1995；Bolton，Katok and Zwick，1998）。③在实验中，无论是哪种性别的受试者，都倾向于对女性对手索取更多，而对男性对手出让更多（Solnick，2001）。

与性别密切相关的另一因素是相貌。如果与你进行博弈的对手是一名异性，并且相貌出众，那么这可能会干扰你对双边赋权的判断。而相关的实验研究发现：从相貌角度看，男性对吸引力较强的女性并未表现出特别的慷慨，但女性对更具吸引力的男性要比对吸引力低下的男性多出让5%。实际上，根据施韦策和索尔尼克的报告（Schweitzer and Solnick，1999），女性对英俊男性的平均出让额超过了总金额的一半，并且很少有女性对英俊男性的出让额会低于一半，而有5%的女性几乎出让了全部金额。

而对于互惠动机来说，埃克尔和格罗斯曼（Eckel and Grossman，2001）在最后通牒博弈实验中发现，女性受试者经常较少拒绝，这可能意味着女性在实施消极互惠时更为谨慎。与此有关的一个现象是性别间的薪水差别。女性在同等工作下得到的薪水似乎较少（即使考虑了年龄、工作级别、教育和技术要求等控制因素）。也许这种薪水差别部分地是由女性与男性不同的消极互惠策略造成的。

年龄

年龄是个体固有的异质性特征。处于不同年龄阶段的个体，由于其认知能力、沟通技巧等的不同，有可能会表现出不同的公平观和互惠程度。

达蒙（Damon，1980）认为，儿童的成长大致经历三个阶段：在五岁以前，他们主要表现出的是利己倾向；从五岁到七岁，他们会用一种严格的均等方式来防止冲突的发生，一个极端的例子是分糖行为，如果糖块的数目是奇数，他们甚至会把其中的一块等分为二来实现绝对的等量分配；而在七岁之后，他们开始逐渐建立起公平观，并学着以公平的方式思考与他人的互动问题。

默宁翰和撒克逊（Murnighan and Saxon，1998）以幼儿园、三年级和六年级的儿童作为研究对象开展了实验，实验内容是让这些孩子分配糖果和一定数目的钱。孩子们没有酬劳，只是在老师的建议下去参加实验。结果发现，在分钱实验中，三年级的儿童比六年级的儿童出让的金额要少（分别为总金额的30%和50%），而在分糖实验中，似乎并不存在年龄效应。另外，对于一便士或一块糖的出让，幼儿园儿童的接受率为70%，而对于年龄较大的儿童这个比例只有30%～60%。这一实验结果似乎表明，随着年龄的增长，人们愈发能够体会什么是公平或不公平，并且也越懂得怎样实施积极互惠或消极互惠。

另一个类似的研究是针对美国俄勒冈州二年级、四年级、五年级和九年级的学生进行的（Harbaugh，Krause and Liday，2000）。其中，孩子们凭借十个筹码进行讨价还价，而每个孩子都在最后通牒博弈和独裁者博弈中扮演角色。结果发现，在独裁者博弈中，孩子们给出的分配方案与成年人的实验结果十分相仿：大约三分之二的孩子什么也没出让，而其余的孩子出让了一半或更少。而在最后通牒博弈中却存在一定的年龄效应：在年龄最小的孩子中间（二年级），出让额也是最低的，而在年龄较大的孩子中（四、五和九年级）则表现出稍微多一点的慷慨（平均值分别为35%、41%和44%）。

与年龄相联系的另一个因素是身高。研究者发现在身高上有一个引人注目的效应：那些高个子学生（在控制了性别因素之后）在独裁者博弈中出让的金额较低，这似乎意味着身高的相对差距会影响当事人的公平程度。

文化

在某种意义上，文化可理解为某一群体与环境相互协调的方式，因此不同的群体由于所处环境的不同，造就了丰富多彩的文化形式。在不同的文化背景下，人们对公平和互惠的看法也可能是不同的。

罗斯等（Roth et al.，1991）考察了四个国家的受试者：美国、日本、以色列和南斯拉夫。该研究的主要发现是，日本和以色列的受试者出让的金额平均要比其他国家低10%（但拒绝率也较低）。由此得到的一个推论是，在这两个国家中，人们对什么是"公平的"出让额的看法与其他国家不同。但巴肯、约翰逊和克罗松（Buchan，Johnson and Croson，1997）在其研究中却发现了相反的结果，其中日本受试者的平均出让额要高于美国受试者。造成这一结果差异的原因可能与受试者人群的选择有关。

一个更具代表性的研究是由海因里希等（Heinrich et al.，2001；2005）进行的，他们考察了20种不同的文化，其中包括非洲和亚洲的许多原始文化，以此来观察公平观的跨文化差异。该研究在最后通牒博弈中发现，在不同的文化下，平均出让额具有十分不同的结果，大致有如下几个显著特点：首先，在大约十个原始文化区域中，出让金额的均值和众数比许多成熟市场经济国家中所观察到的要低；其次，在秘鲁的马奇根加，受试者的平均出让额是最低的，为总金额的26%；然而，巴拉圭的阿丘雅人（又被称作猎头者）和印度尼西亚的拉买拉拉人（捕鲸者）的平均出让额却超出了总金额的一半，分别为51%和58%。

如何理解上述实验结果？一个可能的解释是，在一个社会中，生产合作行为的数量、规模经济的大小以及市场的整合度会对人们的公平观产生重要的影响。对于那些成熟的市场经济国家来说，由于其市场整合度已经很高，存在大规模的商品市场和劳动市场，因此合作和分享已成为一种重要的社会规范，这使得处于这些文化背景下的受试者比那些原始文化中的受试者更懂得在最后通牒博弈中给出一个较高的出让额。

而在秘鲁的马奇根加，居民的社会联系非常少。这里主要以家庭作为基本经济单位，家庭成员共同进行狩猎活动，并且以火耕的方式种植木薯。在村子内部，与不熟识的人进行交易的现象是很少的，他们甚至不知道其他马奇根加人的确切名字，除非是亲戚关系。也许正是这种极端的社会和经济单位的独立性，导致马奇根加人缺乏分享观念，因此其公平观也就与成熟市场经济国家的人群不同。

然而，巴拉圭的阿丘雅人与印度尼西亚的拉买拉拉人虽然也属于原始文化，但却表现出了与马奇根加人不同的公平观。其中，阿丘雅人主要以狩猎为生，而拉买拉拉人主要以捕鲸为生，这种大型狩猎活动需要多人合作才能完成，因此猎物是不能独占的，必须在成员之间进行合理分配。故而，这两种原始文化虽然与市场经济体制相去甚远，但却具有类似的合作特征，因此其成员在最后通牒博弈中也倾向于出让更多的金额。

但另一个显著的问题是，为什么阿丘雅人和拉买拉拉人在最后通牒博弈中会表现得过于公平呢（他们的出让额高于总金额的50%）？这可能与所谓的**冬季赠礼节综合征**有关。冬季赠礼节是加拿大西北部海斯拉人的传统节日，在节日当天，富裕的海斯拉人会将其食品和财物赠予他人。冬季赠礼节并不是一个普通的节日，其实质是一场具有炫耀和竞争意味的赠礼会，用意在于使那些接受礼物的人产生一种羞辱感或亏欠感。如果一名成员接受了一个异乎寻常的慷慨馈赠，比如在一次成功的狩猎后分到过量的肉，这将导致他在今后有加倍偿还的潜在义务。并且，接受这种馈赠会被认为是一种侮辱，因为这意味着馈赠者是比接受者更出色的猎手。这种赠礼活动也是南太平洋上某些原始社会的特征之一，即使在某些现代国家，仍然存在与冬季赠礼节活动相似的行为。

9.5 案例分析

在本节，我们将给出三个案例，其中第一个案例考察了公共品与搭便车问题，这涉及积极互惠与消极互惠；第二个案例讨论了信任博弈及其实验结果，这与第9.3节提到的信任概念存在关联；而第三个案例考察了外生激励对个体内生激励的挤出效应，这也与信任问题有关。这些案例主要参考凯莫勒（Camerer，2003）第2章和威尔金森（Wilkinson，2008）第8章的相关内容。

9.5.1 公共品与搭便车

在本案例研究中，我们将考察由菲尔和葛士特（Fehr and Gächter，2000）所作的一系列公共品博弈实验，这些实验表明，互惠行为（无论是积极的还是消极的）对公共品的供应问题会产生影响。

在这些实验的基准形式中，涉及一组受试者（共四名），每人最初手持20个筹码。这四名受试者需同时决定应将多少筹码留在身边，并将多少筹码用于公共品的投资。留在身边的每个筹码带来的收益是1筹码。而投资于公共品的每个筹码可为每名受试者都带来0.4筹码的收益，并且与其他受试者是否投资无关。因此，受试者向公共品投资1筹码仅为自身带来0.4筹码的收益，却可带来1.6筹码的社会收益（因为受试者共有四名）。

根据标准经济学模型，此时无人愿意对公共品进行投资，这相当于所有人都选择背叛，因为将筹码留在身边获利更多，即每名参与者都挣得20个筹码。然而，我们可看到这其实是一个多人囚徒困境博弈。如果所有的参与者都选择合作，亦即每人都将所有的筹码用于公共品投资，那么他们每人最终都能挣得32筹码（$4\times20\times0.4=32$），但这个最优的结果不可能成为标准经济学下的均衡。

现在，如果我们在模型中引入积极互惠，那么博弈的结果是什么？积极互惠意味着参与者在别人愿意投资时也愿意投资。然而，为了让参与者拿出筹码进行投资，需要大部分参与者都有这样的动机。由于现实中总有相当比例的人群是受纯粹利己动机驱使的，因此要想达到一个投资量为正的均衡是很困难的。

如果在模型中引入消极互惠，博弈的结果又会发生怎样的变化？在这里，消极互惠是指对不进行捐献的人实施报复，因为他们是搭便车者。在最简单的博弈版本中，唯一可采取的报复措施就是也搭便车。但这会使其他所有人都受到报复，无论他们是否为搭便车者。因此，人们选择搭便车要么是出于纯粹的利己动机，要么是为了表达消极互惠。其结果是，消极互惠更有可能导致一个投资量不为正的均衡，因为“自私”的参与者会诱使互惠的参与者也搭便车。

如果参与者能观察到其他人的投资量，那么情况将发生较大改变，并且受罚的人将主要是那些不进行投资的参与者。据此，我们可对实验进行修改，其中参与者可削减任意其他参与者的筹码数，但每削减别人 1 筹码，自己也会损失 1/3 筹码。此处加入惩罚的成本是很重要的，不仅因为这更符合现实，还因为这有助于将“自私”的参与者与互惠的参与者区别开来。自私的参与者永远都不会惩罚别人，因为这需要付出成本，所以即使存在惩罚机会，也不会改变博弈的结果。然而，那些愿意进行消极互惠的人却有可能对搭便车者实施惩罚，这进而可促使自私的参与者也选择合作，即进行投资。这样一来，最终结果可能与缺乏惩罚机会的情形大为不同，因为互惠者可促使人群中出现普遍的合作，而不是由自私者主导的普遍背叛。

菲尔和葛士特的系列实验涉及两种版本。第一种版本称为“完全陌生者”版本，其中涉及 24 名受试者，按每组四人分为六组，并且重复进行六次博弈。每当博弈重新进行时，各组成员将被重新调换，以确保每名参与者与其他任何人的博弈都不会超过一次。这样一来，受试者在实质上就会将博弈看作一种单击博弈，于是他们的行为不会对后续的博弈产生影响。第二种版本是“搭档”版本，其中每四名参与者一起进行十次博弈，因此这属于一种“重复”博弈，其中在某次博弈中的行为可对后续的博弈产生影响。每种版本的博弈都在有惩罚机会和无惩罚机会两种情形下进行，并且每次博弈中的惩罚都在观察到投资量之后进行。

图 9—4 展示了实验的结果。其中，“无惩罚机会”即指受试者无法实施消极互惠；“有惩罚机会”即指受试者可以实施消极互惠。实验结果清晰地显示：当受试者可实施消极互惠时，无论此时是“完全陌生者”版本还是“搭档”版本，受试者都表现出了明显的合作倾向，并且这种倾向随着实验轮次的增加而逐渐增强；而当受试者无法实施消极互惠时，则在两种实验版本下，受试者都表现出了明显的背叛（不合作）倾向，并且这一倾向也随着实验轮次的增加而增强。

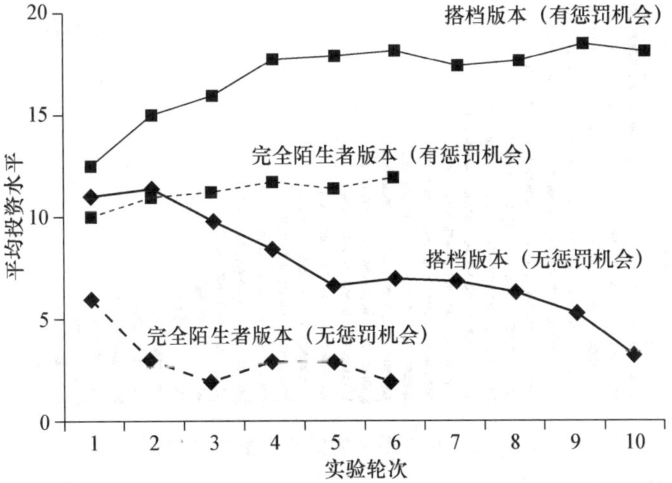

图 9—4　公共品博弈中合作水平的演进

资料来源：Wilkinson (2008)。

9.5.2 信任博弈

借助博弈实验，研究者可对第9.3节介绍的信任问题进行考察与度量，这就是我们将要介绍的**信任博弈**。

伯格、迪克豪特和麦卡布（Berg，Dickhaut and McCabe，1995）提出了一个简洁的信任博弈形式来考察和度量信任的程度，这一博弈模拟了现实中的个体之间是如何基于信任进行互动的，其基本观点是：任何信任行为在本质上都可看作一种投资行为，其中涉及一名信托人和一名受托人。

在博弈中，信托人拥有一笔初始资金 x，他可选择把资金投资给受托人或是留在手中。如果信托人投资了 y，那么他自己保留 $x-y$；而受托人拿到 y 之后将会获得 r 的收益率，于是最终得到 $y(1+r)$。接下来，受托人需要决定如何与信托人分享这笔资金。假设没有任何外在的权威力量强迫受托人这样去做，那么他将执行的就是一个独裁者博弈。如果受托人给自己留下 z 并向信托人偿付 $y(1+r)-z$，那么受托人最终获得的收益就为 z，而信托人将获得 $(x-y)+y(1+r)-z=x+yr-z$。可以发现，这一博弈能帮助我们衡量信任的程度以及值得信任的程度各是多少。其中：信任的程度由信托人投资的额度 y 来衡量，而值得信任的程度由受托人偿付的金额 $y(1+r)-z$ 来衡量。

标准经济学对信任博弈的结果预测是，这里不会存在任何信任，其原因在于，如果受托人是完全利己的，那么他就不会偿付任何金额；而如果信托人预期到了这一点，并且信托人也是完全利己的，那么他一开始就不会向受托人作出任何投资。于是，博弈的结果就是信托人保留所有资金 x，而受托人一无所有。

然而，针对这一博弈的大量实验结果都推翻了标准经济学的预测。例如，伯格、迪克豪特和麦卡布（Berg，Dickhaut and McCabe，1995）在他们最初的研究中使用的 x 为10美元，收益率 r 设为200%，并且使用一个信箱来保证受试者“彼此未知”，以此考察纯粹的信任程度。相关实验结果如图9—5所示。

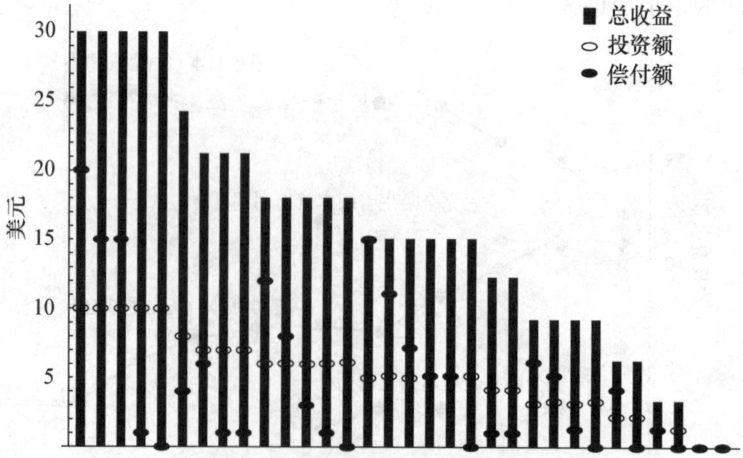

图9—5 信任博弈中的投资额与偿付额

资料来源：Berg，Dickhaut and McCabe（1995）。

在该图中，不同高度的条形柱按顺序由左至右排列。每个条形柱上的空心圆代表投资额，条形柱的高度代表投资额加收益额的总值，实心圆表示受托人给信托人的偿付额。如果实心圆位于空心圆之上，则表明信任被偿付了。平均来看，信托人一般会将总资产的50%用于投资；在32名信托人中，有5人把总资产全部用于投资，而只有2人未投资任何金额。而受托人的平均偿付额为投资额的95%（尽管分散程度很大，并且有一半的受托人未对信托人作任何偿付或只是侮辱性地返还1美元）。可见，博弈实验的结果显著地违背了标准经济学的预测。

信任博弈还可用来考察积极互惠的程度。观察该博弈的基本结构可知，由于它是一个两阶段博弈，并且第二阶段其实是一个由受托人执行的独裁者博弈，因此，如果受托人在信任博弈中偿付的金额高于他在普通独裁者博弈中出让的金额，那么就可认为，任何高出的金额都可代表积极互惠的程度。其原因在于，在普通的独裁者博弈中，独裁者的任何出让额均可看作是纯粹的公平感使然；而信任博弈的第二阶段虽然仍属于独裁者博弈范畴，但受托人的行为会受到第一阶段信托人行为的影响，信托人对受托人的投资金额可看作是前者对后者的信任程度，换言之是前者对后者的一种善意行为，因此，当受托人需要做出偿付决定时，他的行为将不仅取决于纯粹的公平感，而且取决于他愿意对信托人的善意进行多少偿付。此时，偿付信托人的善意恰好反映了受托人的积极互惠程度。

从实验结果来看，考克斯（Cox，1999）发现，受托人的偿付额要高于在普通独裁者博弈中的出让额，不过这一差额并不大，只约为10%，但在统计学意义上是显著的。此外，杜文伯格和格尼茨（Dufwenberg and Gneezy，2000）也发现，受托人的偿付额要大于他在普通独裁者博弈中的出让额，但在他们的研究中，这一差额在统计学意义上并不显著。这些实验结果似乎意味着，在简单的信任博弈中，积极互惠并不是一个十分重要的现象。

9.5.3　对内生激励的挤出效应

外生的激励是否会挤出内生的激励？我们已经看到，一些经验事实违背了标准经济学模型的解释。这些事实经常与如下情形有关，其中潜在的道德激励与外在的经济激励是相抵触的。人们常引用的一项研究是由格尼茨和拉斯提基尼（Gneezy and Rustichini，2000）进行的。该研究对以色列的十个日间托儿所进行了考察，所涉及的问题是，家长们总在接孩子时迟到。这些托儿所规定，家长应在下午四点钟来接孩子，如果家长晚来，容易引起孩子的焦虑，并且老师也不得不继续苦候。该项研究进行了20个星期。在最初4个星期，研究者只是记录迟到家长的人数。平均来看，每个日间托儿所每星期有8人次的迟到。4个星期结束后，研究者建议在其中的六个托儿所实施罚金制度，如果家长迟到超过十分钟，则需支付相当于2.5美元的罚金。这部分罚金将被加入每月约合380美元的照看费之中。另外四个无罚金制度的托儿所被作为实验的对照组，其中家长晚接孩子的次数保持不变。然而就实施罚金制度的六个托儿所而言，晚接孩子的次数却增加了，并且这种势头保持了4个星期，直至达到一个新的平均水平，此时每周迟到18人次，是最初水平的两倍多。

另一个类似研究是由蒂特莫斯（Titmuss，1971）做出的，所考察的问题是献血行为。大部分人会主动献血而不索取报酬。然而，当对献血支付一定的小额报酬时，人们的捐血量与无报酬时相比降低了。

研究者对上述现象提出了多种可能的解释。其中的一种解释是，引入罚金制度使得博弈中参与者的可得信息发生了变化。比如，家长们也许会从这种低额度的罚金中推断，晚接孩子只会给托儿所带来很小的成本。献血者也许会认为，支付给他们的任何费用都相当于他们献血量的价值，因此如果他们发觉这一价值很小，那么他们就会失去献血的动力。

但另一个更接近现实的解释是，引入罚金和奖励使得博弈中的参与者对行动的看法发生了改变。罚金和奖励使得参与者的行动具备了商品意义，此时人们对各种行动赋予了不同的货币价值，而不再是完全出于道德动机。我们还可看到，这种看法的改变只会在如下情形中发生，其中受试者本来并未将货币性的奖励和惩罚纳为可考虑的选项。一旦受试者的看法朝这一方向发生了转变，他们的行为就不可能不受影响。这一结论得到了如下事实的支持：当日间托儿所在第 16 个星期停止罚金制度后，晚接孩子的人数仍然保持在较高水平。

当然我们不能仅根据上述发现就认为，以奖励和惩罚形式出现的货币激励是缺乏效率的。在日间托儿所的例子中，是因为罚金被定得太低才导致了无效率，此时家长们仅会认为晚接孩子的成本是很低的。只要将晚接孩子的罚金 10 谢克尔（相当于 2.5 美元）与违章停车的罚金 75 谢克尔以及不清除狗粪的罚金 360 谢克尔相比，我们就可看清这一点。也许货币激励需要较高的值才能发挥作用。

另外，根据上述这些行为，一个重要的可能结论是，不完全契约在很多情形下要优于完全契约。这些不完全契约并不明确规定惩罚和奖励是什么，而是依赖于道德或社会激励来促使人们的行为朝着希望的方向转变。比如，在以色列日间托儿所的例子中，最初的契约规定就是不完全的，因为它没有针对晚接孩子实施任何制裁。

9.6　本章要点

● 标准经济学假定博弈中的个体只受利己动机驱使，其偏好或效用只取决于自己的利益。对此，行为博弈论作出了相应拓展，它假定个体的偏好及效用不仅受自身利益的影响，而且受其他人利益和选择的影响，这被称为社会偏好。

● 本章介绍的社会偏好主要涉及两大议题：公平与互惠。

● 与公平有关的一个核心概念是双边赋权，即在一项交易中对双方当事人预先赋予的某种形式的权利。可以认为，任何交易都是基于事先默认的双边赋权来进行的，而公平就是对双边赋权的认可。

● 与公平有关的理论模型主要为厌恶不均等模型，其所基于的假定是，如果其他人拥有的收益比自己多，那么就会心生嫉妒，而如果自己比其他人拥有更多的收益，那么就会心生愧疚。

● 所谓互惠是指，当一方当事人向另一方当事人做出某种行为时，另一方当事人通过合理的回应行为来维持公平。有时，这种回应行为甚至以当事人损失一定的物质利益为代价。

● 互惠可分为两种类别：其一为积极互惠，它是指当一方当事人向另一方当事人做出善意的行为时，为了维持公平，另一方当事人也会做出善意的行为；其二为消极互惠，它是指当一方当事人向另一方当事人做出恶意的行为时，为了维持公平，另一方当事人也会做出恶意的行为。

● 与互惠有关的理论模型较为复杂，其中考虑了“善意”的人们是如何评价其他人的，并且根据其他人的“善意”来决定自己应当表达的“善意”。

● 所谓信任是指，在一项交易中，一方当事人相信另一方当事人不会损害其在双边赋权中应有的权利。

● 在日常交易中，双边赋权通常是由契约的形式规定的，但大部分交易涉及的是不完全契约，此时，信任就成为这种交易的基础。信任是减少交易成本的方法。但信任很容易遭到破坏，并且难于重建。

课后思考

● 请阅读如下一些例子（节选自 Camerer，2003）：

①当我从芝加哥来到爱荷华州立大学进行访问时，那里的居民经常会让我感觉到在小城市中人与人的关系是多么友好和睦，而绝非像在大都市中那样。在我的房东送我去机场的路上，车子出了毛病。他把车子拖到临近的一个农场，很无助地打量着车盖内的一切。这时一个农夫从他的卡车上跳了下来，想要过来看看究竟出了什么问题。我的房东并不认识这个农夫，他对这个农夫说他必须尽快把我送到机场。于是这个农夫就把他的卡车借给了我们。在我们跳上卡车之前，我的房东把他的车钥匙（一辆漂亮的需要修理的宝马汽车）递给那个农夫作为担保。可是那个农夫却说：“嗨，你自己拿着吧。我可不知道我能用这串钥匙做什么。等你回来后我们再对你的车想办法吧。”

② 东京的失物招领中心以其为失主找回失物的能力而知名。约有 72%的失物（折算为价值）被返还到物主手中，其中包括一个装有 9 万美元现金的提包。在日本社会中具有这样的传统，即教育儿童要把拾到的失物上交警亭，并且要能够对失主的心情和由此带来的直接影响产生同情心。而根据法律和社会传统，物主必须把失物价值的 5%～20%作为酬金付给拾到的人。

③尽管“反毒品运动”情势高涨，但在失业率创下新低的 20 世纪 90 年代末，厂商们并不愿对员工进行毒品测试，因为“毒品测试，尤其是在没有特定原因的情况下，会使员工觉得不受信任，并且如果这导致了对公司的负面印象，可能还会引起公司内的‘后院失火’”（《洛杉矶时报》，1999）。另外，虽然毒品测试主要是在下层的蓝领和白领工人中进行，并且使用毒品确实会影响诸如影片执导、外科手术、华尔街的人工交易和警察等职业的效率，但是厂商却认为强制性的毒品测试会使这些高层次的职业人员感到不安并且会破坏信任。

④在好莱坞，当电影《泰坦尼克号》的拍摄费用大大超过其预算时，许多批评家预言这将是电影史上最大的骗局。导演杰姆斯·卡梅隆放弃了他应得的部分薪酬并降低了“收益率”（票房收入的一定比例）来缓解制片方的不安。于是这部电影的摄制成本在电影史上排到第三，而卡梅隆所放弃的薪酬和所降低的收益使他损失了 5 000 万美元。制片方因此对他支付了历史上最高的回扣。这种对高薪导演的加薪过去从未发生过，但这部影片大受欢迎而制片方希望导演能够为他们带来更多的成功。然而最为特别之处在于卡梅隆放弃

薪酬的事实。制片人对他的支付显然是对他放弃薪酬的偿还。

请根据本章关于公平、互惠和信任问题的讨论，对上述各案例进行分析。

● 请回顾第 9.5.1 节所示的案例，并请回答：

①图 9—4 中无惩罚机会时的合作水平是怎样形成的？

②请解释引入惩罚机会后会怎样导致出现合作。

关键术语

社会偏好　social preference
公平　fairness
最后通牒博弈　ultimatum game
独裁者博弈　dictator game
提议者　proposer
回应者　responder
最小可接受出让额　minimal acceptable offer
独裁者　dictator
接受者　receiver
双边赋权　dual entitlement
厌恶不均等模型　inequility aversion model
菲尔-施密特模型　Fehr-Schmidt model
博尔顿-奥肯菲尔斯模型　Bolton-Ockenfels model
互惠　reciprocity
劳动市场博弈　labor market game
积极互惠　positive reciprocity
消极互惠　negtive reciprocity
信任　trust
礼物交换假说　gift exchange hypothesis
冬季赠礼节综合征　potlatch syndrome
信任博弈　trust game

进一步阅读

[1] Bardsley, N. (2008). "Dictator Game Giving: Altruism or Artifact." *Experimental Economics*, 11, 122-133.

[2] Charness, G. and Rabin, M. (2002). "Understanding Social Preferences with Simple Tests." *The Quarterly Journal of Economics*, 117 (3), 817-869.

[3] Oosterbeek, H., Sloof, R. and van de Kuilen, G. (2004). "Differences in Ultima-

tum Game Experiments: Evidence from a Meta-Analysis." *Experimental Economics*, 7 (2), 171-188.

[4] 贺京同，那艺．经济主体“双重动机论”及其经济学意义——基于行为经济学的讨论．光明日报（理论版），2009-05-26.

[5] 贺京同，张战平．必须改善农民在我国收入分配中的地位——农民增收难问题的行为经济学模型分析．南开学报（哲学社会科学版），2004 (3).

[6] 科林·F·凯莫勒．行为博弈．北京：中国人民大学出版社，2006.

第四部分

宏观经济理论

第 10 章

现代宏观经济学引论

从本章开始，我们将把考察的经济行为进一步拓展到宏观层面。与个体选择情形、策略互动情形相类似的是，在宏观经济领域也存在许多无法被标准宏观经济学解释和预测的异象。为此，经济学家借助行为经济学的基本理论和研究视角，对现有的标准宏观经济模型作了诸多方面的修正与拓展，由此形成的新的理论体系被称为**行为宏观经济学**，此即本书宏观经济理论部分的主要内容，这涉及式（1.1）的组成部分（2）～（5）的诸多方面。

为了与前述各章的风格保持一致，我们仍坚持"标准经济学模型—异象—行为经济学模型"的写作逻辑。根据这些内容的相对重要性，本章的主要任务是评介现代标准宏观经济学的基本内容，即新兴古典和新凯恩斯宏观经济学的主要观点、建模方法及政策含义，以及随后兴起的行为宏观经济学的主要观点及发展现状。而对于行为宏观经济学具体的理论创新内容，则留待第 11、12 章讲授。

据此，第 10.1 节是关于标准宏观经济学的基本介绍。其中，我们主要对新兴古典宏观经济学与新凯恩斯宏观经济学这两大理论体系的先后传承关系、共性与差异作了评述，并试图指出，新凯恩斯宏观经济学由于其假设更贴近现实、结论更具政策启发性而受到更为广泛的认同。随后，我们在第 10.2～10.4 节以新凯恩斯模型为出发点，评介了标准宏观经济学的基本建模方法，并将新兴古典宏观经济学处理为前者的特例情形。在此基础上，我们进一步在第 10.5 节对行为宏观经济学的缘起、发展及现状进行了一般性评述。

10.1　标准宏观经济学：从新兴古典到新凯恩斯

在本节，我们主要对**新兴古典宏观经济学**与**新凯恩斯宏观经济学**的相互关系、共有的理论基础以及相互差异进行简要评述。我们认为，这两大理论体系均可视为现代标准宏观经济学的组成部分，因为它们共享相同的方法论基础与核心前提假定，但二者对市场结构及运行机制的假定存在显著分歧，这是导致它们具有不同政策含义的重要原因。

10.1.1 两大体系的理论共性

相互关系

现代标准宏观经济学主要由新兴古典主义与新凯恩斯主义两大理论体系构成。其中，前者主要以卢卡斯和萨金特（Lucas and Sargent，1979）及基德兰德和普雷斯科特（Kydland and Prescott，1982）的著述为代表，以**真实经济周期模型**为基本表述形式，兴起于20世纪七八十年代。而后者主要以曼昆和罗默（Mankiw and Romer，1991）、古德弗兰德和金（Goodfriend and King，1997）、克拉利达、加利和格特勒（Clarida，Galí and Gertler，1999）以及沃尔什（Walsh，2003）的著述为代表，以所谓的**三方程宏观经济模型**为基本表述形式，主要兴起于20世纪90年代及21世纪初。

虽然从理论内容、解释范围和政策启示看，新凯恩斯都与新兴古典宏观经济学具有很大不同，但它们共享着相同的方法论基础及核心假定，因此新凯恩斯可视为新兴古典宏观经济学的理论拓展。

方法论的共性

首先，我们简要评述一下这两大理论体系在方法论上的共性。从它们的兴起历史及发展态势看，虽然这两大体系均以研究总量经济关系为目标，但它们都致力于为总量关系构建微观基础，亦即从微观个体的选择层面来理解宏观层面的经济现象，从而试图改变自凯恩斯革命以来宏观经济学缺乏坚实微观基础的窘境。因此，为了达到这一目标，这两大体系都自然地强调个人主义方法论，即决策仅能由个体作出，宏观经济活动是由个体选择构成的，是个体选择行为的加总。不仅如此，它们还一致接受个体行为的理性假定，即微观决策的形成应当从个体的最优化行为来理解。于是，在这两大理论体系下，各种宏观经济变量之间的关系都是从消费者的效用最大化和厂商的利润最大化两方面推导而来的，并且都是基于一种**动态随机一般均衡**的框架来建模。

理性预期假定

除了上述方法论上的共性之外，这两大理论体系还共享相同的核心前提假定，即关于个体的**理性预期假定**。所谓预期是指，经济社会中的个体在形成决策之前对未来经济活动所作的主观估计，因此预期的形成与经济环境的不确定性、个体所获得的信息以及分析能力均有关。既然个体行为是理解宏观现象的微观基础，那么与个体决策密切相关的预期问题也就成为构建宏观经济模型的重要内容。一般认为，新兴古典主义与新凯恩斯主义都是以理性预期假定来描述个体预期的。理性预期的思想最早由穆斯（Muth，1961）提出，其后由卢卡斯（Lucas，1972）及萨金特（Sargent，1973）等人作了较为充分的阐发，其概念可简单表述为，个体在有效利用一切信息的前提下，对经济变量作出的在长期中平均来说最为准确的且又与经济理论模型相一致的预期。随后，这一概念又被新凯恩斯主义所接受。

然而，虽然这两大体系存在如此深刻的共性，但它们关于市场结构与运行机制的假定却十分不同，从而导致它们的理论结果及政策含义也不同，这将在下面介绍。

10.1.2 两大体系的观点分歧

新兴古典主义观点

一般而言，新兴古典宏观经济学在构建微观基础时，假定市场具有完全竞争性。这样一来，市场就是完善的，理性预期的个体能够准确预测各种需求变化，从而及时充分地调整价格和工资率，以保证市场出清和充分就业。因此，宏观经济波动只能是由市场信息的暂时出错以及技术冲击造成的，换言之，经济波动是对不断变化的技术进步率的最优反应。这种理论观点自然会导向如下政策含义：一方面，任何干预市场的政府行为都是不必要的，甚至会带来负面影响；另一方面，货币是超中性的，即经济波动几乎能完全由真实数量解释，货币冲击无论在短期内还是在长期下均不会影响实体经济的变动，因此货币政策也是无效的。

新凯恩斯主义观点

与新兴古典主义不同的是，新凯恩斯宏观经济学在分析现实问题时却假定市场是不完全竞争的，这意味着每个厂商都有一定的定价权。同时，该理论还假设，尽管理性预期的个体能够准确判断市场需求的变化，但价格和工资的调整却需要厂商之间或厂商与工人之间的协调，并且调整本身是有成本的（比如菜单成本），于是价格和工资在短期内存在黏性，这使得市场会处于非出清状态并存在失业。这一理论观点的政策启示是，在短期内采取一定的政府干预是有必要且有效的，货币政策可对实体经济产生影响，但是从长期看，理性预期的力量仍可促使价格和工资调整至市场出清状态，货币在长期下仍是中性的。

可见，新凯恩斯主义要比新兴古典主义更为强调政策对于稳定宏观经济波动的重要性。从现实情形来看，新凯恩斯主义也要比新兴古典主义具有更强的解释力，因此日益成为被广泛使用的宏观经济理论，特别是近十多年的发展尤为瞩目。为此，我们将以新凯恩斯宏观经济学为起点，评介一下该理论的基本构成要素，以方便理解后续章节的更多内容。

10.1.3　新凯恩斯模型的基本要素

前面已述，新凯恩斯宏观经济学的基本思想通常以一个三方程模型的形式表达出来，这三个方程构成了该模型的三个核心要素，它们是**总需求方程**、**总供给方程**与**货币政策规则**。

总需求方程

一般而言，总需求方程可被表述为：

$$\hat{y}_t = a_1 E_t \hat{y}_{t+1} + a_2 \hat{r}_t \tag{10.1}$$

其中，$\hat{y}_t$ 代表**产出缺口**，即**实际产出**与**潜在产出**之差；$\hat{r}_t$ 代表实际**利率缺口**，即**实际利率**与**自然利率**之差；E_t 代表预期因子。我们将在后面指出，式（10.1）是由消费者的效用最大化推导而来的，代表了宏观经济的需求面因素，所以被称为总需求方程。通过观察可知，式（10.1）描绘的是产出与实际利率之间的关系，因此它与初、中级宏观经济学教材中的 IS 曲线是相对应的，但它又涉及不同时期变量之间的关系，故又可称为**动态 IS 曲线**。

总供给方程

一般而言，总供给方程可被表达为：

$$\pi_t = b_1 E_t \pi_{t+1} + b_2 \hat{y}_t \tag{10.2}$$

其中，π_t 代表通货膨胀率。我们在后面将指出，该方程主要由厂商的利润最大化推导而来，代表了宏观经济的供给面因素，所以被称为总供给方程。通过观察可知，该方程描绘的是预期通货膨胀率与产出缺口之间的关系，因此它与初、中级宏观经济学教材中的菲利普斯曲线是相对应的，故而又可称为**新凯恩斯菲利普斯曲线**。

货币政策规则

一般而言，货币政策规则可被表达为：

$$i_t = \rho + c_1\pi_t + c_2\hat{y}_t + \nu_t \tag{10.3}$$

其中 i_t 为**名义利率**，ν_t 为随机干扰项，假定其服从均值为 0 的正态分布。该方程描述的是货币当局在给定通货膨胀率和产出缺口时的利率目标设定，因此又可称为利率规则，其中系数 c_1 和 c_2 是非负值，由货币当局决定。在现实研究当中，货币政策规则可以设定为多种形式，并不限于上述的一般形式。比如一个简单版本的货币政策规则为 $i_t = c_1\pi_t + \nu_t$，即货币当局在设定利率时，只受通货膨胀率的影响。

以上三个方程构成了最基本的新凯恩斯宏观经济模型，它旨在描述货币当局的政策调整在短期内对产出缺口和通货膨胀率的影响。因此，新凯恩斯主义实际上认为货币在短期内不是中性的，这与新兴古典主义的观点不同。

在后面几节，我们将基于动态随机一般均衡框架，构建一个简单的新凯恩斯主义模型，并试图将新兴古典模型处理为新凯恩斯模型的一种特例。这样一来，我们就可将标准宏观经济学模型统合于新凯恩斯主义框架之下。

10.2 新凯恩斯宏观模型 I：总需求方程

在本节，我们给出总需求方程的简单推导过程。假设在一个封闭的经济体中，不存在政府行为，没有投资，因此产出全部用来消费。其中，一个具有无限生命期的代表性消费者的目标效用函数可表示为：

$$E_0 \sum_{t=0}^{\infty} \delta^t U(C_t, N_t) \tag{10.4}$$

其中 $0<\delta<1$ 为贴现因子；C_t 为对最终产品的消费；N_t 为付出的劳动；U 为瞬时效用函数，它满足 $U_{C,t} = \dfrac{\partial U(C_t, N_t)}{\partial C_t} > 0$ 和 $U_{N,t} = \dfrac{\partial U(C_t, N_t)}{\partial N_t} < 0$，以及 $U_{CC,t} = \dfrac{\partial^2 U(C_t, N_t)}{\partial C_t^2} \leqslant 0$ 和 $U_{NN,t} = \dfrac{\partial^2 U(C_t, N_t)}{\partial N_t^2} \leqslant 0$。具体地，我们可将瞬时效用函数假设为如下形式：

$$U(C_t, N_t) = \frac{C_t^{1-\sigma}}{1-\sigma} - \frac{N_t^{1-\eta}}{1-\eta} \tag{10.5}$$

其中 σ，$\eta>0$。而消费者面临的约束条件为：

$$P_tC_t + B_t = R_{t-1}B_{t-1} + W_tN_t + T_t \tag{10.6}$$

其中，P_t 代表最终产品的总价格；B_t 代表消费者持有的一年期债券；总名义利率 $R_t=1+i_t$，其中 i_t 为名义利率；W_t 代表名义工资；T_t 代表净转移支付。

根据式（10.5）和式（10.6），我们可得到消费者效用最大化的两个一阶条件。首先，消费者需要在跨期消费之间实现最优权衡，此时，消费者在第 t 期减少一单位消费所带来的效用损失，可由增加的储蓄在第 $t+1$ 期转化为消费来弥补，于是有 $U_{C,t}\mathrm{d}C_t+\delta E_t\{U_{C,t+1}\mathrm{d}C_{t+1}\}=0$，且满足 $P_{t+1}\mathrm{d}C_{t+1}=-R_tP_t\mathrm{d}C_t$。结合式（10.5），即可得：

$$C_t^{-\sigma}=\delta R_tE_t\left(\frac{P_t}{P_{t+1}}C_{t+1}^{-\sigma}\right) \tag{10.7}$$

其次，消费者还需要在每一时期内实现消费与闲暇之间的最优权衡，此时，消费者减少一单位闲暇用于工作而带来的效用损失，可由增加收入而提高消费来弥补，即 $U_{N,t}\mathrm{d}N_t+U_{C,t}\mathrm{d}C_t=0$，且满足 $P_t\mathrm{d}C_t=W_t\mathrm{d}N_t$。于是结合式（10.5），又可得：

$$\frac{W_t}{P_t}=N_t^{\eta}C_t^{\sigma} \tag{10.8}$$

式（10.7）与式（10.8）即我们所要得到的两个一阶条件。通过观察式（10.8）可知，它实际上体现了实际工资与劳动量之间的关系，因此可看作劳动供给曲线。接下来，我们可将式（10.7）对数线性化，得到：

$$-\sigma c_t=i_t-E_t(p_{t+1}-p_t)-\sigma E_tc_{t+1}+\log\delta \tag{10.9}$$

其中，每个小写字母均代表变量的对数值，即 $x_t=\log X_t$，且其中 $\log R_t=\log(1+i_t)\approx i_t$（因为 i_t是一个接近于 0 的数，此时函数 $\log(1+x)\approx x$）。定义 $p_{t+1}-p_t=\pi_t$表示对数化的总通货膨胀率，于是式（10.9）可整理为：

$$c_t=E_tc_{t+1}-\frac{1}{\sigma}(i_t-E_t\pi_{t+1}+\log\delta) \tag{10.10}$$

由于该经济体中不存在投资，产出全部用于消费，因此市场均衡条件为：

$$Y_t=C_t \tag{10.11}$$

将之代入式（10.10），即得到：

$$y_t=E_ty_{t+1}-\frac{1}{\sigma}(i_t-E_t\pi_{t+1}+\log\delta) \tag{10.12}$$

其中，$i_t-E_t\pi_{t+1}$ 可视为实际利率，表示为 r_t。又假设在该经济体中，潜在产出可被表示为 y_t^n（潜在产出的定义见后面），与潜在产出对应的实际利率为 r^n（即自然利率），则必有 $y_t^n=E_ty_{t+1}^n-\frac{1}{\sigma}$（$r^n+\log\delta$）。现在，我们进一步定义产出缺口为 $\hat{y}_t=y_t-y_t^n$，实际利率缺口为 $\hat{r}_t=r_t-r^n$，则结合式（10.12），可得到：

$$\hat{y}_t=E_t\hat{y}_{t+1}-\frac{1}{\sigma}\hat{r}_t \tag{10.13}$$

此即所谓的总需求方程，或称动态 IS 曲线，它描述了产出缺口与实际利率缺口之间的关系，其形式与式（10.1）是类似的。可见，如果设 $a_1=1$ 且 $a_2=-1/\sigma$，则式（10.13）就是式（10.1）。为了直观地理解这一方程，我们绘制了图 10—1。从图中可以发现，产出缺口与实际利率缺口成负相关关系，这与传统的 IS 曲线具有类似的特征。

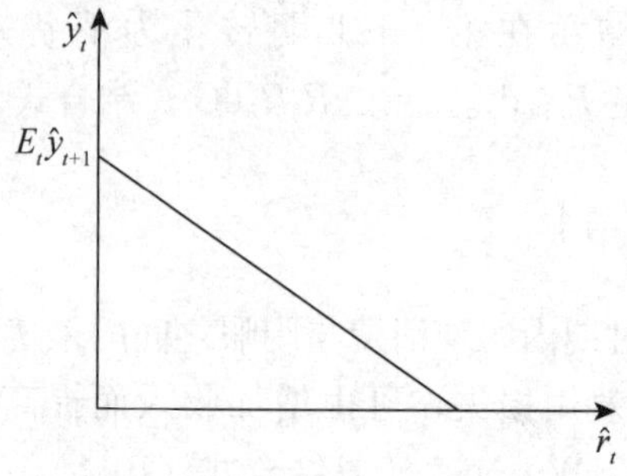

图 10—1　标准的总需求方程

10.3　新凯恩斯宏观模型Ⅱ：总供给方程

总供给方程的推导要复杂一些，需将最终产品厂商与中间产品厂商的行为分开来讨论。

10.3.1　最终产品厂商的最优选择

假设在该经济体中，最终产品由许多完全竞争的厂商生产，其技术为：

$$Y_t = \left(\int_0^1 Y_{jt}^{\frac{\varepsilon-1}{\varepsilon}}\,\mathrm{d}j\right)^{\frac{\varepsilon}{\varepsilon-1}} \tag{10.14}$$

其中，Y_t代表最终产品的实际产量，Y_{jt}代表每种中间产品的投入量，ε代表各种中间产品之间的替代弹性。式（10.14）所要表达的是，最终产品可看作是各种中间投入品的组合产物。每种中间产品都由不同的中间厂商生产，这些中间厂商是定义在［0，1］上的连续统。当假设$\varepsilon>0$并且是有限值时，各种中间产品就不是完全替代的，因此各中间厂商之间面临的是垄断竞争（不完全竞争），这意味着每家中间厂商都拥有一定的定价权。有关这一生产函数的更多细节可参阅迪克西特和斯蒂格利茨（Dixit and Stiglitz，1977）。

现在，我们可以来讨论最终产品厂商的利润最大化问题。其目标函数如下（由于是完全竞争的，所以它们面对给定的中间产品价格和最终产品价格）：

$$P_tY_t - \int_0^1 P_{jt}Y_{jt}\,\mathrm{d}j \tag{10.15}$$

将式（10.14）代入上式，然后针对每种中间产品Y_{jt}求导并令其等于零，可得到一阶条件为：

$$Y_{jt} = \left(\frac{P_{jt}}{P_t}\right)^{-\varepsilon} Y_t \tag{10.16}$$

这被称为中间产品的需求函数。将式（10.16）代回式（10.14），就可得到最终产品价格的表达式为：

$$P_t = \left(\int_0^1 P_{jt}^{1-\varepsilon}\,\mathrm{d}j\right)^{\frac{1}{1-\varepsilon}} \tag{10.17}$$

10.3.2　中间产品厂商的最优选择

中间产品厂商的利润最大化问题较复杂一些。首先，我们假设每个中间产品厂商的生产函数都满足一种线性形式：

$$Y_{jt}=A_tN_{jt} \tag{10.18}$$

其中，A_t代表技术，为一随机变量，其对数值（即 $a_t=\log A_t$）服从 AR（1）过程，为 $a_t=\rho_a a_{t-1}+\varepsilon_t^a$，且 $\rho_a\in[0,1]$；N_{jt}代表中间产品厂商 j 雇用的劳动量。在该生产函数中没有资本的贡献，因为我们假定在该经济体内不存在投资。于是厂商 j 的实际生产成本仅为向工人支付的实际工资，为 $TC_{jt}=\frac{W_t}{P_t}\cdot N_{jt}=\frac{W_t}{P_t}\cdot\frac{Y_{jt}}{A_t}$，这进一步意味着厂商 j 的实际边际成本为 $MC_{jt}=\frac{\mathrm{d}TC_{jt}}{\mathrm{d}Y_{jt}}=\frac{W_t}{P_tA_t}$。

现在进一步假设，每个中间产品厂商都试图对其产品给出一个最优定价（因为是垄断竞争的，所以厂商有定价权），但在每一期，每个中间产品厂商可以改变定价的概率仅为 $1-\theta$，无法改变定价的概率为 θ，这反映了经济中存在价格黏性。这种假设被称作卡尔沃黏性价格调整过程（Calvo，1983）。因此，假如某个中间产品厂商想在 t 期重新定价，它需要使如下利润目标函数最大化：

$$E_t\sum_{k=0}^{\infty}\theta^k\delta^k\left(\frac{C_{t+k}}{C_t}\right)^{-\sigma}\left(\frac{P_{jt}Y_{jt+k}}{P_{t+k}}-MC_{jt+k}Y_{jt+k}\right) \tag{10.19}$$

于是，式（10.19）的一阶条件为（对 P_{jt}求导）：

$$E_t\sum_{k=0}^{\infty}\theta^k\delta^k\left(\frac{C_{t+k}}{C_t}\right)^{-\sigma}Y_{jt+k}\left(\frac{P_{jt}}{P_{t+k}}-\frac{\varepsilon}{\varepsilon-1}MC_{jt+k}\right)=0 \tag{10.20}$$

可以想象，每个试图重新定价的中间产品厂商都需满足式（10.20），所以每个厂商的最优定价都相同，可将其表达为 $P_{jt}^*=P_t^*$，$j\in[0,1]$。于是，重新整理式（10.20），可得到：

$$\frac{P_t^*}{P_t}=\frac{\varepsilon}{\varepsilon-1}\frac{E_t\sum_{k=0}^{\infty}\theta^k\delta^kC_{t+k}^{-\sigma}MC_{t+k}\left(\frac{P_{t+k}}{P_t^*}\right)^{\theta}}{E_t\sum_{k=0}^{\infty}\theta^k\delta^kC_{t+k}^{-\sigma}\left(\frac{P_{t+k}}{P_t^*}\right)^{\theta-1}} \tag{10.21}$$

式（10.21）是每个厂商均需满足的条件，故可略去下标 j。对于式（10.21），如果令 $\theta=0$，即不存在价格黏性，则有：

$$\frac{P_t^*}{P_t}=\frac{\varepsilon}{\varepsilon-1}MC_t \tag{10.22}$$

此时，每个厂商都可自由地重新定价。由于每个厂商的最优定价都是一样的，因而当所有厂商都实现了重新定价时，根据式（10.17）可得到 $P_t=P_t^*$，于是式（10.22）即为：

$$1=\frac{\varepsilon}{\varepsilon-1}MC_t \tag{10.23}$$

前面已指出 $MC_t = \frac{W_t}{P_t A_t}$，将其代入式（10.23），可得：

$$\frac{W_t}{P_t} = \frac{A_t}{(\varepsilon - 1)/\varepsilon} \tag{10.24}$$

将式（10.24）与式（10.8）相结合，又得：

$$N_t^{\eta} C_t^{\sigma} = \frac{A_t}{(\varepsilon - 1)/\varepsilon} \tag{10.25}$$

将式（10.25）对数线性化，得：

$$a_t = \eta n_t + \sigma c_t + \log \frac{\varepsilon - 1}{\varepsilon} \tag{10.26}$$

由于在该经济体中只有消费没有投资，所以对数线性化后的市场均衡条件满足 $y_t = c_t$，于是式（10.26）可写为：

$$a_t = \eta n_t + \sigma y_t + \log \frac{\varepsilon - 1}{\varepsilon} \tag{10.27}$$

再基于式（10.18），可通过一系列步骤推得：

$$y_t = a_t + n_t \tag{10.28}$$

结合式（10.27），并整理，最终解出的 y_t 为（表示为 y_t^n）：

$$y_t^n = \frac{1 + \eta}{\eta + \sigma} a_t - \frac{\log \frac{\varepsilon}{\varepsilon - 1}}{\eta + \sigma} \tag{10.29}$$

此即新凯恩斯主义下的潜在产出的内涵，即不存在价格黏性时的产出。

从式（10.29）可看到，此时的产出只由技术冲击及市场竞争程度决定，与政府行为或货币冲击都无关（其中技术冲击由 a_t 反映，而市场竞争程度由中间产品的替代弹性 ε 反映）。而当 $\varepsilon \to \infty$ 时，即市场接近完全竞争时，潜在产出将为 $y_t^n = \frac{1 + \eta}{\eta + \sigma} a_t$，此即新兴古典主义情形下的均衡产出。故而我们可认为，在一定的前提条件下，新兴古典主义可视为新凯恩斯主义的一种特例形式。还可看出的是，由于新凯恩斯情形下市场不是完全竞争的，因此其潜在产出要小于新兴古典主义情形下的均衡产出。

10.3.3 菲利普斯曲线的推导

现在，我们给出新凯恩斯菲利普斯曲线的推导过程。将式（10.21）在稳态附近对数线性化，可得：

$$\tilde{p}_t^* = E_t \sum_{k=0}^{\infty} \theta^k \delta^k (\tilde{\phi}_{t+k} + \tilde{p}_{t+k}) \tag{10.30}$$

其中定义 $\tilde{p}_t$ 为对数价格与其稳态值之差，而 ϕ_t 为 $\log MC_t$，且 ϕ 为相应的稳态值，于是 $\tilde{\phi}_t = \phi_t - \phi$ 即为边际成本缺口。由于在稳态处，价格保持不变，因此中间产品厂商拥有与价格无黏性时相同的实际边际成本，即式（10.23），这意味着 $\phi=\log\frac{\varepsilon-1}{\varepsilon}$。

现在，可进一步将式（10.30）简化为：

$$\tilde{p}_t^* = \tilde{\phi}_t + \tilde{p}_t + \theta\delta E_t \tilde{p}_{t+1}^* \tag{10.31}$$

由于每一期只有 $1-\theta$ 比例的中间产品厂商可以调整价格，因此根据式（10.17），可得：

$$P_t = [\theta P_{t-1}^{1-\varepsilon} + (1-\theta) P_t^{*\,1-\varepsilon}]^{\frac{1}{1-\varepsilon}} \tag{10.32}$$

将该式在稳态附近进行对数线性近似，可得：

$$\tilde{p}_t = \theta \tilde{p}_{t-1} + (1-\theta)\tilde{p}_t^* \tag{10.33}$$

将式（10.33）和式（10.31）相结合，即为：

$$\frac{1}{1-\theta}\tilde{p}_t - \frac{\theta}{1-\theta}\tilde{p}_{t-1} = \tilde{\phi}_t + \tilde{p}_t + \theta\delta \frac{1}{1-\theta} E_t \tilde{p}_{t+1} - \theta\delta \frac{\theta}{1-\theta}\tilde{p}_t \tag{10.34}$$

由于总通货膨胀率记为 $\pi_t = p_t - p_{t-1}$，因此必然有 $\pi_t = \tilde{p}_t - \tilde{p}_{t-1}$，所以式（10.34）可整理写作：

$$\pi_t = \delta E_t \pi_{t+1} + \frac{(1-\theta\delta)(1-\theta)}{\theta}\tilde{\phi}_t \tag{10.35}$$

现在进一步考虑，由于中间产品厂商的实际边际成本为 $MC_t = \frac{W_t}{P_t A_t}$，将其对数线性化可得 $\phi_t = w_t - p_t - a_t$，再将之与式（10.8）相结合，则有 $\phi_t = \eta n_t + \sigma y_t - a_t$，整理即得：

$$\phi_t = (\eta+\sigma)\left(y_t - \frac{1+\eta}{\eta+\sigma}a_t\right) \tag{10.36}$$

在式（10.36）中减去 $\phi=\log\frac{\varepsilon-1}{\varepsilon}$，得到：

$$\begin{aligned}\tilde{\phi}_t &= (\eta+\sigma)\left(y_t - \frac{1+\eta}{\eta+\sigma}a_t - \frac{\log\frac{\varepsilon-1}{\varepsilon}}{\eta+\sigma}\right)\\ &= (\eta+\sigma)(y_t - y_t^n) = (\eta+\sigma)\,\hat{y}_t\end{aligned} \tag{10.37}$$

将式（10.37）代入式（10.35），并令 $\varphi = \frac{(1-\theta\delta)(1-\theta)(\eta+\sigma)}{\theta}$，即可得到：

$$\pi_t = \delta E_t \pi_{t+1} + \varphi \hat{y}_t \tag{10.38}$$

此即新凯恩斯菲利普斯曲线，又称总供给方程，其形式与式（10.2）是类似的。可见，如果设 $b_1=\delta$ 且 $b_2=\varphi$，则式（10.38）就是式（10.2）。新凯恩斯菲利普斯曲线所要表达的是，当前的通货膨胀率不仅与当前的产出缺口有关，还与居民的预期通货膨胀率有关。为了直观地看出其形式，我们绘制了图 10—2。从中可见，当前的通货膨胀率与产出缺口保持正相关关系。

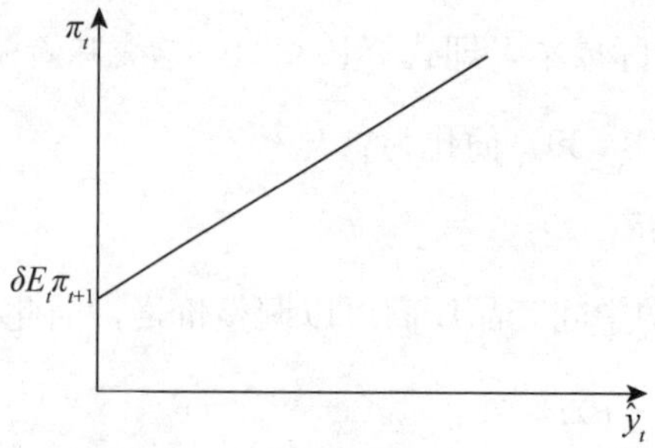

图 10—2　标准的总供给方程

10.4　新凯恩斯宏观模型Ⅲ：货币政策规则

在前两节的内容中，共涉及总需求与总供给两个方程，但却有三个未知数，它们是产出缺口、通货膨胀率与实际利率缺口。因此，为了封闭这一系统，以使得这两个方程无冗余，我们需要引入所谓的货币政策规则，用以描述名义利率的演进路径。这一政策方程对于新凯恩斯模型是不可或缺的，它不仅仅是为了满足数学上构建一个封闭系统的要求，而且具有深刻的经济含义，即如何通过货币政策的调整来稳定产出与通货膨胀率，这意味着货币在短期内是非中性的，而这正是新凯恩斯主义区别于新兴古典主义的关键所在。为此，我们在本节将对这一方程的经济含义和数学意义分别进行介绍，并在此基础上进一步探讨，一次货币冲击会对产出与通货膨胀率带来怎样的影响。

10.4.1　货币政策规则的经济含义

货币政策规则的经济含义是以所谓的**泰勒原理**来反映的（Taylor，1993）。为了阐释这一原理的基本内容，首先请回忆由式（10.3）所示的货币政策规则 $i_t=\rho+c_1\pi_t+c_2\hat{y}_t+\nu_t$，它反映了在给定通货膨胀率和产出缺口时的利率目标设定，其中系数 c_1 和 c_2 是非负值，由货币当局决定。因此，这一方程实际上描述的是货币当局设定名义利率的规则。那么，怎样的规则才是合理的？这与货币当局的调控目标有关。一般来说，如果货币当局以稳定通货膨胀率为目标，那么当观察到的通货膨胀率出现上升时，货币政策应使名义利率 i_t 的上升幅度高于预期通货膨胀率 $E_t\pi_{t+1}$ 的上升幅度，从而实现实际利率 r_t 的上升，只有这样才能达到稳定通货膨胀率的目的。此即泰勒原理的基本内涵。

那么，遵循泰勒原理以保证通货膨胀率稳定的具体机制是什么？为了说明这一点，请反过来设想当政策制定者不遵从泰勒原理时会出现怎样的局面。此时，通货膨胀率的提高将导致实际利率的下降，其结果是总产出将上升，而总产出的上升将进一步促使通货膨胀率的提高，于是导致实际利率进一步下降，这进而引发总产出继续被推高以及通货膨胀率的继续攀升，其传导机制可表示为如下螺旋形式，即：$\pi\uparrow\Rightarrow r\downarrow\Rightarrow Y\uparrow\Rightarrow\pi\uparrow\Rightarrow r\downarrow\Rightarrow Y\uparrow\Rightarrow\pi\uparrow$ ……这一过程不断循环下去，最终将导致通货膨胀率的提高失去控制。因此，泰勒原理实际上给出了实际利率与通货膨胀率之间必须满足的关系。

需要指出的是，泰勒原理仅是描述了根据通货膨胀率设定利率的一般原则。在现实中，满足泰勒原理的货币政策会有很多，其中，货币当局既考虑产出水平又考虑通货膨胀率来设定利率的规则被称为**泰勒法则**，它为货币当局如何应对经济环境的变化提供了经验规则。具体而言，这一规则最初是为美国设定联邦基金利率提供指导性原则，它要求联邦基金利率应在美国实际利率的历史均值 2%的基础上，再加上通货膨胀缺口与产出缺口的某种加权平均值。当加权权重为 0.5 时，泰勒法则可具体地表达为：

$$r_t = 2\% + 0.5(\pi_t - \pi^T) + 0.5(y_t - y_t^n) \tag{10.39}$$

其中，π^T为设定的通货膨胀控制水平（很多时候是接近于零的），其他字母的含义与前述几节相同。现在，我们可进一步把名义利率 i_t引入上式。由于 $i_t = r_t + \pi_t$，因此式（10.39）可改写为：

$$i_t = \pi_t + 2\% + 0.5(\pi_t - \pi^T) + 0.5(y_t - y_t^n) \tag{10.40}$$

更一般地，如果设 $\bar{r}$ 表示实际利率的历史平均水平，$0 \leqslant \alpha \leqslant 1$ 为权重，那么式（10.40）即可写作：

$$i_t = \pi_t + \bar{r} + \alpha(\pi_t - \pi^T) + (1-\alpha)(y_t - y_t^n) \tag{10.41}$$

将该式展开并整理之，可得：

$$i_t = \bar{r} - \alpha\pi^T + (1+\alpha)\pi_t + (1-\alpha)\hat{y}_t \tag{10.42}$$

其中 $\hat{y}_t$ 为产出缺口。可见，若令 $\rho = \bar{r} - \alpha\pi^T$，$c_1 = 1+\alpha$ 且 $c_2 = 1-\alpha$，则上式就与式（10.3）的货币政策规则在形式上是一致的（仅相差一个随机项）。需留意的是，其中 c_1是大于 1 的数，这意味着当通货膨胀率上升一单位时，名义利率应当被提高大于一单位，这正是泰勒原理的基本内涵。

10.4.2 货币政策规则的数学意义

现在，让我们进一步从数学意义上探讨泰勒原理的内在含义。首先请回忆新凯恩斯宏观经济模型的三个核心方程：

①总需求方程：$\hat{y}_t = E_t\hat{y}_{t+1} - \frac{1}{\sigma}\hat{r}_t$，其中 $\hat{r}_t = i_t - r^n - E_t\pi_{t+1}$。

②总供给方程：$\pi_t = \delta E_t\pi_{t+1} + \varphi\hat{y}_t$，其中 $\varphi = \frac{(1-\theta\delta)(1-\theta)(\eta+\sigma)}{\theta}$。

③货币政策规则：$i_t = \rho + c_1\pi_t + c_2\hat{y}_t + \nu_t$。

在由这三个方程构成的系统中，共有三个内生变量，即产出缺口、通货膨胀率和名义利率。但由于其中涉及递归形式，因此我们需讨论这个系统具有唯一稳定解的条件。为此，我们可把这三个方程写成如下的差分方程组：

$$\begin{bmatrix}\hat{y}_t \\ \pi_t\end{bmatrix} = A\begin{bmatrix}E_t\hat{y}_{t+1} \\ E_t\pi_{t+1}\end{bmatrix} + B(r^n - \rho - \nu_t) \tag{10.43}$$

其中，方阵 $A = \Omega\begin{bmatrix}\sigma & 1-\delta c_1 \\ \sigma\varphi & \varphi + \delta(\sigma + c_2)\end{bmatrix}$，方阵 $B = \Omega\begin{bmatrix}1 \\ \varphi\end{bmatrix}$，而 $\Omega = \frac{1}{\sigma + c_2 + \varphi c_1}$。对于形如式（10.43）的差分方程组，若使其存在唯一的稳定解，需令方阵 A 的特征根都在单位圆以内（Blanchard and Kahn，1980）。由于前面已假设 c_1、c_2均是非负值，于是通过计算可

知，式（10.43）具有唯一稳定解的条件为（Bulland and Mitra，2002）：

$$\varphi(c_1-1)+(1-\delta)c_2>0 \tag{10.44}$$

式（10.44）所示的条件其实就是泰勒原理的另一种表达。为了看出这一点，首先根据上述总供给方程，可得到稳态附近的通货膨胀率与产出缺口的长期关系为 $\pi=\frac{\varphi}{1-\delta}\hat{y}$，所以有 $\mathrm{d}\pi=\frac{\varphi}{1-\delta}\mathrm{d}\hat{y}$。于是，根据货币政策规则 $i_t=\rho+c_1\pi_t+c_2\hat{y}_t+\nu_t$ 就可得到：

$$\mathrm{d}i=c_1\mathrm{d}\pi+c_2\mathrm{d}\hat{y}=(c_1+c_2\frac{1-\delta}{\varphi})\mathrm{d}\pi \tag{10.45}$$

因此，如果式（10.44）成立，那么式（10.45）括弧内的值一定大于1，这意味着当通货膨胀率上升1%时，货币当局应当将名义利率上调超过1%，这与前述泰勒原理的内容恰好一致。因此，从数学意义上看，泰勒原理是保证新凯恩斯三方程系统具有唯一稳定解的条件，这与它试图稳定通货膨胀率的政策目标是内在一致的。

10.4.3 货币冲击的效应

现在，我们可基于上述的讨论结果，来考察当货币政策出现一次冲击时，会对产出缺口与通货膨胀率发生怎样的影响。

假设在货币政策规则 $i_t=\rho+c_1\pi_t+c_2\hat{y}_t+\nu_t$ 中，随机项 ν_t 满足 AR（1）过程，即 $\nu_t=\rho_v\nu_{t-1}+\varepsilon_t^v$，其中 $\rho_v\in[0,1]$。于是，ε_t^v 的一次正或负的实现，代表货币政策的一次紧缩或扩张冲击，从而在给定通货膨胀率和产出缺口的前提下导致名义利率的提升或下降。

为了考察一次货币政策冲击对产出缺口和通货膨胀率的影响，我们需借助于待定系数法。具体而言：假设货币政策规则的随机项 ν_t 与产出缺口、通货膨胀率满足如下函数关系：$\hat{y}_t=\psi_1\nu_t$ 且 $\pi_t=\psi_2\nu_t$。然后，将这两个假设的函数关系代入上述的总供给方程，可得到 $\psi_2\nu_t=\delta E_t\psi_2\nu_{t+1}+\varphi\psi_1\nu_t=\delta\psi_2\rho_v\nu_t+\varphi\psi_1\nu_t$，于是有：

$$\psi_1=\frac{1-\delta\rho_v}{\varphi}\psi_2 \tag{10.46}$$

接下来，将上述的货币政策规则代入总需求方程（且根据货币政策规则可知，ρ 为经济处于零通货膨胀稳态附近时的名义利率，故有 $\rho=r_t^n$），可得：

$$\begin{aligned}\hat{y}_t&=E_t\hat{y}_{t+1}-\frac{1}{\sigma}(i_t-E_t\pi_{t+1}-r_t^n)\\&=E_t\hat{y}_{t+1}-\frac{1}{\sigma}(\rho+c_1\pi_t+c_2\hat{y}_t+\nu_t-E_t\pi_{t+1}-r_t^n)\\&=E_t\hat{y}_{t+1}-\frac{1}{\sigma}(c_1\pi_t+c_2\hat{y}_t+\nu_t-E_t\pi_{t+1})\end{aligned} \tag{10.47}$$

又将 $\hat{y}_t=\psi_1\nu_t$ 和 $\pi_t=\psi_2\nu_t$ 代入上式，即为：

$$\psi_1\nu_t=\psi_1\rho_v\nu_t-\frac{1}{\sigma}(c_1\psi_2\nu_t+c_2\psi_1\nu_t+\nu_t-\psi_2\rho_v\nu_t) \tag{10.48}$$

在上式两边同除以 ν_t，并结合式（10.46），最终可得到 $\psi_1=-(1-\delta\rho_v)\kappa$ 且 $\psi_2=-\varphi\kappa$，其中 $\kappa=\dfrac{1}{(1-\delta\rho_v)[\sigma(1-\rho_v)+c_2]+\varphi(c_1-\rho_v)}$。于是有：

$$\hat{y}_t=-(1-\delta\rho_v)\kappa\nu_t \tag{10.49}$$

$$\pi_t=-\varphi\kappa\nu_t \tag{10.50}$$

上述两式体现了货币冲击对产出缺口及通货膨胀率的影响方式。其中，根据定义可知 $1-\delta\rho_v>0$ 且 $\varphi>0$，并且当货币当局遵从泰勒原理时可保证 $\kappa>0$，于是式（10.49）和式（10.50）暗示着：当出现一个正的货币政策冲击时，产出缺口将减小，通货膨胀率也将降低。

若想定量地观察一次货币政策冲击的效应大小，需要对上述系统中的各参数进行校准。以加利（Galí，2008）的校准结果为例（为了行文简洁，此处未列出具体的参数校准值，感兴趣的读者可参阅加利的原书第 3 章），可计算发现：若外生的货币政策冲击使得 ε_t^v 在一个季度内上升 25 个基点（相当于一次紧缩政策），则其对产出缺口和通货膨胀率的动态影响如图 10—3 所示（换算为年度值）。

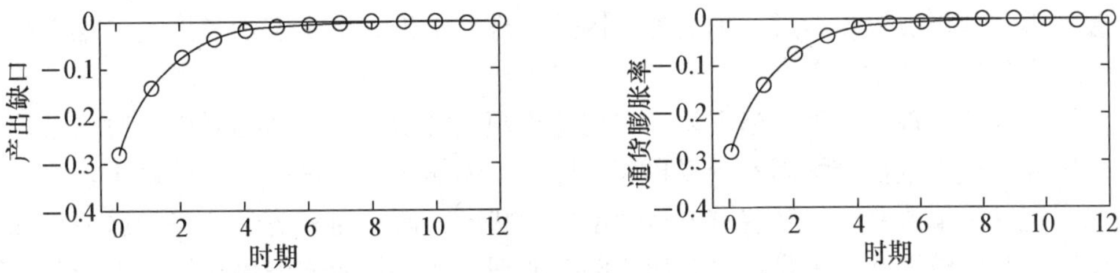

图 10—3 一次货币紧缩冲击造成的影响

资料来源：Galí (2008)。

从图 10—3 可见，短期内产出缺口及通货膨胀率均随着紧缩的货币冲击而出现迅速下降，但从长期看，各变量值将逐渐恢复到稳态水平。这充分说明在新凯恩斯体系下，货币在短期内不是中性的；但在长期下，货币仍然是中性的，即在长期下货币冲击对实体经济无效应。

10.5 从新凯恩斯主义到行为宏观经济学

正如本章章首所述，由于宏观经济领域也存在许多违背标准宏观经济学的异象，因此经济学家借助行为经济学的基本原理和方法，对标准宏观经济模型作了各种修正与拓展，这些新的理论构成了所谓的行为宏观经济学。在本节，我们将简单评介一下行为宏观经济学的缘起、发展及基本观点，以作为后续两章内容的铺垫。我们试图说明，行为宏观经济学在很多方面是对新凯恩斯主义模型的直接顺承与拓展，因此，现代宏观经济理论大致上遵循了从新兴古典主义到新凯恩斯主义再到行为宏观经济学的发展脉络。

自行为经济学作为一门学科出现以来，相关领域的经济学家即开始寻求如何将该学科的理论观点用于宏观经济现象的解释。但关于这一议题的系统阐述却最初见于乔治·阿克洛夫发表于《美国经济评论》的两篇经典性论文（Akerlof，2002；2007），分别为《行为宏观经济学与宏观经济行为》与《宏观经济学中缺失的行为动机》。

在其 2002 年的论文中，阿克洛夫回顾了宏观经济思想自凯恩斯革命以来的简要发展史，指出新兴古典宏观经济学虽然将理论的构建重新奠基于微观决策行为之上，并在一个完全竞争的一般均衡模型中讨论宏观经济行为，但这一范式上的转变却同时抛弃了凯恩斯在其《通论》中强调的其他所有心理学或社会学因素，包括认知偏差、公平、互惠、羊群效应和社会身份等，这导致新兴古典宏观经济学的解释及预测能力受到极大限制。

随后，阿克洛夫在其 2007 年的论文中进一步指出，鉴于新兴古典宏观经济学的诸多局限，随后兴起的新凯恩斯主义开始致力于构建一个更为完善的微观基础，其方式是仍然以微观最优决策作为理解宏观经济行为的逻辑起点，但在新兴古典主义的分析体系中加入一些摩擦因素，包括信任约束、不完美的市场、信息失灵、税制扭曲、交错契约、不确定性和菜单成本等，这使得新兴古典主义所推崇的完全竞争市场被一般化为一个“有一定价格黏性的不完全竞争市场”。通过这种方式，新凯恩斯主义在最大限度上继承了新兴古典主义的分析范式，同时使后者的理论适用性有了大幅提升，但《通论》中所强调的心理学或社会学因素却仍被置于考虑范围之外。因此，现实中仍有不少宏观经济现象难以得到有效解释（详见后续两章）。

为了改变这一现状，阿克洛夫认为在构建宏观经济学的微观基础时应当对《通论》所强调的重要心理学或社会学因素予以再现，即对个体偏好模型进行适当的修正，以改变原有偏好假定过于偏狭并缺失某些重要行为动机的状况，而行为经济学恰好为这一目标提供了理论工具与建模思路。于是，由此形成的新的理论体系将能够解决除了“市场摩擦”之外的其他宏观经济异象，此即行为宏观经济学的内涵所在。

其后，门兹（Menz，2008）、佩赫和米兰（Pech and Milan，2009）、格劳威（Grauwe，2012）以及德利斯科尔和霍尔顿（Driscoll and Holden，2014）等人均对行为宏观经济学的内涵及外延作了进一步的厘定与阐释。在这些学者的共同推动下，行为宏观经济学已经成为一个备受瞩目的新兴研究领域，它可视为现代标准宏观经济学的重要前沿及发展方向。

结合上述关于行为宏观经济学发展历程的概括性评述，我们将在后续两章对过去十几年的理论修正成果进行梳理与评介，这主要体现为在式（1.1）的个体决策模型中加入多种行为约束，并以此作为理解宏观经济行为的微观基础。具体而言，这又大致可分为针对总需求方程的修正和针对总供给方程的修正两大部分，我们将分别于第 11 章和第 12 章讲授。

10.6 本章要点

● 现代标准宏观经济学主要由新兴古典宏观经济学与新凯恩斯宏观经济学两大理论体系构成。前者的主要表述形式是真实经济周期模型，后者的主要表述形式是三方程宏观经济模型。

● 两大理论体系的共性在于，它们均致力于为宏观经济学构建微观基础，即把消费者效用最大化与厂商利润最大化作为分析宏观经济问题的逻辑起点，并且均基于理性预期的假定，以动态随机一般均衡作为基本分析框架。

● 两大体系的分歧在于，新兴古典主义主要将其分析置于一个完全竞争的市场环境中，其模型结论认为产出的任何波动都是对技术冲击的最优反应，货币是超中性的。而新凯恩斯主义则强调一个不完全竞争的市场以及价格黏性，其模型结论是，在短期内货币政策可对实际产出发挥影响，但在长期下，理性预期的力量仍可促使价格和工资调整至市场出清状态，货币在长期下可维持中性。

● 新凯恩斯宏观经济模型主要由总需求方程、总供给方程与货币政策规则构成。其中总需求方程又称为动态 IS 曲线，由消费者效用最大化推导而来；总供给方程又称为新凯恩斯菲利普斯曲线，由厂商利润最大化推导而来。在一定的假定条件下，新兴古典宏观经济学可被处理为新凯恩斯宏观经济学的特例形式，因此，新凯恩斯主义可视为新兴古典主义的理论拓展。

● 在宏观经济领域也存在许多无法被新兴古典或新凯恩斯宏观经济学解释和预测的异象（见后两章）。为此，经济学家借助行为经济学的基本理论和研究视角，对现有理论作了诸多方面的修正与拓展，由此形成的新的理论体系被称为行为宏观经济学。

课后思考

● 请阐述从新兴古典到新凯恩斯再到行为宏观经济学的理论发展脉络。

● 根据第 10.2～10.4 节的基本内容，请推导一次技术冲击对产出缺口及通货膨胀率的影响效应。

● 结合第 10.5 节的基本内容，请思考现实中有哪些你认为难以用标准模型解释的宏观经济异象。

关键术语

行为宏观经济学　behavioral macroeconomics
新兴古典宏观经济学　new classical macroeconomics
新凯恩斯宏观经济学　new Keynesian macroeconomics
真实经济周期模型　real business cycle model
三方程宏观经济模型　three-equation macroeconomic model
动态随机一般均衡　dynamic stochastic general equilibrium
理性预期假定　rational expectation hypothesis
总需求方程　aggregate demand function
总供给方程　aggregate supply function
货币政策规则　monetary policy rule

产出缺口　output gap
实际产出　actual output
潜在产出　potential output
利率缺口　interest rate gap
实际利率　actual interest rate
自然利率　natural interest rate
名义利率　nominal interest rate
动态 IS 曲线　dynamic IS curve
新凯恩斯菲利普斯曲线　new Keynesian Phillips curve
泰勒原理　Taylor principle
泰勒法则　Taylor rule

进一步阅读

[1] Akerlof，G. and Shiller，R.（2009）. *Animal Spirits*：*How Human Psychology Drives the Economy*，*and Why It Matters for Global Capitalism*. Princeton，NJ：Princeton University Press.

[2] Clarida，R.，Galí，J. and Gertler，M.（1999）.“The Science of Monetary Policy：A New Keynesian Perspective.” *Journal of Economic Literature*，38，1661－1707.

[3] Edmund，S. P.（1990）. *Seven Schools of Macroeconomic Thought*. Oxford：Oxford university Press.

[4] Galí，J.（2001）.“New Perspectives on Monetary Policy，Inflation，and the Business Cycle.” *NBER Working Paper Series* 8767.

[5] Holden，S.（2012）.“Implications of Insights from Behavioral Economics for Macro Economic Models.” *Norges Bank's Working Papers*.

第 11 章

行为宏观经济学 I：总需求方程

从本章开始，我们将逐步介绍行为宏观经济学的具体理论观点及基本模型。在上一章我们已提到，行为宏观经济学的主要研究方法是，基于行为经济学的基本理论与观点来重构宏观经济学的微观基础，进而解释那些无法被标准理论所容纳的宏观经济异象。值得强调的是，当前行为宏观经济学的研究不但把拓展新兴古典主义模型作为入手点，而且更多的是针对新凯恩斯模型的拓展研究。但根据我们的基本观点，现代宏观经济学大致遵循着从新兴古典到新凯恩斯再到行为宏观经济学的理论发展逻辑，所以本书把讲述的重点置于后者，即对新凯恩斯模型的直接修正。

在本章，我们主要评介行为宏观经济学对新凯恩斯总需求方程的修正，这仍需要回到第 1 章的式（1.1），因为该式是现代宏观经济学构建微观基础的逻辑起点。具体地，本章内容主要与式（1.1）的组成部分（3）、（4）和（5）有关。根据现有的文献基础，这些修正主要分为两个方面：一是构建一个**情景依赖式的总需求方程**，用以解释经验研究中发现的货币冲击对产出的非对称效应，我们将在第 11.1 节介绍；二是构建一个**自相关式的总需求方程**，用以解释经验研究中发现的产出的持续性效应，我们将在第 11.2 节介绍。

11.1 情境依赖式的总需求方程

在本节，我们将评介一个情境依赖式的总需求方程，用以解释经验研究中发现的货币政策对产出的非对称效应，这一现象难以用标准的新凯恩斯模型进行解释，因此构成了一个异象。为了推导出这种类型的总需求方程，我们需要在新凯恩斯模型的瞬时效用函数中引入参考点依赖，这涉及第 2 章讲授的行为经济学对标准效用函数的拓展形式。在给出具体的推导过程之前，我们首先对相关的异象进行介绍。

11.1.1 异象

在宏观经济中，一个重要的异象与货币政策冲击有关。首先请回顾第 10 章中关于货币冲击效应的一个基本结论（还可见式（10.49））：

$$\hat{y}_t = -(1-\delta\rho_v)\kappa\nu_t \tag{11.1}$$

其中，$\hat{y}_t$ 为实际产出缺口，ν_t 为货币政策规则 $i_t = \rho + c_1\pi_t + c_2\hat{y}_t + \nu_t$ 的随机项，满足 $\nu_t = \rho_v\nu_{t-1} + \varepsilon_t^v$，其中 $\rho_v \in [0,1]$。而 $\kappa = \frac{1}{(1-\delta\rho_v)[\sigma(1-\rho_v)+c_2]+\varphi(c_1-\rho_v)}$，其中 $\varphi = \frac{(1-\theta\delta)(1-\theta)(\eta+\sigma)}{\theta}$，$\delta$ 为消费者的贴现因子，σ、η 为消费者的偏好参数，θ 为垄断厂商在每一期无法改变定价的概率。由于式（11.1）中的 $1-\delta\rho_v > 0$，并且当货币当局遵从泰勒原理时有 $\kappa > 0$，因此根据式（11.1）可推知，一次扩张性或紧缩性的货币政策（即名义利率的降低或上升）将使实际产出缺口出现增大或缩小。而通过更进一步的观察还可知，如果货币政策的扩张或紧缩程度是对称的，那么相应的实际产出缺口的增大或缩小也是对称的。

然而，大量经验研究却显示，在经济衰退期的货币扩张对实际产出的影响要比在经济扩张期的货币紧缩更有效果，这意味着货币政策的产出效应具有非对称性（Weise，1999；Peersman and Smets，2005），其潜在含义是，动态 IS 曲线可能不是一条单一的直线就能表示的，而是在经济扩张或衰退阶段呈现出不同的斜率（可预先参见后面的图 11—2）。因此，标准的总需求方程（动态 IS 曲线）需要得到修正。

考虑到总需求方程是由消费者的跨期最优选择推导而来的，因此对该方程的修正也就自然应从消费者偏好入手。对此，桑托罗等（Santoro et al.，2014）提出，如果在标准的新凯恩斯模型中引入参考点依赖，即把行为经济学下的值函数作为拓展部分加入消费者的效用函数之中，就可为上述宏观经济异象提供解释。现在我们就来详细介绍这类基于行为经济学的修正新凯恩斯模型的方法。

11.1.2 参考点依赖的引入

回顾第 2.2 节的内容可知，行为经济学对标准效用函数的一个重要修正是，认为个体的效用不但取决于所得结果（如收入、消费等）的绝对水平，还取决于这一结果与某一参考点之间的差异。其中，如果高于参考点水平，则被视为收益，如果低于参考点水平，则被视为损失，并且等量损失比等量收益会带来更强烈的心理冲击，即损失厌恶。为了将这些修正体现到标准模型之中，行为经济学家的方法是引入一个值函数，以作为标准的效用函数的拓展部分。在具体做法上，我们可参考科策吉和拉宾（Kőszegi and Rabin，2006）以及尤格（Yogo，2008）的研究。于是，修正后的效用函数可写作：

$$\overline{U}(C,H) = \alpha u(C) + (1-\alpha)v[u(C)-u(H)] \tag{11.2}$$

这一效用函数在形式上与第 2 章给出的式（2.4）是类似的。其中，$u(C)$ 为标准经济学下的效用函数，满足单调递增，且在 $C>0$ 时是凹函数。$v(\cdot)$ 为**收益—损失函数**，它是值函数的一般化拓展，衡量的是消费效用与参考点效用之差所带来的效用，其中 H 代表参考点的值。$0\leqslant\alpha\leqslant1$ 代表权重。可见，修正后的效用函数是标准效用函数与收益—损失函数的加权之和。当 $\alpha=0$ 时，该效用函数完全取决于收益—损失函数；而当 $\alpha=1$ 时，该效用函数则退化为标准效用函数。因此，标准效用函数可看作式（11.2）中效用函数的特例形式。

关于收益—损失函数 $v(\cdot)$ 的性质可参见第 2 章关于值函数的讨论，兹不赘述。此处只需强调，该函数最重要的特征是可反映个体的损失厌恶，即：对于任何 $X>0$，均有 $-v(-X)>v(X)$，且 $v'(-X)>v'(X)$。为了便于在研究中应用，可将 $v(\cdot)$ 进一步写成如下具体形式（Köbberling and Wakker，2005）：

$$v(X)=\begin{cases}\dfrac{1-\mathrm{e}^{-\vartheta X}}{\vartheta} & X\geqslant 0\\[2ex] -\lambda\,\dfrac{1-\mathrm{e}^{\frac{\vartheta X}{\lambda}}}{\vartheta} & X<0\end{cases} \tag{11.3}$$

其中 $\vartheta>0$，而 $\lambda>1$ 表示损失厌恶系数。为了便于读者能够更深入地了解这一函数的基本特征，我们复制了桑托罗等（Santoro et al.，2014）给出的相关图例，见图 11—1。在该图中，读者不但可直观地看出该收益—损失函数的形状，而且还可看出在不同的损失厌恶程度下该函数的一阶导数的变动规律。为了方便对比，我们把 $\lambda=1$ 的情形也绘制了出来。

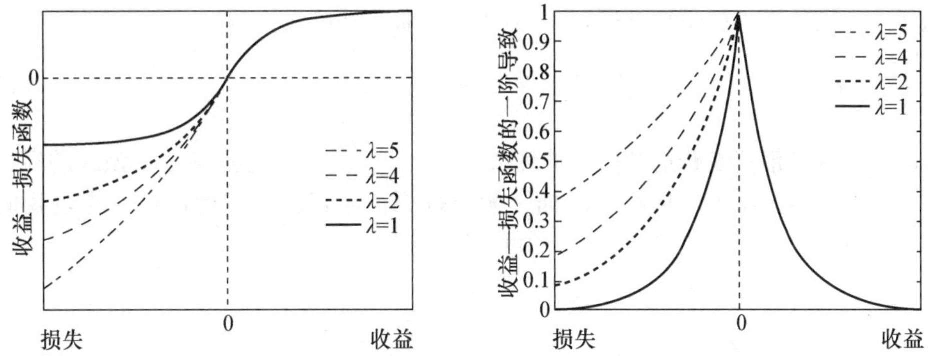

图 11—1　收益—损失函数及其一阶导数

注：其中设 $\vartheta=1$，λ 分别取 1、2、4、5。
资料来源：Santoro et al.（2014）。

接下来，我们便可探讨如何将上述修正后的效用函数纳入新凯恩斯宏观经济模型之中。我们将看到，这将深刻地影响消费者对跨期消费的最优权衡，从而改变总需求方程的性质。

11.1.3　行为宏观模型下的总需求方程

跨期一阶条件

首先，我们来考察在新凯恩斯模型的消费者效用函数中引入参考点依赖，会怎样改变消费者的跨期一阶条件。具体地，我们仍假设存在一个封闭的经济体，其中没有政府行为，没有投资，因此产出全部用来消费，这与第 10.2 节的相关假设是类似的。此时，代表性消费者的目标函数将变为：

$$E_0 \sum_{t=0}^{\infty} \delta^t \widetilde{U}(C_t, H_t, N_t) \tag{11.4}$$

其中 $\widetilde{U}$ 代表瞬时效用函数，为 $\widetilde{U}(C_t, H_t, N_t) = \overline{U}(C_t, H_t) - \frac{N_t^{1-\eta}}{1-\eta}$；$E_0$ 为时期 0 的期望因子；$0<\delta<1$ 为贴现因子；C_t 为对最终产品的消费；N_t 为付出的劳动；而 H_t 代表消费的参考点水平，它可设为上一期所有人平均消费水平 $\overline{C}_{t-1}$ 的函数，即 $H_t = \overline{C}_{t-1}^{\gamma}$，其中 $\gamma \in [0, 1]$。按照桑托罗等的做法，我们假设式（11.2）中的标准效用函数 $u(C)$ 为对数形式，于是有：

$$\begin{aligned}\widetilde{U}(C_t, H_t, N_t) &= \overline{U}(C_t, H_t) - \frac{N_t^{1-\eta}}{1-\eta} \\ &= \alpha \ln C_t + (1-\alpha) v(\ln C_t - \ln H_t) - \frac{N_t^{1-\eta}}{1-\eta}\end{aligned} \tag{11.5}$$

约束条件与上一章的式（10.6）是相同的：

$$P_t C_t + B_t = R_{t-1} B_{t-1} + W_t N_t + T_t \tag{11.6}$$

其中，P_t 代表最终产品的总价格；B_t 代表消费者持有的一年期债券；$R_t = 1 + i_t$，其中 i_t 为名义利率；W_t 代表名义工资；T_t 代表净转移支付。

现在，如果假设消费的参考点水平 H_t 对于该名代表性消费者来说是外生给定的（因为取决于上一期所有人的平均消费），则其跨期一阶条件可表达为：

$$\overline{U}_c(C_t, H_t) = \delta R_t E_t \left[\frac{P_t}{P_{t+1}} \overline{U}_c(C_{t+1}, H_{t+1}) \right] \tag{11.7}$$

式（11.7）反映了消费者跨期消费的最优权衡。由于引入了参考点依赖，该式的经济含义比上一章式（10.7）给出的标准的跨期一阶条件更为丰富。为了看出这一点，我们将式（11.3）、式（11.5）代入式（11.7），则可计算得到：

①当消费水平高于参考点时，跨期一阶条件为：

$$\frac{\alpha}{C_t} + \frac{(1-\alpha) H_t^{\vartheta}}{C_t^{1+\vartheta}} = \delta R_t E_t \left\{ \frac{P_t}{P_{t+1}} \left[\frac{\alpha}{C_{t+1}} + \frac{(1-\alpha) H_{t+1}^{\vartheta}}{C_{t+1}^{1+\vartheta}} \right] \right\} \tag{11.8}$$

②当消费水平低于参考点时，由于损失厌恶的存在，跨期一阶条件又为：

$$\frac{\alpha}{C_t} + \frac{(1-\alpha) C_t^{\frac{\vartheta}{\lambda}-1}}{H_t^{\frac{\vartheta}{\lambda}}} = \delta R_t E_t \left\{ \frac{P_t}{P_{t+1}} \left[\frac{\alpha}{C_{t+1}} + \frac{(1-\alpha) C_{t+1}^{\frac{\vartheta}{\lambda}-1}}{H_{t+1}^{\frac{\vartheta}{\lambda}}} \right] \right\} \tag{11.9}$$

通过观察上述两式可发现，此时消费者的跨期一阶条件显现出了一种情境依赖特征，即在不同情境下的跨期替代弹性也不同：当消费水平处于参考点之下时，由于损失厌恶的作用，此时的跨期替代弹性较高，其含义是来自实际利率的一个边际冲击对跨期消费增长率的影响较大。而反观式（10.7）所示的标准的跨期一阶条件，它是无法反映在参考点之上与之下的非对称特征的。当然，如果不存在参考点依赖，此处讨论的情境依赖式的跨期一阶条件就会退化为标准情形，这意味着后者可视为前者的一个特例形式。

总需求方程的推导

现在，我们将讨论如何从式（11.8）和式（11.9）所示的跨期一阶条件推导出总需求方程，即动态 IS 曲线。由于此处假定经济体中没有投资，产出全部用于消费，因此市场均衡条件为：

$$Y_t = C_t \tag{11.10}$$

接下来，我们还需要知道消费者在每一期的消费究竟是处于参考点之上还是之下。此处需要引入另一个假设，即认为消费者使用一种外推法则来进行预期，而不是理性预期（关于这一假设我们将在第 11.2 节作更多讨论），其含义是：当经济扩张使得消费能够高于参考点时，消费者将被乐观情绪主导，于是认为这种扩张状态将持续下去；而当经济衰退使得消费低于参考点时，消费者将满怀悲观，于是认为这种衰退状态将持续下去。

在上述一系列假定的基础上，我们就可分别推导消费处于参考点之上和之下时的总需求方程：

①当消费处于参考点之上时（经济高涨期），我们将式（11.8）在稳态附近对数线性化（用各变量的小写字母代表该变量的对数值），并作一阶泰勒展开（根据模型假设可推知，当经济处于稳态时，消费将与参考点水平保持一致），于是得到：

$$\hat{y}_t = \tilde{a}_1 E_t \hat{y}_{t+1} + \tilde{a}_2 \hat{y}_{t-1} + \tilde{a}_3 \hat{r}_t \tag{11.11}$$

其中，$\hat{y}_t$ 为产出缺口，$\hat{r}_t$ 为利率缺口，$\tilde{a}_1 = \frac{1+(1-\alpha)\vartheta}{1+(1-\alpha)(1+\gamma)\vartheta}$，$\tilde{a}_2 = \frac{(1-\alpha)\gamma\vartheta}{1+(1-\alpha)(1+\gamma)\vartheta}$，$\tilde{a}_3 = -\frac{1}{1+(1-\alpha)(1+\gamma)\vartheta}$。

②当消费处于参考点之下时（经济衰退期），我们可在稳态附近将式（11.9）对数线性化，此时，其一阶泰勒展开式变为：

$$\hat{y}_t = \tilde{a}'_1 E_t \hat{y}_{t+1} + \tilde{a}'_2 \hat{y}_{t-1} + \tilde{a}'_3 \hat{r}_t \tag{11.12}$$

其中，$\tilde{a}'_1 = \frac{1-(1-\alpha)\frac{\vartheta}{\lambda}}{1-(1-\alpha)(1+\gamma)\frac{\vartheta}{\lambda}}$，$\tilde{a}'_2 = -\frac{(1-\alpha)\gamma\frac{\vartheta}{\lambda}}{1-(1-\alpha)(1+\gamma)\frac{\vartheta}{\lambda}}$ 且 $\tilde{a}'_3 = -\frac{1}{1-(1-\alpha)(1+\gamma)\frac{\vartheta}{\lambda}}$。

从式（11.11）和式（11.12）可发现，其中出现了产出缺口的滞后项，这与上一章式（10.1）给出的新凯恩斯总需求方程是非常不同的，而这正体现了参考点依赖的影响——根据我们的假设，当期的消费依赖于一个参考点水平，而参考点又取决于上一期的平均消费水平，这进而又与上一期的产出水平有关。显然，如果我们令 $\alpha = 1$，那么式（11.2）的消费者效用函数将仅与消费的绝对水平有关，而不再受参考点依赖的影响，于是式（11.11）和式（11.12）中的 $\tilde{a}_2$ 、$\tilde{a}'_2$ 都将退变为 0，这意味着产出缺口的滞后项将消失，于是上述两式也就退化为新凯恩斯情形。从这个意义上说，新凯恩斯总需求方程可视为上述两式所示的总需求方程的特例形式。

为了得到更便于分析的总需求方程形式，我们假设 $\gamma = 0$，这意味着 $H_t = C^0_{t-1} = 1$，即消费的参考点水平将维持不变。此时，式（11.11）和式（11.12）将分别简化为：

$$\hat{y}_t = E_t \hat{y}_{t+1} - \frac{1}{1+(1-\alpha)\vartheta} \hat{r}_t \tag{11.13}$$

$$\hat{y}_t = E_t \hat{y}_{t+1} - \frac{1}{1-(1-\alpha)\frac{\vartheta}{\lambda}} \hat{r}_t \tag{11.14}$$

这样，我们就可将上述两式与上一章式（10.1）给出的新凯恩斯总需求方程 $\hat{y}_t = a_1 E_t \hat{y}_{t+1} + a_2 \hat{r}_t$ 进行直观对比。其中，a_1 作为预期产出缺口的系数，在此处的值为 1；而 a_2 作为利率缺口的系数，在此处的值为 $-\frac{1}{1+(1-\alpha)\vartheta}$ 或 $-\frac{1}{1-(1-\alpha)\frac{\vartheta}{\lambda}}$，分别对应于经济高涨期与经济衰退期。可见，此处所介绍的总需求方程是情境依赖式的，即在经济高涨期或经济衰退期表现出不同的斜率。而当 $\alpha = 1$ 时，a_2 在不同情境下的值将统一，于是上述两式将归并为新凯恩斯情形。为了直观地看出这一点，我们绘制了图 11—2，此即本节所探讨的行为宏观模型下的动态 IS 曲线形式。

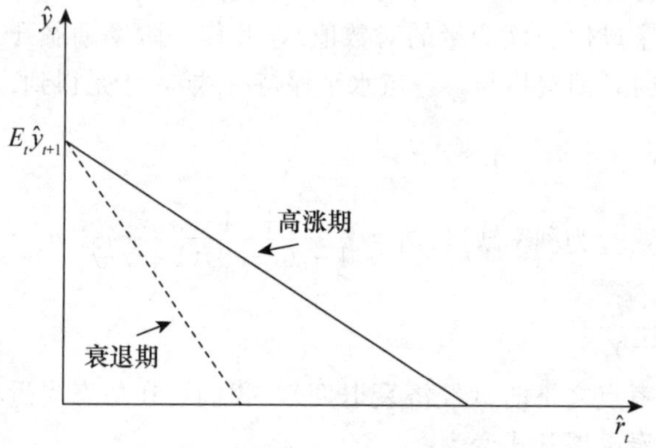

图 11—2　情境依赖式的总需求方程

上述关于总需求方程的修正可用于解释前面提到的关于货币冲击的宏观经济异象。通过观察式（11.13）、式（11.14）及图 11—2，可发现当经济处于高涨期时，总需求方程较为平坦（实际利率缺口系数 a_2 的绝对值较小），说明此时央行提高 1 单位名义利率给产出缺口造成的紧缩效应也较小；而在经济衰退期，由于消费者损失厌恶的作用，总需求方程变得较为陡峭（实际利率缺口系数 a_2 的绝对值较大），此时央行降低 1 单位名义利率给产出缺口造成的扩张效应就较大。这样，我们就解释了上面提到的宏观经济异象。

11.2　自相关式的总需求方程

本节将评介行为宏观经济学对总需求方程的另一种修正形式，即自相关式的总需求方程，用以解释经验研究中发现的产出（或消费）的持续性效应。该效应是指，在产出（或消费）的时间序列中存在着一定的自相关性。这一现象难以用标准的新凯恩斯模型来解释，因此也属于一个异象。与上一节类似，我们首先对这类异象进行描述，然后再给出相关的总需求方程的修正方式。

11.2.1　异象

我们在第 10.2 节已述，总需求方程（动态 IS 曲线）的微观基础是消费者的效用最大化选择。其中，消费者是理性预期的，并且整个生命期的最优消费安排是完全前瞻式的。在这些假定的基础上，推导出的总需求方程为：

$$\hat{y}_t = a_1 E_t \hat{y}_{t+1} + a_2 \hat{r}_t \tag{11.15}$$

然而，在对经验数据的拟合研究中，我们常会发现总需求方程自身内含的持续性效应不够强，换言之，总需求方程不足以反映宏观数据中常见的一些自相关现象，比如消费的自相关，这意味着消费并未对可预测的未来收入变化作出足够的调整。

与消费持续性密切相关的是产出的持续性，因为在短期内，产出在相当程度上取决于消费需求。以图 11—3 所示的美国情形为例，其自 1960 年以来的产出缺口数据中存在着强烈的周期性波动。这些周期性波动意味着，产出缺口的数据间存在很强的自相关性，其自相关系数达到 0.94。类似的自相关系数也可在其他国家中发现。

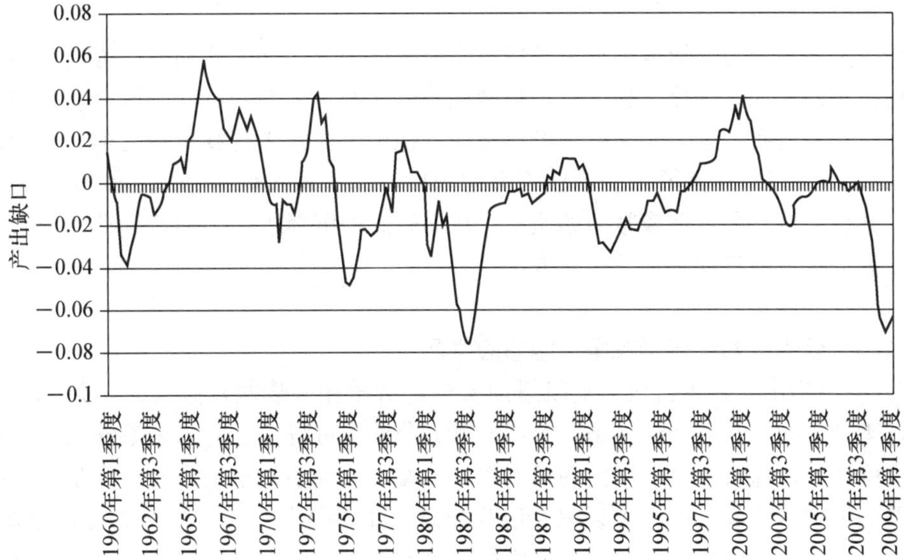

图 11—3　美国 1960—2009 年间的产出缺口序列

资料来源：美国商业与国会预算办公室。

11.2.2　行为经济学的早期解释

上述异象意味着，在标准的新凯恩斯总需求方程中似乎缺少了一些滞后项（Fuhrer，1997；Walsh，2003）。为了推导出这种类型的总需求方程，较早的基于行为经济学的修正方法是在瞬时效用函数中引入所谓的习惯形成模型。关于习惯形成模型的主要内容可参见第 6.4 节。其基本思想是，当前效用不仅取决于当前消费，还与过去的消费有关，于是时期 t 的效用函数将被修正为（还可见式（6.28））：

$$U_t = f(C_t, C_{t-1}, C_{t-2}, \cdots) \tag{11.16}$$

其中 C_t 代表时期 t 的消费。习惯形成模型意味着，个体在每一期的瞬时效用都不仅依赖于当前消费，还依赖于当前消费与某一消费参考点的相对差异。其中，消费参考点既可以是个人过去的消费习惯，也可以是其他群体成员的一般消费水平。

当引入习惯形成因素之后，消费者选择的跨期一阶条件将发生变化，此时他不像标准模型预测的那样仅关注绝对消费水平，而且会关注消费水平的相对差异。通过此种修正，模型最终可以解释个体的消费支出为何具有明显的持续性特征。实际上，在上一节的式（11.11）和式（11.12）中，就已出现了产出缺口的滞后项 $\hat{y}_{t-1}$，这说明在新凯恩斯模型中引入参考点依赖之后，所得到的总需求方程也能描述实际产出的持续性特征，其原因在于，习惯形成模型本来就属于参考点依赖模型的一个特例形式（关于这一点，可参见第6.4节的相关讨论）。

与上述讨论类似的是，阿克洛夫（Akerlof，2000；2007）也指出，社会身份和社会规范会主导个体的消费行为。如果个体的消费决策脱离了既有的社会规范，比如由于预期得到一笔巨额遗产而在当前就开始挥霍，那么他就会蒙受一定的效用损失。因此，消费具有平滑性，亦即不会对可预测的未来收入的变化作出足够调整，这也将导致受消费需求决定的产出呈现持续性特征。

然而，上述使用习惯形成模型来解释产出持续性的方法却无法回答，为何产出序列中的持续性会出现周期性变化，换言之，持续性效应在经济周期的不同阶段会表现出不同的强弱程度，这需要我们进一步从行为经济学的其他理论视角来寻找解释之道。对此，格劳威（Grauwe，2012）放弃了习惯形成模型的角度，而是通过修正新凯恩斯模型的理性预期假定，并代之以一种**自适应学习**的假定，从而较好地解释了产出的持续性特征及其周期性变化。我们在下面将详细评述这一方法。

11.2.3 新的行为经济学视角：自适应学习

第10章已指出，新兴古典与新凯恩斯宏观经济学在构建微观基础时，共享一个重要的假定即理性预期，其基本含义是，个体能够充分使用可得信息对未来事件的客观概率分布进行准确测算。此时，个体作出的预测将是无偏的，预期从平均意义上看是正确的，失误的方差的期望值为零，亦即失误只会随机出现且不会持久。然而，行为经济学却认为，在现实中，由于经济环境十分复杂，最优使用可得信息的成本可能过于高昂，此时使用一些简单的直觉推断法来帮助判断将更为可取，因为节省下来的认知成本足以抵消由认知偏差带来的负面影响。有关直觉推断法的更多细节可回顾第5.2节的相关内容，此处我们仅需强调的是，直觉推断法是指个体为了节省认知成本，而仅依赖于一个信息子集来进行预测和选择，因此直觉推断法意味着个体可能存在认知偏差。

在文献中，基于直觉推断法来解释上述宏观经济异象的代表性研究有阿马托和劳巴赫（Amato and Laubach，2003）。他们在模型中假设，人群中存在一定比例的使用直觉推断法的消费者，他们会模仿前一期所有消费者的平均行为进行选择，这必将导致消费及产出表现出持续性特征。

在上述研究的基础上，格劳威（Grauwe，2012）进一步将直觉推断法与一种自适应学习机制结合起来，用以探讨现实中为何会存在强烈的产出自相关现象。其主要观点是，决策个体并不像一名理性预期者那样能充分理解世界的复杂性，而是仅能理解世界的极小一部分。在这样一个世界中，决策个体将不得不使用若干简单规则和直觉推断法来对未来进行预测，但他们却愿意并能够从错误中学习，从而不断调整其预测及相应的选择。在这一假定的基础上，我们就可对新凯恩斯模型进行修正，方法为将原有的理性预期因子替换为一个包含了直觉推断法和自适应学习机制的新的预期因子（详见下面）。

自适应学习是这样一种机制：决策个体使用某种简单的直觉推断法来进行预测，然后让这些直觉推断法接受检验，以考察其“适应性”。换言之，决策个体内生地选择在过去有着最优表现（适应性最高）的直觉推断法，并不断将这一直觉推断法与其他推断法进行对比评价。如果前一推断法表现好，则他会继续使用；如若不然，就转向使用另一规则。从这个意义上说，自适应学习可视为一种试错规则。从其运作机理可见，并不是每个直觉推断法都是可接受的。只有表现良好的推断法才可以。

自适应学习机制还蕴涵着另一个深刻的经济学含义。在新凯恩斯模型下，理性预期意味着决策个体能够理解潜在世界的复杂结构。因为在理性预期的假设下，仅仅存在一个“事实”，而决策个体能够理解相同的“事实”。所以，决策个体都能精确地做出相同的预测。于是，理性预期模型的构造者仅将注意力集中在一个“代表性决策个体”身上就可以了。而在此处的包含直觉推断法与自适应学习机制的模型中，由于决策个体可以使用不同的直觉推断法，所以将注意力集中于一个“代表性决策个体”就不再是合理的，因为在决策个体之间存在异质性，而异质性又进一步引致了决策个体之间的交互作用。这种交互作用最终形成了偏离理性预期结果的动态过程。

现在，我们即可简单说明一下对理性预期的修正方式。回顾第 10 章可知，新凯恩斯的三个核心方程可写成如下形式的差分方程组（还可见式（10.43））：

$$\begin{bmatrix}\hat{y}_t\\ \pi_t\end{bmatrix}=A\begin{bmatrix}E_t\hat{y}_{t+1}\\ E_t\pi_{t+1}\end{bmatrix}+B(r^n-\rho-\nu_t) \tag{11.17}$$

其中，$\hat{y}_t$ 为产出缺口，π_t 为通货膨胀率，r^n 为自然利率，方阵 $A=\Omega\begin{bmatrix}\sigma & 1-\delta c_1\\ \sigma\varphi & \varphi+\delta(\sigma+c_2)\end{bmatrix}$，方阵 $B=\Omega\begin{bmatrix}1\\ \varphi\end{bmatrix}$，而 $\Omega=\dfrac{1}{\sigma+c_2+\varphi c_1}$，其中各字母的定义可见第 11.1.1 节的相关说明。此处需要强调的是，E_t表示的是理性预期因子。然而，在行为经济学关于直觉推断法和自适应学习的假设下，决策个体对未来经济变量的预期将不同于理性预期假定。因此，对新凯恩斯模型的修正也体现在预期项的决定上。对此，我们可把行为经济学下的预期项表示为 $\widetilde{E}_t\pi_{t+1}$、$\widetilde{E}_t\hat{y}_{t+1}$，其具体含义是，决策个体通过使用简单的规则（直觉推断法）来预测未来产量与通货膨胀，并且还会根据预测结果与实际结果的差异来进行学习和调整。下面，我们将详细讨论这种修正理性预期假定的方式，以及由此导致的总需求方程的性质改变。

11.2.4　行为宏观模型下的总需求方程

产出缺口预期的修正

首先考察产出缺口预期 $\widetilde{E}_t y_{t+1}$ 的形成。我们假设预测产出缺口的直觉推断法有两种类型：

①第一种推断法被称为**基础分析法则**，其含义是，决策个体对产出缺口的稳态值（通常为 0）进行估计，并据此预测未来的产出缺口，可表达为：

$$\widetilde{E}_t^f \hat{y}_{t+1} = 0 \tag{11.18}$$

②第二种推断法被称为**外推法则**，其含义是，决策个体对稳态时的产出缺口一无所知，因此他根据先前观察到的产出缺口而外推出未来的产出缺口，可表达为：

$$\widetilde{E}_t^e \hat{y}_{t+1} = \hat{y}_{t-1} \tag{11.19}$$

这种简单的外推法则常见于各类行为金融的文献中（参见 Brock and Hommes，1997；Branch and Evans，2006；De Grauwe and Grimaldi，2006）。实际上，外推法则与第 5 章介绍的锚定直觉推断法有关，即个体在判断和进行决策时，总是倾向于从某一个初始的或已有的信息集出发。可以认为，过去的产出就好比是一个“信息锚”，深深地影响和制约着决策个体的进一步判断。

基于上述假定，市场预测可表达为这两种直觉推断法的加权平均值，可写作：

$$\widetilde{E}_t \hat{y}_{t+1} = \alpha_{f,t} \widetilde{E}_t^f \hat{y}_{t+1} + \alpha_{e,t} \widetilde{E}_t^e \hat{y}_{t+1} \tag{11.20}$$

即：

$$\widetilde{E}_t \hat{y}_{t+1} = \alpha_{f,t} 0 + \alpha_{e,t} \hat{y}_{t-1} = \alpha_{e,t} \hat{y}_{t-1} \tag{11.21}$$

其中，$\alpha_{f,t}$和$\alpha_{e,t}$分别是决策个体使用基础分析法则和外推法则的概率，因此满足 $\alpha_{f,t} + \alpha_{e,t} = 1$。

接下来，我们将进一步讨论这两个概率的形成过程。首先，我们假设决策个体使用如下方法计算两个不同的直觉推断法的预测表现：

$$U_{f,t} = -\sum_{k=0}^{\infty} \omega_k \left[\hat{y}_{t-k-1} - \widetilde{E}_{t-k-2}^f \hat{y}_{t-k-1} \right]^2 \tag{11.22}$$

$$U_{e,t} = -\sum_{k=0}^{\infty} \omega_k \left[\hat{y}_{t-k-1} - \widetilde{E}_{t-k-2}^e \hat{y}_{t-k-1} \right]^2 \tag{11.23}$$

其中，$U_{f,t}$与$U_{e,t}$分别代表基础分析法则与外推法则下的预测表现，以一种效用形式体现，我们将它们定义为在每种直觉推断法下预测误差的平方的加权均值。可见，某种直觉推断法的预测误差越大，则它的预测表现就越差，在上述两式中即体现为$U_{f,t}$、$U_{e,t}$的值越低。而 ω_k 是几何递减的权重。令这些权重递减是因为我们假设决策个体具有遗忘的倾向，即相比于最近所犯的错误，决策个体对更久远的错误给予较小的权重。但是，上述这种定义式不便于模型求解。因此，我们进一步定义 $\omega_k = (1-\rho)\rho^k$（且 $0 \leqslant \rho \leqslant 1$），于是式（11.22）和式（11.23）可重新写为如下递归形式：

$$U_{f,t} = \rho U_{f,t-1} - (1-\rho) \left[\hat{y}_{t-1} - \widetilde{E}_{t-2}^f \hat{y}_{t-1} \right]^2 \tag{11.24}$$

$$U_{e,t} = \rho U_{e,t-1} - (1-\rho) \left[\hat{y}_{t-1} - \widetilde{E}_{t-2}^e \hat{y}_{t-1} \right]^2 \tag{11.25}$$

其中，ρ 可被解释为决策个体的记忆程度。当 $\rho=0$ 时，决策个体无记忆，也就是说，在对直觉推断法进行评价时只有最近一期的表现起作用；当 $\rho=1$ 时，决策个体的记忆程度无穷大，也就是说，无论过去多久，对历史各期的误差都赋予相同的权重，但由于需要记忆的时期有无穷多个，因此对每一期所赋予的权重也就趋近于零。在通常情况下，ρ 的值介于 0 和 1 之间，表明决策个体存在一定程度的记忆，但并不完美。

在上述关于预测表现的定义的基础上，我们可以对选择某种直觉推断法的概率进行描述。如果决策个体是完全理性的，那么他将仅比较式（11.24）与式（11.25）中的$U_{f,t}$与$U_{e,t}$，并选择产生最高值的那种直觉推断法即可。然而，心理学文献显示，即便当我们在二选一的情形下进行选择时，我们也会受到自身心理状态的影响，而这种心理状态在很大程度上是不可预测的。因此，我们可令这两个直觉推断法的预测表现函数中既包含一个确定性成分，也包含一个随机误差成分，可表达为$\varepsilon_{f,t}$、$\varepsilon_{e,t}$。于是，选择基础分析法则的概率可以表示为：

$$\alpha_{f,t}=P(U_{f,t}+\varepsilon_{f,t}>U_{e,t}+\varepsilon_{e,t}) \tag{11.26}$$

在文献中，我们一般假设这种随机变量服从 logistic 分布（还可参见第 7 章附录关于 QRE 均衡及认知层级模型的讨论，其中对选择策略的概率使用了类似的假定方法），于是我们可将使用基础分析法则的概率表达为：

$$\alpha_{f,t}=\frac{\exp(\gamma U_{f,t})}{\exp(\gamma U_{f,t})+\exp(\gamma U_{e,t})} \tag{11.27}$$

相似地，决策个体使用外推法则的概率可表达为：

$$\alpha_{e,t}=\frac{\exp(\gamma U_{e,t})}{\exp(\gamma U_{f,t})+\exp(\gamma U_{e,t})}=1-\alpha_{f,t} \tag{11.28}$$

其中，参数γ衡量的是**选择强度**，反映了决策个体从过去表现中学习的意愿，其值与随机误差部分$\varepsilon_{f,t}$与$\varepsilon_{e,t}$相关：当$\gamma=0$时表示学习意愿很低，这意味着决策个体计算每种直觉推断法的预测表现时会出现极大的随机误差，决策个体在本质上类似于用掷硬币的方法来决定究竟使用基础分析法则还是外推法则，因此选择这两种法则的概率均为 0.5；而当$\gamma\to\infty$时表示学习意愿很强，这意味着决策个体计算每种直觉推断法的预测表现时几乎无随机误差，因此决策个体使用某种法则的概率不是 0 就是 1。一般来说，当γ是一个有限的正值时，说明决策个体仅具有有限的学习意愿。显然，γ值越大，表示学习的意愿越强。

通货膨胀预期的修正

至此，我们完成了对产出缺口预期的描述。利用几乎相同的方式，我们还可对通货膨胀预期进行表达。对此，可假设决策个体预测通货膨胀的直觉推断法也分为两种类型：

①基础分析法则，这是指当决策个体相信通货膨胀目标时，他会使用货币当局的通货膨胀目标来预测未来的通货膨胀，可表达为：

$$\widetilde{E}_t^f\pi_{t+1}=\pi^* \tag{11.29}$$

其中π^*表示通货膨胀目标。这里可将货币当局的通货膨胀目标简化为 0。

②外推法则，这是指当决策个体不相信通货膨胀目标时，他仅根据最近一期的通货膨胀观测值来预测未来的通货膨胀，可表达为：

$$\widetilde{E}_t^e\pi_{t+1}=\pi_{t-1} \tag{11.30}$$

于是，市场预测是以上两种预测的加权平均值，写作：

$$\widetilde{E}_t\pi_{t+1}=\beta_{f,t}\widetilde{E}_t^f\pi_{t+1}+\beta_{e,t}\widetilde{E}_t^e\pi_{t+1} \tag{11.31}$$

或者可进一步写作：

$$\widetilde{E}_t\pi_{t+1} = \beta_{f,t}\pi^* + \beta_{e,t}\pi_{t-1} = \beta_{e,t}\pi_{t-1} \tag{11.32}$$

其中，$\beta_{f,t}$ 和 $\beta_{e,t}$ 分别是决策个体使用基础分析法则和外推法则的概率，因此满足 $\beta_{f,t}+\beta_{e,t}=1$。现在，我们也可将这两个概率的形成过程描述如下。首先，我们假设决策个体使用如下方法计算两个不同的直觉推断法的预测表现：

$$\widetilde{U}_{f,t} = \rho\widetilde{U}_{f,t-1} - (1-\rho)[\pi_{t-1} - \widetilde{E}^f_{t-2}\pi_{t-1}]^2 \tag{11.33}$$

$$\widetilde{U}_{e,t} = \rho\widetilde{U}_{e,t-1} - (1-\rho)[\pi_{t-1} - \widetilde{E}^e_{t-2}\pi_{t-1}]^2 \tag{11.34}$$

其中 $\widetilde{U}_{f,t}$、$\widetilde{U}_{e,t}$ 代表关于通货膨胀率的预测表现函数。于是，选择每种直觉推断法的概率可表达为：

$$\beta_{f,t} = \frac{\exp(\gamma\widetilde{U}_{f,t})}{\exp(\gamma\widetilde{U}_{f,t}) + \exp(\gamma\widetilde{U}_{e,t})} \tag{11.35}$$

$$\beta_{e,t} = \frac{\exp(\gamma\widetilde{U}_{e,t})}{\exp(\gamma\widetilde{U}_{f,t}) + \exp(\gamma\widetilde{U}_{e,t})} \tag{11.36}$$

至此，我们完成了对通货膨胀预期方式的修正。

总需求方程的推导

现在，我们可进而给出修正后的总需求方程的形式了。其方式是，直接将式（11.15）所示的新凯恩斯总需求方程中的理性预期项换作基于直觉推断法与自适应学习的预期项即可。考虑到产出缺口的预期和通货膨胀率的预期是同时受到修正的，我们有必要把利率缺口 $\hat{r}_t$ 写回原始形式，即表达为实际利率与自然利率之差，于是修正后的式（11.15）为：

$$\hat{y}_t = a_1\widetilde{E}_t\hat{y}_{t+1} + a_2(i_t - \widetilde{E}_t\pi_{t+1} - r^n) \tag{11.37}$$

将式（11.21）和式（11.32）代入上式，即可得到一个自相关式的总需求方程：

$$\hat{y}_t = a_1\alpha_{e,t}\hat{y}_{t-1} + a_2(i_t - \beta_{e,t}\pi_{t-1} - r^n) \tag{11.38}$$

在这一形式的总需求方程中，出现了产出缺口的滞后项，即产出缺口受上一期产出缺口的影响，因此具有一定的自相关性，能够解释产出的持续性特征。

需要强调的是，该方程比基于习惯形成模型得到的总需求方程更为优越，因为此处滞后项 $\hat{y}_{t-1}$ 的系数与 $\alpha_{e,t}$ 相关，而 $\alpha_{e,t}$ 虽然代表决策个体使用外推法则的概率，但从整个人群来看，它却代表了选用外推法则的人群比例，这意味着使用外推法则来预测产出缺口的人群比例越高，产出的持续性也就越强。而根据式（11.28），$\alpha_{e,t}$ 本身可随着人群的学习而发生变化，因此产出的持续性在不同的阶段也是可变的。可以推测的是，当经济处于高涨期或衰退期时，使用外推法则的人群会不断发现这一法则的预测结果得到了印证，而未使用这一法则的人群则会逐渐转向这一法则，于是产出的持续性将不断得到强化，这就解释了为何在经济周期的不同阶段会表现出不同的产出持续性。

11.3 本章要点

- 在宏观经济中，一个常见的异象是货币政策对实际产出的非对称效应，即在经济衰退期的货币扩张对实际产出的影响要比在经济扩张期的货币紧缩更有效果，这一现象难以用标准的新凯恩斯模型予以解释。

● 为了解释实际产出对货币政策的非对称反应，行为宏观经济学提出了一个情境依赖式的总需求方程，其基本特征是：在经济扩张期，总需求方程将较为平坦，而在经济衰退期，总需求方程将较为陡峭，这意味着扩张期的货币紧缩政策对实际产出的影响将小于紧缩期的货币扩张政策对实际产出的影响。

● 构建情境依赖式的总需求方程的基本方法是，在新凯恩斯模型中引入参考点依赖，亦即在个体瞬时效用函数中加入一个收益—损失函数。

● 在宏观经济中，另一个常见的异象是，实际产出或消费具有相当的持续性，这也难以用标准的新凯恩斯模型予以解释。

● 为了解释实际产出或消费的持续性特征，行为宏观经济学提出了一个自相关式的总需求方程，其基本特征是，在原有的方程中加入滞后项，于是当期产出将受到过去产出的影响，从而呈现出一定的持续性特征。

● 构建自相关式的总需求方程的基本方法主要有两种：一是在新凯恩斯模型的个人瞬时效用函数中引入习惯形成因素；二是修正新凯恩斯模型的理性预期假定，而代之以直觉推断法作为决策个体的预期规则，并假设决策个体会根据预期规则的优劣进行自适应学习。其中，第二种修正方式更为优越，因为它还可以解释为何产出的持续性强度在经济周期的不同阶段是不同的。

课后思考

● 回顾第 11.1 节，请思考，现实宏观经济中还有哪些现象可使用这类总需求方程进行解释？

● 回顾第 11.2 节，请基于习惯形成模型，推导具有自相关特征的总需求方程。此处假设上一期的消费水平可看作本期消费所参照的习惯水平。

● 请思考现实中使用基础分析法则或外推法则进行预测的其他例子，并分析其对宏观经济波动的影响。

● 回顾第 8 章，请比较本章的自适应学习模型与第 8.2 节的强化学习模型之间的异同。

关键术语

情境依赖式的总需求方程　state-dependent aggregate demand function
自相关式的总需求方程　auto-correlative aggregate demand function
收益—损失函数　gain-loss function
自适应学习　adaptive learning
基础分析法则　fundamentalist rule

外推法则　extrapolative rule
选择强度　intensity of choise

进一步阅读

[1] Fuhrer, J. (2000). "Habit Formation in Consumption and Its Implications for Monetary-Policy Models." *American Economic Review*, 90 (3), 367-390.

[2] Foellmi, R., Rosenblatt-Wisch, R. and Schenk-Hoppé, K. R. (2011). "Consumption Paths under Prospect Utility in an Optimal Growth Model." *Journal of Economic Dynamics & Control*, 35 (3), 273-281.

[3] Gali, J., Lopez-Salido, J. (2007). "Understanding the Effect of Government Spending on Consumption." *Journal of the European Economic Association*, 5 (1), 227-270.

[4] 贺京同，那艺. 消费者行为对财政政策的异质反应——以城镇分层收入者为例. 财经研究，2009 (4).

[5] 贺京同，霍焰，程立超. 消费平滑性及其对中国当前消费政策的启示. 经济评论，2007 (3).

第 12 章

行为宏观经济学Ⅱ：总供给方程

在本章，我们主要评介行为宏观经济学对新凯恩斯总供给方程的修正。根据现有文献，本章介绍的理论修正主要分为三个方面：一是构建一个**情境依赖式的总供给方程**，这对应于第 11 章介绍的情境依赖式的总需求方程，其原因在于，情境依赖式的总需求方程虽可解释货币政策对产出的非对称效应，但无法解释为何对通货膨胀率的效应却是对称的，因此需要对总供给方程也进行相应的修正，这将在第 12.1 节介绍；二是构建一个**自相关式的总供给方程**，这对应于第 11 章介绍的自相关式的总需求方程，其原因在于，自相关式的总需求方程虽可解释经验中存在的产出的持续性特征，但却无法解释为何同时还存在通货膨胀率的持续性特征，因此需要对总供给方程也进行相应的修正，这将在第 12.2 节介绍；三是构建一个**非垂直的长期总供给方程**，用以解释经验研究中发现的长期下的货币非中性现象，这将在第 12.3 节介绍。

12.1 情境依赖式的总供给方程

在本节，我们将评介一个情境依赖式的总供给方程，以对应于第 11.1 节介绍的情境依赖式的总需求方程。与上一章类似，我们将首先对相关宏观经济异象进行介绍，其次给出行为经济学对总供给方程的修正，最后对异象作出解释。

12.1.1 异象

在第 11.1 节我们指出，情境依赖式的总需求方程可以解释货币政策对产出的非对称效应。然而，与这一异象并存的另一个显著的经验事实是，货币政策对通货膨胀率的效应却是对称的，亦即无论是在经济衰退期还是在经济扩张期，一次货币政策的扩张或紧缩会使价格产生基本对等的上升或下降（Weise，1999；Peersman and Smets，2005）。这种“非对称的产出效应”与“对称的价格效应”的共存局面很难用单一的情境依赖式的总需求方程进行解释。

从直观上看，这两个效应似乎是不可共存的。但桑托罗等（Santoro et al.，2014）指出，如果可对总供给方程进行适当的修正，就可调和从理论上看似乎矛盾的两个现象。为了得到这种类型的总供给方程，桑托罗等仍以参考点依赖为基本视角，在新凯恩斯模型的瞬时效用函数中加入一个收益—损失函数，从而改变了个体的劳动供给曲线的特征，这进而又影响到厂商的生产成本，于是最终导致了总供给方程性质的改变。下面我们就来介绍这种修正总供给方程的方式。

12.1.2 参考点依赖的引入

此处的模型仍遵循第 11.1 节对参考点依赖的引入，即在消费者的效用函数中纳入一个收益—损失函数，于是有 $\overline{U}(C,H)=\alpha u(C)+(1-\alpha)v[u(C)-u(H)]$。其中，$u(C)$ 为标准经济学下的效用函数，满足 $u'(C)>0$ 且 $u''(C)<0$；H 代表消费的参考点水平；$0\leqslant\alpha\leqslant1$ 代表权重；$v(\cdot)$ 为收益—损失函数，它可看作第 2 章介绍的值函数的一般化拓展，衡量的是消费效用与参考点效用之差所带来的效用，函数形式与式（11.3）相同，为：

$$v(X)=\begin{cases}\dfrac{1-e^{-\vartheta X}}{\vartheta} & X\geqslant 0\\ -\lambda\dfrac{1-e^{\frac{\vartheta X}{\lambda}}}{\vartheta} & X<0\end{cases}\tag{12.1}$$

其中 $X=u(C)-u(H)$，$\vartheta>0$，而 $\lambda>1$ 为损失厌恶系数。于是，按照上一章的做法，消费者的瞬时效用函数可表达为消费效用与劳动的负效用之和，其中令 $u(C)$ 为对数形式，于是有：

$$\widetilde{U}(C_t,H_t,N_t)=\alpha\ln C_t+(1-\alpha)v(\ln C_t-\ln H_t)-\frac{N_t^{1-\eta}}{1-\eta}\tag{12.2}$$

上式与式（11.5）是相同的。其中，C_t 为对最终产品的消费；N_t 为付出的劳动；H_t 可设为上一期所有人平均消费水平 $\overline{C}_{t-1}$ 的函数，即 $H_t=\overline{C}_{t-1}^{\gamma}$，$\gamma\in[0,1]$。

为了对总供给方程实施适当的修正，我们首先基于式（12.2）求取消费者的期内一阶条件。此时，消费者减少一单位闲暇用于工作而带来的效用损失可由增加收入而提高消费来弥补，即 $\overline{U}_{N,t}\mathrm{d}N_t+\overline{U}_{C,t}\mathrm{d}C_t=0$，且满足 $P_t\mathrm{d}C_t=W_t\mathrm{d}N_t$。于是可得到：

$$\frac{W_t}{P_t}=\frac{N_t^{\eta}}{\overline{U}_c(C_t,H_t)}\tag{12.3}$$

式（12.3）是消费者在消费与闲暇之间的最优权衡，它实际上体现了实际工资与劳动量之间的关系，因此可看作是劳动供给曲线。但该式与式（10.8）所示的标准劳动供给曲线是不同的，因为我们在此处引入了参考点依赖。由于参考点及损失厌恶的存在，当本期消费高于参考点和低于参考点时，供给曲线的陡峭程度是不同的。具体而言，式（12.3）可进一步写作：

$$\frac{W_t}{P_t}=\begin{cases}N_t^{\eta}\left[\dfrac{\alpha}{C_t}+\dfrac{(1-\alpha)H_t^{\vartheta}}{C_t^{1+\vartheta}}\right]^{-1} & C_t\geqslant H_t\\ N_t^{\eta}\left[\dfrac{\alpha}{C_t}+\dfrac{(1-\alpha)C_t^{\frac{\vartheta}{\lambda}-1}}{H_t^{\frac{\vartheta}{\lambda}}}\right]^{-1} & C_t<H_t\end{cases}\tag{12.4}$$

可见，此时的劳动供给曲线变成了分段形式。从式（12.4）可推知，当 $C_t<H_t$ 时，劳动对消费的边际替代率将较低，此时居民将更乐于缩减休闲时间以增加劳动供给，从而得到更多消费，这意味着此时的劳动供给曲线更为平坦；反之，当 $C_t \geqslant H_t$ 时，劳动供给曲线将更为陡峭。因此，在引入参考点依赖特征之后，劳动供给曲线表现出了明显的凸性特征，这意味着如果由劳动需求萎缩引发工资水平下降并最终导致消费水平降至参考点之下，则工资的下降速度将变缓，即工资表现出**向下刚性**的特征。

12.1.3　行为宏观模型下的总供给方程

由于劳动供给函数变成了分段式，这势必会影响到厂商的边际成本，从而会改变总供给方程（即新凯恩斯菲利普斯曲线）的形状。具体而言，根据第 10.2 节，我们仍假设存在一个封闭的经济体，其中没有政府行为，没有投资，因此产出全部用来消费，即 $Y_t=C_t$。而每个中间产品厂商的生产函数满足线性形式 $Y_{jt}=A_tN_{jt}$，其中 Y_{jt} 为第 j 个中间产品厂商的实际产出，A_t 代表技术，唯一的要素投入是劳动 N_{jt}，于是厂商 j 的实际生产成本仅为向工人支付的实际工资，为 $TC_{jt}=\frac{W_t}{P_t}\cdot N_{jt}=\frac{W_t}{P_t}\cdot\frac{Y_{jt}}{A_t}$，因此厂商 j 的实际边际成本为 $MC_{jt}=\frac{\mathrm{d}TC_{jt}}{\mathrm{d}Y_{jt}}=\frac{W_t}{P_tA_t}$。将之与式（12.4）相结合，并且根据上一章的假定，仍令 $H_t=C_{t-1}^{\gamma}$ 中的 $\gamma=0$，即参考点水平为常数 1，则可得：

$$A_t\cdot MC_t=\begin{cases}N_t^{\eta}\left(\frac{\alpha}{C_t}+\frac{1-\alpha}{C_t^{1+\vartheta}}\right)^{-1} & C_t\geqslant 1\\ N_t^{\eta}\left(\frac{\alpha}{C_t}+\frac{(1-\alpha)}{C_t^{1-\frac{\vartheta}{\lambda}}}\right)^{-1} & C_t<1\end{cases}\tag{12.5}$$

接下来，我们可定义 ϕ_t 为 $\log MC_t$，且 ϕ 为相应的稳态值，于是边际成本缺口为 $\tilde{\phi}_t=\phi_t-\phi$。与上一章类似，此处也假设当消费处于参考点之上时意味着经济处于高涨期，当消费处于参考点之下时意味着经济步入衰退期，同时考虑到 $Y_t=C_t$，我们就可在稳态附近将上式对数线性化，最终可得到：

$$\tilde{\phi}_t=\begin{cases}(\eta+1+(1-\alpha)\vartheta)\,\hat{y}_t & \text{经济高涨期}\\ (\eta+1-(1-\alpha)\frac{\vartheta}{\lambda})\,\hat{y}_t & \text{经济衰退期}\end{cases}\tag{12.6}$$

其中，$\hat{y}_t$ 为实际产出缺口。

接下来，回顾式（10.35）可知，当期通货膨胀率的表达式为：

$$\pi_t=\delta E_t\pi_{t+1}+\frac{(1-\theta\delta)(1-\theta)}{\theta}\tilde{\phi}_t\tag{12.7}$$

其中 δ 为消费者的贴现因子，θ 为每个中间产品厂商在每一期无法改变定价的概率。将式（12.6）代入式（12.7），即可得经济高涨期的总供给方程：

$$\pi_t=\delta E_t\pi_{t+1}+\frac{(1-\theta\delta)(1-\theta)}{\theta}(\eta+1+(1-\alpha)\vartheta)\,\hat{y}_t\tag{12.8}$$

而经济衰退期的总供给方程为：

$$\pi_t = \delta E_t \pi_{t+1} + \frac{(1-\theta\delta)(1-\theta)}{\theta}\left(\eta + 1 - (1-\alpha)\frac{\vartheta}{\lambda}\right)\hat{y}_t \tag{12.9}$$

这样，我们就可对上述两式与式（10.2）给出的新凯恩斯总供给方程 $\pi_t = b_1 E_t \pi_{t+1} + b_2 \hat{y}_t$ 进行直观对比。其中，b_1 作为预期通货膨胀率的系数，在此处的值为 δ；而 b_2 作为利率缺口的系数，在此处的值为 $\frac{(1-\theta\delta)(1-\theta)}{\theta}(\eta+1+(1-\alpha)\vartheta)$ 或 $\frac{(1-\theta\delta)(1-\theta)}{\theta}\left(\eta+1-(1-\alpha)\frac{\vartheta}{\lambda}\right)$，分别对应于经济高涨期与衰退期。可见，此处所介绍的总供给方程也是情境依赖式的，即在经济高涨期或衰退期表现出不同的斜率。而当 $\alpha = 1$ 时，即瞬时效用函数仅取决于标准效用函数时，b_2 在不同情境下的值将统一，于是上述两式都退化为新凯恩斯情形。为了直观地看出总供给方程的情境依赖性，我们绘制了图 12—1，此即本节所探讨的行为宏观模型下的菲利普斯曲线的形式。

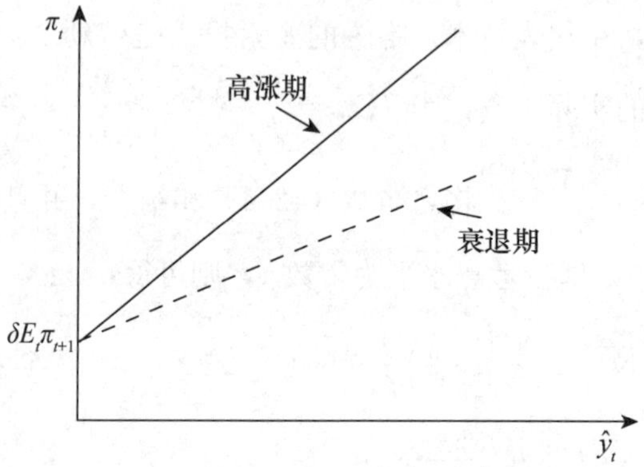

图 12—1　情境依赖式的总供给方程

从图 12—1 中可见，在经济高涨期，总供给方程较为陡峭，说明此时产出缺口的 1 单位变化将会引起较大幅度的通货膨胀率变化；在经济衰落期，总供给方程变得较为平坦，此时产出缺口的 1 单位变化对通货膨胀率的影响较小。

12.1.4　情境依赖式的经济系统

基本形式

将上述分析与第 11.1 节的内容相结合，就可得到经济高涨期与经济衰退期的两套总需求—总供给方程。如果再引入货币政策规则，将使得模型封闭，从而得到一个情境依赖式的经济系统，列示如下：

①经济高涨期的三方程系统：

$$\hat{y}_t = \tilde{a}_1 E_t \hat{y}_{t+1} + \tilde{a}_2 \hat{r}_t \tag{12.10}$$

$$\pi_t = \tilde{b}_1 E_t \pi_{t+1} + \tilde{b}_2 \hat{y}_t \tag{12.11}$$

$$i_t = \rho + c_1 \pi_t + c_2 \hat{y}_t + \nu_t \tag{12.12}$$

其中，$\tilde{a}_1 = 1$，$\tilde{a}_2 = -\frac{1}{1+(1-\alpha)\vartheta}$，$\tilde{b}_1 = \delta$，$\tilde{b}_2 = \frac{(1-\theta\delta)(1-\theta)}{\theta}(\eta+1+(1-\alpha)\vartheta)$。而 i_t 为名义利率，ν_t 为随机干扰项，c_1 和 c_2 是非负值。

②经济衰退期的三方程系统：

$$\hat{y}_t = \tilde{a}_1 E_t \hat{y}_{t+1} + \tilde{a}_2' \hat{r}_t \tag{12.13}$$

$$\pi_t = \tilde{b}_1 E_t \pi_{t+1} + \tilde{b}_2' \hat{y}_t \tag{12.14}$$

$$i_t = \rho + c_1 \pi_t + c_2 \hat{y}_t + \nu_t \tag{12.15}$$

其中，$\tilde{a}_1$ 、$\tilde{b}_1$ 与①中相同，$\tilde{a}_2' = -\dfrac{1}{1-(1-\alpha)\dfrac{\vartheta}{\lambda}}$，$\tilde{b}_2' = \dfrac{(1-\theta\delta)(1-\theta)}{\theta}\left(\eta + 1 - (1-\alpha)\dfrac{\vartheta}{\lambda}\right)$。

在上述两套经济系统中，由于 $\tilde{a}_2 > \tilde{a}_2'$ 且 $\tilde{b}_2 > \tilde{b}_2'$，因此可知，当经济处于高涨期时，总需求方程较为平坦，而总供给方程较为陡峭；反之，当经济处于衰退期时，总需求方程较为陡峭，而总供给方程较为平坦。接下来，我们将基于上述系统，来对各种外生冲击的效应进行描述。

技术冲击效应

为了便于分析，我们在此处假定货币政策规则为 $i_t = c_1 \pi_t + \nu_t$，即货币当局制定的名义利率仅受通货膨胀率的影响。其中，随机项 ν_t 满足 AR（1）过程，即 $\nu_t = \rho_v \nu_{t-1} + \varepsilon_t^v$，且 $\rho_v \in [0,1]$。在此基础上，我们就可考察产出及通货膨胀率对一次正向（负向）技术冲击的脉冲反应。其中，关于技术冲击的假定与第 10 章相同，即服从一个 AR（1）过程，$a_t = \rho_a a^{t-1} + \varepsilon_t^a$，且 $\rho_a \in [0,1]$。而对于系统中各参数的校准值以及对技术冲击的脉冲反应图形，我们直接借鉴并复制桑托罗等（Santoro et al.，2014），见图 12—2（其中，各参数以季度频率来校准。为了简洁起见，本书未列出各参数的具体校准值，感兴趣的读者可参阅桑托罗等的原文）。

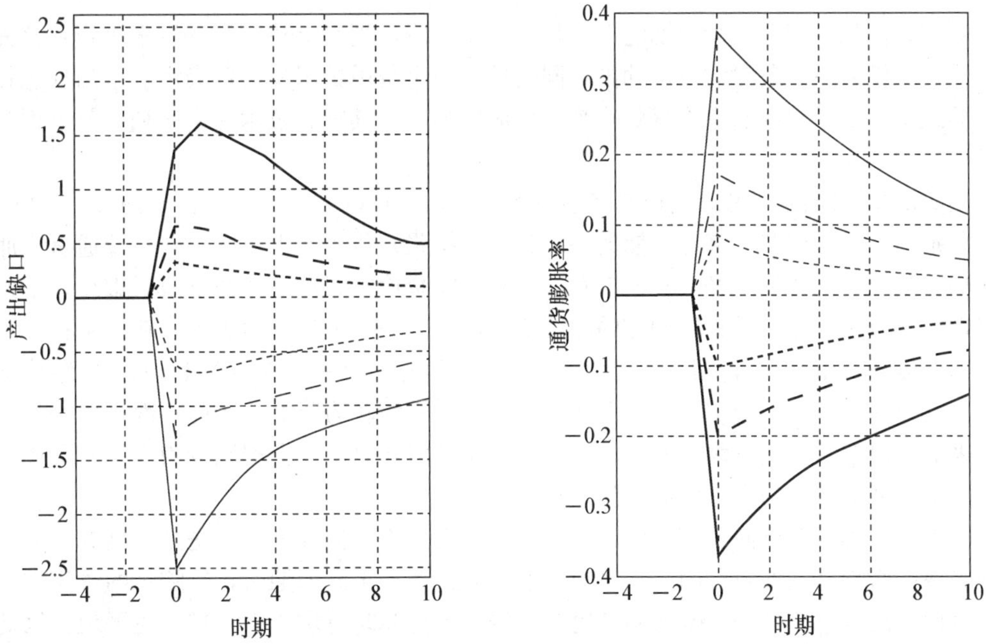

图 12—2　产出与通货膨胀率对一次技术冲击的脉冲反应

资料来源：Santoro et al.（2014）。

在图 12—2 中，深色曲线代表对正向技术冲击的反应，浅色曲线代表对负向技术冲击的反应，且反应曲线从外向内分别代表 2 个标准差、1.5 个标准差和 0.5 个标准差的技术冲击效应。从图中可见，在该经济系统中，一次正向或负向技术冲击带来的产出效应是非对称的，即相同程度下的负向冲击对产出的影响程度要更大一些。我们在前面已经指出，这是因为参考点之上与参考点之下的劳动供给曲线是不同的。

但通过观察通货膨胀率的脉冲反应可发现，一次正向或负向冲击带来的通货膨胀率变化几乎是对称的，其原因在于：正向的技术冲击会使经济进入参考点之上，此时总供给方程较陡峭而总需求方程较平坦，因此由总供给增加导致的通货膨胀率的较快下降被平坦的总需求方程所缓和；而当负向的技术冲击使经济进入参考点之下时，总供给方程较平坦而总需求方程较陡峭，此时总供给减少只会导致较弱的通货膨胀压力，但会被陡峭的总需求方程所推升。故而从整体上看，一次技术冲击无论是正向的还是负向的，其所带来的通货膨胀率的下降或上升程度是大致对称的。

货币冲击的效应

上面讨论了产出与通货膨胀率对一次技术冲击的反应机理，这有助于我们进一步考察货币冲击对产出及通货膨胀率的影响。首先，我们来考虑繁荣期的一次货币紧缩冲击对产出的影响。其方法是：先对上述的经济系统施加 1 个标准差的正向技术冲击，从而造成经济的扩张状态，于是可形成一个关于产出的反应序列。同时，再对该系统施加 1 个标准差的货币紧缩冲击，表示货币当局想控制过热的经济（同时令这个紧缩冲击不足以彻底扭转产出的扩张效应）。于是，我们将得到一个包括正向技术冲击和紧缩货币冲击在内的总反应序列。然后，我们从这一总的反应序列中减去技术冲击序列，就可得到货币紧缩冲击带来的净效应。

对应地，如果想考察衰退期的一次货币扩张效应，则将上述过程反过来进行：首先向经济系统中输入一次负向的技术冲击，同时输入一个货币扩张冲击，表示货币当局想提振低迷的经济。于是，我们也将得到一个总反应序列，令其减去技术冲击序列，就可得到货币扩张冲击的净效应。

相关的参数校准与图形仍取自桑托罗等（Santoro et al.，2014），如图 12—3 所示，其中分别展示了在繁荣（衰退）期的一次紧缩（扩张）货币冲击对产出缺口及通货膨胀率的影响。其中，实线表示经济衰退期对 1 个标准差货币扩张冲击的净反应；虚线表示经济扩张期对 1 个标准差货币紧缩冲击的净反应。从图 12—3 可清晰地看到，在经济扩张和经济衰退阶段，货币冲击对实际产出的影响是非对称的。这一结论与第 11.1 节的结论保持一致。其原因在于：当经济处于衰退期时，总需求方程较为陡峭，因此一次正向的货币冲击带来的产出效应也就较大；而当经济处于扩张期时，总需求方程则较为平坦，因此一次负向的货币冲击带来的产出效应也就较小。

另外，图 12—3 还向我们表明，一次货币冲击无论是扩张型的还是紧缩型的，其对通货膨胀率的影响是基本对称的。其原因在于：当经济处于衰退期时，较陡峭的总需求方程虽然可使一次货币扩张冲击带来的产出效应较大，但此时总供给方程却相对平坦，因此也就遏制了通货膨胀率大幅上升的势头；而当经济处于高涨期时，较平坦的总需求方程虽然使得一次货币紧缩冲击带来的产出效应也较小，但此时总供给方程却相对陡峭，因此会加大通货膨胀率的下降幅度。于是，从总体上看，一次正向或负向货币冲击带来的通货膨胀率变化大体上是对称的。

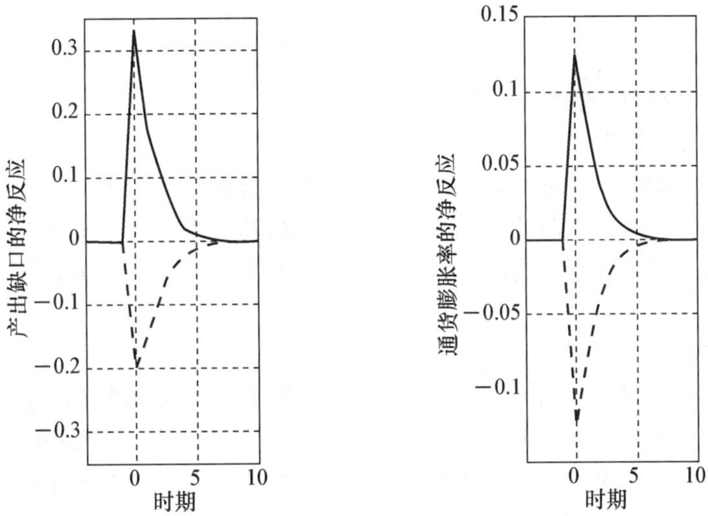

图 12—3　不同情境下产出与通货膨胀率对一次货币冲击的脉冲反应

资料来源：Santoro et al.(2014)。

综上所述，通过引入一个情境依赖式的总供给方程，并结合上一章已提出的情境依赖式的总需求方程，我们就可解释本节所提到的宏观经济异象，即货币政策冲击会导致“非对称的产出效应”与“对称的价格效应”的共存局面。

12.2　自相关式的总供给方程

本节将评介行为宏观经济学对总供给方程的另一种修正形式，即自相关式的总供给方程，以对应于第 11.2 节介绍的自相关式的总需求方程，主要用于解释经验研究中发现的通货膨胀率的持续性效应，这也是难以用标准新凯恩斯模型解释的一种宏观经济异象。我们首先对这一异象进行描述，然后再对总供给方程的修正方法进行探讨。

12.2.1　异象

根据第 10.3 节，总供给方程的微观基础是厂商的利润最大化。其中，厂商是不完全竞争的，因此具备一定的定价权，但在调整价格时需要支付成本，于是价格存在黏性。此外，厂商在制定最优价格时，能够基于对未来各期价格与生产成本的理性预期来指导当前的定价（可回顾第 10.3.2 节的讨论）。在如上这些假定条件下，我们就可推导出标准的新凯恩斯总供给方程为 $\pi_t = b_1 E_t\pi_{t+1} + b_2\hat{y}_t$，即当前的通货膨胀率取决于当前的产出缺口与预期的通货膨胀率，这意味着新凯恩斯菲利普斯曲线是前瞻式的。

然而，大量经验研究显示，在现实中，通货膨胀率表现出了显著的自相关性，即具有持续性特征，这意味着在总供给方程中应加入通货膨胀率的滞后项（Fuhrer and Moore，1995）。鲁德与威兰（Rudd and Whelan，2006）也发现，当在一个前瞻式的菲利普斯曲线中加入滞后项时，可以显著提高对现实数据的拟合性，而如果在其中继续加入新的前瞻项，却几乎不会对拟合性的提高有更多助益。显然，这些经验结论构成了违背总供给方程的异象。

12.2.2 行为经济学的早期解释

对于上述异象，早期的行为宏观经济学主要从两个方面对标准的厂商利润最大化模型作了修正：一是认为厂商很难对未来进行理性预期，因此厂商在制定当前价格时会借助某些直觉推断法；二是认为厂商的社会偏好也可能影响其定价策略，比如制定什么样的价格才符合一般的公平观，等等。我们将看到，这些因素都有可能导致通货膨胀率出现自相关现象。

直觉推断法

较早采取这一思路来修正厂商定价模型的主要有加利和格特勒（Galí and Gertler，1999）以及阿马托和劳巴赫（Amato and Laubach，2003），其中，某些厂商会以过去的通货膨胀率作为当前通货膨胀率的代理指标，这是一种非常简单的直觉推断法。与此类似的是鲁德和威兰（Rudd and Whelan，2006）的研究，他们强调厂商是存在认知局限的，很难理解现实中存在的各种不确定因素，从而无法对未来各期价格水平的分布概率进行理性预期。因此，厂商会利用一种外推式的直觉推断法来推测未来的价格，即基于晚近的价格水平来推测未来的价格。另一个相关的研究是由曼昆和雷斯进行的（Mankiw and Reis，2006），他们假设某些厂商会使用一种黏性信息法来帮助定价，其含义是，有一部分厂商会根据当前的可得信息来定价，但另一部分厂商却根据以往的信息来定价，因为无论获取还是处理新信息都要支付成本。于是，从总体上看，最终的价格动态将表现出持续性特征。

社会偏好

从社会偏好角度分析厂商定价行为的研究主要可参见罗腾伯格（Rotemberg，2005）。他认为，消费者的公平观对于厂商的定价策略具有重要影响。有关公平的概念及内涵可回顾第 9.2 节的相关内容，此处我们主要考察公平因素对通货膨胀持续性的作用机理。

在新凯恩斯框架下，厂商的定价不但取决于其对未来价格的预期，还取决于其对未来生产成本的预期。显然，当预期生产成本上升时，厂商将倾向于提高价格。然而，这一信号未必能被消费者接收到。如果消费者判断厂商的提价是成本上升所致，那么消费者就会认为这是公平的、可接受的提价，否则就会认为这是不公平的。而一旦消费者认为提价是不公平的，他们就会大幅减少对厂商产品的需求，甚至超出一般需求弹性所能解释的范围。当厂商考虑到这一点时，它们调整价格的行为就会变得十分慎重，于是导致提价更为少见，通货膨胀率将一直维持在低位。罗腾伯格（Rotemberg，2008）在对企业经理人的访谈中也发现，企业在很多时候不愿意提价并不是因为所谓的“菜单成本”，而是担心“引发客户的对立情绪”。而与之对应的是，当处于高通货膨胀时期时，消费者一般都会接受这是厂商成本的大幅上升所致，因此厂商的进一步提价也就是公平的，这进而使得过去的高通货膨胀得以向当前的高通货膨胀传递，于是也就导致通货膨胀率呈现出自相关性。

12.2.3 新的行为经济学视角：自适应学习

上述基于直觉推断法和社会偏好的解释虽然具有一定的合理性，但也无法解释为何通货膨胀率会在经济周期的不同阶段表现出不同强度的持续性。因此，与第 11.2 节类似，通过在新凯恩斯模型中引入一个自适应学习机制，将能够得到一个更具解释力的自相关式的总供给方程。

关于自适应学习机制的内容我们已在上一章做过详细评述，故此处不再赘述。我们仅用一句话来概括其运作机理，即决策个体使用某些简单的直觉推断法来进行预测（主要假设为基础分析法则和外推法则两种），然后让这些直觉推断法接受检验，并内生地选择预测表现最佳的直觉推断法。基于这一思想，决策个体将不再是理性预期的，他们对产出缺口的预期和对通货膨胀率的预期需得到相应的修正，分别以 $\widetilde{E}_t y_{t+1}$ 和 $\widetilde{E}_t \pi_{t+1}$ 来表示。于是，与式（10.2）的标准总供给方程相对照的是，修正后的总供给方程为：

$$\pi_t = b_1 \widetilde{E}_t \pi_{t+1} + b_2 \hat{y}_t \tag{12.16}$$

回顾上一章的式（11.31），可知通货膨胀率预期又是基础分析法则预期与外推法则预期的加权平均值，写作：

$$\widetilde{E}_t \pi_{t+1} = \beta_{f,t} \widetilde{E}_t^f \pi_{t+1} + \beta_{e,t} \widetilde{E}_t^e \pi_{t+1} \tag{12.17}$$

其中 $\widetilde{E}_t^f \pi_{t+1} = \pi^*$ 为基础分析法则预期，$\widetilde{E}_t^e \pi_{t+1} = \pi_{t-1}$ 为外推法则预期，π^* 为货币当局的通货膨胀目标。而 $\beta_{f,t}$ 和 $\beta_{e,t}$ 分别是决策个体使用基础分析法则和外推法则的概率，因此 $\beta_{f,t} + \beta_{e,t} = 1$，并且有（即式（11.35）和式（11.36））：

$$\beta_{f,t} = \frac{\exp(\gamma \widetilde{U}_{f,t})}{\exp(\gamma \widetilde{U}_{f,t}) + \exp(\gamma \widetilde{U}_{e,t})} \tag{12.18}$$

$$\beta_{e,t} = \frac{\exp(\gamma \widetilde{U}_{e,t})}{\exp(\gamma \widetilde{U}_{f,t}) + \exp(\gamma \widetilde{U}_{e,t})} \tag{12.19}$$

由于货币当局的通货膨胀目标一般被简化为 0，因此式（12.17）实则为 $\widetilde{E}_t \pi_{t+1} = \beta_{e,t} \pi_{t-1}$，代入式（12.16），最终得到的总供给方程为：

$$\pi_t = b_1 \beta_{e,t} \pi_{t-1} + b_2 \hat{y}_t \tag{12.20}$$

在这一形式的总供给方程中，出现了通货膨胀率的滞后项，即通货膨胀率受上一期通货膨胀率的影响，因此具有一定的自相关性，能够解释通货膨胀率的持续性特征。

由于此处的滞后项 π_{t-1} 的系数与 $\beta_{e,t}$ 相关，因此使用外推法则来预测通货膨胀率的人群比例越高，通货膨胀率的持续性也就越强。而根据式（12.19），$\beta_{e,t}$ 值并不是一个外生参数，而是随着人群的学习而发生变化，这意味着通货膨胀率的持续性在不同时期是可变的。与上一章讨论的产出持续性类似，当经济进入高涨期或衰退期时，使用外推法则的人群会不断印证其法则的预测合理性，而使用基础分析法则的人群却不断发现其法则的预测失真，于是纷纷转向外推法则，这将使通货膨胀率的持续性得到不断强化，因此在经济周期的不同阶段将表现出不同的通货膨胀率持续性。

12.2.4　自适应学习的经济系统

基本形式

将上述分析与第 11.2 节的内容相结合，我们就可得到一组具有自相关特征的总需求—总供给方程。如果再引入货币政策规则，将得到一个完整的经济系统，列示如下：

$$\hat{y}_t = a_1\alpha_{e,t}\hat{y}_{t-1} + a_2(i_t - \beta_{e,t}\pi_{t-1} - r_t^n) \tag{12.21}$$

$$\pi_t = b_1\beta_{e,t}\pi_{t-1} + b_2\hat{y}_t \tag{12.22}$$

$$i_t = \rho + c_1\pi_t + c_2\hat{y}_t + \nu_t \tag{12.23}$$

可见，上述经济系统具有明显的自相关特征，因为在总需求与总供给方程内都出现了滞后项。但需要指出的是，这一自相关系统同时还具有自适应学习特征，主要由总需求方程中的产出缺口系数 $a_1\alpha_{e,t}$ 和总供给方程中的通货膨胀率滞后项系数 $b_1\beta_{e,t}$ 反映出来。其中，$\alpha_{e,t}$ 和 $\beta_{e,t}$ 的演进体现了决策者的学习过程，其跨期可变性反映了上述经济系统的自相关性是随经济环境变化而改变的。基于这一系统，我们就可对各种外生冲击的效应进行描述与模拟。

产出缺口序列的模拟特征

考虑到上述总需求—总供给方程都是自相关式的，为了便于分析，我们在此处假定货币政策规则也具有自相关特征，为 $i_t = c_1\pi_t + c_2\hat{y}_t + c_3 i_{t-1} + \nu_t$，即货币当局制定的名义利率不但受通货膨胀率和产出缺口的影响，而且还具有平滑名义利率的倾向。如果再分别以 ε_t、η_t 代表需求冲击和供给冲击，并假设所有冲击都服从均值为零且标准差为常数的正态分布，则上述经济系统可改用如下三个方程来描述（为了便于分析，各方程的形式与变量系数作了相应调整，并引入习惯形成因素，整理方式与式（11.11）、式（11.12）相同，见 Grauwe，2012）：

$$\hat{y}_t = a_1\widetilde{E}_t\hat{y}_{t+1} + (1-a_1)\hat{y}_{t-1} + a_2(i_t - \widetilde{E}_t\pi_{t+1} - r_t^n) + \varepsilon_t \tag{12.24}$$

$$\pi_t = b_1\widetilde{E}_t\pi_{t+1} + (1-b_1)\pi_{t-1} + b^2 y_t + \eta_t \tag{12.25}$$

$$i_t = c_1\pi_t + c_2\hat{y}_t + c_3 i_{t-1} + \nu_t \tag{12.26}$$

针对这一系统，基于格劳威（Grauwe，2012）对主要参数的校准值，我们模拟了2 000期的产出缺口序列。在每一期中，三个外生冲击 ε_t、η_t、ν_t 都取服从标准正态分布的随机数。模拟的结果见图 12—4（鉴于本书的安排及行文的简洁要求，此处也未列出格劳威的参数校准值，感兴趣的读者可参阅格劳威的相关著述）。

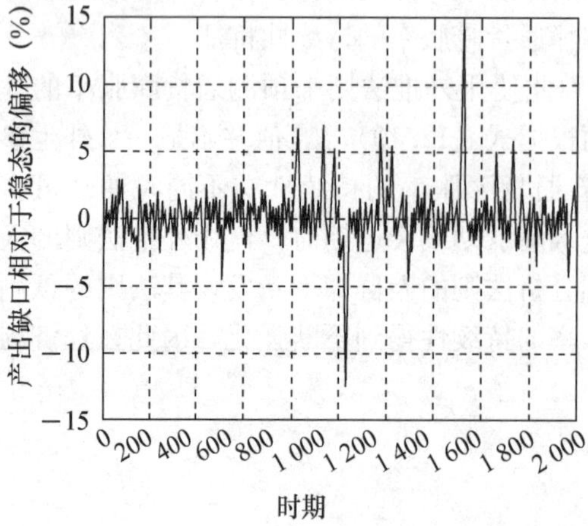

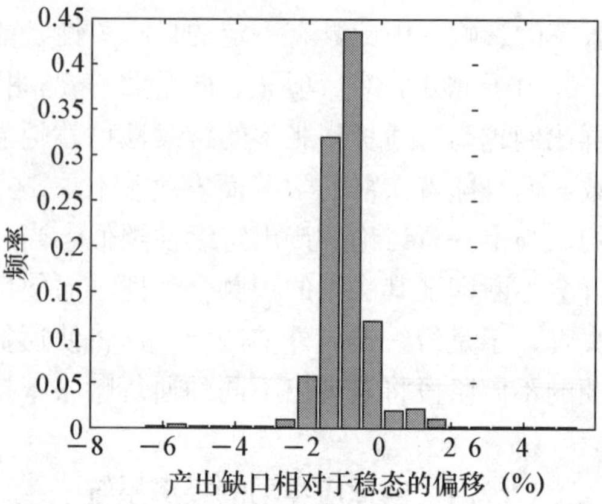

图 12—4　产出缺口序列模拟图与频率分布图

从模拟结果中可以发现，产出缺口序列中存在强烈的周期运动。通过计算可知，其自相关系数达 0.95，具有强烈的持续性。而另一个显著的模拟结果特征是，产出缺口的频率分布与正态分布之间存在显著偏差，不但存在尖峰（即在均值附近的观测值过度集中），还存在厚尾。

与经验事实的比较

上述模拟出的产出缺口特征是否符合经验事实呢？为此，我们给出来自美国数据的证据，时间跨度为 1960—2009 年，见图 12—5。从中可以发现：首先，在美国产出缺口数据的频数分布中确实存在超峰度，这意味着在均值附近的观测值过于集中，以至于与正态分布不同。其次，在这些产出缺口数据的频数分布中也的确存在厚尾特征，也就是说，产出缺口的波动远大于与正态分布相匹配的波动。产出缺口波动不服从正态分布的事实意味着，如果我们在正态分布的基础上进行预测，我们将会低估在任一时期产出缺口可能发生的大幅增加或大幅减少的概率。最后，根据 J-B 检验，我们可以正式拒绝“产出缺口序列的波动服从正态分布”的假设。

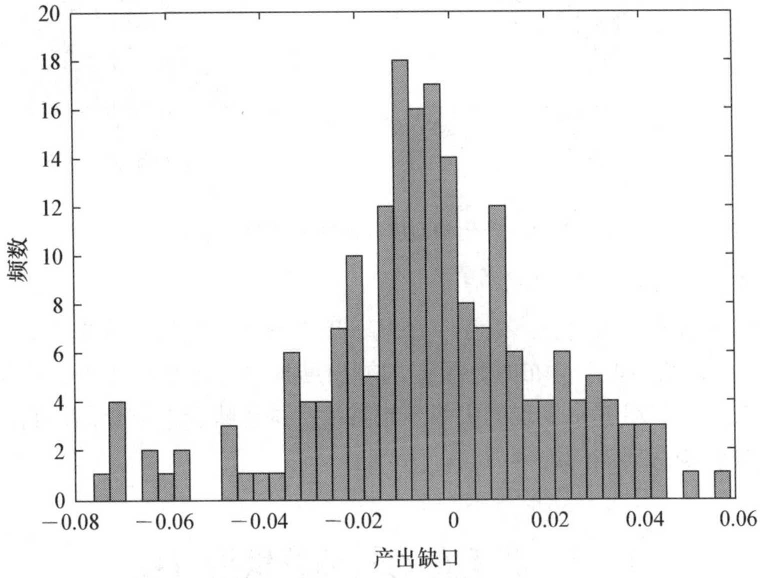

图 12—5　美国产出缺口（1960—2009 年）的频数分布

注：峰度为 3.61；J-B 检验值为 7.17，对应的 P 值为 0.027。
资料来源：美国商业与国会预算办公室。

与理性预期模型的比较

上述分析意味着，本节介绍的具有自适应学习机制的经济系统能够较好地描述真实产出缺口数据的统计特征。那么，一个随之而来的问题是，基于理性预期假定的经济系统是否能够描述上述经验特征？为了便于分析与对比，我们可基于式（12.24）～式（12.26）所示的经济系统，将其中的预期式 $\widetilde{E}_t$ 替换为理性预期式 E_t，从而得到一个带有滞后项的理性预期模型。对这一模型可采用布兰查德和卡恩的解法求解（Blanchard and Kahn，1980），相关参数校准仍取自格劳威（Grauwe，2012）给出的结果，于是可得到如下的均衡运动方程：

$$\begin{bmatrix}\hat{y}_t\\ \pi_t\\ i_t\end{bmatrix}=\begin{bmatrix}0.83 & -0.18 & -0.17\\ 0.08 & 0.98 & -0.017\\ 0.54 & 1.38 & 0.38\end{bmatrix}\begin{bmatrix}\hat{y}_{t-1}\\ \pi_{t-1}\\ r_{t-1}\end{bmatrix}+\begin{bmatrix}1.71 & -0.37 & -0.34\\ 0.17 & 1.96 & -0.03\\ 1.11 & 2.76 & 0.77\end{bmatrix}\begin{bmatrix}\varepsilon_t\\ \eta_t\\ v_t\end{bmatrix} \tag{12.27}$$

式中各方阵中的数字是经由格劳威的校准参数计算而得出的。在此基础上，我们模拟了2 000 期的产出缺口序列，其中每一期的三个外生冲击 ε_t、η_t、ν_t 都取服从标准正态分布的随机数。模拟的结果见图 12—6。

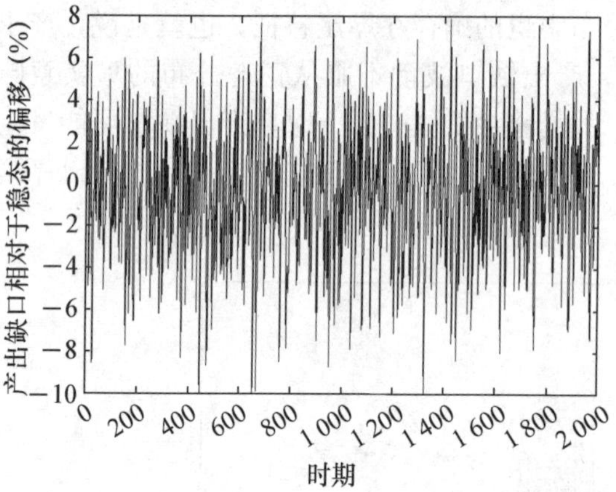

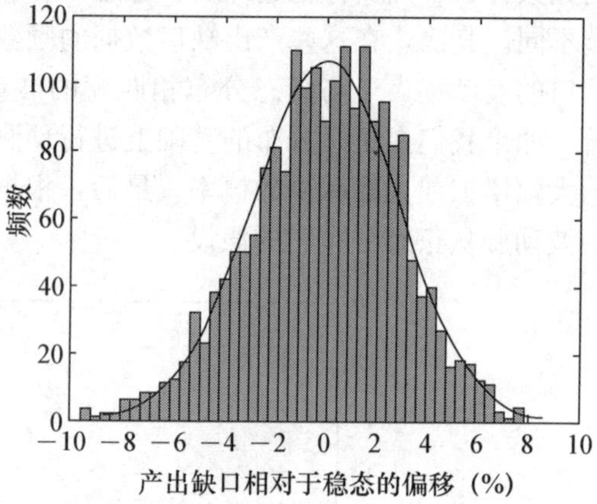

图 12—6　产出缺口序列模拟图与频数分布图

注：频数分布图中的曲线为正态分布曲线。

从图 12—6 的模拟结果可见，对于一个基于理性预期的经济系统来说，当输入该系统的外生冲击 ε_t、η_t、ν_t 均为正态分布时，模型的输出结果（产出缺口序列）也将服从正态分布，因此无法描述经验研究中发现的尖峰厚尾特征。这意味着本节介绍的自适应学习的经济系统要优于理性预期模型的解释力。

12.3　非垂直的长期总供给方程

在本节，我们将评介行为宏观经济学对长期总供给方程的讨论，用以解释经验中发现的长期下货币并非中性的异象。为此，我们需要将标准新凯恩斯模型中的指数贴现假定替换为行为经济学下的双曲线贴现假定。为了便于建模与求解，此处主要使用的是第 6 章提到的准双曲线贴现函数。类似地，我们仍以介绍宏观经济异象为先，然后给出修正标准理论的方法。与本节内容相关的文献主要参见格雷厄姆和斯诺尔（Graham and Snower，2008）与门兹（Menz，2008）的论文。

12.3.1　异象

我们在第 10 章已提到，新兴古典主义与新凯恩斯主义的一大观点分歧是，前者认为货币是超中性的，而后者认为货币在短期内非中性，可以影响实际产出及就业率，而在长期下仍然是中性的，理性预期的力量最终可使市场重新调整至出清状态。因此，按照新凯恩斯主义的推测，长期菲利普斯曲线（即长期总供给方程）将是一条垂直曲线，即永久性的通货膨胀率上升（主要由货币增长所致）不会影响产出缺口及就业率。为了看出这一点，请回顾第 10 章给出的新凯恩斯菲利普斯曲线（即式（10.38））：

$$\pi_t = \delta E_t \pi_{t+1} + \varphi \hat{y}_t \tag{12.28}$$

其中 $\varphi = \frac{(1-\theta\delta)(1-\theta)(\eta+\sigma)}{\theta}$，$\delta$ 为消费者的贴现因子，η、σ 为其偏好参数，θ 为中间产品厂商在每期无法调整价格的概率。

根据式（12.28），可得到零通货膨胀稳态附近的通货膨胀率与产出缺口的长期关系为（此时，$\pi_t = E_t\pi_{t+1}$）：

$$\pi = \frac{\varphi}{1-\delta}\hat{y} \tag{12.29}$$

式（12.29）即为长期菲利普斯曲线。可见，在长期下，通货膨胀率与产出缺口保持着一定的比例关系，而比例系数 $\frac{\varphi}{1-\delta}$ 主要取决于消费者的偏好特征（由 δ 和 η、σ 反映）和厂商面临的市场特征（由 θ 反映），并且是一个非负值。显然，如果这一比例系数接近于无穷大，意味着我们面临一条几乎垂直的长期菲利普斯曲线，即通货膨胀率的大幅改变不会影响实际产出，所以此时货币是中性的；而如果这一比例系数是一个有限的正值，则意味着长期菲利普斯曲线不是垂直的，即通货膨胀率的变化伴随着实际产出的变化，因此货币在长期下不再保持中性。

在文献中，有研究者指出，由于贴现因子 δ 的校准值几乎接近于 1，因此根据式（12.29）可知，当 $\delta \to 1$ 时，通货膨胀率与产出缺口之间的比例系数 $\frac{\varphi}{1-\delta}$ 趋于无穷大，因此长期菲利普斯曲线的垂直特征得以保持（比如可参见 Ascari，1998 及 Graham and Snower，2003 的类似论述）。然而，越来越多的经验研究却表明，在长期下通货膨胀率与宏观经济活动存在明显的相关关系，具体言之，长期菲利普斯曲线经常会表现出正斜率特征。比如，波尔（Ball，1997；1999）指出，那些经历长期剧烈通货紧缩的国家通常会伴随自然失业率的持续攀升。阿克洛夫、迪肯斯和佩里（Akerlof，Dickens and Perry，1996；2000）从美国数据中发现，在低通货膨胀时期，通货膨胀率与实体经济存在一个长期相关关系。伦德伯格和萨克伦（Lundborg and Sacklen，2001）针对瑞典的研究也表明，长期通货膨胀率与失业率存在负相关关系。

此外，得到类似结论的其他研究还包括：针对 G7 国家的研究（Ericsson，Irons and Tryon，2001）、针对德国的研究（Schreiber and Wolters ，2007）、针对加拿大的研究（Koustas，1998），等等。这些经验研究一再发现了长期菲利普斯曲线并非垂直的经验证据。

显然，上述经验证据构成了违背标准新凯恩斯宏观模型的异象。为此，行为宏观经济学从消费者时间偏好的角度入手，对标准模型中的指数贴现假定作了修正，代之以双曲线贴现假定，从而能够较好地解释上述异象。我们现在就来对这一修正方法进行说明。

12.3.2 双曲线贴现的引入

双曲线贴现函数

回顾第 6 章可知，在标准经济学下，个体的贴现特征遵从一种指数贴现函数，即 $D(t)=\delta^t$，其中 $\delta=1/(1+r)$ 为贴现因子，r 为固定不变的时间偏好率。对此，行为经济学所作的一项重要修正是，它认为时间偏好率是逐期递减的，即 1 单位效用从时期 $t+1$ 贴现到时期 t 的值要小于从时期 $t+2$ 贴现到时期 $t+1$ 的值，这反映了人类更在乎“眼前的未来”而不太在意“遥远未来”的心理特征。其结果是，个体的贴现函数将不再是指数贴现型的，而是满足一种双曲线形式。此时，消费者在动态下将难以始终如一地执行既定的消费计划，即消费者的偏好将出现动态不一致情形。

由于双曲线贴现函数在技术上较为复杂，不便于应用，故而行为经济学家又提出了一种准双曲线贴现函数，我们将其形式复制如下（即式（6.18））：

$$D(t)=\begin{cases}1 & t=0\\ \beta\delta^t & t>0\end{cases} \tag{12.30}$$

其中 $0<\delta<1$，可视为标准模型下的贴现因子，而 $0<\beta\leqslant 1$ 为短视系数，其值越小，说明个体越重视“眼前的未来”。可见，当 $\beta<1$ 时，1 单位效用从时期 1 贴现到时期 0 的值（为 $\beta\delta$）要小于从时期 2 贴现到时期 1 的值（为 δ），这反映了个体的短视特征。而当 $\beta=1$ 时，式（12.30）就退化为指数贴现函数。

跨期一阶条件

接下来，我们将探讨如何把准双曲线贴现函数置入新凯恩斯模型之中，并得到相应的消费者跨期一阶条件。本节关于经济系统的基本特征假定仍与第 10.2 节相同，即在一个封闭经济中，无政府行为，也无投资，产出全部用于消费。此时，代表性消费者的目标函数可写为：

$$E_0\sum_{t=0}^{\infty}\beta\delta^t U(C_t,N_t) \tag{12.31}$$

其中，瞬时效用函数假设为如下形式：

$$U(C_t,N_t)=\frac{C_t^{1-\sigma}}{1-\sigma}-\frac{N_t^{1-\eta}}{1-\eta} \tag{12.32}$$

其中 σ，$\eta>0$。而对于消费者的约束条件我们需作如下形式的说明。假设每个消费者在时期 t 面临的一生财富值为 W_t，它是消费者在时期 t 的当期财富值与未来各期劳动收入的贴现之和，因此必然有 $0\leqslant P_tC_t\leqslant W_t$。根据第 10.2 节的假设，消费者唯一可购买的资产为一年期债券，总名义利率为 $R_t=1+i_t$，其中 i_t 为名义利率，于是在时期 $t+1$，消费者剩余的一生财富值可写为：

$$W_{t+1}=R_t(W_t-P_tC_t) \tag{12.33}$$

在不失一般性的前提下，可以假设 $C_t=\chi_t\dfrac{W_t}{P_t}$，其中 $0\leqslant\chi_t\leqslant 1$ 表示消费者在每一期的边际消费倾向，这样就可方便我们求出消费者的跨期一阶条件。方法是，首先定义一个函数

V，为如下形式：

$$V\left(\frac{W_{t+1}}{P_{t+1}},N_{t+1}\right)=\sum_{i=t+1}^{\infty}\delta^{i-(t+1)}U(C_i,N_i)$$
$$=\sum_{i=t+1}^{\infty}\delta^{i-(t+1)}U\left(\chi_i\frac{W_i}{P_i},N_i\right)\tag{12.34}$$

于是，时期 t 的目标效用函数可写为：

$$U(C_t,N_t)+E_t\beta\delta V\left(\frac{W_{t+1}}{P_{t+1}},N_{t+1}\right)\tag{12.35}$$

将式（12.35）与式（12.33）相结合，可得：

$$V\left(\frac{W_{t+1}}{P_{t+1}},N_{t+1}\right)=U\left(\chi_{t+1}\frac{W_{t+1}}{P_{t+1}},N_{t+1}\right)+\delta V\left(\frac{W_{t+2}}{P_{t+2}},N_{t+2}\right)$$
$$=U\left(\chi_{t+1}\frac{W_{t+1}}{P_{t+1}},N_{t+1}\right)+\delta V\left(R_{t+1}(1-\chi_{t+1})\frac{W_{t+1}}{P_{t+1}},N_{t+2}\right)\tag{12.36}$$

现在，由式（12.35）可知，在时期 t 和时期 $t+1$ 之间实现跨期消费的最优权衡需满足：

$$U_{C,t}=\beta\delta R_tE_t\left[\frac{P_t}{P_{t+1}}V_{C,t}\left(\frac{W_{t+1}}{P_{t+1}},N_{t+1}\right)\right]\tag{12.37}$$

接下来，将式（12.36）对时期 t 的 C 求导，然后代入式（12.37）并整理，得：

$$U_{C,t}=R_tE_t\left\{[\chi_{t+1}\beta\delta+(1-\chi_{t+1})\delta]\frac{P_t}{P_{t+1}}U_{C,t+1}\right\}$$
$$=\delta R_tE_t\left\{[1-(1-\beta)\chi_{t+1}]\frac{P_t}{P_{t+1}}U_{C,t+1}\right\}\tag{12.38}$$

再将式（12.32）代入上式，最终可得消费者的跨期一阶条件为：

$$C_t^{-\sigma}=\delta R_tE_t\left\{[1-(1-\beta)\chi_{t+1}]\left(\frac{P_t}{P_{t+1}}C_{t+1}^{-\sigma}\right)\right\}\tag{12.39}$$

将式（12.39）与第 10 章给出的标准跨期一阶条件 $C_t^{-\sigma}=\delta R_tE_t\left(\frac{P_t}{P_{t+1}}C_{t+1}^{-\sigma}\right)$ 进行比较，可发现它们的唯一差别在于，式（12.39）中新出现了一个预期项 $E_t[1-(1-\beta)\chi_{t+1}]$，这是由消费者的双曲线贴现特征导致的。按照文献中的常见做法，我们可将 $\delta E_t[1-(1-\beta)\chi_{t+1}]$ 定义为**有效贴现因子**，并用 $\tilde{\delta}$ 表示。可见，$\tilde{\delta}$ 受到消费者的短视程度 β 以及对未来边际消费倾向预期的影响。显然，当 $\beta=1$ 时，即消费者不存在短视特征时，$\tilde{\delta}$ 将退化为标准情形下的贴现因子 δ，因此后者可看作前者的特例形式。

12.3.3　行为宏观模型下的总供给方程

短期总供给方程

当消费者具有双曲线贴现特征时，必然会影响到厂商的定价行为。回顾第 10 章的内容可知，在标准的新凯恩斯模型中，中间产品厂商主要根据未来各期的预期利润来进行定价，但在每一期，每个中间产品厂商可以改变定价的概率仅为 $1-\theta$，无法改变定价的概率

为 θ，即价格存在黏性。于是，一个试图重新定价的中间产品厂商 j 的利润目标函数为：

$$E_t\sum_{k=0}^{\infty}\theta^k\delta^k\left(\frac{C_{t+k}}{C_t}\right)^{-\sigma}\left(\frac{P_{jt}Y_{jt+k}}{P_{t+k}}-MC_{jt+k}Y_{jt+k}\right) \tag{12.40}$$

式（12.40）是对式（10.19）的复制，其中 $\delta^k\left(\frac{C_{t+k}}{C_t}\right)^{-\sigma}$ 被定义为厂商对未来各期利润的随机贴现因子。可以想象的是，当消费者是双曲线贴现型的时候，厂商的贴现因子也将发生相应改变。此时，式（12.40）中的 δ 将被替代为上面提到的有效贴现因子 $\tilde{\delta}$。于是，经过与第 10 章相似的推导过程，最终得到的总供给方程为：

$$\pi_t=\tilde{\delta}\pi_{t+1}+\tilde{\varphi}\hat{y}_t \tag{12.41}$$

其中 $\tilde{\varphi}=\frac{(1-\theta\tilde{\delta})(1-\theta)(\eta+\sigma)}{\theta}$。因此，式（12.41）可视为一个双曲线贴现型经济中的短期总供给方程。下面，我们将基于这一方程来解释上面提到的宏观经济异象。

长期总供给方程

基于式（12.41），我们就可推导出长期菲利普斯曲线，即在稳态附近的通货膨胀率与产出缺口的长期关系。为了做到这一点，我们需首先讨论一下稳态附近的边际消费倾向具有怎样的特征。

根据莱布森（Laibson，1996）的方法，如果将式（12.33）代入式（12.39），即可得到边际消费倾向 χ_t 的递归表达式为：

$$\chi_t=E_t\frac{\chi_{t+1}}{(R_t^{1-\sigma})^{1/\sigma}[1-(1-\beta)\chi_{t+1}]+\chi_{t+1}} \tag{12.42}$$

可见，若总名义利率 R_t 维持不变，则对于一名具有无限生命期的消费者来说，他在每一期面临的关于边际消费倾向的递归式都是不变的，因此可推知其边际消费倾向将为一常数。

又根据式（10.3）给出的货币政策规则 $i_t=\rho+c_1\pi_t+c_2\hat{y}_t+\nu_t$ 可知，当经济处于零通货膨胀的稳态附近时，名义利率为 $i=\rho$，也为一常数。因此结合上述莱布森的结论即可推知，消费者在稳态时的边际消费倾向也将维持不变，记为 χ^n。于是，式（12.41）所示的短期总供给方程在稳态附近即可写作：

$$\pi=\frac{\tilde{\varphi}^n}{1-\tilde{\delta}^n}\hat{y} \tag{12.43}$$

其中 $\tilde{\delta}^n=\delta E_t[1-(1-\beta)\chi^n]$，为稳态有效贴现因子，而 $\tilde{\varphi}^n=\frac{(1-\theta\tilde{\delta}^n)(1-\theta)(\eta+\sigma)}{\theta}$。式（12.43）即为一个双曲线贴现型经济中的长期总供给方程（菲利普斯曲线）。

前面已指出，在文献中，传统的贴现因子 δ 的校准值几乎接近于 1，因此在式（12.29）中可认为 $\delta\to1$，于是通货膨胀率与产出缺口之间的比例系数 $\frac{\varphi}{1-\delta}$ 接近无穷大，这表明长期总供给方程是垂直的。然而，基于此处的 $\tilde{\delta}^n=\delta E_t[1-(1-\beta)\chi^n]$ 可推知，当 $\beta<1$ 时，$1-(1-\beta)\chi^n$ 将维持一个严格小于 1 的正值，因此即便 δ 接近于 1，有效贴现因子

$\tilde{\delta}^n$ 也仍小于 1，这意味着通货膨胀率与产出缺口的比例系数 $\frac{\tilde{\varphi}^n}{1-\tilde{\delta}^n}$ 将是一个有限的正值，所以此时的长期总供给方程不再垂直，而是维持一个正斜率，于是永久性的通货膨胀率上升将会对实体经济产生影响。此外还可发现，β 值越小，即决策个体的短视特征越严重，上述长期总供给方程将越平坦。这样，我们通过在新凯恩斯宏观经济模型中引入一个双曲线贴现函数，在一定程度上解释了本节开始时提到的宏观经济异象。

12.4　本章要点

● 在宏观经济中，货币政策对产出经常存在非对称效应，但同时却对通货膨胀率存在对称效应，这一异象难以运用标准的新凯恩斯模型进行解释。

● 为了解释“产出的非对称效应”与“通货膨胀率的对称效应”的共存现象，行为宏观经济学提出了一个情境依赖式的总供给方程，其特征是：当经济处于扩张期时，总供给方程较为陡峭；而当经济处于衰退期时，总供给方程则较为平坦。将此种形式的总供给方程与情境依赖式的总需求方程相结合，即可较好地解释上述异象。

● 构建情境依赖式的总供给方程的基本方法是，在新凯恩斯模型中引入参考点依赖，从而得到一个具有凸性特征的劳动供给曲线，这进而会影响厂商的边际成本与定价策略。

● 在宏观经济中，另一个常见的异象是，通货膨胀率也具有相当的持续性，这同样难以用标准的新凯恩斯模型进行解释。

● 为了解释通货膨胀率的持续性特征，行为宏观经济学提出了一个自相关式的总供给方程，其基本特征是，在原有的方程中加入滞后项，于是当期通货膨胀率将受到过去通货膨胀率的影响。

● 构建自相关式的总供给方程的基本方法主要有三种：一是引入直觉推断法的假设；二是基于社会偏好的角度；三是将直觉推断法与自适应学习的假定相结合。其中，第三种修正方式还可解释为何通货膨胀率的持续性在经济周期的不同阶段是不同的。

● 将具有自适应学习特征的总需求—总供给方程结合起来，可以解释经验中发现的产出缺口序列分布的尖峰厚尾特征，这一特征是无法用基于理性预期假定的总需求—总供给方程进行解释的。

● 在长期下，现实中的货币常常表现出非中性的特征，这一现象与新凯恩斯宏观经济理论的基本观点不符。

● 行为宏观经济学通过引入一个双曲线贴现函数来代替新凯恩斯模型中的指数贴现函数，从而构造了一个斜率为正的长期总供给曲线，这较好地解释了货币的长期非中性现象。

课后思考

● 回顾第 12.1 节中的式（12.4），请运用赋值法绘制一个具有凸性特征的劳动供给曲线，并将其与标准的劳动供给曲线进行对比。

● 回顾第 12.2 节的内容，请思考，如果正态分布式的外生冲击导致产出缺口的频率分布出现尖峰厚尾特征，那么其潜在的经济含义是什么？

● 回顾第 12.3 节，请基于具有双曲线贴现特征的跨期一阶条件，并结合第 10.3 节的方法，给出第 12.3 节的总供给方程的详细推导过程。

● 请用经济学语言描述从双曲线贴现到长期货币非中性的传导机理。

关键术语

情境依赖式的总供给方程　state-dependent aggregate supply function
自相关式的总供给方程　auto-correlative aggregate supply function
非垂直的长期总供给方程　non-vertical long term aggregate supply function
向下刚性　downward rigidity
有效贴现因子　efficient discounting factor

进一步阅读

[1] Amato, J. D. and Shin, H. S. (2003). "Public and Private Information in Monetary Policy Models." *Mimeo*, London School of Economics.

[2] Driscoll, J. C. and Holden, S. (2004). "Coordination, Fair Treatment and Inflation Persistence." *Journal of European Economic Association*, 2 (2-3), Papers and Proceedings, 240-251.

[3] Fuhrer, J. (2006). "Intrinsic and Inherited Inflation Persistence." *International Journal of Central Banking*, 2 (3), 49-86.

[4] Rudd, J. and Whelan, K. (2007). "Modeling Inflation Dynamics: A Critical Review of Recent Work." *Journal of Credit and Banking*, 39 (2), 155-170.

[5] Shimer, R. (2005). "The Cyclical Behavior of Equilibrium Unemployment and Vacancies." *American Economic Review*, 95, 25-49.

参考文献

[1] Ackert, L. F. and Deaves, R. (2010). *Behavioral Finance: Psychology, Decision-Making, and Markets*. Beijing: Tsinghua University Press.

[2] Ainslie, G. W. (1975). "Specious Reward: A Behavioral Theory of Impulsiveness and Impulsive Control." *Psychological Bulletin*, 82, 463-496.

[3] Ainslie, G. W. (1986). "Beyond Microeconomics: Conflict among Interest in a Multiple Self as a Determinant of Value." In J. Elster (Ed.), *The Multiple Self*. Cambridge: Cambridge University Press, 133-175.

[4] Ainslie, G. W. (1991). "Derivation of 'Rational' Economic Behaviour from Hyperbolic Discount Curves." *American Economic Review*, 81, 334-340.

[5] Ainslie, G. W. (1992). *Picoeconomics: The Strategic Interaction of Successive Motivational States within the Person*. Cambridge: Cambridge University Press.

[6] Ainslie, G. W. (2001). *Breakdown of Will*. Cambridge: Cambridge University Press.

[7] Ainslie, G. W. and Haslam, N. (1992). "Hyperbolic Discounting." In G. Loewenstein and J. Elster (Eds.), *Choice Over Time*. New York: Russell Sage.

[8] Akerlof, G. A. (1982). "Labor Contracts as Partial Gift Exchange." *Quarterly Journal of Economics*, 97, 543-569.

[9] Akerlof, G. A. (2002). "Behavioral Macroeconomics and Macroeconomic Behavior." *American Economic Review*, 92 (3), 411-433.

[10] Akerlof, G. A. (2007). "The Missing Motivation in Macroeconomics." *American Economic Review*, 97 (1), 5-36.

[11] Akerlof, G. A., Dickens, W. T. and Perry, W. L. (2000). "Near Rational Wage and Price Setting and the Long-Run Phillips Curve." *Brookings Papers on Economic Activity*, 1, 1-60.

[12] Alicke, M. D. (1985). "Global Self-Evaluation as Determined by the Desirability and Controllability of Trait Adjectives." *Journal of Personality and Social Psychology*, 49, 1621-1630.

[13] Allais, M. (1953). "Le Comportement de I'Homme Rationnel devant le Risqué, Critique des Postulats et Axioms de I'Ecole Américaine." *Econometrica*, 21, 503-546.

[14] Amato, J. D. and Laubach, T. (2003). "Rule-of-Thumb Behavior and Monetary Policy." *European Economic Review*, 47, 791-831.

[15] Angner, E. (2012). *A Course in Behavioral Economics*. New York, NY: Palgrave Macmillan.

[16] Arkes, H. R. and Blumer, C. (1985). "The Psychology of Sunk Cost." *Organizational Behavior and Human Decision Processes*, 35 (1), 124-140.

[17] Arthur, B. (1991). "Designing Economic Agents that Behave Like Human Agents: A Behavioral Approach to Bounded Rationality." *American Economic Review Proceedings*, 81, 353-359.

[18] Arthur, B. (1994). "On Designing Economic Agents that Behave Like Human Agents." *Journal of Evolutionary Economics*, 3, 1-22.

[19] Ascari, G. (1998). "Superneutrality of Money in Staggered Wage-Setting Models." *Macroeconomic Dynamics*, 2, 383-400.

[20] Ball, L. (1997). "Disinflation and the NAIRU." In C. Romerand and D. Romer (Eds.), *Reducing Inflation: Motivation and Strategy*. Chicago: University of Chicago Press.

[21] Ball, L. (1999). "Aggregate Demand and Long-Run Unemployment." *Brookings Papers on Economic Activity*, 2, 189-251.

[22] Beard, T. R. and Beil, R. (1994). "Do People Rely on the Self-Esteem." *Journal of Personality and Social Psychology*, 64, 141-156.

[23] Beja, A. (1992). "Imperfect Equilibrium." *Games and Economics Behavior*, 4, 18-36.

[24] Benartzi, S. and Thaler, R. H. (1995). "Myopic Loss Aversion and the Equality Premium Puzzle." *Quarterly Journal of Economics*. 110 (1), 73-92.

[25] Benartzi, S. and Thaler, R. H. (1999). "Risk Aversion or Myopia? Choices in Repeated Gambles and Retirement Investments." *Management Science*, 45 (3), 364-381.

[26] Benjamin, J., Li, L., Patterson, C. and Greenberg, B. D. (1996). "Population and Familial Association between the D4 Dopamine Receptor Gene and Measures of Novelty Seeking." *Nature Genetics*, 12, 81-84.

[27] Bentham, J. (1824). "An Introduction to the Principles of Morals and Legislation." In J. S. Mill and J. Bentham, *Utilitarianism and Other Essays*. Harmandsworth: Penguin.

[28] Benzion, U., Rapoport, A. and Yagil, J. (1989). "Discount Rates Inferred from Decisions: An Experimental Study." *Management Science*, 35, 270-284.

[29] Berg, J. E., Dickhaut, J. and McCabe, K. (1995). "Trust, Reciprocity, and Social History." *Games and Economic Behavior*, 10, 122–142.

[30] Bernoulli, D. (1738/1954). "Exposition of a New Theory on the Measurement of Risk." *Econometrica*, 22, 23–36.

[31] Berridge, K. C. (1996). "Food Reward: Brain Substrates of Wanting and Liking." *Neuroscience and Biobehavioral Reviews*, 20 (1), 1–25.

[32] Bertrand, J. (1883). "Book Review of Recherches sur les Principes Mathématiques de la Théorie des Richesses." *Journal des Savants*, 67, 499–508.

[33] Blanchard, O. J. and Kahn, C. (1980). "The Solution of Linear Difference Equations under Rational Expectations." *Econometrica*, 48 (5), 1305–1311.

[34] Bohnet, I. and Frey, B. (1999). "The Sound of Silence in Prisoner's Dilemma and Dictator Games." *Journal of Economic Behavior and Organization*, 38, 43–57.

[35] Bolton, G. E., Katok, E. and Zwick, R. (1998). "Dictator Game Giving: Rules of Fairness versus Acts of Kindness." *International Journal of Game Theory*, 27, 269–299.

[36] Bolton, G. E. and Ockenfels, A. (2000). "ERC: A Theory of Equity, Reciprocity, and Competition." *American Economic Review*, 90, 166–193.

[37] Bolton, G. E. and Zwick, R. (1995). "Anonymity versus Punishment in Ultimatum Bargaining." *Games and Economic Behavior*, 10, 95–121.

[38] Bowman, D., Minehart, D. and Rabin, M. (1999). "Loss-Aversion in a Saving Model." *Journal of Economic Behavior and Organization*, 38 (2), 155–178.

[39] Branch, W. and Evans, G. (2006). "Intrinsic Heterogeneity in Expectation Formation." *Journal of Economic Theory*, 127, 264–295.

[40] Brickman, P., Coates, D. and Janoff-Bulman, R. (1978). "Lottery Winners and Accident Victims: Is Happiness Relative?" *Journal of Personality and Social Psychology*, 36, 917–927.

[41] Brock, W. and Hommes, C. (1997). "A Rational Route to Randomness." *Econometrica*, 65, 1059–1095.

[42] Brown, G. (1951). "Iterative Solution of Games by Fictitious Play." In T. C. Koopmans (Ed.), *Activity Analysis of Production and Allocation*. New York: Wiley.

[43] Buchan, N. R., Johnson, E. and Croson, R. T. A. (1997). "Culture, Power, and Legitimacy: Contrasting Influences on Fairness Beliefs and Negotiation Behavior in Japan and the United States." University of Wisconsin Department of Marketing working paper.

[44] Bullard, J. and Mitra, K. (2002). "Learning about Monetary Policy Rules." *Journal of Monetary Economics*, 49 (6), 1005–1129.

[45] Burgstahler, D. and Dichev, I. (1997). "Earnings Management to Avoid Earnings Decreases and Losses." *Journal of Accounting and Economics*, 24, 99–126.

[46] Burnham, T. (1999). "Testosterone and Negotiation: An Investigation into the

Role of Biology in Economic Behavior." Harvard University, JFK School of Government.

[47] Bush, R. and Mosteller, F. (1955). *Stochastic Models for Learning*. New York: Wiley.

[48] Cabrera, S., Capra, C. M. and Gómez, R. (2002). "The Effects of Common Advice on One-Shot Traveler's Dilemma Games: Explaining Behavior through an Introspective Model with Errors." Washington & Lee University working paper.

[49] Cacioppo, J. T., Gardner, W. C. and Berntson, G. G. (1999). "The Affect System Has Parallel and Integrative Processing Components: Form Follows Function." *Journal of Personality and Social Psychology*, 76 (5), 839–855.

[50] Calvo, G. (1983). "Staggered Prices in a Utility Maximizing Framework." *Journal of Monetary Economics*, 12 (3), 383–398.

[51] Camerer, C. F. (1997). "Progress in Behavioral Game Theory." *Journal of Economic Perspectives*, 11, 167–188.

[52] Camerer, C. F. (2003). *Behavioral Game Theory: Experiments in Strategic Interaction*. New York: Russell Sage Foundation, 67.

[53] Camerer, C. F. (2006). "Wanting, Liking and Learning: Neuroscience and Paternalism." *The University of Chicago Law Review*, 73 (1), 87–110.

[54] Camerer, C. F. and Ho, T. (1999). "Experience-Weighted Attraction Learning in Normal-Form Games." *Econometrica*, 67, 827–874.

[55] Camerer, C. F. and Ho, T. (2014). "Behavioral Game Theory: Experiments and Modeling." http://faculty.haas.berkeley.edu/hoteck/PAPERS/Camerer-Ho-Book.pdf.

[56] Camerer, C. F., Ho, T. and Chong, K. (2002). "Sophisticated Experience-Weighted Attraction Learning and Strategic Teaching in Repeated Games." *Journal of Economic Theory*, 104, 137–188.

[57] Camerer, C. F., Ho, T. and Chong, K. (2004). "A Cognitive Hierarchy Model of Games." *Quarterly Journal of Economics*, 119 (3), 861–898.

[58] Camerer, C. F., Hsia, D. and Ho, T. (2002). "EWA Learning in Bilateral Call Markets." In A. Rapoport and R. Zwick (Eds.), *Experimental Business Research*, 255–284.

[59] Camerer, C. F. and Loewenstein, G. (1993). "Information, Fairness, and Efficiency in Bargaining." In B. Mellers and J. Baron (Eds.), *Psychological Perspectives on Justice: Theory and Applications*. Cambridge, U.K.: Cambridge University Press, 155–179.

[60] Camerer, C. F. and Loewenstein, G. (2004). "Behavioral Economics: Past, Present and Future." In C. F. Camerer, G. Loewenstein and M. Rabin (Eds.), *Advances in Behavioral Economics*. Princeton: Princeton University Press.

[61] Capra, C. M. (1999). "Noisy Expectation Formation in One-Shot Games." Ph. D. thesis.

[62] Cason, T. N. and Mui, V. (1998). "Social Influence and the Strategy Method in the Sequential Dictator Game." *Journal of Mathematical Psychology*, 42, 248–265.

[63] Cavalli-Sforza, L. L. and Feldman, M. W. (1982). "Theory and Observation in Cultural Transmission." *Science*, 218, 19-27.

[64] Chapman, G. B. (2000). "Preferences for Improving and Declining Sequences of Health Outcomes." *Journal of Behavioral Decision Making*, 13, 203-218.

[65] Cherry, T. L., Frykblom, P. and Shogren, J. F. (2002). "Hardnose the Dictator." *American Economic Review*, 92 (4), 1218-1221.

[66] Cheung, Y. W., and Friedman, D. (1997). "Individual Learning in Normal Form Games: Some Laboratory Results." *Games and Economic Behavior*, 19, 46-76.

[67] Chiappori, P., Levitt, S. and Groseclose, T. (2001). "Testing Mixed Strategy Equilibria When Players Are Heterogeneous: The Case of Penalty Kicks." University of Chicago working paper.

[68] Chung, S. H. and Herrnstein, R. J. (1967). "Choice and Delay of Reinforcement." *Journal of the Experimental Analysis of Behavior*, 10, 67-74.

[69] Clarida, R. H., Galí, J. and Gertler, M. L. (1999). "The Science of Monetary Policy: A New Keynesian Perspective." *Journal of Economic Literature*, 37 (4), 1661-1707.

[70] Cooper, A. C., Woo, C. Y. and Dunkelberg, W. C. (1988). "Entrepreneurs Perceived Chances for Success." *Journal of Business Venturing*, 3, 97-108.

[71] Cournot, A. (1838). *Recherches sur les Principes Mathématiques de la Théorie des Richesses*. Translated into English by N. Bacon as *Researches in the Mathematical Principles of the Theory of Wealth*. London: Haffner, 1960.

[72] Cox, J. C. (1999). "Trust, Reciprocity and Other-Regarding Preferences of Individuals and Groups." University of Arizona Department of Economics.

[73] Cox, J. C., Shachat, J. and Walker, M. (2001). "An Experiment to Evaluate Bayesian Learning of Nash Equilibrium Play." *Games and Economic Behavior*, 34, 11-33.

[74] Crawford, V. P. (1995). " Adaptive Dynamics in Coordination Games." *Econometrica*, 63, 103-144.

[75] Crawford, V. P. and Broseta, B. (1998). "What Price Coordination? The Efficiency-Enhancing Effect of Auctioning the Right to Play." *American Economic Review*, 88, 198-225.

[76] Cross, J. G. (1973). "A Stochastic Learning Model of Economic Behavior." *Quarterly Journal of Economics*, 87, 239-266.

[77] Cross, J. G. (1983). *A Theory of Adaptive Economic Behavior*. New York/London: Cambridge University Press.

[78] Damon, W. (1980). "Patterns of Change in Children's Social Reasoning: A Two-Year Longitudinal Study." *Child Development*, 51, 1010-1017.

[79] Dasgupta, P. and Maskin, E. (2005). "Uncertainty and Hypobolic Discounting." *American Economic Review*, 95 (4), 1290-1299.

[80] Davidson, R. J. (1998). "Affective Style and Affective Disorders: Perspectives

from Affective Neuroscience." *Cognition and Emotion*, 12 (3), 307-330.

[81] Dawkins, R. (1976). *The Selfish Gene*. Oxford: Oxford University Press.

[82] De Grauwe, P. (2012). *Lectures on Behavioral Macroeconomics*. Princeton, NJ: Princeton University Press.

[83] De Grauwe, P. and Grimaldi, M. (2006). *The Exchange Rate in a Behavioral Finance Framework*. Princeton, NJ: Princeton University Press.

[84] De Quervain, D., Fischbacher, U., Treyer, V., Schellhammer, M., Schyder, U., Buck, A. and Fehr, E. (2004). "The Neural Basis of Altruistic Punishment." *Science*, 305, 1254-1258.

[85] DeScioli, P., Massenkoff, M., Shaw, A., Petersen, M. B. and Kurzban, R. (2014). "Equity or Equality? Moral Judgments Follow the Money." http://pure.au.dk/portal/files/83181502/Proc._R._Soc._B_2014_DeScioli_libre.pdf.

[86] Devetaga, G. and Warglien, M. (2008). "Playing the Wrong Game: An Experimental Analysis of Relational Complexity and Strategic Misrepresentation." *Games and Economic Behavior*, 62 (2), 364-382.

[87] Dixit, A. K. and Nalebuff, B. (1991). *Thinking Strategically*. New York: Norton.

[88] Dixit, A. K. and Stiglitz, J. E. (1977). "Monopolistic Competition and Optimum Product Diversity." *American Economic Review*, 67 (3), 297-308.

[89] Dobzhansky, T. (1973). "Nothing in Biology Makes Sense Except in the Light of Evolution." *The American Biology Teacher*, 35 (March), 125-129.

[90] Driscoll, J. C. and Holden, S. (2014). "Behavioral Economics and Macroeconomic Models." *Journal of Macroeconomics*, 41, 133-147.

[91] Duesenberry, J. (1949). *Income, Saving, and the Theory of Consumer Behavior*. Cambridge, MA: Harvard University Press.

[92] Dufwenberg, M. and Gneezy, U. (2000). "Measuring Beliefs in an Experimental Lost Wallet Game." *Games and Economic Behavior*, 30, 163-182.

[93] Dunning, D., Meyerowitz, J. A. and Holzberg, A. D. (1989). "Ambiguity and Self-Evaluation: The Role of Idiosyncratic Trait Definitions in Self-Serving Assessments of Ability." *Journal of Personality and Social Psychology*, 57, 1082-1090.

[94] Easterlin, R. A. (2001). "Income and Happiness: Towards a Unified Theory." *Economic Journal*, 111 (473), 465-484.

[95] Eckel, C. C. and Grossman, P. (2001). "Differences in the Economic Decisions of Men and Women: Experimental Evidence." In C. Plott and V. Smith (Eds.), *Handbook of Experimental Results*. New York: Elsevier.

[96] Edgeworth, F. Y. (1881). *Mathematical Physics*. London: Kegan Paul.

[97] Edwards, W. (1962). "Subjective Probabilities Inferred from Decisions." *Psychological Review*, 69, 109-135.

[98] Ellsberg, D. (1961). "Risk, Ambiguity and the Savage Axioms." *Quarterly*

Journal of Economics, 75, 643—669.

[99] Elster, J. (1985). "Rationality, Morality, and Collective Action." *Ethics*, 96, 136—155.

[100] Ericsson, N., Irons, J. and Tryon, R. (2001). "Output and Inflation in the Long Run." *Journal of Applied Econometrics*, 16, 241—253.

[101] Esterlin, R. A. (1995). "Will Raising the Incomes of All Increase the Happiness of All?" *Journal of Economic Behavior and Organization*, 29 (1), 35—47.

[102] Falk, A., Fehr, E. and Fischbacher, U. (2003). "On the Nature of Fair Behavior." *Economic Inquiry*, 41, 20—26.

[103] Fehr, E. (2002). "The Economics of Impatience." *Nature*, 415, 269—272.

[104] Fehr, E. and Gächter, S. (2000). "Fairness and Retaliation: The Economics of Reciprocity." *Journal of Economic Perspectives*, 14, 159—181.

[105] Fehr, E. and Gächter, S. (2001). "Fairness and Retaliation." *Journal of Economic Perspectives*, 3, 159—181.

[106] Fehr, E., Kirchsteiger, G. and Reidl, A. (1993). "Does Fairness Prevent Market Clearing? An Experimental Investigation." *Quarterly Journal of Economics*, 108, 437—460.

[107] Fehr, E. and Schmidt, K. M. (1999). "A Theory of Fairness, Competition and Cooperation." *Quarterly Journal of Economics*, 114, 817—868.

[108] Fisher, I. (1930). *The Theory of Interest*. London: MacMillan.

[109] Forsythe, R., Horowitz, J. L., Savin, N. E. and Sefton, M. (1994). "Fairness in Simple Bargaining Experiments." *Games and Economic Behavior*, 6, 347—369.

[110] Frank, R. H. and Hutchens, R. M. (1993). "Wages, Seniority, and the Demand for Rising Consumption Profiles." *Journal of Economic Behavior and Organization*, 21, 251—276.

[111] Frederick, S., Loewenstein, G. and O'Donoghue, T. (2002). "Time Discounting and Time Preference: A Critical Review." *Journal of Economic Literature*, 40 (2), 351—401.

[112] Frey, B. and Bohnet, I. (1997). "Identification in Democratic Society." *Journal of Socio-Economics*, 26, 25—38.

[113] Friedman, M. (1953). "The Methodology of Positive Economics." In M. Friedman, *Essays in Positive Economics*. Chicago: University of Chicago Press, 343.

[114] Frijda, N. H. (1988). "The Laws of Emotion." *American Psychologist*, 43 (5), 349—358.

[115] Fudenberg, D. and Kreps, D. (1995). "Learning in Extensive-Form Games I. Self-Confirming Equilibria." *Games and Economic Behavior*, 8, 20—55.

[116] Fudenberg, D. and Levine, D. K. (1998). *The Theory of Learning in Games*. Cambridge, Mass: MIT Press.

[117] Fudenberg, D. and Levine, D. K. (2006). "A Dual Self Model of Impulse Con-

trol." *American Economic Review*, 96 (5), 1449-1476.

[118] Fuhrer, J. and Moore, G. (1995). "Inflation Persistence." *Quarterly Journal of Economics*, 110, 127-159.

[119] Galí, J. (2008). *Monetary Policy, Inflation, and the Business Cycle*. Princeton, NJ: Princeton University Press.

[120] Galí, J. and Gertler, M. (1999). "Inflation Dynamics: A Structural Econometric Analysis." *Journal of Monetary Economics*, 44, 195-222.

[121] Gertner, R. (1993). "Game Shows and Economic Behavior: Risk Taking on 'Card Sharks'." *Quarterly Journal of Economics*, 106, 507-521.

[122] Gill, D. and Prowse, V. (2012). "Cognitive Ability and Learning to Play Equilibrium: A Level-K Analysis." *Munich Personal RePEc Archive*, Paper No. 38317. http://mpra.ub.uni-muenchen.de/38317/.

[123] Gilovich, T. R., Vallone, R. and Tversky, A. (1985). "The Hot Hand in Basketball: On the Misperception of Random Sequences." *Cognitive Psychology*, 17, 592-596.

[124] Gintis, H. (2009). *The Bounds of Reason: Game Theory and the Unification of the Behavioral Sciences*. Princeton, NJ: Princeton University Press.

[125] Gneey, U. and Rustichini, A. (2000). "A Fine Is a Price." *Journal of Legal Studies*, 29, 1-17.

[126] Goodfriend, M. and King, R. G. (1997). "The New Neoclassical Synthesis and the Role of Monetary Policy." *NBER Macroeconomics Annual*, 12, 231-283.

[127] Gourville, J. and Soman, D. (1998). "Payment Depreciation: The Effects of Temporally Separating Payments from Consumption." *Journal of Consumer Research*, 25 (2), 160-174.

[128] Graham, L. and Snower, D. (2008). "Hyperbolic Discounting and the Phillips Curve." *Journal of Money, Credit and Banking*, 40 (2-3), 427-448.

[129] Green, L., Fry, A. and Myerson, J. (1994). "Temporal Discounting and Preference Reversals in Choice between Delayed Outcomes." *Psychonomic Bulletin and Review*, 1 (3), 383-389.

[130] Güth, W., Marchand, N. and Rullière, J. L. (1997). "On the Reliability of Reciprocal Fairness—An Experimental Study." Discussion Paper, Humboldt University Berlin.

[131] Güth, W., Schmittberger, R. and Schwarze, B. (1982). "An Experimental Analysis of Ultimatum Bargaining." *Journal of Economic Behavior and Organization*, 3, 367-388.

[132] Harbaugh, W. T., Krause, T. K. and Liday, S. (2000). "Children's Bargaining Behavior: Differences by Age, Gender, and Height." University of Oregon working paper.

[133] Harrison, G. and McCabe, K. (1996). "Expectations and Fairness in a Simple Bargaining Experiment." *International Journal of Game Theory*, 25, 303-327.

[134] Heath, C. and Fennema, M. G. (1996). "Mental Depreciation and Marginal Decision Making." *Organizational Behavior and Human Decision Processes*, 68, 95-108.

[135] Heberlein, T. A. and Bishop, R. C. (1985). "Assessing the Validity of Contingent Valuation: Three Field Experiments." Paper presented at the *International Conference on Man's Role in Changing the Global environment*, Italy.

[136] Helson, H. (1964). *Adaptation Level Theory: An Experimental and Systematic Approach to Behavior*. New York: Harper.

[137] Henrich, J., Boyd, R., Bowles, S., Camerer, C., Fehr, E., Gintis, H. and McElreath, R. (2001). "In Search of Homo Economicus: Behavioral Experiments in 15 Small-Scale Societies." *American Economic Review*, 91 (2), 73-78.

[138] Henrich, J., Boyd, R., Bowles, S., Camerer, C., Fehr, E., Gintis, H., and McElreath, R., Alvard, M., Barr, A., Ensminger, J., Hill, K., Gil-White, F., Gurven, M., Marlowe, F., Patton, J. Q., Smith, N. and Tracer, D. (2005). "Economic Man" in "Cross-Cultural Perspective: Behavioral Experiments in 15 Small-Scale Societies." *Behavioral and Brain Science*, 28 (6), 795-815.

[139] Herrnstein, R. J. (1961). "Relative and Absolute Strength of Response as a Function of Frequency of Reinforcement." *Journal of Experimental Analysis of Behavior*, 4, 267-272.

[140] Ho, T., Camerer, C. and Chong, K. (2002). "Functional EWA: A One-Parameter Theory of Learning in Games." Caltech working paper.

[141] Ho, T., Camerer, C. and Weigelt, K. (1998). "Iterated Dominance and Iterated Best-Response in Experimental p-Beauty Contests." *American Economic Review*, 88, 947-969.

[142] Ho, T., Lim, N. and Camerer, C. (2006). "Modeling the Psychology of Consumer and Firm Behavior with Behavioral Economics." *Journal of Marketing Research*, 43, 307-331.

[143] Hoffman, E., McCabe, K., Shachat, K. and Smith, V. (1994). "Preferences, Property Rights and Anonymity in Bargaining Games." *Games and Economic Behavior*, 7, 346-380.

[144] Hoffman, E., McCabe, K. and Smith, V. (1996). "On Expectations and Monetary Stakes in Ultimatum Games." *International Journal of Game Theory*, 25, 289-301.

[145] Hoffman, E., McCabe, K. and Smith, V. (1998). "Behavioral Foundations of Reciprocity: Experimental Economics and Evolutionary Psychology." *Economic Inquiry*, 36, 335-352.

[146] Hsee, C. K., Abelson, R. P. and Salovey, P. (1991). "The Relative Weighting of Position and Velocity in Satisfaction." *Psychological Science*, 2 (4), 263-266.

[147] Hück, S., Normann, H. and Oechssler, J. (1999). "Learning in Cournot Oligopoly—An Experiment." *Economic Journal*, 109, C80-95.

[148] Johnson, D. and Fowler, J. H. (2011). "The Evolution of Overconfidence."

Nature, 477, 317-320.

[149] Johnson, E. J., Camerer, C., Sen, S. and Rymon, T. (2002). "Detecting Failures of Backward Induction: Monitoring Information Search in Sequential Bargaining Experiments." *Journal of Economic Theory*, 104, 16-47.

[150] Johnson, E. J., Hershey, J., Meszaros, J. and Kunreuther, H. (1992). "Framing, Probability Distortions, and Insurance Decisions." *Journal of Risk and Uncertainty*, 7, 35-51.

[151] Jordan, J. S. (1991). "Bayesian Learning in Normal Form Games." *Games and Economic Behavior*, 3, 60-81.

[152] Kahneman, D. (1997). "New Challenges to the Rationality Assumption." *Legal Theory*, 3 (2), 105-124.

[153] Kahneman, D. (2000). "Experienced Utility and Objective Happiness: A Moment-Based Approach." Ch. 37 in D. Kahneman and A. Tversky (Eds.), *Choice, Values, and Frames*. New York: Cambridge University Press and the Russell Sage Foundation.

[154] Kahneman, D., Knetsch, J. L. and Thaler, R. H. (1986). "Fairness as a Constraint on Profit Seeking: Entitlements in the Market." *American Economic Review*, 76 (4), 728-741.

[155] Kahneman, D., Knetsch, J. L. and Thaler, R. H. (1990). "Experimental Tests of the Endowment Effect and the Coase Theorem." *Journal of Political Economy*, 98 (6), 1352-1375.

[156] Kahneman, D. and Lovallo, D. (1993). "Timid Choices and Bold Forecasts: A Cognitive Perspective on Risk Taking." *Management Science*, 39 (1), 17-31.

[157] Kahneman, D., Slovic, P. and Tversky, A. (1982). *Judgment under Uncertainty: Heuristics and Biases*. Cambridge: Cambridge University Press.

[158] Kahneman, D. and Tversky, A. (1979). "Prospect Theory: An Analysis of Decision under Risk." *Econometrica*, 47, 263-291.

[159] Kahneman, D. and Tversky, A. (1984). "Choices, Values and Frames." *American Psychologist*, 39, 341-350.

[160] Kahneman, D., Wakker, P. P. and Sarin, R. (1997). "Back to Bentham? Explorations of Experienced Utility." *The Quarterly Journal of Economics*, 112 (2), 375-405.

[161] Keynes, J. M. (1936). *The General Theory of Employment, Interest, and Money*. London: Macmillan, 156.

[162] Kirby, N. M., Petry, N. M. and Bickel, W. (1999). "Heroin Addicts Have Higher Discount Rates for Delayed Rewards than Non-Drug-Using Controls." *Journal of Experimental Psychology: General*, 128 (1), 78-87.

[163] Knetsch, J. L. and Sinden, J. A. (1984). "Willingness to Pay and Compensation Demanded: Experimental Evidence of an Unexpected Disparity in Measures of Value." *Quarterly Journal of Economics*, 99, 507-521.

[164] Knez, M. J. and Camerer, C. F. (1995). "Social Comparison and Outside Op-

tions in 3-Person Ultimatum Games." *Games and Economic Behavior*, 10, 165-194.

[165] Köbberling, V. and Wakker, P. P. (2005). "An Index of Loss Aversion." *Journal of Economic Theory*, 122 (1), 119-131.

[166] Kolligian, J. K. and Sternberg, R. J. (1991). "Perceived Fraudulence in Young Adults: Is Therean Impostor Syndrome?" *Journal of Personality Assessment*, 56, 308-326.

[167] Köszegi, B. and Rabin, M. (2006). "A Model of Reference-Dependent Preferences." *The Quarterly Journal of Economics*, 121 (4), 1133-1165.

[168] Koustas, Z. (1998). "Canadian Evidence on Long-Run Neutrality Propositions." *Journal of Macroeconomics*, 20 (2), 397-411.

[169] Kovalchik S., Camerer, C., Grether, D. M., Plott, C. R. and Allman, G. M. (2005). "Aging and Decision Making: A Comparison between Neurologically Healthy Elderly and Young Individuals." *Journal of Economic Behavior and Organization*, 58, 79-94.

[170] Kydland, F. E. and Prescott, E. C. (1982). "Time to Build and Aggregate Fluctuations." *Econometrica*, 50 (6), 1345-1370.

[171] Laibson, D. L. (1996). "Hyperbolic Discounting, Undersaving, and Savings Policy." *NBER Working Paper Series* 5635.

[172] Laibson, D. L. (1997). "Golden Eggs and Hyperbolic Discounting." *The Quarterly Journal of Economics*, 112, 443-477.

[173] Laibson, D. L. (1998). "Life-Cycle Consumption and Hyperbolic Discount Functions." *European Economic Review*, 4, 221-231.

[174] Langer, E. J. (1975). "The Illusion of Control." *Journal of Personality and social Psychology*, 32, 311-328.

[175] Larwood, L. and Whittaker, W. (1977). "Managerial Myopia: Self-Serving Biases in Organizational Planning." *Journal of Applied Psychology*, 62, 194-198.

[176] Lieberman, B. (1960). "Human Behavior in a Strictly Determined 3×3 Matrix Game." *Behavioral Science*, 5, 317-322.

[177] List, J. A. and Cherry, T. L. (2000). "Learning to Accept in Ultimatum Games: Evidence from and Experimental Design that Generates Low Offers." *Experimental Economics*, 3, 11-31.

[178] Littlewood, J. E. (1953). *A Mathematician's Miscellany*. London: Methuen.

[179] Loewenstein, G. (1987). "Anticipation and the Valuation of Delayed Consumption." *Economic Journal*, 87, 666-684.

[180] Loewenstein, G. (1988). "Frames of Mind in Intertemporal Choice." *Management Science*, 34, 200-214.

[181] Loewenstein, G. and O'Donoghu, T. (2006). "Animal Spirits: Affective and Deliberative Processes in Economic Behavior." http://www.arts.cornell.edu/econ/CAE/04-14.pdf.

[182] Loewenstein, G. and Prelec, D. (1992). "Anomalies in Intertemporal Choice: Evidence and Interpretation." *Quarterly Journal of Economics*, 107, 573-597.

[183] Loewenstein, G. and Sicherman, N. (1991). "Do Workers Prefer Increasing Wage Profiles?" *Journal of Labor Economics*, 9 (1), 67-84.

[184] Lucas, R. E., Jr. (1972). "Expectations and the Neutrality of Money." *Journal of Economic Theory*, 4, 103-124.

[185] Lucas, R. E., Jr. and Sargent, T. J. (1978). "After Keynesian Macroeconomics." In *After the Phillips Curve: Persistence of High Inflation and Unemployment*, (Proceedings of Conference 19). Boston: Federal Reserve Bank of Boston.

[186] Luce, D. (1959). *Individual Choice Behavior*. New York: Wesley.

[187] Lundberg, P. and Sacklen, H. (2001). "Is There a Long-Run Unemployment-Inflation Tradeoff in Sweden?" *FIEF Working Paper*, No. 173.

[188] MacKeigan, L. D., Larson, L. N., Draugalis, J. R., Bootman, J. L. and Burns, L. R. (1993). "Time Preference for Health Gains versus Health Losses." *PharmacoEconomics*, 3 (5), 347-386.

[189] Malmendier, U. and Tate, G. (2005). "CEO Overconfidence and Corporate Investment." *Journal of Finance*, 60, 2661-2700.

[190] Mankiw, N. G. and Reis, R. (2006). "Pervasive Stickiness." *American Economic Review*, 96 (2), 164-169.

[191] Mankiw, N. G. and Romer, D., Eds. (1991). *New Keynesian Economics*. Cambridge, MA: MIT Press.

[192] Markowitz, H. (1952). "The Utility of Wealth." *Journal of Political Economy*, 60, 151-158.

[193] Mazur, J. E. (1987). "An Adjustment Procedure for Studying Delayed Reinforcement." In Commons, M. L. et al. (Eds.), *Quantitative Analysis of Behavior: The Effect of Delay and of Intervening Events on Reinforcement Value*, Chapter 2. Ballinger, Hillsdale, NJ.

[194] McAllister, P. H. (1991). "Adaptive Approaches to Stochastic Programming." *Annals of Operations Research*, 30, 45-62.

[195] McClure, S. M., Laibson, D. L., Loewenstein, G. and Cohen, J. D. (2004). "Separate Neural Systems Value Immediate and Delayed Monetary Rewards." *Science*, 306 (5695), 503-507.

[196] McFadden, D. (1976). "Quantal Choice Analysis: A Survey." *Annals of Economic and Social Measurement*, 5, 363-390.

[197] Mckelvey, R. D. and Palfrey, T. R. (1992). "An Experimental Study of the Centipede Game." *Econometrica*, 58, 1321-1339.

[198] Mckelvey, R. D. and Palfrey, T. R. (1995). "Quantal Response Equilibria for Normal Form Games." *Games and Economics Behavior*, 10, 6-38.

[199] Menz, J-O. (2008). "Behavioral Macroeconomics and the New Keynesian Model." http://economics.soc.uoc.gr/macro/docs/Year/2009/papers/paper_1_21.pdf.

[200] Mitzkewitz, M. and Nagel, R. (1993). "Experimental Results on Ultimatum

Games with Incomplete Information." *International Journal of Game Theory*, 22, 171-198.

[201] Mookerjee, D. and Sopher, B. (1994). "Learning Behavior in an Experimental Matching Pennies Game." *Games and Economic Behavior*, 7, 62-91.

[202] Murnighan, J. K. and Saxon, M. S. (1998). "Ultimatum Bargaining by Children and Adults." *Journal of Economic Psychology*, 19, 415-445.

[203] Muth, J. F. (1961). "Rational Expectations and the Theory of Price Movements." *Econometrica*, 29, 315-335.

[204] Myers, D. G. and Diener, E. (1995). "Who Is Happy?" *Psychological Science*, 6, 10-19.

[205] Nagel, R. (1995). "Unravelling in Guessing Games: An Experimental Study." *American Economic Review*, 85, 1313-1326.

[206] Nash, J. (1950). "Equilibrium Points in n-Person Games." *Proceedings of the National Academy of Sciences*, 36, 48-49.

[207] Nash, J. (1951). "Non-Cooperative Games." *Annals of Mathematics*, 54, 286-295.

[208] Northcraft, G. B. and Neale, M. A. (1987). "Experts, Amateurs and Real Estate: An Anchoring-and-Adjustment Perspective on Property Pricing Decisions." *Organizational Behavior and Human Decision Processes*, 39, 84-97.

[209] O'Doherty, J. P. (2004). "Reward Representations and Reward-Related Learning in the Human Brain: Insights from Neuroimaging." *Current Opinion in Neurobiology*, 14 (6), 769-776.

[210] Okada, E. M. (2001). "Trade-ins, Mental Accounting, and Product Replacement Decisions." *Journal of Consumer Research*, 27 (4), 433-446.

[211] Palacios-Heurta, I. (2001). "Professionals Play Minimax." Brown University working paper.

[212] Pech, W. and Milan, M. (2009). "Behavioral Economics and the Economics of Keynes." *Journal of Behavioral and Experimental Economics*, 38 (6), 891-902.

[213] Peersman, G. and Smets, F. (2005). "The Industry Effects of Monetary Policy in the Euro Area." *Economic Journal*, 115 (503), 319-342.

[214] Phelps, E. S. and Pollak, R. A. (1968). "On Second-Best National Saving and Game-Equilibrium Growth. " *Review of Economic Studies*, 35, 185-199.

[215] Pinker, S. (1997). *How the Mind Works*. New York: Norton.

[216] Prelec, D. and Loewenstein, G. (1991). "Decision Making over Time and under Uncertainty: A Common Approach." *Management Science*, 37 (7), 770-786.

[217] Prelec, D. and Loewenstein, G. (1998). "The Red and the Black: Mental Accounting of Savings and Debt." *Marketing Science*, 17 (1), 4-27.

[218] Prelec, D. and Simester, D. (2001). "Always Leave Home without It: A Further Investigation of the Credit-Card Effect on Willingness to Pay." *Marketing Letters*,

12 (1), 5-12.

[219] Rabin, M. (1993). "Incorporating Fairness into Game Theory and Economics." *American Economic Review*, 83, 1281-1302.

[220] Rabin, M. (2002). "The Law of Small Numbers." *Quarterly Journal of Economics*, 117, 775-816.

[221] Rae, J. (1834). *The Sociological Theory of Capital*. London: MacMillan.

[222] Rapoport, A. and Budescu, D. V. (1997). "Randomization in Individual Choice Behavior." *Psychological Review*, 104, 603-617.

[223] Redelmeier, D. A. and Heller, D. N. (1993). "Time Preference in Medical Decision Making and Cost-Effectiveness Analysis." *Medical Decision Making*, 13 (3), 212-217.

[224] Rilling, J. K., Gutman, D. A., Zeh, T. R., Pagnoni, G., Berus, G. S. and Kilts, C. D. (2002). " A Neural Basis for Social Cooperation." *Neuron*, 35 (2), 395-405.

[225] Rilling, J. K., Sanfey, A. G., Aronson, J. A., Nystrom, L. E. and Cohen, J. D. (2004). "Opposing Bold Responses to Reciprocated and Unreciprocated Altruism in Putative Reward Pathways." *NeuroReport*, 15 (16), 2539-2543.

[226] Robinson, J. (1951). "An Iterative Method of Solving a Game." *Annals of Mathematics*, 54, 296-301.

[227] Robson, A. and Samuelson, L. (2009). "The Evolution of Time Preference under Aggregate Uncertainty." *American Economic Review*, 98 (3), 1178-1188.

[228] Rosenthal, R. (1987). "A Bounded-Rationality Approach to the Study of Non-Cooperative Games." *International Journal of Game Theory*, 18, 273-292.

[229] Rotemberg, J. (2005). "Customer Anger at Price Increases, Changes in the Frequency of Price Adjustment and Monetary Policy." *Journal of Monetary Economics*, 52, 829-852.

[230] Rotemberg, J. (2008). "Behavioral Aspects of Price Setting, and Their Policy Implications." *NBER Working Paper Series* 13754.

[231] Roth, A. E. and Erev, I. (1995). "Learning in Extensive-Form Games: Experimental Data and Simple Dynamic Models in the Intermediate Term." *Games and Economic Behavior*, 8, 164-212.

[232] Roth, A. E. and Prasnikar, V., Okuno-Fujiwara, M. and Zamir, S. (1991). "Bargaining and Market Behavior in Jerusalem, Ljubljana, Pittsbergh and Tokyo: An Experimental Study." *American Economic Review*, 81, 1068-1095.

[233] Rubinstein, A. (1989). "The Electronic Mail Game: Strategic Behavior under 'Almost Common Knowledge'." *American Economic Review*, 79, 385-391.

[234] Rudd, J. and Whelan, K. (2006). "Can Rational Expectations Sticky-Price Models Explain Inflation Dynamics?" *American Economic Review*, 96 (1), 303-320.

[235] Samuelson, P. A. (1937). "A Note on Measurement of Utility." *Review of Economic Studies*, 4, 155-161.

[236] Samuelson, P. A. (1963). "Risk and Uncertainty: A Fallacy of Large Numbers."

Scientia, 108-113.

[237] Samuelson, W. and Zeckhauzer, R. J. (1988). "Status Quo Bias in Decision Making." *Journal of Risk and Uncertainty*, 1, 7-59.

[238] Santoro, E., Petrella, I., Pfajfar, D. and Gaffeo, E. (2014). "Loss Aversion and the Asymmetric Transmission of Monetary Policy." *Journal of Monetary Economics*, 68, 19-36.

[239] Sargent, T. J. (1973). "Rational Expectations, the Real Rate of Interest, and the Natural Rate of Unemployment." *Brookings Papers on Economic Activity*, 4 (2), 429-480.

[240] Sarin, R. and Vahid, F. (2000). "Strategy Similarity and Coordination." *Texas A&M University*, *Manuscript*.

[241] Schelling, T. C. (1960). *The Strategy of Conflict*. Cambridge: Harvard University Press.

[242] Schlag, K. (1999). "Which One Should I Imitate?" *Journal of Mathematical Economics*, 31, 493-522.

[243] Schottter, A., Weiss, A. and Zapater, I. (1996). "Fairness and Survival in Ultimatum and Dictatorship Games." *Journal of Economic Behavior and Organization*, 31, 37-56.

[244] Schreiber, S. and Wolters, J. (2007). "The Long-Run Phillips Curve Revisited: Is the NAIRU Framework Data-Consistent?" *Journal of Macroeconomics*, 29 (2), 355-367.

[245] Schweitzer, M. and Solnick, S. (1999). "The Influence of Physical Attractiveness and Gender on Ultimatum Game Decisions." *Organizational Behavior and Human Decision Processes*, 79, 199-215.

[246] Selten, R. (1975). "Re-Examination of the Perfectness Concept for Equilibrium Points in Extensive Games." *International Journal of Game Theory*, 4, 25-55.

[247] Selten, R. and Stöcker, R. (1986). "End Behavior in Sequences of Finite Prisoner's Dilemma Supergames: A Learning Theory Approach." *Journal of Economic Behavior and Organization*, 7, 47-70.

[248] Shah, A. K. and Oppenheimer, D. M. (2008). "Heuristics Made Easy: An Effort-Reduction Framework." *Psychological Bulletin*, 134 (2), 207-222.

[249] Shapley, L. S. (1964). "Some Topics in Two-Person Games." In M. Dresher, L. S. Shapley and A. W. Tucker (Eds.), *Advances in Game Theory*. Princeton, N. J.: Princeton University Press, 1-28.

[250] Shefrin, H. M. and Statman, M. (1985). "The Disposition to Sell Winners Too Early and Ride Losers Too Long." *Journal of Financial Economics*, 40, 777-790.

[251] Shefrin, H. M. and Thaler, R. H. (1988). "The Behavioral Life-Cycle Hypothesis." *Economy Inquiry*, XXVI, 609-643.

[252] Siegel, J. J. (1998). "The Future Value of an 1802 Dollar Invested in Different Asset Classes (in nominal terms)." In *Stocks for the Long Run* 2nd Edition. New York,

NY：McGraw Hill.

[253] Siemens，J. C.（2007）．“When Consumption Benefits Precede Costs：Towards an Understanding of ‘Buy Now，Pay Later’ Transactions.” *Journal of Behavioral Decision Making*，20，521－531.

[254] Simon，H. A.（1956）．“Rational Choice and the Structure of the Environment.” *Psychological Review*，63，129－138.

[255] Smith，A.（1759/1892）．*The Theory of Moral Sentiments*. New York：Prometheus.

[256] Solnick，S. J.（2001）．“Gender Differences in the Ultimatum Game.” *Economic Inquiry*，39，189－200.

[257] Soman，D.（1997）．“Contextual Effects of Payment Mechanism on Purchase Intention：Check or Charge?” Unpublished working paper，University of Colorado.

[258] Soman，D. and Gourville，J. T.（2001）．“Transaction Decoupling：How Price Bundling Affects the Decision to Consume.” *Journal of Marketing Research*，38（1），30－44.

[259] Stahl，D. O.（1996）．“Boundedly Rational Rule Learning in a Guessing Game.” *Games and Economic Behavior*，16，303－330.

[260] Stahl，D. O.（2000）．“Rule Learning in Symmetric Normal-Form Games：Theory and Evidence.” *Games and Economic Behavior*，32，105－138.

[261] Stigler，G.（1981）．“Economics or Ethics?” In S. McMurrin（Ed.），*Tanner Lectures on Human Values*. Cambridge：Cambridge University Press.

[262] Straub，P. and Murnighan，K.（1995）．“An Experimental Investigation of Ultimatum Games：Information，Fairness，Expectations，and Lowest Acceptable Offers.” *Journal of Economic Behavior and Organization*，27，345－364.

[263] Strotz，R. H.（1955）．“Myopia and Inconsistency in Dynamic Utility Maximization.” *Review of Economic Studies*，23，165－180.

[264] Svenson，O.（1981）．“Are We All Less Risky and More Skillful than Our Fellow Drivers?” *Acta Psychologica*，9，143－148.

[265] Taylor，J. B.（1993）．“Discretion versus Policy Rules in Practice.” *Carnegie-Rochester Series on Public Policy*，39，195-214.

[266] Taylor，S. E. and Brown，J. D.（1988）．“Illusion and Well Being：A Social Psychological Perspective on Mental Health.” *Psychological Bulletin*，103，193－210.

[267] Thaler，R. H.（1981）．“Some Empirical Evidence on Dynamic Inconsistency.” *Economic Letters*，8，201－207.

[268] Thaler，R. H.（1985）．“Mental Accounting and Consumer Choice.” *Marketing Science*，4，199－214.

[269] Thaler，R. H.（1999）．“Mental Accounting Matters.” *Journal of Behavioral Decision Making*，12，183－206.

[270] Thaler，R. H. and Johnson，E. J.（1990）．“Gambling with the House Money

and Trying to Break Even: The Effects of Prior Outcomes on Risky Choice." *Management Science*, 36 (6), 643–660.

[271] Thaler, R. H. and Shefrin, H. M. (1981). "An Economic Theory of Self-Control." *Journal of Political Economy*, 89 (2), 392–406.

[272] Thaler, R. H., Tversky, A., Kahneman, D. and Schwartz, A. (1997). "The Effect of Myopia and Loss-Aversion on Risk Taking: An Experimental Test." *Quarterly Journal of Economics*, 112, 647–661.

[273] Titmuss, R. M. (1971/1987). "The Gift of Blood." In B. Abel-Smith and K. Titmuss (Eds.), *The Philosophy of Welfare: Selected Writings by R. M. Titmuss*. London: Allen and Unwin.

[274] Train, K. E. (1991). *Optimal Regulation*. Cambridge, MA: MIT Press.

[275] Tversky, A. and Griffin, D. (2000). "Endowments and Contrast in Judgments of Well-Being." In D. Kahneman and A. Tversky (Eds.). *The Adapted Mind*. Oxford: Oxford University Press, 19–136.

[276] Tversky, A. and Kahneman, D. (1973). "Availability: A Heuristic for Judging Frequency and Probability." *Cognitive Psychology*, 5, 207–232.

[277] Tversky, A. and Kahneman, D. (1974). "Judgment under Uncertainty: Heuristics and Biases." *Science*, 185, 1124–1131.

[278] Tversky, A. and Kahneman, D. (1981). "The Framing of Decisions and the Psychology of Choice." *Science*, 211, 453–458.

[279] Tversky, A. and Kahneman, D. (1986). "Rational Choice and the Framing of Decisions." *Journal of Business*, 59, S251–S278.

[280] Tversky, A. and Kahneman, D. (1992). "Advances in Prospect Theory: Cumulative Representation of Uncertainty." *Journal of Risk and Uncertainty*, 5, 297–323.

[281] Van Damme, E. (1987). *Stability and Perfection of Nash Equilibrium*. Berlin: Springer-Verlag.

[282] Van Huyck, J. B., Battalio, R. C. and Beil, R. (1990). "Tacit Cooperation Games, Strategic Uncertainty, and Coordination Failure." *American Economic Review*, 80, 234–248.

[283] Van Huyck, J. B., Battalio, R. C. and Beil, R. (1991). "Strategic Uncertainty, Equilibrium Selection, and Coordination Failure in Average Opinion Games." *Quarterly Journal of Economics*, 106, 885–909.

[284] Varey, C. A. and Kahneman, D. (1992). "Experiences Extended across Time: Evaluation of Moments and Episodes." *Journal of Behavioral Decision Making*, 5 (3), 169–185.

[285] Von Neumann, J. and Morgenstern, O. (1944). *The Theory of Games and Economic Behavior*. Princeton: Princeton University Press.

[286] Von Stackelberg, H. (1934). *Marktform und Gleichtgewicht*. Vienna: Julius Springer.

[287] Walker, M. and Wooders, J. (2001). "Minimax Play at Wimbledon." *American Economic Review*, 91, 1528-1538.

[288] Walsh, C. E. (2003). *Monetary Theory and Policy*, 2nd Ed. Cambridge, MA: MIT Press.

[289] Weber, R. (2001). "Behavior and Learning in the 'Dirty Faces' Game." *Experimental Economics*, 4, 229-242.

[290] Weibull, J. (1995). *Evolutionary Game Theory*. Cambridge, Mass: MIT Press.

[291] Weise, C. L. (1999). "The Asymmetric Effects of Monetary Policy: A Nonlinear Vector Autoregression Approach." *Journal of Money, Credit and Banking*, 31 (1), 85-108.

[292] Wilkinson, N. (2008). *An Introduction to Behavioral Economics*. New York, NY: Palgrave Macmillan.

[293] Wilkinson, N. and Klaes, M. (2012). *An Introduction to Behavioral Economics*, 2nd Edition. New York, NY: Palgrave Macmillan.

[294] Wilson, E. O. (1998). *Consilience*. London: Little, Brown, 57.

[295] Wilson, T. D., Gilbert, D. T. and Centerbar, D. B. (2003). "Making Sense: The Causes of Emotional Evanescence." In I. Brocas and J. D. Carrillo (Eds.), *The Psychology of Economic Decisions, Volume 1: Rationality and Well-being*. Oxford: Oxford University Press.

[296] Winkler, R. (2006). "Does 'Better' Discounting Lead to 'Worse' Outcomes in Long-Run Decisions? The Dilemma of Hyperbolic Discounting." *Ecological Economics*, 57 (4), 573-582.

[297] Yang, Y., Raine, A., Lencz, T., Bihrle, S., LaCasse, L. and Colletti, P. (2005). "Volume Reduction in Prefrontal Gray Matter in Unsuccessful Criminal Psychopaths." *Biological Psychiatry*, 57, 1103-1108.

[298] Yogo, M. (2008). "Asset Prices under Habit Formation and Reference-Dependent Preferences." *Journal of Business Economic Statistics*, 26, 131-143.

中英文人名对照表
（按出现顺序）

第1章

罗伯特·希勒　Robert J. Shiller
丹尼尔·卡尼曼　Daniel Kahneman
托马斯·谢林　Thomas C. Schelling
彼得·戴蒙德　Peter A. Diamond
乔治·阿克洛夫　George A. Akerlof
凯莫勒　Camerer
洛温斯坦　Loewenstein
何　Ho
利姆　Lim
马修·拉宾　Matthew Rabin
丹尼尔·伯努利　Daniel Bernoulli
亚当·斯密　Adam Smith
杰里米·边沁　Jeremy Bentham
弗朗西斯·埃奇沃思　Francis Edgeworth
欧文·费雪　Irving Fisher
维尔弗雷多·帕累托　Vilfredo Pareto
梅纳德·凯恩斯　Maynard Keynes
弗里德曼　Friedman
赫伯特·西蒙　Herbert Simon
马科维茨　Markowitz

阿莱　Allais
史托斯　Strotz
埃尔斯伯格　Ellsberg
阿默斯·特沃斯基　Amos Tversky
理查德·泰勒　Richard Thaler
弗农·史密斯　Vernon Smith
威尔逊　Wilson
威尔金森　Wilkinson
克莱斯　Klaes
狄奥多西·杜赞希　Theodosius Dobzhanksy
道金斯　Dawkins
金迪斯　Gintis

第 2 章

奈奇　Knetsch
萨缪尔森　Samuelson
泽克豪泽　Zeckhauzer
赫尔森　Helson
鲍曼　Bowman
迈因哈特　Minehart
科策吉　Köszegi
平克　Pinker
杜森贝里　Duesenberry
格里芬　Griffin
布里克曼　Brickman
寇茨　Coates
杰诺弗-巴尔曼　Janoff-Bulman
贝里奇　Berridge
弗里达　Frijda
吉尔伯特　Gilbert
森特伯　Centerbar

第 3 章

阿克斯　Arkes
布鲁默　Blumer

古维尔 Gourville
索曼 Soman
希斯 Heath
芬尼玛 Fennema
冈田 Okada
西门子 Siemens
约翰逊 Johnson

第 4 章

冯·诺依曼 Von Neumann
奥斯卡·摩根斯坦 Oskar Morgenstern
施瓦茨 Schwartz
贝纳茨 Benartzi
格特纳 Gertner

第 5 章

季洛维奇 Gilovich
瓦朗 Vallone
爱德华兹 Edwards
诺斯克拉夫特 Northcraft
尼尔 Neale
斯文森 Svenson
库珀 Cooper
兰格 Langer
福勒 Fowler
马尔门迪尔 Malmendier
泰特 Tate

第 6 章

约翰·雷 John Rae
费雪 Fisher
安斯利 Ainslie
哈斯兰 Haslam

本占　Benzion
莱波伯特　Rapoport
亚吉尔　Yagil
莱布森　Laibson
赫恩斯坦　Herrnstein
马苏尔　Mazur
谢弗林　Shefrin
菲尔　Fehr
达斯古帕塔　Dasgupta
马斯金　Maskin
罗布森　Robson
费尔普斯　Phelps
波拉克　Pollak
奥多诺休　O'Donoghue
麦克卢尔　McClure
西奇曼　Sicherman
奚　Hsee
艾贝尔森　Abelson
塞洛维　Salovey
普利莱特　Prelec
瓦利　Varey
查普曼　Chapman
温克勒　Winkler
弗兰克　Frank
赫琴斯　Hutchens

第7章

纳什　Nash
沃克　Walker
伍德斯　Wooders
泽尔腾　Selten
范·达默　Van Damme
罗森塔尔　Rosenthal
贝沙　Beja
麦凯尔维　Mckelvey
帕尔弗雷　Palfrey
卢斯　Luce

麦克法登　Mcfadden
拉波波特　Rapoport
布代斯库　Budescu
内格尔　Nagel
魏格尔特　Weigelt
韦伯　Weber
帕拉希欧斯-休塔　Palacios-Heurta
卡普拉　Capra
卡布雷拉　Cabrera
戈麦斯　Gómez

第8章

布什　Bush
莫斯泰勒　Mosteller
克劳斯　Cross
阿瑟　Arthur
马卡里斯特　McAllister
莫克基　Mookerjhee
索弗　Sopher
罗斯　Roth
艾利夫　Erev
萨林　Sarin
瓦希德　Vahid
古诺　Cournot
伯川德　Bertrand
冯·斯塔克尔伯格　Von Stackelberg
沙普利　Shapley
张　Cheung
克劳福德　Crawford
布罗塞塔　Broseta
范·哈依克　Van Huyck
巴特里奥　Battalio
贝尔　Beil
斯多克　Stöcker
乔丹　Jordan
考克斯　Cox
夏查特　Shachat

沃尔克　Walker
胡克　Hück
诺曼　Normann
奥奇斯勒　Oechssler
斯塔尔　Stahl

第9章

施蒂格勒　Stigler
古斯　Güth
斯科密特伯格　Schmittberger
施瓦茨　Schwarze
福赛斯　Forsythe
施密特　Schmidt
博尔顿　Bolton
奥肯菲尔斯　Ockenfels
伯纳姆　Burnham
盖奇特　Gächter
欧道尔蒂　O'Doherty
德·盖尔万　De Quervain
瑞林　Rilling
霍夫曼　Hoffman
麦卡布　McCabe
卡托克　Katok
茨维克　Zwick
博纳特　Bohnet
弗雷　Frey
哈里森　Harrison
切利　Cherry
斯科特　Schotter
维斯　Weiss
萨帕特　Zapater
马昌德　Marchand
吕利埃　Rullière
福尔克　Falk
费希巴彻尔　Fischbacher
施韦策　Schweitzer
索尔尼克　Solnick

埃克尔 Eckel
格罗斯曼 Grossman
达蒙 Damon
默宁翰 Murnighan
撒克逊 Saxon
巴肯 Buchan
克罗松 Croson
海因里希 Heinrich
葛士特 Gächter
伯格 Berg
迪克豪特 Dickhaut
杜文伯格 Dufwenberg
格尼茨 Gneezy
拉斯提基尼 Rustichini
蒂特莫斯 Titmuss

第10章

卢卡斯 Lucas
萨金特 Sargent
基德兰德 Kydland
普雷斯科特 Prescott
曼昆 Mankiw
罗默 Romer
古德弗兰德 Goodfriend
金 King
克拉利达 Clarida
加利 Galí
格特勒 Gertler
沃尔什 Walsh
穆斯 Muth
迪克西特 Dixit
斯蒂格利茨 Stiglitz
卡尔沃 Calvo
泰勒 Taylor
门兹 Menz
佩赫 Pech
米兰 Milan

格劳威　Grauwe
德利斯科尔　Driscoll
霍尔顿　Holden

第 11 章

桑托罗　Santoro
尤格　Yogo
阿马托　Amato
劳巴赫　Laubach

第 12 章

鲁德　Rudd
威兰　Whelan
雷斯　Reis
罗腾伯格　Rotemberg
布兰查德　Blanchard
卡恩　Kahn
格雷厄姆　Graham
斯诺尔　Snower
波尔　Ball
迪肯斯　Dickens
佩里　Perry
伦德伯格　Lundborg
萨克伦　Sacklen

图书在版编目（CIP）数据

行为经济学：选择、互动与宏观行为/贺京同，那艺著. —北京：中国人民大学出版社，2015.11
新编21世纪经济学系列教材
ISBN 978-7-300-21920-2

Ⅰ.①行… Ⅱ.①贺…②那… Ⅲ.①行为经济学-高等学校-教材 Ⅳ.①F069.9

中国版本图书馆CIP数据核字（2015）第219523号

新编21世纪经济学系列教材
行为经济学：选择、互动与宏观行为
贺京同　那　艺　著
Xingwei Jingjixue：Xuanze、Hudong yu Hongguan Xingwei

出版发行	中国人民大学出版社		
社　　址	北京中关村大街31号	**邮政编码**	100080
电　　话	010－62511242（总编室）		010－62511770（质管部）
	010－82501766（邮购部）		010－62514148（门市部）
	010－62515195（发行公司）		010－62515275（盗版举报）
网　　址	http://www.crup.com.cn		
经　　销	新华书店		
印　　刷	北京昌联印刷有限公司		
规　　格	185 mm×260 mm　16开本	**版　　次**	2015年11月第1版
印　　张	18.75	**印　　次**	2023年4月第3次印刷
字　　数	432 000	**定　　价**	35.00元

教学支持说明

1. 教辅资源获取方式

为秉承中国人民大学出版社对教材类产品一贯的教学支持，我们将向采纳本书作为教材的教师免费提供丰富的教辅资源。您可直接到中国人民大学出版社官网的教师服务中心注册下载——http://www.crup.com.cn/Teacher。

如遇到注册、搜索等技术问题，可咨询网页右下角在线 QQ 客服，周一到周五工作时间有专人负责处理。

注册成为我社教师会员后，您可长期根据您所属的课程类别申请纸质样书、电子样书和教辅资源，自行完成免费下载。您也可登录我社官网的“教师服务中心”，我们经常举办赠送纸质样书、赠送电子样书、线上直播、资源下载、全国各专业培训及会议信息共享等网上教材进校园活动，期待您的积极参与！

2. 高校教师可加入下述学科教师 QQ 交流群，获取更多教学服务

经济类教师交流群：781029042

财政金融教师交流群：182073309

国际贸易教师交流群：162921240

税收教师交流群：119667851

3. 购书联系方式

网上书店咨询电话：010－82501766

邮购咨询电话：010－62515351

团购咨询电话：010－62513136

中国人民大学出版社经济分社

地址：北京市海淀区中关村大街甲 59 号文化大厦 1506 室　100872

电话：010－62513572　010－62515803

传真：010－62514775

E-mail：jjfs@crup.com.cn